新路集

——第八届张晋藩法律史学基金会征文大赛获奖作品集

第八集

陈煜 主编

中国政法大学出版社

2021·北京

声　　明　1. 版权所有，侵权必究。

　　　　　2. 如有缺页、倒装问题，由出版社负责退换。

图书在版编目（CIP）数据

新路集.第八集，第八届张晋藩法律史学基金会征文大赛获奖作品集/陈煜主编.—北京：中国政法大学出版社，2021.4
ISBN 978-7-5620-9952-9

Ⅰ.①新… Ⅱ.①陈… Ⅲ.①法制史－中国－文集Ⅳ.①D929-53

中国版本图书馆CIP数据核字(2021)第081628号

出 版 者	中国政法大学出版社
地　　址	北京市海淀区西土城路25号
邮寄地址	北京100088 信箱8034分箱　邮编100088
网　　址	http://www.cuplpress.com (网络实名：中国政法大学出版社)
电　　话	010-58908285(总编室) 58908433（编辑部）58908334(邮购部)
承　　印	固安华明印业有限公司
开　　本	880mm×1230mm　1/32
印　　张	12.625
字　　数	360千字
版　　次	2021年4月第1版
印　　次	2021年4月第1次印刷
定　　价	69.00元

撷取法律传统的精华
（代前言）

张晋藩*

我国是世界文明古国，法律的历史可以上溯到公元前 3000 年左右，而且辗转相承，从未中断。这是其他文明古国所不具备的一大特点和一大优点，由此形成了历史悠久、源远流长、特色鲜明的法律传统。它产生于我国历史文化土壤，是中华民族智慧与创造力的体现。它的完整性、系统性与遗留至今的浩瀚法学著作、历代法典王章及档案资料均为世界所少有，彰显了中华民族对世界法律文化宝库的巨大贡献。

我国古代法律依托社会发展而发展，尤其是在社会转型时期也会相应发生巨大变革，并以其特有的功能为社会转型发展服务。从法律与社会的相互关系中，可以把握法律发展的阶段性与规律性以及法律传统与中国国情社情相适应的典型性。

我国自古以来就是一个统一的多民族国家，不同民族在不同时代由于经济、政治、文化发展的差异而处于不同历史地位，对我国法律传统形成与发展所起的作用也各不相同。尽管如此，我国法律传统是我国各族人民共同缔造的，凝聚了各族人民的法律智慧，是各民族法律文化与法制经验相互交流与吸收的结果。不过，这种多元性并没有影响中原汉族法律传统的主体性与统一性。如同海纳百川，中原汉族的法律正是在吸收各民族法律文化的基础上，才形成

---

* 作者系中国政法大学终身教授，博士生导师。

多样性发展的传统与绚丽多彩的特色。就文化源头而言，也同样存在多元性与主体性的统一。从先秦开始，儒、墨、道、法等各家学说都力图支配、影响我国古代法律的发展与法律传统的形成，但在这个过程中又存在一种基本倾向，那就是儒家思想居于主导地位，儒家思想及其施政原则始终指导着法律的构建进程与司法的总体规范。这是由深厚的宗法社会的道德理想主义以及法、理、情三者相统一的文化土壤所决定的。汉以后的外儒内法，则表现了以儒家思想为主导的诸子百家学说的融合。

我国法律传统的内涵极为丰富，尽管菁芜并存，但富有跨越时空的优秀内容。如人本主义的法律倾斜、法致中平的价值取向、天人合一的和谐诉求、德礼为本的道德支撑、援法断罪的司法责任、法为治具的政治方略等，都彰显了我国法律传统的巨大价值。因此，需要从多侧面、多层次、多角度研究总结我国古代法律，以揭示历史的本来面目，并为当前的法治建设提供历史借鉴。

由此可见，我国法律传统绝不意味着腐朽、保守，它的民族性也绝不是劣根性。历史传统无论"善"与"恶"，都是历史和文化的积淀，只能更新，不能铲除。失去传统，就丧失了民族文化的特质，也就失去了前进的历史与文化基础。

研究我国法律传统的目的，是为了正确认识法律在漫长历史发展中是如何不断完善的，以及它在社会进步中所处的地位、所起的作用，并从固有的法律传统中总结出滋润中国五千年历史的理性思维成果。对传统反思越深刻、批判越彻底、继承越科学，就越能准确地取其精华、去其糟粕，深化对法律发展的规律性认识，提高对中华文化的自豪感与自信心。

(《人民日报》2015年10月8日，第7版)

目　录

张晋藩　撷取法律传统的精华（代前言）／ 1

一等奖获奖论文

孙　康　论"五四运动"后朱执信的法律观／ 2

徐　昊　清代法律图表初探／ 33

二等奖获奖论文

邱滨泽　冲突、利用与转化
　　　　——论汉章帝朝的谶纬学与法制／ 78

吴训祥　法典化时代的法治国理念
　　　　——以1794年《普鲁士一般邦法》为观察重点／ 102

敖海静　人生就是一场实验
　　　　——新政时期的州际贸易条款研究／ 134

黄　海　试论西周时期的诉讼费用／ 165

舒哲岚　狱史与"微难狱"
　　　　——秦县廷中的狱史仕进之路／ 180

三等奖获奖论文

尕永强　论儒家法文化对"以儒释经"之影响
　　　　——以《天方典礼》为例 / 212

刘吉庆　浅析《历代刑法志》中的虚构与真实 / 229

谌静玮　清末修律"以日为师"之时代原因及当代启示 / 246

李德旺　理念、规范与塑造历程：美国早期行政自我规制的全面解读
　　　　——读杰里·马肖《创设行政宪制：被遗忘的美国行政法百年史》/ 262

蒋　慧　论唐代杖刑的适用与变迁 / 280

田方芳　罗马法要式口约之债研究 / 306

齐继伟　秦法事功思想的伦理解读
　　　　——以出土秦简律令为例 / 333

曹瑞冬　清末民初广东的花捐包征与政商关系 / 350

张瀚天　萨维尼"法律关系本座说"与"民族精神"之关系的再阐释 / 368

李明桓　寻找传统中国法的真精神
　　　　——马若斐《传统中国法的精神》读后 / 383

编后记 / 396

一等奖获奖论文

论"五四运动"后朱执信的法律观

孙 康[*]

一、绪论：身为"中国有数人才"的朱执信

朱大符，字执信，原籍浙江萧山，光绪十一年（公元 1885 年）生于广东番禺。因其父朱启连（1853-1899 或 1900）崇慕清初学者赵执信（1662-1744），故为大符取字"执信"。而因赵执信字伸符，故有种说法，信字当读"shēn"，兹文取大众最易联想、最常接受的读音，即"xìn"。朱启连职业为刑名幕友，专治"刑名之学"，曾入刘坤一、裕宽、张树声、曾国荃诸氏（此四人先后担任两广总督）之幕，师承桐城派，被称为岭南近代古文家，[1] 同乡人陶邵学评价"其性行似元结，文学似陈师道，艺术似姜夔"，陈宝箴（1831-1900）评其"文曰峻洁幽峭，抑复宕放自喜，朱霞天半，文如其人，并世得此盖寡矣"。[2] 可以见得其父盖非等闲之辈。家庭教育的熏习使得朱执信爱国而多艺，他幼年读书颖悟，终生孜孜矻矻，人格坚贞弘毅，思想精微深远，文字鞭辟入里。1902 年，其入广州教忠学堂，组织群智社，期间读了赫胥黎的《天演论》、亚当·斯密的《国富论》、卢梭的《民约论》、孟德斯鸠的《论法的精神》等西方政治和法律名著，促使他确立与培养起救亡图存和实现民主、自由的民主主义思想以及法学等学科的基础素养。

---

[*] 作者系浙江大学博士研究生。
[1] 吕芳上：《朱执信与中国革命》，"台湾师范大学历史研究所"1978 年版，第 8 页。
[2] 广东省地方史志办公室编：《广东历代地方志集成·广州府部（二一）》，岭南美术出版社 2007 年版，第 364 页。

1904年冬,朱执信以高第入选北京大学而舍弃[3],以粤省第一名(总四十一人)录取官费留日,赴法政大学特设法政速成科修习经济科,当时的校长正是1898年日本民法典的主要执笔人——著名民法学家梅谦次郎(1860-1910)。梅在开学致辞中说:

"余思今日清国频繁引入新知,情非得已。其中类如立法、行政改革,皆有非常之需。而欲办好此等事业,端赖众多研习法律、政治学科之人,若无此等人从事之,立法、行政改革终究难成。……以故,试思欲令有志来我邦者,研修此类学问,可有便捷之法?需才孔亟,必采应急之法,开设速成学校,此为吾等之实感也。切思清国各方,亦应具此同感。"[4]

学校聘请的政治学家、法律学家,有富井政章(1858-1935)、岩野新平(1855-1929)、笕克彦(1872-1961)、有贺长雄(1860-1921)、加藤正治(1871-1952)、河上滋、清水一郎等[5]。修习的法学课程主要包括法学通论、国法学、民法、刑法、经济法、国际公法、财政学、监狱学等,还有实地参观教授[6],这些课程及经历,为朱执信打下了良好的法律基础。据胡汉民(1879-1936)回忆,除此之外,他还运用数学特长兼修经济学(据胡汉民回忆)。凡居日本一年半,所领学费,不过六百元。所居之客舍,仅三张席,每日所食,惟白饭醃菜而已[7],苦寒如此。到1906年6月毕业时,他为甲等前五名,以优等生身份卒

---

[3] 参见贾逸君编著:《中华民国名人传》(上),上海书店出版社1989年版,第93页。

[4] 日本法政大学大学史资料委员会编:《清国留学生法政速成科纪事》,裴敬伟译,广西师范大学出版社2015年版,第22~23页。

[5] 参见吕芳上:《朱执信与中国革命》,"台湾师范大学历史研究所"1978年版,第31页。

[6] 参见林家有:《朱执信》,团结出版社2011年版,第10页。

[7] 参见贾逸君编著:《中华民国名人传》(上),上海书店出版社1989年版,第94页。

业。东京高等商业学校教授乾政彦(1876—1951)于《卒业告别辞》中说:

> "若言知识,不应仅以法律知识为足。……养成见识之法多端,今虽无法一一列举,首须面向世界,求取适宜、渊博之知识。其次,阅读新书、新闻杂志,获取新知,明确清国居于世界何种地位,常存此念,针对地位形势,相应设施经营,必要以诚实从事。
>
> ……世间万事皆可以法律治之,怀此想法,皆属错误。"〔8〕

事实上,朱执信也以自身的言行诠解了这段告别辞的期许之义。1905年,朱执信结识孙中山并入中国同盟会,担纲东京总部执行部书记科书记、评议部评议员,开始以蛰伸(也有人说这是号)、县解、去非、前进等笔名在中外报刊上发文多篇,以阐发三民主义、鼓荡革命风气,尤青睐民生主义。次年回国,于广东高等学堂、法政学堂及两广方言学堂任教。朱执信的革命理论是与其革命实践密切相连的。从广州巡防营之役(1907)、广州新军之役(1910)、黄花岗之役(1911),到广东光复、民国定鼎、讨袁护法,直至粤军还乡驱桂,可谓"从乙未至辛亥,无役不予",丝毫不计个人毁誉得失,战斗到生命的最后一刻,有"中国之明星""革命之圣人"等令誉。

广东光复后其任军政府总参议、广阳军务处督办、省核计院院长。1913年宋教仁遇刺后,作为孙中山的追随者,朱执信力主整顿军队、武力讨袁。同年"二次革命"失败后坚持反袁斗争,加入孙中山在日本组建的中华革命党,任中华革命军广东司令长官,并担任《民国》杂志主笔。

---

〔8〕 日本法政大学大学史资料委员会编:《清国留学生法政速成科纪事》,裴敬伟译,广西师范大学出版社2015年版,第54页。

1917年，其参加护法运动，任军政府海陆军大元帅府军事联络。次年至上海，协助孙中山掌管机要文书，参与《建国方略》撰写，并从事《建设》等杂志辑撰工作，参加新文化运动。胡汉民称赞朱执信道："先生是忠于主义的一个人，最革命的一个人，追随着总理最肯奋斗的一个人。"[9]

朱执信不仅勋业可称，文章亦可传世。孙中山曾赞其"革命实行家，又为文学家"。其作品国学根柢深厚，文学镞镞；又遍涉社会科学各分支，学殖深广，融会贯通；还辅以世界新知素养，兼采中外典故；更说理充分且讲求逻辑，论证有力而甚富洞见，因此可读性强。这一切，全缘于他能在繁忙冗杂的时间里头寻出冷静钻研的机会去深求学问。他的智识道德，所以能日新不已。[10] 同时他又是一个极为率直的人，全然不知道什么叫关系、情面、假借、原谅等[11]，隘与不恭（语出《孟子·公孙丑上》："伯夷隘，柳下惠不恭。"），嫉恶如仇。这是一种见仁见智的个性风格。

其人作为毕业于日本法政大学的杰出代表之一，拥有较为扎实的法学理论基本功，这一点体现在其言行之中，颇有特色。其文除刊载在各埠报刊外，国内则多见于《民报》《民国杂志》《建设》诸杂志，构成了《朱执信集》的主要内容。《民报》（1905年创刊）、《民国杂志》（1914年创刊）、《建设》（1919年创刊）作为朱执信主笔的三种主要报刊，如实地反映了朱执信前期、中期和后期的政治法律思想，因而具备较高的史料研究价值。

我们注意到，一个人物同时可能具有多重身份、多个头衔，这并不鲜见，当人们以一个头衔或称谓称呼某人时，则侧重于其人在此领域内

---

[9] 林家有：《辛亥著名人物传记丛书·朱执信》，团结出版社2011年版，第161页。

[10] 参见贾逸君编著：《中华民国名人传》（上），上海书店出版社1989年版，第98页。

[11] 参见贾逸君编著：《中华民国名人传》（上），上海书店出版社1989年版，第100页。

作出的贡献。朱执信是一位在颇多领域均有建树的人物，抗战胜利后，《青年模范丛书》的编者认为朱执信是数学家、哲学家、政治经济学家和文学家[12]，但唯独没提到他是一位法律家。"法学家"具体是何涵义，《辞海》中并未收录此词条。实话讲，"某某家"之称谓，颇带有一定的主观性，也并不需要服众，依笔者浅见，法学家应当是指对法学颇有见地、对法学传布具有贡献之人。如果冠朱执信以"法学家"的称谓不那么容易被人接受的话，冠之以"法律家"又是否可以？清末以来逐渐产生的现代知识分子群体，在民初时期已初具规模，并产生了某种程度的分化。留学于不同国度的人们，各自受到了当时当地的文化影响，在素质、观念、行为上形成了较为明显的国别性。[13] 清末新式法学教育直接催生了中国近代法学，中国的近代法学则直接以日为师，间接以西方为师。梅谦次郎说"从距离、风俗、历史、人情任何一点观之，从迥异之欧美获取新知，皆不如从我邦获取便利"[14]，辛亥革命前仅毕业于日本法政大学的中国留学生就有1346人，在中国近现代史上于政界、法律界有较大影响的如唐宝锷（1878-1953）、汤化龙（1874-1918）、宋教仁（1882-1913）、汪兆铭（1883-1944）、胡汉民（1879-1936）、沈钧儒（1875-1963）、居正（1876-1951）、杨度（1874-1931）、曹汝霖（1877-1966）、张耀曾（1885-1938）、张君劢（1887-1969）、孟森（1868-1937）等人。[15] 无怪乎李达（1890-1966）说过："中国法学的研究，肇始于满清末年的日本留学生。随着舶来品的法律之输入，那注释法学、概念法学也同时输入了。"[16]

---

[12] 参见何伯言编著：《朱执信、廖仲恺》，青年出版社1946年版，第23页。

[13] 参见许纪霖、陈达凯：《中国现代化史》（第1卷），学林出版社2006年版，第256页。

[14] 日本法政大学大学史资料委员会编：《清国留学生法政速成科纪事》，裴敬伟译，广西师范大学出版社2015年版，第23页。

[15] "中国近现代法学教育风雨百年"，载正义网，http://www.jcrb.com/zhuanti/szzt/XHGMBNQ/555555/，最后访问日期：2017年8月15日。

[16] 李达：《法理学大纲》，法律出版社1983年版，第11页。

朱执信经受过系统的法学教育，其著述中对法学理论及各部门法了若指掌，援用自如，并以法学理论为武器，宣传救亡图存之道，敢开风气之先，为吾国吾民提供了一种全新的审视现况、思考未来的别致视角，是谓创榛辟莽之功、筚路蓝缕之劳。职是之故，笔者以为朱执信算得上一位"法律家"。笔者期待以"法律家"这一称谓唤起读者对彼时代"革命人物"之法学背景和法学表达的意识。

此外，笔者认为，研究历史人物应该在全面把握史料的基础上，采用与以往不同的视角，发掘其人被大众忽视或遗忘的另外身份，防止囿于成见，这样才能有研究突破之可能，以期踵事增华之效。为此，笔者一般不偏重于一般史实，而是在尽可能照顾宏观体系、注重继承前人成果的基础上，做某些历史性的思考和创新的尝试，力图推出一些新的看法、框架或体系，试图填补某些空白或研究薄弱之处。笔者拟把兹文作为一个肇始，以期进一步研究近代中国东西方文化交融背景下诞生的第一批法律人及其后学。

人的思想总归是要受到环境一定的影响的，尤其是时代的弄潮儿。在朱执信短暂的一生当中，经历了剧烈的革命运动和社会变革，其又是一个具有世界眼光的人，所以在其思想的前期、中期和后期都会呈现出明显的阶段性特质，将朱执信的法律与宪政思想明确按照时间节点划分为三个时期，很有必要。柯林武德（Robin George Collingwood，1889-1943）说过："人们当成是知识的，仅只是今天思想的风尚，它并不（一定）是真确的，但在我们的生存竞争中却是最有用的。"[17] 朱执信援用的许多法律和政治观点，正是当时最流行的，但是需要我们去粗取精，去伪存真，客观实际地加以阐析。

朱执信的思想变迁，自然也涉及近代中国的知识与制度体系转型。由于近代中国的知识与制度体系转型持续时间长、牵涉范围广、相关资

---

[17] [英]柯林武德：《历史的观念》，何兆武等译，商务印书馆1997年版，第316页。

料多、问题又极为复杂,非有长期专深系统的探究,不易体会把握。[18]但是篇幅有限,又必须抓住主要矛盾,突出重点,亦即围绕朱的法政思想来写,所以某些背景之交代未必能面面俱到。

笔者拟将朱执信法政思想分为三个阶段:

一是《民报》时期,从1905年到1913年。这一时期主要呈现的是激进的民族主义宪政观以及朱对社会革命与政治革命的关系的论证。

二是《民国杂志》时期,从1914年到1918年。这一时期主要呈现的是朱对一切形式之专制的反对,对民主的大声呼吁以及对革命低潮之反思。

三是《建设》杂志时期,从1919年到1920年。这一时期主要呈现的是朱执信和平、互助与超国家主义宪政观与"直接民权"主义思想,以及对军队与国家关系的论述和井田制既有理念的论争。

笔者以为,以上三个时期的划分将使得朱执信整个的革命生涯脉络清晰,层次分明,这不仅体现朱执信本人的法政思想的变迁,也较有代表性地反映了彼时代及相当一部分知识分子或革命者之法政思想的雏形与流变。本文所介绍的重点,主要是第三个时期,也就是"《建设》杂志时期",这一时期是朱执信在从"五四运动"开始到其生命结束期间的一年左右的时间,这也是其从旧民主主义革命向新民主主义过渡的时期。关于1919-1920年"井田制论争"的这段史坛争锋,朱执信做过两次精彩的发言,可惜未被《朱执信集》等文集收录,笔者从1930年华通书局版《井田制有无之研究》一书觅得雪爪,朱执信不但对数学、考据学等学科知识烂熟于心,更对民法学原理运用自如,令人钦叹。此外,在史学界已有的研究"井田制论争"的论文中,似乎对朱执信的发言并未加以应有的关注,本文拟改变这一现况。

---

[18] 参见程美宝:《地域文化与国家认同:晚清以来"广东文化"观的形成》,生活·读书·新知三联书店2006年版,第21页。

二、《建设》杂志时期（1919-1920年）

进入1919年6月以后，朱执信在新文化运动和"五四运动"的鼓舞和驱策下，围绕中国革命的目标和道路，探讨了一些重大的政治、历史、哲学、军事等问题，提出以俄国为榜样来创建理想的军队。我们兹以《建设》月刊来概括此阶段。《建设》月刊杂志于1919年8月1日在上海创刊，是中华革命党主办的理论刊物，也是五四时期的进步刊物。该刊以朱执信、廖仲恺（1877-1925）等为主编，于上海亚东图书馆出版。《建设》杂志为顺应时代潮流，采用新式标点，"文体各从其便，但倾向仍在白话"。[19]

此外，他还在上海创办《民国日报》副刊《觉悟》和《星期评论》等杂志，并且协助孙中山撰写了《建国方略》等著作。此时的朱执信，主要大力主张思想与社会改造，认为"中国情形非从思想上谋改革不可"[20]，正证明他能因应时代之变迁，善尽宏扬革命之能事。这一时期是他著述最勤的时期。

（一）和平、互助与超国家主义宪政观

"欧洲战争，事至惨酷。"[21] 1914年7月至1918年11月，人类历史上演了惨烈的第一次世界大战。值此世界级丕变，朱执信的思想经历了巨大的冲击和洗礼，其加深了对帝国主义的认识，意识到"和平""互助"是在中国确立宪治的必要条件，宪政观念也日益趋向和平主义与世界主义，坚决反对帝国主义。早在一战爆发前的1914年5月，朱执信即在《民国》第1号发表的"无内乱之牺牲"中指出，袁世凯最大罪恶在于其剿绝国民生产力，远甚于滥杀。战争最大的危害，在于

---

[19] 吕芳上：《朱执信与中国革命》，"台湾师范大学历史研究所"1978年版，第237页。

[20] 朱执信："致蒋介石函"，载广东省哲学社会科学研究所历史研究室编：《朱执信集》，中华书局2012年版，第274页。

[21] 朱执信："中国存亡问题"，载广东省哲学社会科学研究所历史研究室编：《朱执信集》，中华书局2012年版，第230页。

"骗此国民最强壮之部分于不生产之地位",穷兵黩武对经济生产造成极大破坏,"继续至国民资本殚绝,更无生产能力时"[22]。弭兵运动自古有之,却总不成功,战争始终作为人类之一制度而存在。[23] 1919年6月,其在《觉悟》上发表"睡的人醒了"一文,以"为什么醒了不去做人,却去做狮子"[24]的言论,质疑"睡狮醒了"之说,认为这是"黄祸论"持有人的说辞,这种形象建构居然在中华文化论述中大行其道,是社会价值严重扭曲的后果。[25]民族独立与国家建立之目的不在于使别人畏惧,"人生目的,不是许我有便不许你有的"[26],只有和平才能使大多数人都达到自身的目的,而讲民族自决,就是不愿人家做自己的狮子,反之亦然。国家间奉行的"武装平和",即以武力自卫和平,也无法保证和平。国家自有存在的目的,"不徒为战争而存立"[27]。

在和平理论的基础上,朱执信论证了互助的重要性,"论智不论力,贵互助不贵争斗"[28],人能够互助,就能够组织社会,故要爱人如爱己,国家、民族之间,也可以通过相爱互助的手段避免互相轧轹。"爱国同时爱一切人类,始能有益于人类,且有益于国家。"[29] 中国正处在

---

[22] 朱执信:"无内乱之牺牲",载广东省哲学社会科学研究所历史研究室编:《朱执信集》,中华书局2012年版,第137页。

[23] 参见梁漱溟:"人类文化之早熟",载梁漱溟:《中国文化要义》,上海人民出版社2005年版,第234页。

[24] 朱执信:"睡的人醒了",载广东省哲学社会科学研究所历史研究室编:《朱执信集》,中华书局2012年版,第275页。

[25] 参见杨瑞松:"睡狮将醒?:近代中国国族共同体论述中的「睡」与「狮」意象",载《政治大学历史学报》2008年第30期。

[26] 杨瑞松:"睡狮将醒?:近代中国国族共同体论述中的「睡」与「狮」意象",载《政治大学历史学报》2008年第30期。

[27] 朱执信:"中国存亡问题",载广东省哲学社会科学研究所历史研究室编:《朱执信集》,中华书局2012年版,第220页。

[28] 朱执信:"睡的人醒了",载广东省哲学社会科学研究所历史研究室编:《朱执信集》,中华书局2012年版,第277页。

[29] 朱执信:"复古应芬函",载广东省哲学社会科学研究所历史研究室编:《朱执信集》,中华书局2012年版,第287页。

思想混乱时期，至于军国主义、侵略政策，都是学说的"废料"。政府过于强势，是中国祸乱的来源，也是世界祸乱的来源。同时，朱执信对于帝国主义的侵略企图表示了警惕，于山东问题，坚持"委任统治与民族自决，根本上不能相容者也"[30]。于外蒙古问题，认为可以尊重外蒙古的自决，但实现五族共和需要一个过程，决不可被侵略家利用[31]，要坚决捍卫中国的核心利益。

除了对和平互助主义的呐喊，笃信进化论思想的朱执信拾起了共产主义学说，作为鼓舞革命斗志的武器："共产主义……为进化过程将来可能实现之一范型（纵使非永久如此），故可有实行之一日。"[32] 依照进化观点，人类社会必将经历"共产主义"阶段，"早一日实现，则社会早一日免其痛苦"，以权利和义务作譬，实现社会进步是人的义务，而非权利，[33] 人们各尽所能，以服务于社会。推广及全世界，朱执信则提倡"超国家主义"的宪政观，认为国家主义只是人类社会存在的一种手段，"国家非最后之生活形式，国家主义亦不能为永久之生活标准"[34]。国家主义、军国主义和帝国主义虽不同，却有很深的联系，国家主义完全可能演化成帝国主义。国民自觉，而非外来压迫，才是国家主义的根本来源。达致国民自觉，必须要有进步的知识和文化上的贡献[35]，德国的狂飙突进运动便是很好的例子。启蒙自由派重知识，轻

---

〔30〕 朱执信："侵害主权与人道主义"，载广东省哲学社会科学研究所历史研究室编：《朱执信集》，中华书局2012年版，第337页。

〔31〕 参见朱执信："取消外蒙自治的功罪和对付方法"，载广东省哲学社会科学研究所历史研究室编：《朱执信集》，中华书局2012年版，第534页。

〔32〕 朱执信："复一心社函"，载广东省哲学社会科学研究所历史研究室编：《朱执信集》，中华书局2012年版，第282页。

〔33〕 参见朱执信："复一心社函"，载广东省哲学社会科学研究所历史研究室编：《朱执信集》，中华书局2012年版，第283页。

〔34〕 朱执信："国家主义之发生及其变态"，载广东省哲学社会科学研究所历史研究室编：《朱执信集》，中华书局2012年版，第297页。

〔35〕 参见朱执信："国家主义之发生及其变态"，载广东省哲学社会科学研究所历史研究室编：《朱执信集》，中华书局2012年版，第300页。

感情；卢梭派重自然，尚感情，但二者皆蔑视无常之历史，重视个人自由与权利，同归于超国家主义。康德认为国家基于人民契约而成，不是国家主义，只是1806年败于法国之后，德国人转向了国家主义，而后有费希特（J. G. Fichte，1762-1814）、黑格尔（G. W. F. Hegel 1770-1831）、席勒（J. C. F. von Schiller，1759-1805）、耶林（Rudolph von Jhering，1818-1892）等国家主义论述家，在古代"反以世界主义为重"[36]。国家主义产生，需要如下条件：共享相同历史的民族、对历史的追慕之情、认识到国家的目的所在、国家在政治经济或文化上建有伟业、侵略与胁迫的刺激。中国缺失的，是知识与功业。但是，国家主义是一把"双刃剑"，所以中国目前可以为的，是"絜矩的、相容的国家主义"[37]，超国家的社会主义则更应是奋斗的目标。"絜矩的国家主义"代表国家主义要在法度范围之内，即一国内的宪政；"相容的国家主义"则代表国家主义促进世界各国要"兼相爱、交相利"，这是在宪政的前提下，构建整个世界的和谐秩序。

（二）"直接民权"主义

"五四运动"之后，朱执信主要通过对代议制的重新认识与思考来阐发"民权主义"。1919年8月5日，济南戒严司令兼镇守使马良（1875-1947）以"煽惑军警，危害治安"罪名下令枪杀山东爱国群众，血案引发全国爱国人士的请愿抗议。朱执信认为，请愿是"人民表示其政治上意见最平和、最合理之方法"，但是"此一是非，彼一是非，本无定着"[38]，人民的真实意图容易被蒙混、被利用，所以法律上规定请愿无强制效力是有道理的。而具有强制力的、反映真正民意的"请愿"，就是"直接民权"的体现，可以防止不良政府政治、取消不正当法律、

---

[36] 朱执信："国家主义之发生及其变态"，载广东省哲学社会科学研究所历史研究室编：《朱执信集》，中华书局2012年版，第308页。

[37] 朱执信："国家主义之发生及其变态"，载广东省哲学社会科学研究所历史研究室编：《朱执信集》，中华书局2012年版，第317页。

[38] 朱执信："请愿与民权"，载广东省哲学社会科学研究所历史研究室编：《朱执信集》，中华书局2012年版，第431页。

避免恶法荼毒、排除一切不合民意的官吏。政府归于人民支配之下，国民行使直接民权进行投票，一切成年之人都有选举权、立法权和任免权，"投票之结果，是者即是，非者即非，丝毫无可假借"[39]。朱执信指出了议会立法的弊端，"立法院所立之法，固不必为人民所欲立；人民所欲立之法，亦不必为立法院所能立"[40]，立法院与人民意志相左的例子不可谓少。所以，只要是人民想立的法，仅需自行起草，政府以付选民投票，不用其他机关裁可而成为法律，法律的创制权就掌握在人民手中。同时，人民应同样有权取消不正当的法律，一切法律既经议定以后若干时间内，选民可以署名再将全案交国民重新投票，决定可否[41]，这就是"复决权"。朱执信希望中国能产生包含"直接民权"规定的有效宪法，这是今后奋斗的目的所在。这种创想，无疑是理想化的，其能否实现，作者却并没有论证。

朱执信强调宪法的权威性来自人民，宪法应该把人民的威力，表现出来[42]，"否则不知道要这宪法来做什么"。对于1913年《天坛宪草》（《中华民国宪法草案》），朱执信评论其陈旧不堪，加上其内容中离奇鬼怪的"孔教""解散权"云云，其最大的舛误在于"只有国会的最高权而没有人民的最高权"[43]。国民选举议员，统统把自己的国民权利委任他人，义务却从不缺位，人民的权利和义务严重不对等。代议制不是理想的最善制度，虽然中国人口巨大，但是人民仍有直接参与政治的可能性，虽不能云集同一处开会议事，但人民有权分别发表自己的意思，

---

[39] 朱执信："请愿与民权"，载广东省哲学社会科学研究所历史研究室编：《朱执信集》，中华书局2012年版，第434页。

[40] 朱执信："请愿与民权"，载广东省哲学社会科学研究所历史研究室编：《朱执信集》，中华书局2012年版，第434页。

[41] 参见朱执信："请愿与民权"，载广东省哲学社会科学研究所历史研究室编：《朱执信集》，中华书局2012年版，第435页。

[42] 参见朱执信："我们需要一种什么样的宪法"，载广东省哲学社会科学研究所历史研究室编：《朱执信集》，中华书局2012年版，第442页。

[43] 参见朱执信："我们需要一种什么样的宪法"，载广东省哲学社会科学研究所历史研究室编：《朱执信集》，中华书局2012年版，第444页。

即充分的表达权，国民要有用武之地，而非一概由"优秀分子"只手遮天，把政治当专制。中国人除了县级"小区域"以外，民权政治无由发生，所以根本不必担心国家分裂问题，亦即人民主观能动性的发挥以及自治的实行，绝不会危及统一。就某些国家大计全国必须一致时，各县人民自决的机关制度方法，可以移来决定国家大事，这样既能维系统一，又能为全国谋来福利。[44]国会应该对国民负责，受国民指导，即使不能事必躬亲，国民亦应有机会议论及决定关涉自己切身利益的事务。[45]朱执信强调言论出版自由，为中国国民约法上之权利。[46]若议会享有立法全权，政府享有行政全权，不能相互制衡定会发生冲突。如果二者互相听命，就会导致专制。宪法以人民为最高机关，表现人民权威，实现直接民权，冲突、专制和动乱就会消弭。对于在国会翻云覆雨的安福系，朱执信警告其"千万不要看不起人民"，"要人民不反对，只有正正堂堂的一条路，就是声明改悔，声明受纳人民的主张"。[47]

朱执信坚信，"国家之中最有力者人民，人民所归向者，始谓之实力"[48]。南方革命政府主张复国会、改密约、废督军、治祸首，中国是民国，于法律上国会必须代表人民，"当局者于约法之下，不尊重国会，即为谋叛，即为失其法律上存立之依据"[49]。国会此时最大缺点，便是不能完全代表真正的民意。朱执信在"国会之非代表性及其救济方法"

---

〔44〕 参见朱执信："我们需要一种什么样的宪法"，载广东省哲学社会科学研究所历史研究室编：《朱执信集》，中华书局2012年版，第446页。

〔45〕 参见朱执信："我们需要一种什么样的宪法"，载广东省哲学社会科学研究所历史研究室编：《朱执信集》，中华书局2012年版，第448页。

〔46〕 参见朱执信："危险之塞耳政策"，载广东省哲学社会科学研究所历史研究室编：《朱执信集》，中华书局2012年版，第396页。

〔47〕 朱执信："我们不攻击王揖唐个人"，载广东省哲学社会科学研究所历史研究室编：《朱执信集》，中华书局2012年版，第408页。

〔48〕 朱执信："所谓实力派之和平"，载广东省哲学社会科学研究所历史研究室编：《朱执信集》，中华书局2012年版，第412页。

〔49〕 朱执信："谁为重要当局"，载广东省哲学社会科学研究所历史研究室编：《朱执信集》，中华书局2012年版，第421页。

一文中，运用比较法的方式有力地论证了"国会之非代表性"。此文开宗明义指出，多数选举制，仅能代表多数，而不能代表全部。密尔（John Stuart Mill，1806-1873）曾在"代议制政府"（Considerations on Representative Government）批判多数选举制不能反映少数人的意见，这不是真正的平等政治，应用比例制而不当用非比例制。然而比例制仍有弊端，虽然其解决了少数者全无代表的问题，但造成了少数者的选民实际比例比多数者还高，白芝浩（Walter Bagehot，1826-1877）、奥托·迈耶（Otto Mayer，1846-1924）、耶利内克（Georg Jellinek，1851-1911）等学者均反对之。[50] 所以以上两种代表政治，均有弊病，只是民国基于种种原因，不得已而择之，为此，朱执信提出："国会主权之原则，代表之制度，实为今代民治基础，更恐于近之将来不免继续。故于国会专制之事实，如何救济，实为今日当面之问题"[51]。为此朱执信结合自己的见闻列举了三种救济权。

1. 行政首长的拒否权（vote，否决权）。虽源出英国，然从安妮女王（Anne of Great Britain，1665-1714）开始不再使用否决权，当今最显著的代表则是美国总统的否决权。汉密尔顿曾论"因立法部之性质，倾于乱用其权，侵及他部之势力"，美国宪法规定否决权的本意，在于防止国会越权滥权，而自总统杰克逊（Andrew Jackson，1767-1845）以来，否决权有滥用趋势，成为一种有力但不安全的制度。

2. 法官的废弃权（nullifieation，宣布无效）。此即法院的适宪性审查，或称违宪审查。汉密尔顿曾论"宪法上若于立法权设之界限，惟能由法院保持之，故如有法律规定，显然与宪法真意违反者，彼必有宣告其无效之义务"[52]。1803年的马伯里诉麦迪逊案则第一次牵涉此问题。

---

[50] 参见朱执信："国会之非代表性及其救济方法"，载广东省哲学社会科学研究所历史研究室编：《朱执信集》，中华书局2012年版，第502页。

[51] 朱执信："国会之非代表性及其救济方法"，载广东省哲学社会科学研究所历史研究室编：《朱执信集》，中华书局2012年版，第505页。

[52] 朱执信："国会之非代表性及其救济方法"，载广东省哲学社会科学研究所历史研究室编：《朱执信集》，中华书局2012年版，第509页。

除了美国以外，违宪审查都属于立法机关。总统威尔逊（Woodrow Wilson，1856-1924）认为"此为人民权利被害直接求救济之一途"。朱执信认为，这种有效救济只能在法官不参加党争的前提下[53]，否则弊害未来难料，原因在于"以其决定言，则涉于专断，以其结果言，又对于人民不负责任。"[54]

3. 行政首长的解散权。在法国，总统经上议院同意，有权解散下议院。但法国内阁对国会负责，故无由救济国会专制。美国三权分立，不需要解散国会之权。英国两院经常冲突，意见相异时，解散下院诉诸国民。英国解散权应用频繁，在于上院不民选。解散的缘由，固然是其组成分子不能代表人民，"然未有全下院之议员，皆不为人民所信者"[55]。这种方式的成本无疑是巨大的。

职是之故，朱执信提出："使人民直接对其法案表示赞否之意，由之以定从违，岂不更较拒否权为彻底且安全，又较解散为明确且合理乎？最良救济方法即所谓直接民权者也。"创制权、复决权、罢官权这三种制度，可以救济国会的专横，而复决权是其中最有效的。早在1890年爱尔兰自治案论争时戴雪（V. Dicey，1835-1922）业已主张当采复决制度[56]。朱执信反对间接选举，主张直接选举，"再拿罢官权、复决权来监督他"[57]。

倡导"直接民权"之余，朱执信已经意识到了正在壮大的"中等社会"群体的力量，指出应把中等社会合并进劳动社会里，协助群众运

---

[53] 参见朱执信："国会之非代表性及其救济方法"，载广东省哲学社会科学研究所历史研究室编：《朱执信集》，中华书局2012年版，第511页。

[54] 朱执信："国会之非代表性及其救济方法"，载广东省哲学社会科学研究所历史研究室编：《朱执信集》，中华书局2012年版，第516页。

[55] 朱执信："国会之非代表性及其救济方法"，载广东省哲学社会科学研究所历史研究室编：《朱执信集》，中华书局2012年版，第518页。

[56] 参见朱执信："国会之非代表性及其救济方法"，载广东省哲学社会科学研究所历史研究室编：《朱执信集》，中华书局2012年版，第519页。

[57] 朱执信："再答东荪先生"，载广东省哲学社会科学研究所历史研究室编：《朱执信集》，中华书局2012年版，第633页。

动,监督政府。[58]

(三)论军队与国家关系

早在《民国杂志》时期,朱执信提出,"(革命)终局归于军队向背之问题"[59]。而军队问题,正是朱执信人生后期颇为关注的问题,因为在一个动乱的年代,是成为宪政的捍卫者,还是沦为宪政的掘墓人,军队对于宪政的落实与否,干系甚大。而朱执信本人,最终也因实地解决军队问题而不幸星陨。更早在民国元年(1912),朱执信与胡汉民、陈炯明就说过:"我们既破坏了旧的广东,须立定了新的基础,才能把这广东交还全省人民。"由此制订的三大计划,第一便是"裁兵",主张将十六万裁存六万,另两件是社会教育和整理金融。[60]

虽然朱执信早年亲身参与过暴力革命,但在其人生后期,对于武力的反感溢于言表:"武力自身,即武力之敌。武力愈强,则自身受窘愈多"[61]。他反思了自己的革命生涯,明确了革命的要素是"破坏同时建设,不是杀人"[62]。其对军阀深恶痛绝:"彼实力派口中之所谓和平,则拥兵者分配利益之和平也",[63] "历年之祸,无一不由此等拥兵者之坏灭以来"[64],拥护军阀无视国会的作为,简直荒谬绝伦。

对于革兵革警带来的社会治安问题,朱执信提出了"裁兵退伍整顿",列举了"行贿求免""戒严行军""赏格"等兵警腐败的表面原

---

[58] 参见朱执信:"中等社会的结合",载广东省哲学社会科学研究所历史研究室编:《朱执信集》,中华书局2012年版,第657页。

[59] 朱执信:"革命与心理",载广东省哲学社会科学研究所历史研究室编:《朱执信集》,中华书局2012年版,第177页。

[60] 参见"鸣呼朱执信先生",载《民国日报》1920年9月29日第1677期。

[61] 朱执信:"民意战胜金钱武力",载广东省哲学社会科学研究所历史研究室编:《朱执信集》,中华书局2012年版,第323页。

[62] 朱执信:"杀人不是革命的要素",载广东省哲学社会科学研究所历史研究室编:《朱执信集》,中华书局2012年版,第660页。

[63] 朱执信:"所谓实力派之和平",载广东省哲学社会科学研究所历史研究室编:《朱执信集》,中华书局2012年版,第414页。

[64] 朱执信:"所谓实力派之和平",载广东省哲学社会科学研究所历史研究室编:《朱执信集》,中华书局2012年版,第416页。

因，进一步点出深层原因，是"长官要兵警庇护他的不法举动"[65]。在"兵底变态心理"中，朱执信认为"我们现在受害的东西我们不能绝对不理他，我们要研究他的害人性从那里来"，指出中国的兵特别坏的原因包括"继续的不安定心理""突然而起的过度劳作，生出自暴自弃心理""完全不容他自由决定，生出放纵心理""做了事不用负责任，生出兽性心理"[66]。1920年6月和1920年8月在《建设》杂志发表"兵底改造与其心理"长文，朱执信更加详细地分析了军队问题，提出了改造方案。他指出带兵非易事，"维持兵的现状，才能够维持自己的势力"，团级和营级，则是"作弊（为害）的单位"[67]。地位越高，越难改革，因为兵的压迫是从下级压到中级，中级压到上级[68]。缺乏有序的晋升机制，也是兵乱的原因之一，行伍提拔，除了植党营私、长官特意提拔，便是自己作乱、取而代之。[69]而解决兵乱问题，朱执信提出以下观点。一是"劳动军"思想，这是受中国古代"寓兵于农"的启发，进而提出"寓兵于工"，"平常习于劳动，而依法律可以保护他们"[70]。近代西方社会学家滕尼斯（Ferdinand Tonnies，1855-1936）异曲同工地指出，军队是一些家庭、望族和社区组成的体系，只要它是对外统一的判断力和力量，军队就发挥着影响而且也接受着影响。[71] 二

---

[65] 朱执信："革兵革警滋事的问题"，载广东省哲学社会科学研究所历史研究室编：《朱执信集》，中华书局2012年版，第537页。

[66] 朱执信："兵底变态心理"，载广东省哲学社会科学研究所历史研究室编：《朱执信集》，中华书局2012年版，第678页。

[67] 朱执信："兵底改造与其心理"，载广东省哲学社会科学研究所历史研究室编：《朱执信集》，中华书局2012年版，第694页。

[68] 参见朱执信："兵底改造与其心理"，载广东省哲学社会科学研究所历史研究室编：《朱执信集》，中华书局2012年版，第698页。

[69] 参见朱执信："兵底改造与其心理"，载广东省哲学社会科学研究所历史研究室编：《朱执信集》，中华书局2012年版，第710页。

[70] 朱执信："兵底改造与其心理"，载广东省哲学社会科学研究所历史研究室编：《朱执信集》，中华书局2012年版，第718页。

[71] 参见［德］斐迪南·滕尼斯：《共同体与社会：纯粹社会学的基本概念》，林荣远译，北京大学出版社2010年版，第241页。

是"主义治军"。朱执信认为没有主义和有主义的军队战斗力相差太远，沙俄和苏俄的对比就是实例。主义不是硬嵌到兵卒脑筋里去的。三是参酌国外先进经验，注重军事、劳动立法。兵役制度上，例如欧洲和日本的征兵制、预备役制度；法律上，例如苏俄的《劳动法典》，完善伤病救治、老人扶养、孕产扶养、儿童扶养等事宜。[72]（在苏俄，劳动为人人应有的义务，凡不劳动者，不得其食。[73]）朱执信特地学习俄语，将苏俄相关法律逐条译出，悉附于文后以资镜鉴。此外，他还创造性地提出了"三年兵役制"概念。

值得一提的是，朱执信在对待军队及军人问题上，仍秉持着法律上公民自治的观点，提出"这个产业自治之外，当然还有普通公民的自治权"[74]，这并不会影响军人服从军纪。朱执信还主张个人自治与地方自治相结合，"先是要有一营以上的兵队，并且可以要求一个地方的自治全权"[75]。强调法律上的自治之目的，一是为了人尽其才（有特长的人，可以做专门家，非做将校），一则是为促进人地相宜（系工业地特有的便利）。揆诸朱执信于这一时期重视群众运动、注意军队改造等问题之表现，可见俄国革命对他产生了影响。但是也一如周策纵（1916-2007）所说的，朱等人在这一时期只是站在"民主的社会主义者"（Democratic-Socialists）的观点来讨论与研究马克思主义的，马克思社会主义对他们影响仍是极有限度的。[76]

---

[72] 参见朱执信："兵底改造与其心理"，载广东省哲学社会科学研究所历史研究室编：《朱执信集》，中华书局2012年版，第724页。

[73] 参见《苏俄新法典》，顾树森编译，李秀清勘校，上海人民出版社2013年版，第19页。

[74] 朱执信："兵底改造与其心理"，载广东省哲学社会科学研究所历史研究室编：《朱执信集》，中华书局2012年版，第726页。

[75] 朱执信："兵底改造与其心理"，载广东省哲学社会科学研究所历史研究室编：《朱执信集》，中华书局2012年版，第730页。

[76] 参见吕芳上：《朱执信与中国革命》，"台湾师范大学历史研究所"1978年版，第278页。

(四）井田制论争

"井田制论争"是"五四运动"前后一桩别致的文坛公案。"井田制之争"于20世纪初的语境下，与其说是历史观点之争，不如说是治国理念之争。孟子对井田制的动情描述就已经附载着他本人对治国的强烈态度。由儒家伦理培育出来的政治家、思想家等，对这种政治模式推崇备至。人们认为井田制代表了"大同"世界、"大公"天下，从王莽"托古改制"到"王安石变法"，都对井田制的理念有所实践，也都在悲壮中结束。日本学者桑田幸三（1922-2011）认为，新朝王莽的王田制度、始于北魏而完成于唐代尔后又走向崩溃的均田制度、清世宗时代所设立的井田模范区、太平天国的天朝田亩制度等，井田思想对这些制度都起到了先驱性的影响作用。[77] 迄至20世纪揭幕后，"井田制"有无问题再成焦点。孙中山的"平均地权"思想是以土地国有代替土地私有为前提的。换言之，在孙中山的思想中，平均地权和土地国有是合二而一的。[78]《建设》杂志是"五四运动"爆发以后由孙中山创办的，目的在于宣传民主革命，阐释孙中山的学说，由廖仲恺、朱执信等人主编。这场关于井田制的辩论，是由胡适挑起的。胡适的对方是廖仲恺、朱执信、胡汉民三人。胡适本人是井田制否定派，他于1919年在《建设》发表"答廖仲恺胡汉民的信"，又发表"再答汉民仲恺两先生书"，认为："井田的均产制乃是战国时代的乌托邦"，"井田制是孟子凭空虚造出来的"。胡汉民在这篇文章中确定井田制是中国古代相沿的共产制度；而当时胡适正主张多研究些问题，少谈些"主义"，他不承认阶级社会之前存在过原始共产社会，用他的话来说，就是"古代本没有均产的时代"。[79] 杨宽（1914-2005）认为，胡汉民对井田制的解释有缺点，但廖仲恺对井田制的论证有贡献。廖仲恺是把"井田"作为一种古

---

[77] 参见［日］桑田幸三：《中国经济思想史论》，沈佩林等译，北京大学出版社1991年版，第14页。

[78] 参见樊树志：《国史十六讲》，中华书局2006年版，第30页。

[79] 参见杨宽：《杨宽古史论文选集》，上海人民出版社2003年版，第3页。

代的社会经济制度来论证的,而胡适是把"井田"作为思想家的理论来探讨的;廖仲恺要论证的是井田作为一种经济制度在古代实施的情况,而胡适要探讨的是井田作为一种乌托邦理论是如何发生和发展的。[80] 苏渊雷(1908-1995)则认为,井田制的争议体现了同一材料因前后具体情况和解释不同,往往得出相异的结论。[81]

附图:井田制论争略年表

时间节点	事　件
1919年2月	胡适《中国哲学史大纲(上)》刊行。
5月4日	"五四运动"爆发。
8月1日	『建设』杂志创刊于上海。汪兆铭、胡汉民、廖仲恺、朱执信、戴季陶担任编辑。孙中山的「建国方略」开始在创刊号连载。
10月1日	『建设』2号登载胡汉民的「中国哲学史之唯物的研究」。
10月10日	中华革命党改组为中国国民党。『建设』成为其机关杂志。
11月1日	『建设』3号登载胡汉民的「中国哲学史之唯物的研究(续)」。
11月8日	胡适寄给廖仲恺一封讨论"井田制度"的信,批判胡汉民。【书简①】
12月19日	廖仲恺致胡适反驳信。【书简②】
1920年1月9日	胡适答廖仲恺胡汉民信。【书简③】
1月20日	胡汉民致胡适反驳信。【书简④】
1月26日	胡适答胡汉民信。【书简⑤】
1月31日	朱执信致胡适反驳信。【书简⑥】
2月1日	『建设』2卷1号将书简①~④作「井田制有无之研究」题目登载。

---

[80] 参见杨宽:《杨宽古史论文选集》,上海人民出版社2003年版,第9页。
[81] 参见苏渊雷:《读史举要》,中国人民大学出版社2007年版,第42页。

续表

时间节点	事　　件
3月1日	『建设』2卷2号将书简⑤・⑥作「井田制有无之研究（2）」题目登载。
4月15日	季融五投稿『建设』支持胡适。【书简⑦】
4月30日	胡汉民致季融五反驳信论。【书简⑧】
4月30日	朱执信致季融五反驳信。【书简⑨】
6月1日	『建设』2卷5号将书简⑦~⑨作「井田制有无之研究（3）」题目登载。
8月1日	『建设』2卷6号将吕思勉批判胡适的书简登载。

我们可以看到，朱执信在1920年1月31日及1920年4月30日分别致信胡适及季融五[82]（1878-1932）参与了争论。已有的探讨该论争的文章中，对朱执信所谈论的内容提及不多。胡汉民认为一夫百亩，并不为多，[83]但胡适认为"百亩之田，断不止养五人至九人"，剩余的生产物是被卿大夫掠夺去了，因此土地是私有的。胡汉民认为周亩不能以当今眼光衡量，颜回拥田五十亩，还要箪食瓢饮。胡适便质疑胡汉民计算的周亩一百亩合现在十五亩有误，他指出《王制》说，古者以周尺八尺为步，今以周尺六尺四寸为步；古者百亩当今百四十六亩三十

---

[82] 据上海市地方志办公室编《闸北区志》：季融五名通，江苏常熟人。清廪生，目睹官场腐败十分痛心。清光绪三十年（公元1904年），在乡试中，指斥时政，三考未毕，愤然离去。为实业救国，东渡日本，学习实用科学。一年后回乡，广设私塾，致力于儿童教育。辛亥革命后，进伍廷芳、章士钊所办的上海民国法律专门学校学习法律经济。民国元年（公元1912年），被聘为蔡元培创办的爱国女学（海宁路天保里）校董。民国二年（公元1913年），经乡民推举，出任江苏省议员。创办《建业潮》刊物，"以指导社会，针砭流俗，并提倡实业"，一时颇具影响。民国八年（公元1919年）"五四运动"，辞去省议员职务，去北京大学从事研究工作。载 http://www.shtong.gov.cn/node2/node4/node2249/zabei/node40620/node40622/node63623/ userobject1ai52113.html，最后访问日期：2017年11月13日。

[83] 参见朱执信等：《井田制度有无之研究》，华通书局1930年版，第44页。

步,古者百里当今百二十一里六十步四尺二寸二分。周朝量田计里都大于汉朝,后人考定的周尺,未必与量田计里的尺度相同,云云。[84] 朱执信在1月31日函中,向胡适辩驳了周亩的计算方式。他指出《王制》乃是伪书,不可信,而《汉书·食货志》才可信。接着,朱执信运用自己的史学和数学知识,计算了周亩、汉亩和今亩的比例关系,汉百亩也不过现在的二十亩零几里。[85] 他断定,古人亩收一石至一石半,每月一个人也食一石以上,除了拿出去交换必要品和谷种以外,没有什么多余也正常。[86] 至于《左传》《诗经》的争土田的内容,也不是争所有地。《左传·昭公七年》记载,韩起拿州县来换乐大心的原县,和季孙对孟氏家臣说"吾与子桃又与之莱、柞",算是大夫做主的事情,其余都是国家间的授受。而韩起和季孙,当时都是为政的人,所以想定他是拿执政资格来处分采地,不是拿大夫资格处分私有田地的。[87] 1月31日信末尾的这句话,也为4月30日朱执信用民法上的所有权理论驳季融五的信埋下了伏笔。但是,后人应该知道的是,我国计算面积,亩制向来是用平方步为单位计算,步又用尺为单位计算。所以如果想计算各代亩量的面积大小,即用该代尺的长度可以推算出来。但历代地亩并不是完全依照实际面积的大小,而往往结合其他因素如收获、播种及劳动力等来作为亩量的折合,以便于统治阶级征税收租的估计。因此,用尺度来推算亩量是没有科学价值的。[88] 但是朱执信对胡适的逐条反驳,确也彰显了他知识储蕴的丰赡。

季融五援引《左传》中的诸多记载,认为贵族田邑,皆国君及执政所与。或受,或辞,或反,或致,或归,皆由所有权。不过,当时的土

---

[84] 参见朱执信等:《井田制度有无之研究》,华通书局1930年版,第47页。
[85] 参见朱执信等:《井田制度有无之研究》,华通书局1930年版,第59页。
[86] 参见朱执信等:《井田制度有无之研究》,华通书局1930年版,第61页。
[87] 参见朱执信等:《井田制度有无之研究》,华通书局1930年版,第61页。
[88] 参见梁方仲:《中国历代户口、田地、田赋统计》,中华书局2008年版,第720页。

地处分权,名义上总还是属于国君。[89]朱执信对于季融五"贵族自由争夺,并非拿执政资格来处分"的观点,指出他对"处分"两个字误会了,"处分"不是"处分权"的意思。朱执信对于所有权、用益权、处分权等民法上的概念进行了准确地描述,以下是笔者据上海华通书局1930年版《井田制度有无之研究》校勘之内容:

"汉民兄所用的处分权,是照日本民法上所下的所有权定义来的,也是由罗马法相传来的。因为所有权的内容,有使用、收益、处分三件事,这里头前两件是所有权和别物共通的。只有这处分权——把所有权的目的物消灭,或者把所有权转移到别人——是所有权的特征。所有权里头,除去这处分权,恰是罗马法的用益权了。这处分和处分权,完全是两路的。我用'处分'两个字,是不检点,应该认的,季先生以为能够处分就是有处分权,未免误会了我的意思。(至于韩宣子和乐大心的交换,是对于这个收益权的处分,不是土地的处分。)处分的范围本是很广大的。季先生先引的天子诸侯与夺受归田邑的十九个例,说是证明有所有权,然而他讲与夺是国君的事,刚刚和我所讲相同。我因为这种的例讲不起许多,韩起这一个是和人交换,季孙说吾与子桃,又像是私人赠与,所以说不是处分私有田地。此外国际的争田授受田,就不能成为疑问,也不用说他。国君自己把地方划给臣民做采邑,更不用说他了。季先生认贵族田邑皆国君执政所与,自然和我相同,但是说受、辞、反、致、归几件,是所有权的证据,未免太早,因为只有限定的收益权的采地,一样可以受、辞、反、致、归的,季先生再引的争夺田邑九个例,证明君不得为政。但是《左传》里用争夺两个字,是界限很分明的。甲抢了乙的东西,叫作夺,这是当然君不得为政的。甲和乙同时主张这个东西是自己有权享用的,叫作争,这个还不是没有人听讼的(如邢侯雍子之狱便是羊舌鲋做理来听他)。然而两个都不能做所有权存在的证据。因为现在所争夺的,也可以是所有权的目的物,也可以是收益的权利,所以到底没有解决我们的论争。总括来说,我们不认所有权

---

[89] 参见朱执信等:《井田制度有无之研究》,华通书局1930年版,第95页。

存在,所以以所有权之移转消灭为内容的处分权当然不能存在。适之先生所拿来反对我们的证据,他通认作所有权的移转,因之说是处分权。我们只认作收益权的移转,因之不认他是处分权。"[90]

质言之,朱执信始终坚持贵族拥有的仅是土地的"收益权",只要有此权利就可以实现"受、辞、反、致、归"的行为。这里的"收益权"就是"用益物权"。季融五引证了许多世袭的田来做所有权的证据,但是当时世卿世禄的制度底下,食禄当然是世袭,不要一定所有,才能世享。[91]

季融五曾引用俄国农奴制的例子,指出俄国农奴至今还保存耕地均分制度,既然叫作农奴,当然是供田主的驱策,给他种便有得使用收益,不给他种便磕破头也不中用。农奴的这种用益权,却存在于胡汉民所言的"土地私有制度发生后的均产制"[92]。朱执信认为,季融五误解了"农奴"一词的本质含义。他从词源入手,指出农奴只是被限制了自由而已,但是地主在法律上的权利,也是有限制的。农奴还有和个人奴隶区别的地方,能够要求借地权。欧洲的农奴,总是在私有制度发生以后,因征服压迫产生的,拿来说明中国古代没有私有制的时候(指井田制时代)的现象,没有可以相同的道理。[93]朱执信与季融五的辩论,由于援用了近代民法理论和概念,并参酌古今中外的历史事例,比朱执信与胡适泥于数字计算之争显得更有深度,亦体现出朱执信深厚的法学理论素养。

(五)宣扬无神论

朱执信的无神论思想内容涉及面广、旗帜鲜明,其批判的锋芒不仅指向当时存在的主要宗教神学,同时还批判了封建神权、世俗迷信。[94]

---

[90] 参见朱执信等:《井田制度有无之研究》,华通书局1930年版,第121~123页。
[91] 参见朱执信等:《井田制度有无之研究》,华通书局1930年版,第127页。
[92] 参见朱执信等:《井田制度有无之研究》,华通书局1930年版,第106页。
[93] 参见朱执信等:《井田制度有无之研究》,华通书局1930年版,第125~126页。
[94] 参见牙含章、王友三:《中国无神论史》,中国社会科学出版社1992年版,第945页。

朱执信对耶稣的批判由来已久，到"五四运动"时期发表"耶稣是什么东西"一文时更是达到了顶峰。他深感宗教神学不利于中国革命与独立，有碍人民思想解放，自称是"反宗教的人"。现在的学生，已经把从前儒家那些谬说统统打破了，而对耶稣教神学的批判，其言论还"没有效力"，导致"学生对于宗教的诱惑没有抗拒能力"[95]，然而，耶稣只是因反抗祭司被杀了的一个人，而非所谓的神。耶稣教门派林立，增删经典，如同议员买选票差不多，"一定是和某富贵人家有利害关系的"[96]。他一方面认为耶稣是一个"口是心非、偏狭、利己、善怒、好复雠的一个偶象"[97]，另一方面又认为在历史、社会中起作用、生影响的，"不是历史的耶稣，却是圣经上的耶稣"[98]，人们必须正视它，揭穿它的实质："那欧洲的野心家，对于我们东方非基督教民族，完全不认我们的人格，是从基督教固有的属性来的。我们拿着自由、平等、博爱和他讲，真是无聊。"[99] 朱执信从历史与宗教神学教义本身的分析中，揭示出耶稣及基督教的本质，[100] 这是在无神论者中的创举。

进一步地，笃信进化论的朱执信对于神创说进行了有力批驳："宇宙中经无数进化而始有人，决非被上帝创造者。"[101] 人生目的是人类本身固有，而不是上帝所与。就国家制度与宗教神学比较而说，善良的国

---

[95] 朱执信："青年学生应该警戒的两件事"，载广东省哲学社会科学研究所历史研究室编：《朱执信集》，中华书局2012年版，第760页。

[96] 朱执信："耶稣是什么东西"，载广东省哲学社会科学研究所历史研究室编：《朱执信集》，中华书局2012年版，第547页。

[97] 朱执信："耶稣是什么东西"，载广东省哲学社会科学研究所历史研究室编：《朱执信集》，中华书局2012年版，第553页。

[98] 朱执信："耶稣是什么东西"，载广东省哲学社会科学研究所历史研究室编：《朱执信集》，中华书局2012年版，第548页。

[99] 朱执信："耶稣是什么东西"，载广东省哲学社会科学研究所历史研究室编：《朱执信集》，中华书局2012年版，第551页。

[100] 参见王友三：《中国无神论史纲》（修订本），上海人民出版社1986年版，第499页。

[101] 朱执信："人生问题"，载广东省哲学社会科学研究所历史研究室编：《朱执信集》，中华书局2012年版，第764页。

家制度是"增进生存价值之一手段"[102],宗教神学不能说明人生目的,也不能增进人生价值。除了基督教以外,他亦对佛教轮回说也进行了批驳。朱执信无情揭露和批判宗教神学,除了它违反科学,最重要的还是它们根本不能解决社会、人生的问题,因而没有存在的价值。他一再强调:"不要把神学的遗产,应用到现在社会去。"[103] 他认为,辛亥革命失败后,出现的一股鼓吹有神论思潮的逆流,其原因是与反动军阀、政客、官僚和总统等人物信鬼神、拜偶像的言行分不开的。[104] 他在"恢复秩序与创造秩序"一文中说:

> "这就是他的一个秩序,因为人民是贱的,官吏是贵的,小官是贱的,大官是贵的,所以承接一个总统的头衔以后,就要显一显尊卑的式样。尊贵的人信了这个偶象,卑贱的人不管你信不信,总不能不拜这个偶象。"[105]

朱执信想恢复的,第一个就是民尊官卑的秩序,第二个是言论自由的秩序,第三个是集会结社自由的秩序。首要创造的秩序,一是直接民权上的政治秩序,一个是平均地权的经济上的秩序。[106] 宗教与政治、法律都存在着千丝万缕的关系,朱执信彻底的无神论思想、激烈的无神论言辞,无不是对其政治理念的鲜明折射,反映着五四时期的知识分子救亡图存的迫切心情,饱含着激进性与朴素性。

---

[102] 朱执信:"生存之价值",载广东省哲学社会科学研究所历史研究室编:《朱执信集》,中华书局2012年版,第162页。

[103] 朱执信:"恢复秩序与创造秩序",载广东省哲学社会科学研究所历史研究室编:《朱执信集》,中华书局2012年版,第750页。

[104] 参见牙含章、王友三:《中国无神论史》,中国社会科学出版社1992年版,第956页。

[105] 朱执信:"恢复秩序与创造秩序",载广东省哲学社会科学研究所历史研究室编:《朱执信集》,中华书局2012年版,第746页。

[106] 参见朱执信:"恢复秩序与创造秩序",载广东省哲学社会科学研究所历史研究室编:《朱执信集》,中华书局2012年版,第748页。

三、余话

研究历史过程之根本意义在于有人的思想贯穿其间。[107] 自洪荒初开，大约已有亿兆黎庶出没于这颗行星上，其中有头脑、有智识的人，亦可谓恒河沙数。纪念一位哲人的较好方式，恐怕莫如盱衡其人生，萃汲其思想，尤其是，在中西之间乾坤颠倒、中华民族面临亘古未有之深重灾难的当口，他们的思想与行止饱含着忧国忧民与救存图强的强烈感情，但朱执信算是其中一个明眼人，一个不仅有激情更不乏理性的人，他可能比同时期其他人更为精准地扼住时代的症结、树起斗争的正鹄。

总地来说，"五四运动"的种种倾向几乎决定了以后几十年内中国的思想、社会和政治的发展方向，在这场思想骚动中开始成型的深刻的社会和民族意识一直延续下来。[108] 兹文放眼的时间仅是短短两年（1919-1920），试以朱执信及其法政思想作为研究对象进行剖析，以企打破常见，将每个人放到他所处的时代，全方位地观其言察其行，看看他受到时代怎样的影响，又对其时代是怎样的回应和改变。朱执信是一位政治家，也是革命家；既是思想家，又是实践家。他多才多艺，博闻强识，这又将衍生出一批所谓"家"的称谓来。我们所称"某某家"，其实不是我们汉语的习惯，据说是从日本引介过来的。根据朱执信的思想、言论和行动，会体察到他一直将法学理论藏于胸中之邱壑，他善于用法律、法学的观点或视角判断问题、分析问题及解决问题，这在"革命年代"里绝对是难能可贵的。有学者认为，法学因以正义与权利为核心，所以它所探讨的重点首先必然是围绕"正义与权利"这一核心而展开的问题，[109] 据此笔者断定朱执信算是中国近代早期的法律家也不无一定的道理。（在此，笔者无意卷入"中国古代是否存在法学及法学

---

[107] 参见［美］余英时：《历史与思想》，联经出版事业公司1976年版，第229页。
[108] 参见［美］周策纵：《五四运动史》，陈永明等译，岳麓书社1999年版，第507页。
[109] 参见张中秋：《中西法律文化比较研究》，法律出版社2009年版，第242页。

家?"这一旷日持久的争论,所以相关的概念体系应是参照近现代西方意义上的。)当然,他并没有法学的专著,我们可以把他看作"述而不作"的代表。

朱执信是当时留日学生中的佼佼者,笔者不仅称许其革命成就,更是赞成其独立人格和独立思考的理性精神。朱执信曾自道:"自待应学尼采的超人哲学,待人应用马克斯的唯物史观"[110]。他也是这样做的,例如1914年7月,朱执信因对入党程序有异议,拒绝加入中华革命党,并与孙中山辩论。戴季陶(1891-1949)则曾笑谓"朱先生初研究尼采超然哲学而不成尼采、又研究马克斯(马克思)唯物哲学而不成马克斯"[111]。

在民主革命的历程中,朱执信不仅毁家纾难,更谓舍生忘死,亲身冲锋陷阵,多次参加革命武装行动,每次临行之前都给家人留"绝命书"[112]。所以说,朱执信曾经是一名熟谙暴力手段的革命者,而中国近现代以来的历史是一部革命史,同样也是一部暴力史,但是依靠暴力不可能解决所有问题,人们在革命激情的驱动下很容易将所谓"旧的事物"砸个粉碎,可未必就会建立起新的东西,法国托克维尔(Alexis de Tocqueville,1805-1859)在《旧制度与大革命》就提醒了我们这一点。当暴力革命已不再是消弭矛盾、解决问题的灵丹妙药,抑或说暴力革命早已完成了其"历史任务",人们便理所当然地把注意力转向政治和法律制度构筑与建设,以巩固"革命的果实",不再任其付诸东流,以致浪费成本。朱执信逐渐摒弃了暴力革命理念,而树立起和平斗争的理念。朱执信清醒地指出:

---

[110] 参见《中国青年(上海1923)》1924年第2卷第45期。
[111] 参见《申报》1933年9月22日。
[112] 参见"黄花岗起义——朱执信腰掖炸弹冲在前",载《新快报》2011年8月10日。另据记载:"那时,大家都不知道朱先生能干那一套,只见他穿着两截长衫,举动很不方便,问他怎么办,他道'这有什么难?'说着,借了一把刀,砉然一声,马上割去长衫的下截,只留上截。大家看他那种刚果毅勇的神情,不觉个个肃然起敬。"参见何伯言编著:《朱执信、廖仲恺》,青年出版社1946年版,第5页。

> "实在革命的目的,就是建立一个秩序。……凡有一个革命,都是破坏一种不合用的制度。如果不是破坏制度,另行筑设,就不是革命,也不是改造。……(英国)国会制定了一个法律,算是革命。无论那一个听了,都觉得很奇怪。其实这种革命,是顶平常的,他没有动兵,没有杀人,没有换官吏、倒政府,就只把一个制限打破了,用一个别种方法来替代他,做得很急激,改在很要紧的地方,所以就算革命的了。"[113]

依照朱执信的看法,这就需要宪政和法制建设,从"国家宪政"走向"世界宪政"。自从百余年前东瀛近邻的迅速崛起,深刻惊醒并刺痛了中国的有识之士以来,究竟宪政是什么、中国需要什么样的宪政,甚至连中国是否需要宪政这种问题,都是近百年来中国人讨论不休的热点,不同历史阶段也有不同答案,疑窦丛生,众口难调。不过当我们说一个名词是什么而往往难以服众时,则不妨说它不是什么,那即是:宪政也好、法治也好,都不能容许人治,都反对人治,这甚至是从明季大儒黄梨洲开始就大声疾呼的议题,迄今也有三百多年。但人治的思想及其本土资源终究在中国已经发荣滋长了数千年,那又怎么可能轻易地祛革殆尽呢?!非常遗憾的是,尽管朱执信去世后,国民党内对其地位的树立不无崇高,声称"贞固干事,至诚感人,吾党同志,莫不奉为圭臬"[114],但实际上对朱执信的思想尤其是法政思想的研究却是十分有限的。

为了能让在世界上处于先进地位的法律、政治思想及制度尽可能地畅行于中华大地,我们又不可将传统轻易地弃置迤逦。我们从朱执信将历史典故与法政理论信手拈来、巧妙融合的著述中,可以看出其在中华传统人文方面,根柢之深厚、学力之宏赡,不单是彼时留洋翘楚们所普

---

〔113〕 朱执信:"恢复秩序与创造秩序",载广东省哲学社会科学研究所历史研究室编:《朱执信集》,中华书局2012年版,第741~743页。

〔114〕 张瑛:《朱执信评传》,河南教育出版社1990年版,第305页。

遍匮乏的,这一景况于当代学人中恐怕也未曾改善,不见乐观。例如,我们当代的青年才俊们,更是不乏外文流利之辈,有的却连本国族语言的准确运用都成问题。我们单就法科来说,清末迨至民国,中国人出国留洋学有所成的也不少,但对中国本土法治建设究竟能形成多大影响?用张星烺(1889-1951)的话说:"中国人近数十年,专剿袭外国文章,各种政体,主义,思想,无不输入而行之无一成功,淮橘成枳,当知所省。"[115] 影响的折扣,很大程度来自于这些人全盘西化的特质,主张"全盘西化"的人士不明了文化的变迁不可能一蹴而就,文化特征的吸收也不是说要吸收就能吸收的。[116] 忘掉了自己的根,自己的国土,自己的国民,仅会机械搬运或援用舶来的西方理论,难以解决中国的实际问题,人未孚也。即使是"南东吴""北朝阳"这样响当当的称号,似乎也不能证明民国时代的法学水平到底处于怎样的"巅峰",或者我们不妨模仿金岳霖(1895-1984)先生的话来质疑一下,中国当年的法学者们所研究的,到底是中国的法学,还是"在中国的法学"?

我们所需的法学家,应该是首先对自己国族及其文明能了若指掌的法学家。杨鸿烈(1903-1977)曾说:"中国几千年来的法律思想,除先秦以前而外,虽说是陈陈相因的占大多数,但特殊的创见,却每一个时代都可发现。"[117] 难能可贵的是,他已经觉察到中国传统法律思想中含有创见的成分,但也不免先入为主地认为"陈陈相因的占大多数"。许多畴昔曾是激进的西方理性主义者也反省中国传统的价值,例如殷海光(1919-1969)在其人生晚年即反思:"许多人拿近代西方的自由思想去衡量古代的中国而后施以评击,胡适和我以前就犯了这种错误……拿历史的社会与近代西方的社会比较,是一个根本的错误……传统并不等于保守,传统乃是代代相传文明的结晶,知识的累积,行为的规范。"[118]

---

[115] 张星烺:《欧化东渐史》,商务印书馆2000年版,第110页。
[116] 参见殷海光:《中国文化的展望》,商务印书馆2011年版,第384页。
[117] 杨鸿烈:《中国法律思想史》,中国政法大学出版社2004年版,第314页。
[118] 殷海光:"殷海光最后的话语",载陈鼓应编:《春蚕吐丝——殷海光最后的话语》,环宇出版社1972年版,第34页。

我们倘能把代代相传的文明结晶作为我们推广现代法治理念的载体,势必要比坐而论道收效更大。

身为法学者,不应忽视关照我们的历史和传统,体察我们的社会与世界,当如朱执信将自己所学的法政、经济等理论与国家和民族的历史传统结合起来,以思虑并求索现实的问题。我们可以看出,无论是"超国家主义"宪政观,"直接民权"论,还是论述国家政治、经济、军事等制度,朱执信都注重援引和借鉴我国传统历史的经验和教训,很有启蒙性。只可惜"志士嗟日短,愁人知夜长",这位胆量与头脑并存的一代哲人殁于群氓的枪口下,此后也很少有人思考这类问题。在彼时代,掌握新思想的人对于法律近代转型的作用,不仅在于需要他们来设计和执行先进的法律制度,宣传先进的法律观念,以树立新的法律制度与观念的权威,还在于需要他们去揭示旧的法律制度和观念的不合理之处,介绍并论证引进的法律制度和观念与中国社会现实国情和民情的适应性,减小新旧制度之间的取代和融合所带来的社会震动,推动法律近代转型的进程。[119]

我们若欲继承朱执信及他们那代人的遗志,就应该对暴力革命及其后果进行反思,对我们的传统文化和西学东渐历程进行反思,对怎样构筑理想的社会制度进行反思。不得不指出的是,朱执信的相关理论和构思亦饱含了不少过于乐观的畅想,这呈现的亦是理论与现实之间的必然差距。

---

[119] 参见张晋藩:《中国法律的传统与近代转型》,法律出版社2005年版,第437页。

清代法律图表初探

徐 昊[*]

一、绪论

法律图表，从字面意思来看就是存在于法律领域的图画和表格。而实际上，法律图表是指将法条按照共同或相反的属性、内容等进行整合编制，最终以图画或表格之形式呈现，用以正确理解和准确适用法律的一种方法和手段。

与其他律学注释方法相比，追求简洁性的法律图表显得更加直观和易于理解，对梳理和整合相关法律知识具有重要作用，因此常常被用在法律注释方面。法律注释是中国传统社会为了更好地适用法律而对已有的律条进行明确和补充的尝试。中华民族注释律条的历史源远流长，秦代《法律答问》是官方注律的显著代表，汉代"以经入律"之风盛行，晋代《张杜律》更是法律注释的经典之作，即使因为一些原因导致某些朝代法律注释受到压制，但法律注释的传承从未湮灭，清代更是传统社会法律注释发展的鼎盛时代，无论是官方立法还是民间立著都相当看重律法的注释。何敏在"从清代私家注律看传统注释律学的实用价值"中按照注律方法的不同将清代律学流派分为："辑注派""考证派""司法实用派""图表派""歌诀派""便览派""比较研究派"七种，本文要

---

[*] 作者系中国政法大学本科生。

讨论的就是其中的"图表派"。[1]

图表派是指清代注释律学中习惯运用表格和图画方式进行注律的流派。与"图表派"较窄的定义范围有所不同，法律图表则是指按照相同或相反的属性、内容等将法条进行整理，以达到正确理解和准确适用法律之目的而编制的图画和表格的总称。

二、清代以前法律图表的起源与发展

法律注释一般有两种发展方向：一是在原有法条的基础上对其内容进行扩充，即对已有的法条进行解读、补充、考证等，以达到更容易理解和适用之目的；二是在原有法条的基础上对其内容压缩规模，即对已有的法条进行概括、总结，以达到方便适用、利于记忆的目的。法律图表就属于后者，即以图画和表格的形式对法条、学说等法律相关内容进行归纳整合，最后集中体现于一张图表之上。法律图表是传统注释律学的重要内容。与汉代的"引经注律"不同，在清代达到发展巅峰的传统注释律学更加看重律学的实用性，为了正确的定罪判刑，注释的来源更大程度上来自司法实践中的诸多案例。晋代的张斐、杜预"兼采汉世律家诸说之长"，对法律做出了专门的解释，并获得了皇帝的认可。这种以正确定罪判刑为出发点的法律解释改变了汉朝以来经义解律的传统，奠定了后世注释律学的发展方向。而随后的唐朝在法律解释上也主要继承了晋朝"张杜律"的解释传统。[2] 自唐朝开始，农业工具的改革使社会生产力得到了很大发展，新的法律问题不断产生，法律关系日益复杂，直接推动着立法的丰富和完善。唐朝时期，"骈体"余韵犹存，"近

---

〔1〕 对于清代律学流派的分类，何敏先生首先提出了七种律学流派之观点，随后胡旭晟、罗昶则就各派之目的与特征进一步深入论证，在其看来，图表派、歌诀派、便览派之目的都是为了便于查阅、记诵。（参见何敏："从清代私家注律看传统注释律学的实用价值"，载《法学》1997 年第 5 期；胡旭晟、罗昶："试论中国律学传统"，载《浙江社会科学》2000 年第 4 期。）

〔2〕 参见钱大群："《唐律疏议》结构及书名辨析"，载《历史研究》2000 年第 4 期。

体诗"日益兴盛，这两种格式严格的文学体裁对唐律的编纂产生了很大的影响。以《唐律疏议》为例，作为中国传统社会最严谨的法律之一，全律一共有502条律文，分为12个篇目，以《名例》总领全文，按照实体法和程序法的格式排列篇章，格式严谨整齐，语言简洁利落，实用性较强。而众所周知，格式性、简洁性、高效性等是图表的固有特点。唐代立法对格式整齐和条文简洁的追求，与崇尚简洁性和实用性的法律图表在功能目标上出现了重合，这在一定程度上压抑了法律图表的出现。但是到了唐朝后期，随着地方割据的发展和国力的衰微，编敕大量兴起，再加上政权频繁更迭，地方立法活动日益增多，统一的法制开始逐渐瓦解，法律的体系性被大大削弱。面对混乱、冗杂的法律，归纳整理迫在眉睫，法律图表的出现势在必行。

（一）宋代：法律图表的萌芽

法律图表的出现，归根结底在于法律人对高效适用法律之需要和已有法律情况复杂、亟待整理之现实状况的冲突。然而在唐朝时期，由于立法技术高明，大多数唐律无论是在结构还是在内容上都很严谨规整，开元年间的《唐律疏议》更是"疏而不漏"的典型代表，被誉为是中国传统社会前期所能达到的立法巅峰。既然唐律如此清晰有理，简洁利落，那么唐代法学家们自然不会在法条归纳整理上投入太多的精力，这也就是为什么法律图表在唐代不甚兴盛的原因了。

但是到了唐朝末期，由于编敕的迅速发展和政权的频繁更迭，法律规模变得庞大，内容也多有重复，故宋朝建立初期所面对的是一个比较混乱和冗杂的法律环境。为了使法律能更好地适应当时社会的发展，宋代立法在继承唐律成果的同时也开始更多地注重法律的实用性。以宋代基本法典《宋刑统》为例：该法典的篇目、条数与《唐律疏议》完全相同，主要内容也源自于此，但为了提高《宋刑统》的实质性，立法者在编纂的时候直接删去了原来各篇篇首的疏议部分，只留下了对律文规范有实质影响的内容。在南宋时期完成的《淳熙条法事类》《庆元条法事类》《淳祐条法事类》等立法则将敕、令、格、式等各种法律形式分门别类、综合编纂，更加深刻地体现了宋代对司法实用的关注，这一点显然与唐代立法较多仿效周礼等传统立法模式有所不同。值得指出的是，实用性是法律图表的重要特点，而对实用性的偏重和追求也会反过来影响法律图表的发展。可以说，正是由于宋代在立法上表现出了对实用性的偏向，才促进了法律图表在后世的发展，同时也推动了宋代注释律学的发展。

在官方立法的直接影响下，研究者们纷纷开始以各种形式解读法律：如傅霖的《刑统赋解》以歌、赋的形式解读《宋刑统》，使之通俗易懂；刘筠的《刑法叙略》介绍了刑官的设置及其历史沿革，是一部优秀的"刑官史"；孙奭的《律附音义》对唐律的词义做了详细的解释；还有王键的《刑书释名》解读了黄帝时期至宋金时代的古今刑名。这些宋代律学的显著研究成果，初步展现出了法律注释的不同方法，如法律歌诀、音韵训诂等。研究宋代实际语音的著作《切韵指掌图》就是宋人应用图表注解中古韵书中反切问题的智慧结晶，而作为法律注释方法之一的法律图表似乎也可以在宋代窥见。

宋人王键所著的《刑书释名》，以简明扼要的形式对黄帝以来到宋金时期的全部刑罚进行了解释。[3] 全书共分两个部分，第一部分是将各朝代的刑罚进行分类和总结，涵盖从黄帝时期至隋唐宋金的9种不同刑制，刑名单起一列、空格书写，解释定义则紧随其后另起一列、顶格书写。整个部分格式统一，排列整齐，疏而不漏，虽未明确表格之名，却有表格之实。现在保持格式不变的情况下取开篇涉及"黄帝刑"之首页加以佐证（参见附录一）。[4] 而第二部分则是按照罪名对古今用刑进行解释，共列举并解释了如椓黥、刖、醢等49种刑罚，格式与第一部分别无二致。现以其中一页为例，诸页格式均一致（参见附录二：《刑书释名》之"古今用刑"）。[5]《刑书释名》虽未明确说明其编排方式是按照表格的形式进行，然其简洁的语言、工整的格式均带有表格

---

[3] 参见王键：《刑书释名》，商务印书馆1938年版。
[4] 参见附录一：《刑书释名》之"黄帝刑"。
[5] 参见附录二：《刑书释名》之"古今用刑"。

的特质，可以说是已经初步具备了法律图表的雏形。

如果说《刑书释名》体现了宋代以近乎法律表格的形式编纂律学著作的研究方向，那么傅霖的《刑统赋解》则是以歌、赋注释律学的典型代表。这些形式各异的优秀法律著作初步展现了注释律学多方向、多形式发展的历史趋势，对后世注释律学的发展产生了深刻的影响。清代注释学派的诸多分类，如"歌诀派""便览派""图表派"等均可以在宋代初窥其踪。

除此之外，宋代的一些法律研究成果也为后来元明清三代编制法律图表提供了内容借鉴。

以明清法典常见的"例分八字之义"图为例（参见附录三：《大清律例》卷一"律目·例分八字之义"），[6] 最早完整地提出"例分八字"这一概念的是北宋的范镇。[7] 其在一篇"策问"中指出："律之例有八：以、准、皆、各、其、及、若"。[8] 而后律学家傅霖在著作《刑统赋解》中结合北宋时期的法律对每个字都做了初步的注解，其解释相比范镇更加详细和全面，也更加成熟。北宋时期对"例分八字"的解释方法（即先简单介绍字义再结合法条分析）一直沿用到后世。因此可以说，宋代决定了"例分八字"的发展方向，对明清两代法典中常见的"例分八字之义图"的形成起到了直接作用。

再以"五刑图"为例（参见附录四：《大清律例》卷二"诸图·五刑图"），[9] 傅霖在《刑统赋解》中首次提出了"刑异五等"的说法，并在做出基本解释后附上了法律歌诀，这是对传统"五刑"理论的新发展，在其后则影响了元明清三代"五刑"理论的发展。

对于法律图表这一法律方法而言，宋代不仅凭借着众多的法律研究成果为其发展提供了内容支持，更重要的是，其"注重实用"的法律观

---

[6] 参见附录三：《大清律例》卷一"律目·例分八字之义"。

[7] 参见陈锐："'例分八字'考释"，载《政法论坛》2015年第2期。

[8] 参见吕祖谦编著：《宋文鉴》，齐治平点校，中华书局1992年版；（宋）王应麟：《困学纪闻》，翁元圻等注，上海古籍出版社2008年版，第1513~1514页。

[9] 参见附录四：《大清律例》卷二"诸图·五刑图"。

念直接影响了后世元明清三朝的立法活动,为法律图表的发展奠定了基础。

(二) 元代:法律图表的兴起

对于中国古代法律发展而言,元代是一个相当重要的时期。这不仅体现在元代的立法有着浓郁的草原民族特色,还体现在元代对于立法技术的创新和发展。正是在元代,法律表格取得了突破性的发展:一方面,在编纂《元典章》时,立法者创造性地把表格放入基本法典之中,置于多卷卷首或者节首,以起到目录索引之效用;另一方面,元代律学家王元亮在编写《唐律疏议纂例图表》时首次大规模地应用图表注释法律,极大地推动了法律图表的发展。

在元成宗时期,曾规定各地官府抄集中统以来的律令格例,"置簿编写检举",作为官吏遵循的依据。这种地方胥吏汇抄法令的做法不是成宗一朝的昙花一现,其最大成果体现在随后的英宗时期:至治二年(公元1322年),建阳书坊初次刊印了《大元圣政国朝典章》(又名《元典章》),这是至治以前元朝各种法令文书的分类汇编,也是目前研究元代法制最为丰富和集中的历史资料。

与过去的法典相比,《元典章》在编纂上有了很大的创新。首先体现在编排体例上:《元典章》采取纲、目、子目三级分类编排,在书中体现为"部——卷——节"(如:刑部——卷十三·诸盗三——防盗),这种方法不同于过去《唐六典》所采取的编纂方式,克服了编排标准与现实不符的硬伤,从而使得法典的使用更加快捷方便,影响了明清两代。其次,《元典章》将法律图表引入法典也是对过去的一种创新与突破,官方立法应用法律图表的传统正是从元代伊始。《元典章》全书共60卷,包括前集和新集。前集涵盖了元宪宗七年(公元1257年)到元仁宗延祐七年(公元1320年)颁行的所有法律,新集则收录了延祐后期到英宗至治二年所颁行的法律。[10] 整部法典一共收录了55个法律表格(法律图表)。这是中国历史上第一部正式引入法律图表的法典,在

---

[10] 参见《元典章·大元圣政国朝典章》,陈高华等点校,中华书局2011年版。

《大圣至元典章》之前，没有任何一部基本法典将法律图表大量纳入其中。《元典章》不仅解决了法典能否引入法律图表的困惑，其以图表作为章节目录索引的编排方式也为立法技术的创新提供了绝妙的思路：将具有实际法律效力的法条作为列表的对象，一方面既起到了目录索引的作用，另一方面也有助于更快地检索和适用法条。值得注意的是，虽然元代并不是法律图表发展的鼎盛时期，但其却是在官方立法中应用法律图表规模最大的朝代。与《大明律》所附的 15 幅图表和《大清律例》中所载的 17 幅图表相比，《元典章》中总计 55 幅图表显得更加丰富，也更有自己的特点。

元代官方立法应用法律图表最重要的特点之一就在于其应用的灵活性，这一点从法律图表放置的位置就可以明显地看出。《元典章》中的法律表格主要被放置在两个地方，即卷首和节前。一方面，立法者将各卷的内容进行归纳总结并形成表格放置在诸卷卷首，起到了快速查阅法律条文之目录效果；另一方面，立法者却并未囿于追求形式整齐而盲目地使用法律表格（《元典章》应用法律图表之具体情况请参见附录五）。[11]《元典章》中有相当一部分表格位于各卷卷中，被放置在各小节之首，虽然其内容和规模比之卷首表格显得更小，但纵观元代判例不难看出，这些表格所包含的法律条文适用率极高。从这样的安排中我们不难看出《元典章》应用法律图表的理念，即一方面重视其作为目录的索引作用，另一方面则努力突破形式的限制，以实用性为目标安排表格。

值得注意的是，《元典章》应用法律图表还有另一个值得称道的特点，即引入了真正意义上的"法律图画"。出现在《元典章》中的两幅图画分别为"验尸法式之仰面"与"验尸法式之合面"，位于《元典章·刑部》第十三卷"诸杀二"卷首，是为了对犯罪现场死者尸体呈现仰面和俯面时仵作应当从哪些部位着手验尸进行规定，其虽然不能起

---

[11] 参见附录五：表一收录了置于《元典章》各卷卷首的表格，表二收录了置于卷中诸小节之首的表格。

到目录索引的作用，但仍然体现出了追求实用性的立法理念。这两幅验尸图是中国历史上唯一被载入官方基本法典的图画，其引入不仅体现了《元典章》所含图表之来源并不局限于法律条例的灵活性，也是对元代刑侦技术发展的绝佳佐证。可以说，元代官方立法应用法律图表的方式很明显地表现出了其立法的显著优点，即强调实用价值而不过分囿于追求形式统一，私以为，这是《元典章》较之《唐会典》的明显进步。

将法律表格纳入到基本法典之中是元代立法的重要特点之一，也是传统立法技术的重大突破。《元典章》着重解决了法典能否引入法律图表的困惑，在其之后的明清两代，将法律图表纳入基本法典已成为固定做法，以图表形式帮助索引法律条文之方法更是被两朝律学家们发挥得淋漓尽致。

如果说元代官方立法对法律表格技术的应用影响了后世法典的编纂，那么元代律学家王元亮在其著作中对图表的大量运用则直接影响了清代法律图表的发展。清代"图表派"大篇幅地应用法律图表注释法律的做法似乎恰巧可以从此处初次窥见。

"王元亮，字长卿，由明法选吏台部，由中书省左曹掾，为断事官经历，光禄寺主事，尝钩校征理斀材欠缗，为钞三千定而畸语闻有旨登之赏典，时论推其清干，泰定二年（公元1325年），进奉训大夫江西等处行中书省检校官，品在第五。"[12] 王元亮虽然官位并不显赫，但其却在中国古代律学史留下了浓墨重彩的一笔，主要原因就在于其对唐律的保存、研究和传播所作出的较大贡献。王元亮传世的代表著作为《唐律疏议纂例图表》，目前以附录的形式收录在曹漫之先生主编的《唐律疏议译注》中。该书在编排图表时采取以横向罗列罪名、纵向罗列刑罚、表名置于左端、注释详见其右的编纂方式，约繁就简，条理清晰，使唐律的内容变得更加"易知易解"（王元亮应用法律图表的具体特点可以

---

〔12〕（元）柳贯："太康王氏扶城墓表"，载（元）柳贯：《柳贯诗文集》（第11卷），柳遵杰点校，浙江古籍出版社2004年版，第260~261页。

参见附录六:《唐律疏议纂例图表》节选——六赃定罪)。[13] 全书共包含124幅图表,规模宏大、逻辑严密,特别是在定罪用刑方面,罪刑分列,相互比对,十分具体。

在编排体例上,王元亮纂例主要以唐律为基础。《唐律疏议纂例图表》分为12个部分,包括:名例、卫禁、职制、户婚、厩库、擅兴、贼盗、诈伪、杂律、捕亡、断狱,与《唐律疏议》完全契合。但是从内容上来看,王元亮纂例并非只是单纯的总结和归纳唐律,其中也穿插着宋、金、元三朝的法律制度。[14] 同时,书中还存在着较多来自于作者自己归纳总结而成的法律图表,它们的内容可以在《唐律疏议》的字里行间大致窥见,但《唐律疏议》却并未对其作出明确详细且有体系的说明,关于这一点,"例分八字之义"[15] 可以做出有力的佐证。

《唐律疏议纂例图表》是较早的、大量以图表的方式归纳整理法律条文的著作,既是对唐宋两代律学研究的继承,也带了元代立法的独特色彩,更是对明清两代法律图表的发展产生了深刻的影响。清代法律图表类著作大多是以整部著作之篇幅解读、注释法律,这种全面应用法律图表的做法似乎可以在元代找到确切的依据。

(三) 明代:法律图表的成熟

明代是我国古代律学发展的又一重要时期,而在此之前元朝在法典中引入法律表格的做法也给了明朝立法者以新的启发。从明太祖洪武年间开始,立法者就开始进行引图表入律的尝试。收录了明代前期众多礼制、礼仪类立法的法律文献——《节行事例》就在开篇记载了可能存在

---

[13] 参见附录六:《唐律疏议纂例图表》节选——六赃定罪。

[14] 这一点主要体现在"刑异五等"上,其共分为三个表格,包括刑异五等(一)唐、刑异五等(二)元、刑异五等(三)宋元,分别归纳总结了四朝关于"五刑"方面的法律规定。

[15] "例分八字之义"在《唐律疏议》中并未有专门的规定,但在《唐律疏议纂例图表》中却被详细地收入"名例"篇,单成一个图表。陈锐在"'例分八字'考释"中提到:例分八字之义在隋唐时期已经可以窥见。(参见陈锐:"'例分八字'考释",载《政法论坛》2015年第2期。)

于洪武时期的几张关于祭祀礼制的法律图表,包括:"国子监朝学陈设图""府州县学陈设图""四配位图""十配位(东哲五位图)图""两庑图""乡饮酒宾主介僎序列图",这些图主要展示了正祭时陈设和祭者的位置,并且在图的旁边还详细注明了祭祀的要点。这些图表较之晦涩冗长的法律条文而言显得更加直观和生动,再配合图表旁的注释,更加详细易懂地阐释出了立法者对礼制的要求。除此之外,该书还在一开始就指出了关于礼制的总括性规定,即"洪武年间颁降器用,州县学无,凡无乐之处,不许用俗乐。"[16]

如果说《节行事例》只是明代立法者就法律图表入律在礼制立法这一方面所进行的单独尝试,那么《大明律》把"五刑之图""狱具之图""丧服总图""本宗九族五服之图""妻为夫族服图""妾为家长族服之图""出嫁女为本宗降服之图""外亲服图""妻亲服图""三父八母服图""例分八字之义""六赃图""纳赎例图""律例钱钞图""收赎钞图"共15幅图表收入附录并置于律典之后则证明了明代立法者对于应用图表表示律例的接受。正是从明代开始,官方正律开始用图表来表示律例中难以理解的内容。与元律相比,《大明律》对法律图表的制作更加精细,明代对于法律图表的安排也与元代有所差别。在明代,法律图表抛弃了法条目录这一职能,被统一收录到"附图"部分,其位置也从法典的不定位置统一挪到了法典的典尾,法律图表的独立性大大增强,查阅起来也更加容易。同时,由于明代应用法律图表部分舍弃了其作为法条目录的功能,法律图表打破了其作为目录的简略性约束,图表变得更加详细。

明代官方立法对法律图表做出的一番改动在清代被《大清律例》所承袭,可以说,明代在基本法典中应用法律图表的方式直接奠定了清代官方立法中法律图表的发展基调。

"从明朝中叶开始,律学发展的一个特点就是私家注律不断和持续

---

[16] 参见杨一凡、田涛:《中国珍稀法律典籍续编》,黑龙江人民出版社2002年版。

兴盛。"[17] 衰微于宋元的中国传统律学在明代开始了复兴，许多私家注律的优秀作品纷纷面世。也正是在明代，法律注释"图表派"开始初露端倪，为其在清代的兴盛发展奠定了重要的基础。由于有官方认可，法律图表的影响力开始有了较大的增强：明代嘉靖至崇祯年间出现了一些法律图表，比如《新刻大明律图》《律条罪名图》等，[18] 这些图表大多散见于各种律学著作当中，虽然作者、版本等信息不甚详焉，但其对法律图表的发展仍有着不可忽视的重要意义。以《律条罪名图》为例，其曾被收录在明代永乐年间张楷编撰的《律条疏议》中。作为明代私家注律的经典力作之一，《律条疏议》有着举足轻重的地位：该书在明代曾多次印刷出版，其中比较为人所认可的是天顺年间所刻版本。但中国国家图书馆藏《律条疏议》残本却与天顺版本有着较大的不同。[19] 该残本中，"律条罪名图"占了较大的比例，共有 101 页，与《唐律疏议纂例图表》相似，均是以图表形式罗列律条罪名，每一罪包括罪名、律文、刑罚，排列有序，使人一目了然。虽然法律史学界对"律条罪名图"的作者是不是张楷表示怀疑，但毫无疑问的是，被编入《律条疏议》重刻本的"律条罪名图"一定是明朝时期的产物，即证明了明代私家注律利用法律图表分析、注释大明律的尝试，同时在一定程度上也体现了元代王元亮利用图表形式解读唐律对明代律学家的影响。虽然在明代法律图表始终是以附庸的形式出现在其他派别的作品之中，但其应用法律图表较之前朝仍然有了一定的发展。即使其未取得像清代那样大的成就，但毫无疑问的是，正是有了明朝时期的过渡发展，"图表派"才能在接下来的 300 多年里大放异彩。

---

[17] 张晋藩：《中国法律的传统与近代转型》，法律出版社 2008 年版，第 236 页。
[18] 参见李守良："明代私家律学研究"，中国政法大学 2012 年博士学位论文。
[19] 参见张伯元编著：《律注文献丛考》，社会科学文献出版社 2016 年版，第 189 页；张伟仁主编：《中国法制史书目》，历史语言研究所 1976 年版，第 421 页。

表1 宋、元、明时期应用法律图表的概况

	官方所著法律图表		非官方所著法律图表			特 点
	律典（文）名	法律图表数目	律著名（图表名）	作 者	法律图表数目	
宋代			《刑书释名》	王 键	不 详	初具法律图表雏形
元代	《大元圣政国朝典章》	55	《唐律疏议纂例图表》	王元亮	124	表、图皆具
明代	《大明律》	15	《新刻大明律图》	不 详	约为2	官方应用多集中在礼制方面；私家注律未成独立图表类著作
	《节行事例》	6	《律条罪名图》			

三、清代法律图表的发展与成就

清代是中国最后一个王朝，也是传统法律最后的发展阶段。正是在清代，法律图表发展到了巅峰时期，无论是法律图表的质量还是数量都远甚于过去诸朝。

（一）清代法律图表的发展

1. 法律图表在清代发展到巅峰的原因初探

法律图表之所以能够在清代步入发展的黄金时期，一方面与其自宋代以来的积累蓄力有着很大的关系，另一方面也与清代特殊的社会环境息息相关。

与唐代"疏而不漏"的立法宗旨有所不同的是，清代立法力求全面仔细，这直接导致了清代法律条目数量繁杂，查阅起来较为困难，这为法律图表的出现提供了直接条件。同时，随着康乾盛世以来社会经济的恢复和不断发展，人口数量大大增加，社会矛盾也变得更加突出和尖锐，这直接导致了官府受理案件的数量呈井喷式增长，对官员处理案件的效率提出了新的挑战。而在另一方面，由于清代幕友文化的快速发展,讼师数量不断壮大,如何更准确快速地检索律例也成为这一行业所思考的重要问题。

总而言之,高效率地查找和适用法律已经成为当时司法界的迫切要求。基于现实的需要,清代无论是官方立法还是私人注律都很注重对法律图表的应用。

2. 清代法律图表的分类

清代之所以被称作是法律图表发展的巅峰时期,与其著作数量众多不无关系。终其一朝,共有约二十本法律图表类著作问世,这些图表著作内容丰富,体例规整,各有创新却又互相影响,形成了清代注释律学所特有的"图表本"系统。而按照各自的属性,这些法律图表又可以被归入以下这些类别:

第一,按照编制图表的主体不同,清代法律图表可以分为官方所著法律图表与非官方所著法律图表。官方所著法律图表是指由清朝统治者颁行生效的法律中所包含的图表,其编制者主要是奉召纂律的官员。非官方所著图表则是指没有得到朝廷文书所明确肯定的法律图表,其按照作者可以再次细分为司法官员所著法律图表和幕僚讼师所著法律图表。前者包括曾恒德(刑部员外郎)所著《律表》、胡鸿泽(龙南知县)所著《续辑明刑图说》、徐文达所著《大清律例图说》、蔡逢年(兵部员外郎)所著《处分则例》等;后者则包括董公振所著《钱谷刑名便览》、万维瀚所著《律例图说》系列、王又槐所著《刑钱必览》、李天衡所著《刑钱指掌》等。

第二,按照应用法律图表的规模和篇幅不同,清代法律图表著作可以分为全本应用式和部分应用式。全本应用式是指整本律学著作都用图表的形式进行整理和编纂,比如《名法指掌》《律例掌珍》《读法图存》等。而部分应用式则是指该本著作在编纂的时候并非完全采用图表的形式,而是选择了其中一部分内容应用法律图表,对其他部分则采用其他形式予以说明,比如《律例便览》(其中"刑罚"部分和《处分则例》卷为法律图表)、《读律心得》(其中《通用加减罪例图》为法律图表)等。

而按照内容不同，清代法律图表还可以分为律条注释类图表和法律相关知识类图表。律条注释类图表是指法律图表的主要内容基础来源于现行的法律条文、典型案例、谕旨朱批，甚至包括当时盛行的、比较权威的学说等，典型代表有：《钱谷刑名便览》《名法指掌》《刑钱》《律例图说正编》《三订律例图说辨讹》《刑钱必览》，等等。法律相关知识类图表在清代法律图表中主要体现为法医学图表类著作，其中比较出名的有乾隆年间曾恒德所著《洗冤集录》和咸丰年间许梿所著《洗冤录详义》。

值得注意的是，上文所提及的分类标准在一定程度上会有重合性，比如《名法指掌》既是幕僚讼师所著的法律图表，又是全本应用图表的律学著作，按照其内容基础还可以被划入律条注释类法律图表之范畴。这些分类标准在更大程度上是律学著作某些显著特征的体现，并不具有绝对性和封闭性。其实除了上文所提及的分类标准以外，我们完全还可以按照法律图表是否严格按照《大清律例》的格式体例进行编排之标准、法律图表是否完全涵盖所有部门法之标准等进行分类，本文将其进行分类更多的是出于更加清晰地介绍法律图表著作之目的。

（二）清代法律图表的成就

1. 清代官方所著法律图表：《大清律例》卷首所载法律图表

作为中国传统社会最后一个统一的少数民族统治政权，出于顺应民意、巩固统治的考量，清朝在建立初期制定法典的时候很大程度上借鉴了明代的立法成就。而《大明律》引法律图表入法典的立法手段也被清代立法者所借鉴和承袭：清代基本大法——《大清律例》在卷首列出了"例分八字之义""六赃图""纳赎诸例图""过失杀伤收赎图""徒限内老疾收赎图""诬轻为重收赎图""五刑图""狱具图""丧服图"（含"丧服总图""本宗九族五服正服之图""妻为夫族服图""妾为家长族服之图""出嫁女为本宗降服之图""外亲服图""妻亲服图""三父八母服图"）共9幅大图，其中包含8个小图，总计17幅法律图表。[20]

---

[20] 参见（清）阿桂等编：《大清律例》，中华书局2015年版卷首。

这些图表在内容上与《大明律》所附图表有着很大的相似性，比如"例分八字之义""狱具图"等法律图表就几乎没有作出更改。

当然，清代立法者在应用法律图表时也并非完全承袭自《大明律》，而是结合自身的情况和实际作出了一些修改。其一，《大清律例》对于图表放置的位置做出了很大的调整：与过去《大明律》将所有的图表都归于附录并置于卷末的做法不同，《大清律例》的图表全部集中在第一卷"律目"和第二卷"诸图"当中，其中"例分八字之义"作为附录被放置在第一卷，紧随目录之后，余下的 8 幅大图则全部被第二卷收录。其二是关于图表内容的修改，《大清律例》对明代官方立法中所附的图表进行了不同程度的增添和删改，包括：

①将过去 8 幅有关丧服制度的图表全部合并在一起，总称为"丧服图"；

②将明代的"收赎钞图"拆分整理成"徒限内老疾收赎图""诬轻为重收赎图"；

③将明代的"律例钱钞图"拆分成"过失杀伤收赎图"，并将其中关于老幼废疾收赎和官员妻赎罪的内容归入"纳赎诸例图"（对于此部分内容，"诬轻为重收赎图"后有注释）；

④删去明代"纳赎例图"中犯者以各种体力劳动折抵刑罚的内容。

表2　《大清律例》所载图表与《大明律》之对比[21]

《大清律例》		《大明律》		特　点
主　图	子　图	主　图	子　图	
例分八字之义		例分八字之义		无大变动
六赃图		六赃图		无大变动
五刑图		五刑之图		无大变动

[21]　本表的在编排上主要是以《大清律例》与《大明律》的区别为标准，相同者在前，有变动者在后，其顺序较之两部法典中各表格均有所打乱，仅作参考。

续表

《大清律例》		《大明律》		特 点
主 图	子 图	主 图	子 图	
狱具图		狱具之图		无大变动
纳赎诸例图（老幼妇人收赎）		纳赎例图		增加了老幼妇人收赎条例
过失杀伤收赎图		收赎钞图		四个收赎部分可合并为《大明律》中收赎钞图
徒限内老疾收赎图				
诬轻为重收赎图				
丧服图	丧服总图	丧服总图		
	本宗九族五服正服之图	本宗九族五服正服之图		
	妻为夫族服图	妻为夫族服图		
	妾为家长族服之图	妾为家长族服之图		
	出嫁女为本宗降服之图	出嫁女为本宗降服之图		
	外亲服图	外亲服图		
	妻亲服图	妻亲服图		
	三父八母服图	三父八母服图		
		（服制）		"服制"在《大明律》中被归入附图，但其在格式上并不能算是图表，《大清律例》将其列于第三卷之首

从法典可以很明显地看出，清代应用法律图表并没有一味地照抄明律，而是在整理和保留明代法律图表的基础上基于现实需要适量增减。正是这种务实的态度使得《大清律例》中的法律图表更好地体现了其实践价值，而不是作为法典的装饰可有可无的存在。个人认为，对实用性的思考和追求才是法律图表在清代拥有勃勃生机的根本原因。

当然，法律图表在清代发展到顶峰并不仅仅只有官方立法的功劳，在乾隆年间大量涌现的图表类私家律学著作更是清代"图表派"成长和发展的中坚力量，无论从质量还是数量上来看都远远超过其他统治时期，其中比较著名的作品有：幕友沈辛田所著的《名法指掌》、邵绳涛所著的《读法存》、万维瀚所著的《三订律例图说辨讹》和司法官员曾恒德所著的《律表》与《洗冤集录》、蔡松年所著的《律例便览》、许楗所著的《洗冤录详义》等。接下来将对这些具有代表性的著作进行探究，并试图从中探求清代法律图表的特点与影响。

2. "名法指掌"体系：不断发展的法律图表

《名法指掌》，又名《名法指掌增订》，为清朝沈辛田所辑，内附《钱谷刑名便览》一册（董南厚著）。该书初成于乾隆五年（公元1740年），乾隆八年（公元1743年）值大清律例重修颁行，复将新例增订纳入。初版共四册，两卷，其书前有乾隆八年（公元1743年）沈辛田自序和李锡泰序。乾隆十八年（公元1753年）杭州有文堂据乾隆五年刊本重刊印行。[22] 该书是清代律学"图表本系统"的第一部作品，其最大的特点或者说对律学的创造性影响就是，首次以图表的形式，将州县基层衙门处理事务中经常会援引的律例，分门别类地绘制在一个个的图表中，[23] 影响极大，"堪称清代注释律学图表本系统的典范。"[24] 沈辛

---

[22] 参见李仪：《重修名法指掌》，载张晋藩主编：《清代律学名著选介》，中国政法大学出版社2009年版，第294~295页。

[23] 参见李仪：《重修名法指掌》，载张晋藩主编：《清代律学名著选介》，中国政法大学出版社2009年版，第298页。

[24] 张晋藩：《清代私家法律的解析》，载张晋藩：《清律研究》，法律出版社1992年版，第165页。

田所著的《名法指掌》以大清律例的刑名部分为素材，按照实际需求从中挑选出常用章目所涉及的律例、事例、则例等内容，适当加以删减，按照罪名在前刑罚紧随其后的方式进行编排。《名法指掌》在编排体系上舍弃了严格遵照《大清律例》体制的死板做法，将实体法与程序法放在一起进行提炼，使得具体罪名刑罚的检索更加方便快捷，其指导司法实践的作用也得到了更好地发挥，为清代法律工作者准确掌握和适用法律作出了重要贡献。鉴于沈辛田所著的部分只涉及刑名部分，故在书后特意附上了董南厚所著的《钱谷刑名便览》，以图表的方式罗列钱谷部分的律例。随着大清律例的修改，《名法指掌》也做出了一些调整，修改后全书共有255幅图表，包括董南厚所著《钱谷刑名便览》中含有仓谷图、秋审图、奏销钱粮图等钱谷相关内容的70幅图表。

作为清代第一部完全意义上的律学图表类作品，《名法指掌》的地位不可不谓之崇高。更为重要的是，其在快速检索律例方面的积极作用使得其并非一次刊印发行即告结束，随着律例的更改变化，许多律学家（幕僚讼师）纷纷对其进行增订重刊，或在其基础上进行重新编纂，使得《名法指掌》不断焕发出新的生机，成为清代"活着的法律图表"。

《名法指掌》在清代有三次较为有名的修订，这三次修订成果都在很大程度上保留了原来的内容与名称。最重要的一次是同治九年（公元1870年）由徐灏修订后再版重刊的《重修名法指掌》，重刊后的该书由原来的两卷变成了四卷，为了适应乾隆至同治年间的律例变化，书中关于刑罚犯罪的内容也被编者徐灏进行了删除或修改。与沈辛田所著《名法指掌》共计255幅图表相比，《重修名法指掌》全书涵盖了311幅图表，内容较之过去有了较大的变化，也更加契合同治时期的律法实况。

除徐灏外，清代道光年间的纽大炜和黄鲁溪也对《名法指掌》进行了编辑重刊，二者分别提出了修订版本，即《名法指掌新例增订》和《名法指掌新纂》。[25] 而在张晋藩教授主编的《清代律学名著选介》中

---

[25] 参见魏丕信、张世明："在表格形式中的行政法规和刑法典"，载《清史研究》2008年第4期。

有这样一段话:"《名法指掌》的增订重版包括咸丰十年(公元1860年)增订、粤东刊版的《名法指掌》本和道光年间吴县黄鲁杏川氏编辑的《名法指掌新纂》本,以及光绪辛巳(公元1881年)重镌的《增补名法指掌》本和清同治九年(公元1870年)七月湖北崇文书局刊板的、由徐灏重新修订的《重修名法指掌》。"[26] 据此,我们可以大致推知,在沈辛田之后,两广地区的纽大炜和川蜀地区的黄鲁溪都分别提出了自己的编订主张并予以实践,才有了较为重要的《名法指掌》的两次编订重刊。而正是由于编者有着较长时间的地方工作履历,才使得修订后的《名法指掌》在律例编订上体现了不同的地方特色,在一定程度上促进了《名法指掌》的传播,使得其当之无愧地成为清代法律图表著作的重要代表。

除了上文提到的三次增订外,清代道光年间尚存在着一部以《名法指掌》为基础、重新编纂而成的律学著作,即《读法图存》。

《读法图存》是清代道光年间邵绳清的作品,在序言中他明确提到这本书的体例是仿照沈辛田所辑《名法指掌》而编著的,由于乾隆末年至道光以来律例的变化发展使得原来的《名法指掌》不能很好地满足社会需求,所以他在原来《名法指掌》的基础上续增新例、厘正条目次序并编制新图,并为此书取名为《读法图存》。《读法图存》是一部完全的图表式律学著作,全书以图表的形式对当时更新后的律例进行整理和归纳,将常用的律法按照类别编入表格之中以方便查阅。全书共四卷,分为24个门类,涵盖359幅图表,结构严谨,绘制科学,是不可多得的图表类律学专著。现以表格的形式将全书的门类摘录如下:

---

[26] 参见李仪:《重修名法指掌》,载张晋藩主编:《清代律学名著选介》,中国政法大学出版社2009年版,第298页。

表3　《读法图存》各卷篇目[27]

卷　一	限期、人命、匪类
卷　二	强盗、窃贼、抢夺、发冢、诱拐、奸情、诈伪、私铸
卷　三	疏纵、赌博、杂犯、盐法、户婚、田债、关市、词讼、赃私、六赃汇览
卷　四	名例纪要、处分统略、秋审先程

需要注意的是，虽然《读法图存》是仿照《名法指掌》的体例绘制的，但也有自己的明显创新，比如"六赃总说及十二赃考辩两图"就是《名法指掌》所没有的。[28]

《名法指掌》之所以能在清代私家注律的"图表本系统"占有重要的地位，一来与其出现的时间有着较大的关系（清代第一部完全意义上的图表类著作），二来也与其不断修改增订有关。正是多次的修改重刊和重新编纂，使得《名法指掌》不断地发展，最终成为独特的"名法指掌"体系，意义深远。

3.《律表》与《洗冤集录》：清代法律图表走向精致和规范的标志

提起《律表》，就不得不提起它的作者：曾恒德。曾恒德，惠安后吴人，历任工部主事、刑部员外郎、郧阳知府等，为清代著名的律学家，也是历史上极其罕见的、分别以图画和表格的方式编纂两部著作来适用法律的律学学者。曾恒德传世的法律类专著只有两部，除了《律表》外，其还有一部更加著名的作品——《洗冤集录》。与《律表》采用表格的方式解读现行律例有所不同，《洗冤集录》以图画的形式对宋代宋慈所著的同名著作《洗冤集录》进行增补注释，形式新颖且实用性

---

[27]　更为详细的表格归类可以参见张晋藩教授主编的《清代律学名著选介》中关于"读法图存"篇目的介绍。（参见李艳君：《读法图存》，载张晋藩主编：《清代律学名著选介》，中国政法大学出版社2009年版，第185页。）

[28]　参见李艳君：《读法图存》，载张晋藩主编：《清代律学名著选介》，中国政法大学出版社2009年版，第185页。

极强，使得这部伟大的法医学著作更加方便易懂地服务于清代仵作的实践和工作，意义深远。正是由于作者相同，再加上法医学与法学的关系较为密切，所以许多版本的《律表》都将《洗冤集录》收录其中合并刊行，因此在本文中作者将二者放在一起同时介绍，不再分别单列。该书现较为著名的版本有三：即乾隆四十五年（公元1780年）贵州粮署刻本、曹氏重订的承裕堂镌行版本、清末收入《光绪会典》的版本。[29] 现以清末《光绪会典》版为基准，探讨《律表》与《洗冤集录》的基本特点。《律表》在编排体例上与《大清律例》基本相同，无甚新颖，但该书最大的特点就是重视格式的整齐严整，这一点无论是从卷首的"凡例"还是纵观整本书均可易见：第一，作者对该书所用字体大小做出了详细的规定；[30] 第二，对书中所附表格的格式进行了明确规定。[31] 不仅如此，对于书中所引用的律例、注解等内容，作者对于其真实性、权威性、全面性也做出了明确的保证，并申明自己并未对其作出任何的改动。[32] 除此之外，出于查阅方便的考虑，曾恒德还借鉴了《元典章》置表于卷首的做法，在各部门图表之前加上了一个形似目录的表格，法律工作者可以按图索骥，依照顺序就能方便快捷地查找到对应的内容。

而该书附录部分的《洗冤集录》则以图画的形式对宋代宋慈所著的

---

[29] 贾辉：《律表》，载张晋藩主编：《清代律学名著选介》，中国政法大学出版社2009年版，第112~125页。

[30] 参见（清）曾恒德《律表》卷首所载"凡例""书分大小字，于事由则用小字其口契紧处及罪名悉用大字"。

[31] 参见（清）曾恒德《律表》卷首所载"凡例""是书依类编次，长线为界或尽半幅或止分行为律为例逐一标出按格读下""是书于同一事者合之，兼数事者分之，或上合而下分，或上分而下合，或上下合而中分，或上下分而中合，各随其段落句读为分合""古人作表多置空格此全用实格"。

[32] 参见（清）曾恒德《律表》卷首所载"凡例""律条悉遵大清律集解总注及会典句读（律例载在会典者悉圈句读），复广集释笺注疎注诸书为之分解截段，至例条有会典所未载者则恭查谕旨原奏，使原委详明乃施界画庶免牵混之失""是书备载全书无一遗漏，其三十七年及四十三年两次续纂并归入""上截小注悉採诸家虽间杂管见亦不敢致乖正文"。

同名著作《洗冤集录》进行了增补注释。该书的内容主要来源于宋慈的法医学理论，其中也包含了宋元明乃至清代法医学的一些研究成果。在编排方式上，作者曾恒德舍弃了过去直接地、大篇幅地引用原文并在其后加附注释的传统做法，创造性地引入了图画形式对宋慈的《洗冤集录》进行发挥和增补，形式新颖且实用性极强，使得这部伟大的著作更好地指导清代法医学的工作和实践。值得注意的是，虽然曾恒德的两部作品：《律表》和《洗冤集录》都属于法律图表的范畴，但《律表》主要是应用表格形式注释律文，《洗冤集录》则主要应用了图画的形式。并且，在一些学者看来，《洗冤集录》在使用技术上要比《律表》走得更远。[33]

作为清代律学图表派的经典著作之一，《律表》所体现出来的特点在很大程度上能反映出清代法律图表的发展方向：在追求注释法律之完整性和实用性的同时也关注法律图表在格式上的精细化。私以为，这种对图表格式的追求是法律图表在清代走向成熟的标志之一。

4. 清代法律相关知识类图表著作（法医学）的集大成者：《洗冤录详义》

事实上将法医学类图表著作归入法律图表并非是作者的首创，鉴于中国古代法医学和法学的密切关系，早在元英宗时期，《元典章》就将两幅验尸法式图纳入到法典之中，归于"刑部·诸杀二"一节。自宋朝时期宋慈著《洗冤集录》以来，其后元明清三代都有大量研究《洗冤集录》的法医学著作产生，[34] 清代甚至颁行了一部由官方总结编纂的

---

〔33〕 参见贾辉：《律表》，载张晋藩主编：《清代律学名著选介》，中国政法大学出版社 2009 年版，第 124 页。

〔34〕 元明清三代研究《洗冤集录》的主要作品有：宋末元初赵逸斋所著《平冤录》、元代王与所著《无冤录》、清吴鼒所刊《宋元检验三录》、清王明德所著《洗冤录补》、清代陈芳生所著《洗冤集说》、清代王又槐所著《洗冤录集证》、清代瞿中溶所著《洗冤录辩正》、清代姚德豫所著《洗冤录集解》等。

法医学专著——《律例馆校正洗冤录》（又名《洗冤录》）。[35] 而本文曾讨论的《洗冤集录》（曾恒德著）和即将介绍到的《洗冤录详义》正是清代法医学著作的典型代表，也是清代法律知识类图表（法医学）的经典之作。

《洗冤录详义》是清代法医学的集大成之作，为许梿[36]所著，书成于咸丰四年（公元1854年），[37] 现存世的版本主要集中在清代光绪年间，其中最早的是光绪三年（公元1877年）湖北藩署刻本。该书应用法律图表主要集中在尸体检验方面：在卷一作者绘制了24幅颇为确切的尸图和骨图来指导尸体的检验，并在其侧附以解释说明。

表4 《洗冤录详义》中所编尸图和骨图

尸　图			
尸图仰面	尸图合面	现拟尸图（仰面）	现拟尸图（合面）
骨　图			
现拟全身骨图（仰面）	现拟全身骨图（合面）	骷髅骨图（仰面）	骷髅骨图（合面）
肩髃骨臆骨横髃骨图	肩甲骨图	龟子骨图	心坎骨图

---

[35] 参见张翘、袁家超：《洗冤录详义》，载张晋藩主编：《清代律学名著选介》，中国政法大学出版社2009年版，第269页。节选如下：康熙三十三年（公元1694年），国家律例馆在参证数十种古代医书的基础上修成并颁行《律例馆校正洗冤录》。该书是清代官方对对之前司法检验诸书的一次系统总结，无论是内容还是体例都相较于宋代《洗冤集录》而言大为完善，成为清代标准的法医检验用书。

[36] 许梿，生于乾隆五十二年（公元1787年），卒同治元年（公元1862年），浙江海宁人。道光十三年（公元1833年）进士，历任直隶知县、山东平度知州。著有《金石存》《古韵阁宝刻录》《洗冤录详义》等。作者在查资料时发现百度百科与诸网页将"梿"字写作"琏"，然经多方查证，作者私以为其应为许"梿"而非许"琏"。

[37] 参见张翘、袁家超：《洗冤录详义》，载张晋藩主编：《清代律学名著选介》，中国政法大学出版社2009年版，第269页。

续表

尸 图			
肋骨图（仰面）	肋骨图（合面）	两手肢图（仰面）	两手肢图（合面）
脊骨图	方骨图（仰面）	方骨图（合面）	尾蛆骨图
胯骨图（仰面）	胯骨图（合面）	两足肢图（仰面）	两足肢图（合面）

值得一提的是，许梿绘制这些的图表真实性和实用性都相当之高。这些尸骨图几乎完全来自长期的检验实践：为了确保图画的准确性，许梿花费二十多年的时间拾取了二百三十余副无主枯骨进行考查，并不断地对其作出考证和修改。[38]《洗冤录详义》中所附的这24幅尸骨图具有极高的科学性和先进性，与现代的解剖图谱比较相似，其中"骨图"更是纠正了乾隆时期官府正式发行的检骨图中的诸多错误，对清代司法检验的发展起到了极其重要的作用。

5.《律例便览》：灵活应用法律图表的典范

《律例便览》的作者是清代咸丰年间江苏丹徒的蔡氏兄弟，即兄长蔡松年（官至刑部郎中、江西知府）和其弟蔡逢年（官至兵部主事历员外郎），当然也有很多著作认为《律例便览》的作者只有一个，即弟弟蔡逢年，目前中国政法大学图书馆所藏版本也只有这一个署名。本文对此争议不做探讨。总之，鉴于当时众多法律工作者对律例不甚了解的现实状况，为裨益民生、便于省览，作者"择要而节抄之"，并经众人编辑整理和校勘，终成一书，"题曰便览"。[39]

---

[38] 许梿在《洗冤录详义》"现拟全身骨图"中明确提到："梿历关山左江南，凡遇会检人命重案必带同画匠，将所检骨图详悉摹图随时修改，务求十分尽善而止，及今二十余年方敢定准此图。"

[39]（清）蔡逢年：《律例便览》，清同治八年（公元1869）刻本，福建省图书馆馆藏。

《律例便览》全书共有四册，分为八卷，并附有处分则例图要六卷。[40] 正文部分按照名例律、吏、户、礼、兵、刑、工和督捕则例的体例进行编排，共计409条。[41] 每一条按照内容则可以分为四个部分，一是刑；二是律例；三是注释；四是案例和各家学说；五是最后所附的《处分则例》。第一部分涉及《大清律例》中关于刑罚的内容，对于"刑"的部分作者选择用图表的形式予以说明，即将《大清律例》及其他现行法律中关于该罪名的各种等级之刑罚以表格的形式进行归纳总结和罗列，使人一目了然；第二部分则是关于律例的部分，为了避免重复和繁杂，作者将律例进行了对比，若是律例不同或者例详于律则舍律存例，律例相同则取律，当然对于必须两者皆存的情况作者也仍将其收录；第三部分和第四部分则是关于注释、案例和学说的部分，作者自陈，注释和学说都来自《大清律辑注》并各家之说，并非是作者自己的臆见。该书最后则是所附的《处分则例》（又名《处分则例图要》），该部分内容全部以图表的形式进行呈现，在体例上则按六部律的分类方式进行编排（即：吏、户、礼、兵、刑、工，共计六卷），主要回答了如何对官员犯罪进行处分的问题。必须指出的是，在该书的序言中作者明确提到，采用法律图表的方式绘制《处分则例》的灵感主要来源于另一部重要的法律图表类著作，即道光年间邵绳清所著《读法图存》（上

---

[40] 咸丰九年（公元1859年）初版，为四册八卷，随后同治七年（公元1868年）、同治九年（公元1870年）、同治十一年（公元1872年）、光绪二十二年（公元1896年）的重刊版本均为六册，八卷。（参见杨晓辉：《律例便览》，载张晋藩主编：《清代律学名著选介》，中国政法大学出版社2009年版，第285页。）

[41] 《律例便览》共分八卷，卷一名例律43条，卷二吏律23条（职制14条，公式9条），卷三户律81条（户役15条、田宅11条、婚姻17条、仓库23条、课程8条、钱债3条、市廛4条），卷四礼律21条，卷五兵律61条，卷六刑律159条、卷七工律11条和卷八督捕则例10条。

文可见）。[42]

与其他法律图表类著作不同，以《律例便览》《读律心得》为代表的法律图表著作在应用法律图表时并未采取通篇皆用图表的做法，而是在特定部分进行部分应用。这种做法在一定程度上不仅展现出清代私家注律碎片化应用法律图表的风采，也显得更加灵活和便于操作，直到今天仍然可以时时窥见其身影。

6.《三订律例图说辨讹》：清代法律图表内容的新探索

《三订律例图说辨讹》，又名《律例图说辨讹》，为清代乾隆年间万维瀚所著，初次刊发于乾隆二十六年（公元1761年）。全书共有七册，分为十卷。卷一为李锡泰、柴可安和作者所作的序言以及凡例十二则。正文分吏、户、礼、兵、刑、工六个门类，其中吏部一卷、户部两卷、礼部一卷、兵部一卷、刑部三卷、工部一卷，主要以表格的形式列举了乾隆时期的律例。

值得一提的是，该书并不是单纯地罗列现行律例，而是在罗列的同时还对其是否合乎时势加以辨别，对于不合者则称之为"讹"，形式颇为新颖，独树一帜，是对清代法律图表在内容上单纯引用法律、案例的一次重大突破。

除了上面所提及的法律图表以外，清代还有许多优秀的图表类私家律学著作。这些著作相互影响但又各自创新，极大地推动了"图表派"在清代私家注释律学领域的壮大和发展，最终促进了清代私家注律学派中独特的"图表本系统"之形成。下表仅对清代一些非官方所著图表类律学著作进行简单的罗列和介绍：

---

[42]《律例便览》作者自为序节选："余撰便览迄，窃念职官处分所系至重，若于原书内随条厘列。恐绪脉棼杂，未易骤理，妥绘图别成卷册，以资观者。余尝读邵氏《读法图存》，叹其旁行斜上，纲举目张，粲然心目。是编也，祖述厥体，而又变通损益。更著指要，终期于便览，云尔，蔡逢年识。"

表5 清代部分非官方所著图表类律学著作

分类	著作名称	作者	出版信息	编排体例	特点
官员所著图表类著作	《律表》	曾恒德	乾隆四十五年（公元1780年）贵州粮署始刻	六册，三十八卷	
	《洗冤集录》	曾恒德	乾隆四十五年（公元1780年）贵州粮署始刻	四卷	附于《律表》之中，法医学专著
	《通用加减罪例图》（《读律心得》）	刘衡	道光十六年（公元1836年）初版	一册，三卷	《通用加减罪例图》位于第二卷
	《处分则例》（《律例便览》）	蔡逢年（蔡松年）[44]	咸丰九年（公元1859年）初刻	四册，八卷	《处分则例》为图表，附于《律例便览》之后
	《洗冤录详义》	许梿	咸丰四年（公元1854年）完成 光绪三年（公元1877年）湖北藩署刻本	四卷	清代法医学研究集大成之著作
	《续辑明刑图说》	铁珊原辑；胡鸿泽续辑	光绪八年（公元1882年）刊印本	一册	别名《明刑图说》
	《大清律例图说》	徐文达	光绪二十年（公元1894年）刊本		

[43] 学界对《律例便览》的作者是否是蔡松年、蔡逢年兄弟二人有所争议，有很多著作认为《律例便览》的作者只有一个，即弟弟蔡逢年，目前中国政法大学图书馆所藏版本也只有这一个署名。

续表

分类	著作名称	作　者	出版信息	编排体例	特　点
幕友所著图表类著作	《钱谷刑名便览》	董公振辑；董公赐参订；申万锺校阅	雍正十二年（公元1734年）刻本	共两卷	除表格外另有成案附于书末
	《名法指掌》	沈辛田	乾隆八年（公元1743年）初版	四册，两卷	清代律学"图表本系统"的第一部作品
	《律例掌珍》	鲁廷礼	乾隆二十六年（公元1761年）	十四册	不分卷，别名《刑钱掌珍》《律例图说掌珍》
	《三订律例图说辨讹》	万维翰	乾隆三十六年（公元1771年）	十册，十卷	
	《律例图说正编》	万维翰	乾隆三十九年（公元1774年）	八册，十卷	内附《幕学举要》
	《刑钱必览》	王又槐	乾隆五十八年（公元1793）刊本		
	《政治集要》	王又槐			其中《六部限图》《中枢限图》为其门类，该书似已遗散
	《名法指掌新纂》	黄鲁溪	道光四年（公元1824年）		多用于川蜀地区，完成时间有争议
	《名法指掌新例增订》	纽大炜	咸丰十年（公元1860年）		多于两广地区适用，完成时间有争议
	《刑钱指掌》	李天衡	同治七年（公元1668年）		

（三）法律图表的地位

1. 法律图表的功能与作用

（1）罪刑备列，凭罪名索引刑罚

对以现行律例为内容基础的法律图表来说，方便司法官在初步认定犯罪嫌疑人所犯罪行后快速索引罪名所对应的刑罚是其最大的作用。以《大清律例》所附"六赃图"为例：

表6 《大清律例》所附六赃图（部分）与对应律例条文之比较[44]

一百	九十	八十	七十	杖六十	五十	四十	三十	笞二十	六赃图	❖《刑律·贼盗·监守自盗仓库钱粮》（节选）：凡监临主守自盗仓库钱粮等物，不分首从，并赃论罪。（并赃谓如十人节次共盗官银四十两，虽各分四两入己，通算作一处，其十人各得四十两罪皆斩，若十人共盗五两，皆杖一百之类，三犯者绞）并于右小臂膊上，刺'盗官（银、粮、物）'三字。一两以下，杖八十；一两之上至二两五钱，杖九十；五两，杖一百……
五两	一两至二两五钱	一两以下							监守盗	

---

[44] 本表的目的在于展示：法律图表能够简化律例、节约篇幅，使得罪名与刑罚的对应更加清晰，一目了然。此表格左侧只选取了《大清律例》卷首所附"六赃图"的部分内容，右侧则摘取了与之相对应的律文，对于左侧表格中没有表现出来的其他较重刑罚，右侧的律文亦未作出体现。对于《刑律·贼盗·坐赃致罪》之罪名所对应的律文，由于篇幅的原因未予以摘录。"六赃"最早可以从《唐律疏议》中找到，此时的"六赃"包括："强盗""窃盗""受财枉法""受财不枉法""受所监临财物""坐赃"。明清两代对其做了适当的修改，最明显的一点就是将"强盗"之罪去除，增添上"常人盗"之罪。此时"六赃"分别为："监守盗""常人赃""坐赃""枉法""不枉法""窃盗"。《大清律例》卷首的"六赃图"基本沿袭自明代，其中共涉及六个罪名，分别为：监守自盗仓库钱粮（卷二十三）、常人盗仓库钱粮（卷二十三）、坐赃致罪（卷三十一）、枉法（卷三十一）、不枉法（卷三十一）、窃盗（卷二十四）。

续表

| 六赃图 | 常人赃 | 一两以下 | 一两至五两 | 一十两 | 一十五两 | | | | | | ❖《刑律·贼盗·常人盗仓库钱粮》（节选）：
凡常人（不係监守外皆是）盗仓库（出仓库盗出者坐）钱粮等物，（发而觉）不得财杖六十（从减一等），但得财者不分首从并赃论罪（并赃同前），并于右小臂膊上刺'盗官（银钱物）'三字一两以下杖七十，一两以上至五两杖八十，一十两杖九十，一十五两杖一百…… |
| | 坐赃 | 一两以下 | 一两至十两 | 二十两 | 三十两 | 四十两 | 五十两 | 六十两 | 七十两 | 八十两 | ❖《刑律·贼盗·坐赃致罪》（节选）：
内容略，性质同上，注释较以上更多。 |

从上表中我们不难看出，"六赃图"的内容主要来源于"刑律·贼盗"部分的多个罪名及其处罚，如：监守自盗仓库钱粮（卷二十三）、常人盗仓库钱粮（卷二十三）、坐赃致罪（卷三十一）等。而原法典关于这些罪的法律条文虽然非常细致，但也因此造成了律例内容繁杂，查阅不便的困扰。据此我们可以做出一个假设，如果清代一位司法官员在处理一个官吏监守自盗的案件，基于这个监管仓库的官吏偷盗了五两银子的犯罪事实，那么根据六赃图该司法官员就可以极其快速地对他处以杖一百的刑罚；而如果司法官员对法律条文的内容不够了解且又没有六赃图可以参考的话，他想定罪量刑就必须翻到《大清律例》"刑律"部分，再从"刑律"翻到"贼盗"部分，最后从中找到关于"监守自盗仓库钱粮"的条款，十分之麻烦。可见，以"六赃图"为代表的法律图表在缩短法典查阅时间、方便司法官员查阅罪刑方面具有极大的优势，能在很大程度上提高司法官员办理案件的效率。

（2）几相比对，减少适用错误

除了能尽快地查阅法律条文以外，法律图表还有一个明显的功能就是将相似的、繁杂的法条梳理罗列出来，直观地展现其区别和内容，减少法律适用错误的情况。以《大清律例》所附"本宗九族五服正服之

清代法律图表初探

图"为例：

本宗九族五服正服之图

					高祖父母 齐衰 三月					
凡姑姊妹女及子侄皆不杖期 与子同出为兄弟姊妹 出嫁降服而无夫 女在室或已嫁及被出归服或并无与男被出归服			出嫁无服	在室缌麻	曾祖父母 齐衰 五月	曾伯叔祖父母 缌麻				凡嫡孙父卒为祖斩衰 父母若承重父母高祖亦同 父母承重服曾高祖 三年承重服
		出嫁无服	从祖姑 在室缌麻	祖姑 在室小功 出嫁缌麻	祖父母 齐衰杖期	伯叔祖父母 小功	从伯叔祖父母 缌麻			
	出嫁无服	从堂姑 在室缌麻	堂姑 在室小功 出嫁缌麻	姑 在室大功 出嫁小功	父母 斩衰 三年	伯叔父母 期年	堂伯叔父母 小功	从堂伯叔父母 缌麻		
出嫁无服	族姊妹 在室缌麻	从堂姊妹 在室小功 出嫁缌麻	堂姊妹 在室大功 出嫁小功	姊妹 在室期年 出嫁大功	身己	兄弟 期年 兄弟妻小功	堂兄弟 大功 堂兄弟妻缌麻	从堂兄弟 小功 从堂兄弟妻无服	族兄弟 缌麻 族兄弟妻无服	
	出嫁无服	从堂侄女 在室缌麻	堂侄女 在室小功 出嫁缌麻	侄女 在室大功 出嫁小功	众女 在室期年 出嫁大功	众子 众子妇 大功 长子 长子妇期年	侄 侄妇小功 期年	堂侄 堂侄妇缌麻 小功	从堂侄 从堂侄妇无服 缌麻	
		出嫁无服	堂侄孙女 在室缌麻	侄孙女 在室小功 出嫁缌麻	众孙女 在室大功 出嫁缌麻	嫡孙 众孙 嫡孙妇大功 众孙妇小功 期年	侄孙 侄孙妇缌麻 小功	堂侄孙 堂侄孙妇无服 缌麻		
			出嫁无服	曾侄孙女 在室缌麻	曾孙 曾孙妇缌麻	曾侄孙 曾侄孙妇无服 缌麻				
缠头服素服布 皆则祖免亲尺 为祖免之表 在五世祖遇外 凡同族属				玄孙 无服 玄孙妇 缌麻					报服同不杖期 降服本生父母 一等亲属孝服 生父母皆降 凡男为人后者本母孙降		

"本宗九族五服正服之图"位于《大清律例》卷首部分，为"丧服

图"之子图。[45] 从该图中我们可以很明显地看到,"本宗九族五服正服之图"规定了从高祖到玄孙、己身到族兄弟姐妹的丧服要求,规模宏大,内容丰富,结构严整。值得一提的是,该图最大的优点就在于其对一些容易混淆的地方加以明显的区别和对比,大大降低了出错的几率,比如:该图就丧服方面对本族男丁与其妻子、同辈出嫁女与其亲兄弟、己身与堂兄弟从堂兄弟、同辈出嫁女与在室女等极其容易混淆之处做出了清晰的对比与区别。通过该图我们可以非常容易且清楚明白地按图索骥,从中找出九族五服之内每一位亲属所对应的丧服,极大地减少了因为关系错综复杂而导致的适用混乱之情况,对维护严谨复杂的五服制度起到了重要作用。

(3) 引为目录,快速索引律条

对于一些法典和律学著作来说,法律图表还有一个重要的功能,即置于卷首充当目录,方便查阅者快速检索本卷所包含的罪名刑罚。法律图表的这项功能在《元典章》中被发挥得淋漓尽致,其后清代的曾恒德在编纂《律表》时也承袭了这种做法,在卷首设置律表目录作为全书之骨架,以方便读者查阅律表各卷的具体项目。律表目录被绘制于《律表》各卷卷首,共计35幅,[46] 以纵向从右至左的方向列明本卷所涵盖的法律图表,查阅者只需按照这个表格指引就能找到书中对应顺序的表格,避免了读者遍翻全书而不得的苦恼。以"名律例上"为例(为适

---

[45]《大清律例》将明代八幅关于丧服制度的图表全部绘制在一起,统称为"丧服图"。这八幅图表分别为:丧服总图、本宗九族五服正服之图、妻为夫族服图、妾为家长族服之图、出嫁女为本宗降服之图、外亲服图、妻亲服图、三父八母服图。"丧服图"的绘制改变了明代法律图表关于丧服制度部分较为松散的编排结构,使得有关丧服制度的法律图表自成一体,法典中法律图表部分变得更加秩序井然。

[46] 清末光绪会典中所包含的《律表》主要收录了以下律表目录:名例律上、名例律下、例律职制、吏律公式、户律户役、户律田宅、户律婚姻、户律仓库上、户律仓库下、户律课程、户律钱债、户律市廛、礼律祭祀、礼律仪制、礼律官卫、兵律军政、兵律关津、兵律厩牧、兵律邮驿、刑律贼盗上、刑律贼盗中、刑律贼盗下、刑律人命、刑律斗殴上、刑律斗殴下、刑律骂詈、刑律诉讼、刑律受赃、刑律诈伪、刑律犯奸、刑律杂犯、刑律捕亡、刑律断狱上、刑律断狱下及工部营造。

应今日习惯改为纵向从左至右):[47]

表7 《律表》"名例律上"卷首所载履历目录之表格

名例律下		
称期亲祖父母	称道士女冠	充军地方
称与同罪	断罪依新颁律表	
称监临主守	断罪无正条	
称日者以百刻	徒流迁徙地方	

对于法律图表而言,其最大的功能和作用就在于简化律例条文使之能更快地为人所查阅和了解。这种以提高法律适用效率为首要目的的法律工具很好地适应了清代律例繁杂、案件众多的社会现状,迎合了当时律学注释对实用性的追求,为许多司法官员和讼师幕僚所推崇。这也就是清代法律图表类著作数量众多的重要原因之一了。

2. 法律图表的价值与缺憾

对于清代"图表本系统"而言,上文所提及的法律著作只是今人整理出来的、清代传世法律图表作品的一部分,还有一些优秀的法律图表作品因为历史原因已经湮灭,但即使是这样,清代作为法律图表发展的巅峰一定是无可争议的。这不仅体现在"图表本系统"数量庞大的著作上,更体现在法律图表意义深刻的影响上:

第一,法律图表很好地缓解了案件繁多与律例冗杂的矛盾,方便了法律工作者更快更准确地查找对应的法律条文,为司法官员更快处理案件提供了工具支持,对提高办案效率具有重要意义;

第二,法律图表也起到了普及法律,教化百姓的重要作用。由于清代采用八股取士的官吏选拔方式,使得许多司法官员在刚刚上任的时候

---

[47] 参见贾辉:《律表》,载张晋藩主编:《清代律学名著选介》,中国政法大学出版社2009年版,第114页。

并不了解律例,浏览法律图表了解基本的法律情况成为他们快速提升自身法律水平的基本手段之一。但是法律图表的教化作用并不仅限于法律工作者,经过图表形式简化后律例更加通俗易懂,再配合清代比较流行的"法律歌诀",法律普及的范围大大增加,法律图表也成了一些普通百姓了解立法的重要途径。这一点从某些法律图表类著作的序言中即可窥见,以周祖培在同治三年(公元1864年)为《律例便览》所著的序言为例,在序言中周高度赞扬了《律例便览》的教化作用:"将士君子之怀,刑愚百姓之守法,恒必由之,予故乐为之序。"[48]

第三,法律图表的发展在一定程度上促进了明清时期讼师阶层的成长与壮大。结合前面的内容我们可以了解到:清代诸多法律图表类著作的作者都是名气很大的名讼和幕僚,比如沈辛田、万维瀚、董公振、王又槐等。这些来自于各个地方的幕僚讼师都纷纷以图表的形式编纂符合自己地方特色的幕友手册,在方便自己的同时也造福了行业。这些幕僚讼师长期奔波在案件审判的第一线,拥有极强的法律实务能力,他们所著的律学文献对如何正确切实地适用法律拥有极高的借鉴意义,这也就是为什么官府积极支持其著作刊印的原因之一了。但这些法律图表的受益者并不仅仅只有司法官员,还有许多普通的讼师也因此大受裨益。这些法律图表使得晦涩艰深的律例变得更加易于理解和适用,不仅节约了普通讼师查阅律例所费的时间和精力,也提高了适用法律的准确性,在一定程度上降低了行业的准入门槛,为讼师这一行业的发展壮大起到了重要作用。

然而,任何的事情都有其两面性,法律图表自然也不能免俗。

对于法律图表而言,对精简性的要求和对全面性的追求从来都是一个不可调和的矛盾:如果法律图表过于追求精简性就会导致内容的遗漏,以至于定罪量刑的可靠性大打折扣;但如果法律图表过于追求内容的全面性就难免会导致图表篇幅冗长、查阅不便。古往今来,如何使得

---

[48] (清)蔡逢年:《律例便览》,清同治八年(公元1869)刻本,福建省图书馆馆藏。

法律图表的全面性和简洁性得到一个良好的平衡更是诸多律学家苦苦思考的难题。

而在另一方面，经过图表形式简化后的律例虽然在查阅方面具有更大的优势，但原本蕴含在律例中的法理、价值取向却也无法得到很充分的体现。此时，法律图表更多地倾向于一个法律工具而非真正意义上的"法"。这也是法律图表不能完全取代法律条文的根本原因之一。

结　语

究其根本，我们不难发现，自宋以来历朝历代对实用性的追求是推动法律图表不断向前发展以致在清代独成一派的根本原因。毫无疑问，对致力于解决社会纠纷、维护社会稳定的法律而言，注重实用性无异能使其更好地适应社会的变化与发展。但是对于律学而言，正是由于唐代以后各朝的律学家们都纷纷将注意力放在了如何适用法律之上，才使得律学的发展只剩下了注释律学这一单一的途径。所以在一些学者看来，即使法律图表等律学注释学派在清代呈现出百家争鸣、蔚然可观的良好局面，其仍旧未跳出解释现行律文的窠臼，本质上是极其单一而功利的。[49] 但即使是这样，法律图表的价值也不应当被低估，毕竟从一方面来讲，它为注律方法的创新提供了新的思路，而在另一方面，其还对法律朝着简便、实用方向发展起到了很好的推动作用。无可否认的是，当立法过于繁多复杂的时候，出于更高效地查找、适用法律之目的而应用法律图表乃是不可忽视的社会需求，这也就是为什么直至今天法律图表仍然比较活跃的重要原因吧。

---

[49] 参见师棠："律学衰因及其传统评价"，载《法学》1990 年第 5 期。作者认为：清代注释律学流派"价值取向是功利的，其旨趣是对律文的注释，以期更加准确的适用法律，完全服务于统治者的需要，这种研究对象单一化之心态，铸成思维定向，对法律的研究只能是实证的，只能是对现行律文的注说与讴歌"。

附　录

附录一：《刑书释名》之"黄帝刑"

刑書釋名	宋　王鍵	黃帝刑	一曰鞭朴二曰鑽鑿	鑽臏刑去膝蓋骨也 鑿黥刑也以墨涅其面	三曰刀鋸	刀割鼻也鋸刖刑斷足也	四曰斧鉞	斬刑軍戮也	刑書釋名

附录二：《刑书释名》之"古今用刑"

刑書釋名	宋武帝拉殺諸葛民兵	聯卦釋文刺鑿其額命曰天	漢注抵觸也	應劭曰沈沒也		刑書釋名
	拉	天	抵死	沈命	斧質	

· 68 ·

附录三：《大清律例》卷一"律目·例分八字之义"

例分八字之义

以	准	皆	各	其	及	即	若
以者，與實犯同。謂如監守貿易官物，無異實盜，故以枉法論，以盜論，並全科絞，並除名，刺字，罪同斬、	准者，與實犯有間矣。謂如准枉法、准盜論，但准其罪，不在除名、刺字之例，罪止杖一百，流三千里。	皆者，不分首從，一等科罪。謂如監臨主守，職役同情，盜所監守官物，併贓滿數，皆斬之類。	各者，彼此同科此罪。謂如諸色人匠撥赴內府工作，若不親自應役，雇人冒名，私自代替，及替之人，各杖一百之類。	其者，變於先意。謂如論八義罪犯，先奏請議，其犯十惡不用此律之類	及者，事情連後。謂如彼此俱罪之贓，及應禁之物則沒官之類。	即者，意盡而復明。謂如犯罪事發在逃者，眾證明白，即同獄成之類。	若者，文雖殊而會上意。謂如犯罪未老疾，事發時老疾，以老疾論，若在徒年限內老疾者，亦如之類。

69

附录四：《大清律例》卷二"诸图·五刑图"

徒迁	图之刑五	
一千里以外謂遷離鄉土	五刑笞	
	折今等一五五自荊罪人笞責以加十等十一杖，有者。竹減为，十决用轻，杖，板，一每为至打小 謂	一十 二十 三十 四十 五十
	五刑杖	
	折今等一等百十打大人杖責以加十，荊犯者。竹減为为至自杖罪，板，一每五一六决用謂 亦	六十 七十 八十 九十 一百
	五刑徒	
	徒者，謂人犯罪稍重，发本省驿逃，应一切用力辛苦之役，自一年起加至三年止，为五等，每杖一十及徒半年为一等加减。	一年杖六十 一年半杖七十 二年杖八十 二年半杖九十 三年杖一百

续表

徙迁	图之刑五		
一千里以外謂遷离乡土	三刑流		
	流者，謂人犯重罪，不忍刑杀，流去远方，终身不得还乡，里加至三千里，为二千里，每五百里为一等，自二千里加至三千里，为三等，加罪减概從徙。	杖一百 二千里　杖一百 二千五百里　杖一百 三千里	
	二刑死		
	极刑者之	斬异身处首	绞肢全體其

附录五：《大元圣政国朝典章》所载图表

表一　《元典章》中置于各卷卷首的图表

	类别	卷　名	总表（图）名	子表名	特　点
前集元宪宗七年至仁宗延祐七年（公元1257年-公元1320年）	吏部	卷二 官制二		内官升转；外官升转；江淮官升降；军官品级	
		卷七 公规一			
		卷八 公规二			
	户部	卷一 禄廪	延祐新定		
		卷二 分例			
		卷三 户计			断例
		卷四 婚姻			
		卷五 田宅			

续表

类别	卷 名	总表(图)名	子表名	特 点
前集 元宪宗七年至仁宗延祐七年（公元1257年-公元1320年） 户部	卷六 钞法	皇庆定例	挑剜裨凑宝钞以真作伪者与伪造宝钞；倒换昏钞、添苔工墨、结揽昏钞、抑遏倒换、昏钞不使退印	
		延祐新定		
	卷八 课程			
礼部	卷二 礼制二		文武品从服带；贵贱服色等第	
兵部	卷一 军役		军人在逃；军驱在逃	
	卷二 军器			断例
	卷三 驿站			
	卷四 递铺			
	卷五 捕猎		捕猎飞放；皮货则例	
刑部	卷一 刑制	五刑之制		
	卷二 刑狱	狱具之制		
	卷三 诸恶			
	卷四 谋杀一		过失杀、劫杀、谋杀、故杀、戏杀、误杀、斗杀、杀死亲属、奴婢杀主	
			杀死奴婢佃户、因奸杀夫、因奸杀订婚夫、杀死贼人、冬月脱人衣服冻死	

续表

类别	卷 名	总表(图)名	子表名	特 点
前集元宪宗七年至仁宗延祐七年（公元1257年-公元1320年） 刑部	卷五 诸杀二		验尸法式之仰面	此为元典章中唯一两幅图画，内容为尸体正反姿势的检验部位。
			验尸法式之合面	
	卷六 诸殴			
	卷七 诸奸			
	卷八 诸赃一			断例
	卷九 诸赃二			断例
	卷十一 诸盗一		大德元定	
			延祐新定（强盗、偷财物贼、赎房子/剜房子的贼。偷盗驼马牛贼、偷驴骡贼、偷羊猪贼）	
			书贼、防火发家	
	卷十四 诈伪			断例
	卷十五 诉讼			断例抹子
	卷十六 杂犯一			断例
	卷十八 阑遗			断例
	卷十九 诸禁			断例

续表

类别	卷名	总表(图)名	子表名	特 点
新集仁宗延祐后期到英宗至治二年（公元1320年-公元1322年）	刑部	诸盗	延祐新定例	

表二 《元典章》中位于各节节首的图表

	类别	卷名·节名	总表名	子表名	特点
前集元宪宗七年至仁宗延祐七年（公元1257年-公元1320年）	台纲	卷二 台纲二·照刷	照刷（断例）		
	吏部	卷一 官制一·资品	资品	文资、武资、杂流	
		卷四 职制一·赴任	赴任程限		
		卷四 职制一·不赴任	不赴任旧例		
		卷五 职制二·封赠	封赠		
		卷七 公规一·公事	公事催限		
		卷八 公规二·案牍	案牍		

续表

	类别	卷名·节名	总表名	子表名	特点
前集 元宪宗七年至仁宗延祐七年（公元1257年-公元1320年）	礼部	卷二 礼制二·印章	印章品级分寸料例		
		卷二 礼制二·牌面	军官解典牌面		
		卷三 礼制三·丧礼	本宗五服之图、外族服、三殇服、女嫁为本族服、三父八母服、妻为夫之族服		
		卷三 礼制三·葬礼	墓葬禁步图		
	刑部	卷十三 诸盗三·捕盗	捕盗		
新集 仁宗延祐后期到英宗至治二年（公元1320年-公元1322年）	户部	钞法·倒钞			
		田宅·交易			
		婚姻·嫁娶			
		婚姻·服内成亲			断例

附录六：《唐律疏议纂例图表》节选：六赃定罪

		强 盗	窃 盗	枉 法	
六赃定罪以下皆唐律条	五十		不得财		
	六十		得财一尺		
	七十		一匹		
	八十		二匹		
	九十		三匹		无禄受财，减有禄一等，一尺
	一百		四匹	有禄受财，一尺	一匹
	一年		五匹	一匹	二匹
	一年半		十匹	二匹	三匹
	二年	威力不得财	十五匹	三匹	四匹
	二年半		二十匹	四匹	五匹
	三年	劫财一尺	二十五匹	五匹	六匹
	二千里	二匹	三十匹	六匹	七匹
	二千五百里	四匹	三十五匹	七匹	八匹
	三千里	六匹	持杖虽不得财 四十匹	八匹	九匹
	加役流		五十匹止		
	绞	十匹及伤人	劫五匹	十五匹	二十匹
	斩	杀人	伤人		

二等奖获奖论文

冲突、利用与转化
——论汉章帝朝的谶纬学与法制

邱滨泽*

引 言

自秦灭之后,法制与学术之间的冲突与融合成为了统治者、学人共同关注的话题。西汉哀、平衰世,对天命、天象、祥瑞等的解释成为统治阶级挽救危局的心灵慰藉,"再受命"的闹剧与新莽政权为证明政统、法统而广求符瑞使得谶纬学有了发展的契机。在乱世中兴起的充满政治预言与灾异解释的谶纬学,其与法制的碰撞不可避免,统治者对其的利用与限制也往往通过法制手段予以体现。东汉承治,迅速稳定时局的途径就是前代国家治理中诸方面的承袭,这也使得谶纬与法制的冲突与融合延续至东汉。光武帝朝承认谶纬的官方地位,言谶议谶上行于君、下效与民。汉明帝朝却连兴大狱,其重要原因之一即为谶纬乱国、妖言蠱法。而两汉兴替间长期存续的谶纬与法制的冲突却在汉章帝朝得到了缓解。该时期统治者善用谶纬平息冤狱、抚恤黎民、更易法令,无三公因灾而罢免,有白虎议经之盛事。由此,诸问题值得思索:谶纬学与法制的冲突聚焦在哪些方面?汉章帝朝君臣对冲突的缓解做出了哪些努力?这些举措的历史背景、实践效果如何?当下,学界对谶纬的研究已然成

---

* 作者系华东政法大学硕士研究生。

为显学，[1] 然而对其与法制的勾连罕有探讨。本文以上述问题为导向，以汉章帝朝谶纬学与法制的关系为讨论核心，探究学术与法制的冲突与融合中的历史经验。

一、两汉兴替间谶纬学与法制的冲突

西汉董仲舒通过对阴阳学、儒学的杂糅创造了汉代的官方思想体系的基本范式，董式所论之"灾异"为其"天人感应"理论体系的重要部分。谶纬学也以此为基本研究对象，并在成熟之后成为解释灾异的核心依据。同时谶纬学在发展过程中将政治需求与民间信仰予以杂糅，天象兆征、天命归属、四时物候等并立其间。[2] 此包容的学术体系使得其内外矛盾亦为多元。考诸史籍，根植于"灾异"的谶纬学的发达史在两汉兴替间不仅有"攀龙附凤"的辉煌且时常"血迹斑斑"。究其原因，谶纬学无论是理论层面还是技术层面都可能与统治者的政治方略相违背，而其直接表现则是同法制的冲突。

（一）律令层面的冲突

秦代与两汉法律相承续为学界共识，对于谶纬及其前身"言灾异"，汉代法律有明文予以禁止，与其直接相关的罪名为"妖言"。西汉末年民间言谶成风，统治者无暇顾及；东汉初年颁行图谶，国家对民间合理的谶纬讨论不予禁止。该时期"妖言罪"的打击对象主要为严重影响社会秩序者与反乱之徒。同时谶纬学与危害统治安全诸犯罪的联系逐步紧密，汉明帝朝连兴大狱是谶纬与法制剧烈冲突的体现。

---

[1] 自20世纪初至今，学界对谶纬的理论研究不断深入。当下学者已有相关成果对学术史予以整理，可以发现当前学界对谶纬与政治、谶纬与文学等问题的研究增多。从单纯的文本层面的探讨到与传统社会的诸多侧面的结合讨论是当前谶纬研究的发展趋势。参见任蜜林："百年来中国谶纬学的研究与反思"，载《云梦学刊》2006年第2期；周婷婷："中国近现代谶纬研究"，山东师范大学2008年硕士学位论文。

[2] 谶纬学本"谶""纬"分立，西汉末年两者结合后逐渐将各知识体系中的驳杂所在予以吸纳；及至东汉，国家知识体系几乎出经学而入谶纬。参见钟肇鹏：《谶纬论略》，辽宁教育出版社1991年版，第26页。

1. 西汉时期的"言灾异"与"妖言"

汉承秦法，惩治言论犯罪。西汉初年对"妖言罪"废而又复，[3]而据《汉书》颜师古注为"过误之语"，因而汉代"妖言"的范围颇广。张仁玺先生认为其特征之一是"不祥"，吕宗力先生进一步探讨认为，"不详"为涉及阴阳灾异、吉凶鬼神之辞。[4]"妖言"的称谓延续至东汉，《后汉书·张衡传》载："自中兴之后，儒者争学图纬，兼复附以訞言。"[5] 综上，"妖言罪"规制大多数不当言论，其中犯罪行为之一就是"言灾异"。

作为"推阴阳"的先驱，董仲舒即曾因言"陵庙"灾异而获罪。其本传载："先是辽东高庙、长陵高园殿灾，仲舒居家推说其意，……于是下仲舒吏，当死，诏赦之，仲舒遂不敢复言灾异。"[6] 此记载并未确定具体适用的罪名。而其弟子眭弘明确因言灾异而获"祅言罪"被杀，其本传载："时，昭帝幼，大将军霍光秉政，恶之，下其书廷尉。奏赐、孟妄设祅言惑众，大逆不道，皆伏诛。"[7] 对于因言灾异而获罪有三个问题值得关注：

其一，涉及罪名较为复杂，有"妖言""执左道""大逆无道""不道"等。其因犯罪行为、犯罪后果的不同有所不同，如口头传播则多为"妖言"，而设厌胜、祈禳、淫祀等行为即可能落入"执左道"之中。

---

[3] 程树德先生对此已有论断："高后文帝皆有除诽谤訞言之令，章帝安帝诸纪所载，复有坐訞言者，是此法终汉世未尽除也。"参见程树德：《九朝律考》，商务印书馆2017年版，第129页。

[4] 参见张仁玺："秦汉家族成员连坐考略"，载《思想战线》2003年第6期；吕宗力："汉代'妖言'探讨"，载《中国史研究》2006年第4期。

[5] （南朝宋）范晔撰：《后汉书》，（唐）李贤注，中华书局1965年版，第1911页。

[6] （西汉）班固撰：《汉书》，（唐）颜师古注，中华书局1962年版，第2524页。

[7] （西汉）班固撰：《汉书》，（唐）颜师古注，中华书局1962年版，第3154页。

而且诸多案件具有政治性，具体处断时也可能涉及危害皇权的罪名。[8] 其二，相关罪名的适用对象多为学界名宿，考其言论，多论及国统、法令、权臣，如董仲舒论陵园"于礼不合"；眭弘论当朝"有传国之运"；京房三次封事谏天子疏远权臣石显。其三，用刑多为死刑。秦初对见"有坠星下东郡"且妄议的民众用死刑株连；对"或为訞言以乱黔首"的方士有坑杀之刑。及至两汉，董仲舒因诏得释、李寻减死已属侥幸，其他高官与吏民言灾异不当则多受及诛戮。

2. 东汉初年的"图谶"与"大逆"

经历了京房、刘氏父子的改造，结合了"灾异"理论与儒家学说的谶纬学的体系臻于完备。[9] 这一时期"灾异"已然成了国家各阶层人士可以普遍讨论的话题。史载："永始、元延之间，日食地震尤数，吏民多上书言灾异之应，讥切王氏专政所致。"[10] 又有汉哀帝因循术士所造《天官历》《包元太平经》而演出"再受命"闹剧。这固然与当时多灾有关，同时也可以看出此时汉家法度已然无法对抗民众群体的普遍智识信仰。统治者对于谶纬学的包容甚至盲信昭然若揭，仅在所信图谶的荒谬性被证明时才象征性地动用刑罚。西汉"妖言罪"在东汉并未废止。[11] 由于东汉初年谶纬学官方化，加之民间承袭先代言谶之风，统治者将主要目光聚焦于惩戒以谶纬乱国、危害统治的诸侯王及其党羽。

---

[8]《汉书·李寻传》："皆下狱，光禄勋平当、光禄大夫毛莫如与御史中丞、廷尉杂治，当贺良等执左道，乱朝政，倾覆国家，诬罔主上，不道。贺良等皆伏诛。寻及解光减死一等，徙敦煌郡。"参见（西汉）班固撰：《汉书》，（唐）颜师古注，中华书局1962年版，第3193页以下。

[9] 参见陈侃理：《儒学、术数与政治：灾异的政治文化史》，北京大学出版社2015年版，第68页。

[10]（西汉）班固撰：《汉书》，（唐）颜师古注，中华书局1962年版，第3351页。

[11]《后汉书·王涣传》："（王涣）在温三年，迁兖州刺史，绳正部郡，风威大行。后坐考妖言不实论。"参见（南朝宋）范晔：《后汉书》，（唐）李贤注，中华书局1965年版，第2458页。

学界对东汉初年诸狱的政治背景已有论述，在此不赘。[12] 而其中值得关注则是对诸王反乱中"造作图谶"的记载：

永平元年（公元58年）东海王强忧郁而死，而荆不得志，遂借西羌反乱之机，"私迎能为星者与谋议"。

永平十三年（公元70年），男子燕广告英与渔阳王平、颜忠等造作图书，有逆谋、事下案验，有司奏英招聚奸猾，造作图谶，擅相官秩，置诸侯王公将军二千石，大逆不道，请诛之。

永平十六年（公元73年），有上书告延与姬兄谢弇及姊馆陶主婿驸马都尉韩光招奸猾，作图谶，祠祭祝诅。事下案验，光、弇被杀，辞所连及，死徙者甚众。[13]

无论是占星求应、制造福瑞、私造图书都是为了附会谶语、以求获得起事的正当性，为反乱做准备。诸侯王的反乱不约而同地对谶言、征应表示高度重视，主要利用谶纬学在当时受众群体的广大。同时诸案多由地方吏民举发，诸王被指控的犯罪行为之一即为"造作图谶"，可见东汉初年对此行为有所设禁。"造作图谶"被律令禁绝的原因不仅在于其行为本身，而且若犯罪主体有诸侯王身份，其很容易转换为反逆等危害皇权的犯罪行为。[14] 汉明帝谙熟动乱中群雄造图谶为造反营造舆论支持的历史，故而在滥造图谶的问题上颇为严厉。因此诸狱惨酷，牵连甚多。王夫之论之曰："作图谶，事淫祀，岂不可教，而必极无将之辟以加之，则诸王之寝棘履冰如睦所云者，善不敢为，而天性之恩几于绝矣。"[15] 不仅表明其对屡兴刑狱的批判，同时也指出了谶纬与刑狱之间

---

[12] 参见王健："楚王刘英之狱探析"，载《中国史研究》1999年第2期；曹金华："汉明帝及其'严切'政治"，载《扬州大学学报（人文社会科学版）》1999年第3期；张鹤泉：《汉明帝研究》，吉林文史出版社2002年版，第52页以下。

[13] 以上三例均出自《后汉书·光武十王列传》。参见（南朝宋）范晔：《后汉书》，（唐）李贤注，中华书局1965年版，第1429页以下。

[14] 前注12中诸学者研究发现，汉明帝具有削弱诸侯王的想法。而且推测汉明帝故意苛察诸侯王祭祀不当而称其"造作妖言、图谶"亦有可能，但具体情节史书记载有阙。不过此假设同时也证明了私自造作图谶在东汉初年被禁绝的事实。

[15] （清）王夫之：《读通鉴论》，舒士彦点校，中华书局1975年版，第190页以下。

(二) 法制稳定性层面的冲突

法制稳定是政治稳定的前提与保障,汉代统治者接受"天人感应"观念,因天象易制度、下诏令是其通例。谶纬学对"天人感应"观念予以具体化,而托谶易制、因谶制令的不合理是为两汉兴替间对法制稳定性的重要冲击。

1. 托谶易制

对上天降兆予以解释并指导统治者对此予以回应是谶纬学的基本实践价值。《春秋繁露》有载:"五行变至,当救之以德,施之天下,则咎除;不救以德,不出三年,天当雨石。"[16] 或出于对谶纬学的盲信或出于某种政治目的,见灾异而更易制度成为统治者的惯例。例如王莽僭政,变经济法律用以聚敛财产。其制《王田诏》以改田令,诏曰:"予前在大麓,始令天下公田口井,时则有嘉禾之祥,遭反虏逆贼且止。今更名天下田曰'王田',奴婢曰'私属',皆不得卖买。"[17] 又改币制,诏曰:"夫'刘'之为字'卯、金、刀'也,正月刚卯,金刀之利,皆不得行。博谋卿士,佥曰天人同应,昭然著明。其去刚卯莫以为佩,除刀钱勿以为利,承顺天心,快百姓意。"[18] 其改吏禄制度也托"阳九之厄"的谶言。应当注意的是,此处与下文将详述的"改制"以证法统不同,其通过对上天兆应或谶纬预言的解释为更易具体法律制度找到理论依据。而王莽托谶滥行更易的结果不仅是诸法律无法推行,给民众带来苦难终致新莽覆灭。

2. 因谶制令

对于上天示警或谶语预言,统治者也可通过临时法令的形式"救之以德"。《春秋感精符》载:"时僖公得立,欣喜,不恤庶众,比致三年,即能退辟正殿,饬过求己。徇省百官,放佞臣郭都等,理冤狱四百馀

---

[16] (清) 苏舆撰:《春秋繁露义证》,钟哲点校,中华书局1992年版,第385页。
[17] (西汉) 班固撰:《汉书》,(唐) 颜师古注,中华书局1962年版,第4111页。
[18] (西汉) 班固撰:《汉书》,(唐) 颜师古注,中华书局1962年版,第4109页。

人,精诚感天,不雩而得澍雨。"[19] 在光武、明帝朝,此种情况颇为普遍,相关法令主要可以分为两类:其一,赦赐民众。《汉官旧仪》载:"日食,即日下赦曰:制诏御史,其赦天下自殊死以下。"[20] 因日食及以外灾异赦免是汉代的常态,据统计汉代因灾异而赦占赦免总数的三分之一,尤以两汉更替时期为甚。[21] 虽有定制,但并非合理,滥赦对法制的危害已有定论。而且为彰显恤民,往往祥瑞、灾异后赐民爵、恤孤寡。然而汉代有《律》明定恤农之制,[22] 其常下诏令法外施恩,与法制似有不合。其二,升黜官员。两汉官员选举、奖惩有专门法律予以规范,然见灾异依谶纬而奖惩官员见诸史籍。史载汉光武帝有诏曰:"比阴阳错谬,日月薄食。百姓有过,在予一人,大赦天下。公、卿、司隶、州牧举贤良、方正各一人,遣诣公车,朕将览试焉。"[23] 灾异求贤是选拔官员的非常途径,而与此相反,三公等高官常因天降灾异而被谴。东汉两朝,光武帝建武二十二年(公元46年)因"地震裂"而罢免大司空朱浮,汉明帝永平三年(公元60年)因"水旱不节"而罢免太尉赵憙。而且罢免与否全凭君主裁夺,史载:"永平十三年(公元70年)冬十月壬辰晦,日有食之。三公免冠自劾。制曰:'冠履勿劾。灾异屡见,咎在朕躬,忧惧遑遑,未知其方。'"[24] 黜制三公虽并非法律却为习惯,问责与贬黜凭借诏令而为。这不仅不利于维护官吏管理制度,而且君主对灾异与谶纬的理解将直接影响法制的稳定性。

---

[19] [日]安居香山、中村璋八辑:《纬书集成》,河北人民出版社1994年版,第745页。

[20] (清)孙衍星等辑:《汉官六种》,周天游点校,中华书局1981年版,第40页。

[21] 参见郭金霞、苗鸣宇:《大赦·特赦——中外赦免制度概观》,群众出版社2003年版,第58页。

[22] 如汉光武帝朝诏令有言:"朕惟百姓无以自赡,恻然愍之。其命郡国有谷者,给禀高年、鳏、寡、孤、独及笃癃、无家属贫不能自存者,如《律》。"参见(南朝宋)范晔:《后汉书》,(唐)李贤注,中华书局1965年版,第47页。

[23] (南朝宋)范晔:《后汉书》,(唐)李贤注,中华书局1965年版,第52页。

[24] (南朝宋)范晔:《后汉书》,(唐)李贤注,中华书局1965年版,第117页。

(三) 法统论证层面的困境

自中兴伊始，东汉法统论证的主要依据即为"图谶"，但论证的必要性与多元性却似为矛盾体困扰统治者。这种矛盾可概况为：如果论证不是必要的，那么谶纬对于法统的影响较轻微，乱释谶纬不会导致法制的混乱；而若论证不具有多元性，则臣民言谶没有影响力，亦不会导致法统论证的龃龉。

1. 法统论证的必要性

张生教授认为："法统，为'大一统'秩序中的规范系统，它的外延比近现代的法律要大，既包括强制程度很高、极为明确的国家制定法，如律令等；还包括强制程度差别很大、明确程度不一的礼，以及强制程度不确定、不成文的社会惯行规则。"[25] 法统的确立需要证明君王合法的地位与制定法律制度的合法性，以上二者对于统治者的重要性不言而喻。谶纬学兴起之后，其中的"符命"与"改制"理论是确立法统正当性的关键所在。该理论可溯源至《春秋繁露》，其载："有非力之所能致而自至者，西狩获麟，受命之符是也。然后托乎春秋正不正之间，而明改制之义。一统乎天子，而加忧于天下之忧也，务除天下所患。"[26] 所谓"符命"，即君王从上天获取天命的征兆。王莽用哀章"天帝行玺金匮图"与"赤帝行玺某传予黄帝金策书"而寻得篡位机遇；刘秀亦然，史载："光武先在长安时同舍生强华自关中奉《赤伏符》，曰：'刘秀发兵捕不道，四夷云集龙斗野，四七之际火为主'。"[27] 且配合谶纬中的五德、三统之说，用以证明君王受命于天。而所谓"改

---

[25] 张生："中国古代权威秩序中的法统：一个结构与功能的分析"，载《中国政法大学学报》2014 年第 1 期。

[26] （清）苏舆撰：《春秋繁露义证》，钟哲点校，中华书局 1992 年版，第 157 页。

[27] （南朝宋）范晔：《后汉书》，（唐）李贤注，中华书局 1965 年版，第 21 页。

制",即君王立国当"改制不易道",[28] 通过诸制度的重建,以获得正当的法统。新莽与东汉初年更易法律、礼制多以此为本。

2. 法统论证的多元性

论证的必要与多元是谶纬学困境的两个侧面,论证的多元性有二:其一,论证主体的多元性。首先,君王自己可论证之。强华献书后,刘秀自定谶曰:"刘秀发兵捕不道,卯金修德为天子。"其次,臣子可论证之。如新莽时期群臣"争为符命封侯"[29]、光武朝宿儒校订图谶等。[30] 最后,也是与法制冲突最大的是民众可论证之。而且这种论证具有相当大的煽动力,前述诸侯王反乱中地方奸民、术士说图谶造妖言是统治者所不能容忍的。其二,论证理论的多元性。东汉谶纬著作虽今仅存辑录,以纬书为例,其有"七经纬"之说,其下论著颇多。[31] 不仅法统论证如此,普通灾异亦然,依不同著述的观点论之,得出结论亦有不同。故在东汉初年谶纬风行之时,"正论"与"妖言"的纠葛不仅影响法统的有效论证;而且解释的混乱带来的反乱、妖言以图颠覆政权、扰乱社会秩序等对法制秩序的破坏已为实践证实。

两汉兴替,神器更易而学统承续。谶纬学兴起的同时,其与法制的冲突是多方面的。通过上述分析,可归纳为如下矛盾。从律令实施层面,对因谶而作妖言、反乱的大力惩治与东汉中央政府推行谶纬学而举

---

[28] 此观念源于《春秋繁露·楚庄王》,其载曰:"今所谓新王必改制者,非改其道,非变其理,受命于天,易姓更王,非继前王而王也,若一因前制,修故业,而无有所改,是与继前王而王者无以别。"参见(清)苏舆撰:《春秋繁露义证》,钟哲点校,中华书局1992年版,第17页。

[29] 《汉书·王莽传》载:"是时,争为符命封侯,其不为者相戏曰:'独无天帝除书乎?'"参见(西汉)班固撰:《汉书》,(唐)颜师古注,中华书局1962年版,第4122页。

[30] 例如东汉初年大儒薛汉即听命光武帝参与校订图谶,而后亦因依据谶纬言说灾异而被诛。解释主体同一而祸福有别的现象实则是谶纬与法制冲突的缩影。

[31] 据《后汉书》李贤注说明,《易》纬6种;《书》纬5种;《诗》纬3种;《礼》纬3种;《乐》纬3种;《孝经》纬2种;《春秋》纬13种。参见(南朝宋)范晔:《后汉书》,(唐)李贤注,中华书局1965年版,第2721页以下。

国盛议是为矛盾;从法制稳定层面,因谶易制、颁令与法制稳定性是为矛盾;从法统论证层面,论证的必要性与论证的多元性是为矛盾。根本而言,统治阶层虽颁行图谶却并未对学术拥有绝对的话语权,从理论上未对其拥有权威解释权;从实践中也未能将学术的积极意义发挥出来,用作维护法制秩序的工具。

二、汉章帝朝法制建设中对谶纬学的利用与转化

永平十八年(公元 75 年)汉章帝刘炟成为执掌东汉王朝的舵手。两代先君给其留下的政治遗产中既有欣欣向荣的部分,也有前述的矛盾。与法制直接相关的问题如明帝兴诸侯王狱而牵连深广、用苛察之吏而民众积怨以及刑罚惨酷、四时刑人等问题亟待解决。然而汉章帝朝政治被史书称道,如:"在位十三年,郡国所上符瑞,合于图书者数百千所。乌呼懋哉!"[32] 其中一个侧面即为汉章帝朝不废图谶,反而利用谶纬学解决法制弊政,同时将谶纬学与经学结合,在融合中图其转化。

(一)赦宥与督责

前文已述,两汉统治者大多因灾异合乎谶纬进行赦宥而带来滥赦之弊,汉章帝朝却颇为反常。考之史籍,汉章帝一朝祥瑞灾异虽多,但除继位、祭祖等依例当赦的情形外罕见因灾异合乎谶纬而赦宥,尤其是大赦天下。[33] 值得关注的是,汉章帝治理楚狱问题的"动因"为灾异合乎谶纬,颇显其赦宥之谨慎。《后汉书·鲍昱传》载:

> 建初元年,大旱,谷贵。肃宗召昱问曰:"旱既太甚。将何以消复灾眚?"对曰:"臣闻圣人理国,三年有成。今陛下始践天位,刑政未著,如有失得,何能致异?但臣前在汝南,典

---

[32] (南朝宋)范晔:《后汉书》,(唐)李贤注,中华书局 1965 年版,第 159 页。
[33] 汉章帝一朝大赦三次,分别于永平三年(公元 60 年)登基大赦、建初三年(公元 78 年)祭祀大赦、元和二年(公元 85 年)改历大赦。其中无一次为因灾异、祥瑞合乎谶纬而赦宥。

理楚事,系者千余人,恐未能尽当其罪。先帝诏言,大狱一起,冤者过半。又诸徙者骨肉离分,孤魂不祀。一人呼嗟,王政为亏,宜还诸徙家属,蠲除禁锢,兴灭继绝,死生获所。如此,和气可致。"帝纳其言。[34]

《易纬稽览图》对旱灾有谶学论述具有代表性,其载:"旱异者,旱之而不害物也。斯禄去公室,福由下施,故阳虽不施,而阴通行之,德以成物也。"[35] 故而鲍昱之意为君主失察而苛吏横行是旱灾的主要原因。汉章帝会意后数下诏令宽释。如建初二年(公元77年)"夏四月戊子,诏还坐楚、淮阳事徙者四百余家,令归本郡。"[36] 汉章帝亲历楚狱,必然知晓楚狱有失刑之处。借天象而赦宥楚狱及东汉初年诸妖言之狱的牵连者的目的有两方面。一方面为顺应天意而宽释冤狱,袁宏评之曰:"若能宽以临民,简以役物,罚惧其滥,虽不能万物调畅,同符在昔,免夫甚泰之灾固远矣。"[37] 另一方面其借谶纬之学对天意的诠释可不伤其父汉明帝的圣明。可见汉章帝关注合谶赦宥,且谨慎地将赦宥作为调整社会矛盾的手段而非滥于施恩。

对合乎谶纬之象做出回应是两汉君王执政的惯例,汉章帝将明帝朝积存吏治问题托以谶纬予以匡正是其利用谶纬以正法弊的另一个侧面。东汉两朝均苛察吏治,光武帝朝重用刺举、屡罢地方长官;而汉明帝苛察地方、屡兴大狱,故范晔评价两朝"吏事刻深"。以上措施导致地方官员不得不明察秋毫,有案必举,对民众的严苛在明帝朝兴楚王狱时达到顶峰。汉章帝践祚后灾异连连,尤以旱异为重,为此其分别与建初元年(公元76年)、建初二年(公元77年)、建初五年(公元80年)、元和元年(公元84年)连下诏书整顿吏治、与民休息。其中重要举措

---

[34] (南朝宋)范晔:《后汉书》,(唐)李贤注,中华书局1965年版,第1022页。
[35] [日]安居香山、中村璋八辑:《纬书集成》,河北人民出版社1994年版,第133页。
[36] (南朝宋)范晔:《后汉书》,(唐)李贤注,中华书局1965年版,第135页。
[37] (东晋)袁宏撰:《后汉纪》,张烈点校,中华书局2002年版,第207页。

主要包括三个方面：其一，纠举官吏违法。如因"比年阴阳不调，饥馑屡臻"，汉章帝于建初二年（公元77年）诏令三公以下主官"明纠非法，宣振威风"。其二，整肃刑政。汉章帝通过对地方官员的督责来匡正先代失刑。如永平十一年（公元68年）牛疫、大旱连致，汉章帝于次年春下诏要求"罪非殊死，须立秋案验"与"理冤狱"。又建初五年（公元80年）因"雨泽不适，今而复旱"而下诏曰："其令二千石理冤狱，录轻系。"[38] 其三，劝课农桑。田令不行、土地兼并是东汉初年的重要问题，汉章帝因灾异而督促官吏治理。史籍中有其指派"两千石劝课农桑"的记载。前述汉代因灾异而督责官员的另一个面向是罢免三公等高级官员。但考诸史籍以及学者对此的研究整理，东汉唯有汉章帝朝不曾因灾异合谶而策免三公，[39] 汉章帝朝依谶纬理性督责官员则可见一斑。

（二）议法与议礼

汉章帝朝是东汉王朝制度变革的高峰。制度的变革不仅要考虑制度的稳定性，也需关注的合理性、可接受性。新莽改制殷鉴未远，章帝朝君臣面对律令、礼制的诸多弊病，援用谶纬予以改制是完善法律体系的机遇与挑战。

两汉法律体系受阴阳五行、灾异等影响是多层面的。律令中诸内容被儒家理论尤其是今文礼学的月令明堂阴阳说、《易》学卦气灾异学说所影响。[40] 而这些理论在西汉后期逐渐成为谶纬体系中重要的部分，在此时期不可避免地进行了谶纬与法律的结合。敦煌出土的《四时月令诏条》载：

---

[38] 沈家本考证："录囚之事，汉时郡守之常职也。"此记载中汉章帝督促"二千室"履行"录轻系"职务，是为依法督责。参见沈家本：《历代刑法考》，中华书局1985年版，第791页。

[39] 参见李长辉："儒学与汉代禳灾关系研究"，曲阜师范大学2010年硕士学位论文。

[40] 参见李中华：《神秘文化的启示：纬书与汉代文化》，中国书籍出版社2015年版，第42页以下。

> 往者阴阳不调,风雨不时,降农自安,不董作(劳),是以数被灾害,恻然伤之。惟□帝明王,靡不躬天之厤数,信执厥中,钦顺阴阳,敬授民时,□劝耕种,以丰年□,盖重百姓之命也。[41]

在此背景下,汉章帝朝的议法、易法也围绕谶纬进行。改法当有动因,陈宠引谶而论。

《春秋保乾图》曰:"王者三百年一蠲法。"汉兴以来三百二年,宪令稍增,科条无限。又律有三家,说各驳异,刑法繁多。宜令三公、廷尉平定律令,应经合义可施行者,大辟二百,耐罪、赎罪二千八百,合为三千,与礼相应。其余千九百八十九事,悉可删除,使万民改易视听,以成大化,致刑措之美,俾传之无穷。[42]

汉章帝朝重要的法制改革之一是对"秋冬行刑"的规范,对此问题学界已有珠玉在前,[43]笔者仅录与谶纬相关的问题讨论之。章帝朝对行刑时令制度的讨论始于元和二年(公元85年)的诏令,其以《春秋》中的"三正""三微"的观点为讨论核心,而对此观点的详细解说则来源于《礼纬》。

《礼纬》曰:"正朔三而改,文质再而复。三微者,三正之始,万物皆微,物色不同,故王者取法焉。十一月,时阳气始施于黄泉之下,色皆赤。赤者阳气,故周为天正,色尚赤。十二月,万物始牙而色白。白者阴气,故殷为地正,色尚白。十三月,万物孳甲而出,其色皆黑,人得加功展业,故夏为人正,色尚黑。"《尚书大传》曰:"夏十三月为正,平旦为朔。殷以十二月为正,鸡鸣为朔。周以十一月为正,夜半为朔。"必以三微之月为正者,当尔之时,物皆尚微,王者受命,当扶微理弱,

---

[41] 中国文物研究所、甘肃省文物考古研究所编:《敦煌悬泉月令诏条》,中华书局2000年版,第4页。
[42] (南朝宋)范晔:《后汉书》,(唐)李贤注,中华书局1965年版,第1554页。
[43] 参见陈鸣:"东汉秋冬行刑的立法及其思想嬗变",载《同济大学学报(社会科学版)》2015年第3期。

奉成之义也。[44]

汉章帝用《礼纬》释明"三正""三微"为阳气初生之时,并论证此刻当"扶微理弱",故而更十二月报囚之制为十月报囚。但实际上,反对者却亦以谶纬理论回应之。史载:"元和二年,旱,长水校尉贾宗等上言,以为断狱不尽三冬,故阴气微弱,阳气发泄,招致灾旱,事在于此。"[45] 而后通经知法的陈宠又以谶纬理论回应群臣以论证"灾害自为它应,不以改律"的观点,[46] 实则在规劝章帝不再改律后又立一说。除却政治因素,议法实则体现为对谶纬进行解释的学术争鸣。

礼制是汉代社会规范体系的一部分,其与法律制度的联系因东汉初年处于礼法结合的过程中而有所体现。调整公共领域的礼制,如祭祀、服饰直接关乎法统的确立;调整私人生活的礼制,如伦理纲常,失之则入刑罚。自董仲舒论"改制"以来,立国后改正朔、车马、舆服等礼制已然成为惯例。东汉初年、光武、明帝二朝托以图谶更易礼制,[47] 章帝守而不失的同时也想有所创制。值得关注的是,更易礼制与议律等有所不同,"非天子,不议礼,不制度,不考文。……虽有其位,苟无其德,不敢作礼乐焉;虽有其德,苟无其位,亦不敢作礼乐焉。"[48] 考其位,普天之下唯有汉章帝可以提出更易。而考其德,汉章帝只能通过谶纬学对天意的解释论证之。汉章帝元和二年诏书引用谶纬以求证明更易礼制的合理性,诏曰:"《河图》称:'赤九会昌,十世以光,十一以

---

[44] 李贤对此诏令注引《白虎通义·三正》文,《白虎通义》为汉章帝朝成书,其对"三微""三正"引纬书论证,确可证汉章帝以谶纬论证制度变革顺应天时、具有合理性的事实。参见(南朝宋)范晔:《后汉书》,(唐)李贤注,中华书局1965年版,第153页。

[45] (南朝宋)范晔:《后汉书》,(唐)李贤注,中华书局1965年版,第1550页。

[46] 此处据李贤注,陈宠诸观点的依据来源于《易(纬)通卦验》《易干(乾)凿度》等纬书,解释《月令》所用理论也可依现存纬书证之,在此不赘述。参见(南朝宋)范晔:《后汉书》,(唐)李贤注,中华书局1965年版,第1551页。

[47] 参见禹平、严俊:"试论东汉的礼制建设",载《吉林大学社会科学学报》2009年第5期。

[48] (南宋)朱熹撰:《四书章句集注》,中华书局2011年版,第37页。

兴'。《尚书琁机铃》曰：'述尧理世，平制礼乐，放唐之文。'"[49] 有天子动议，议礼的双方便出场了。争论过程虽久，更制新礼最终在汉章帝的推动下开始由曹褒领头推行。史载："乃使褒于南宫、东观差序礼事，依旧仪，参五经，验以谶记，自天子至于庶人百五十篇。"[50] 其中涉及公共领域、私人领域的礼制，而且将合乎谶纬理论作为礼制的标准。关于礼制的具体内容，史载曹褒引《尚书璇玑钤》中"有帝汉出，德洽作乐，名《予》"而建议更易郊庙乐。新礼最终因种种原因未能实施，但可从零散记载中窥见其理论依据与谶纬密切相关。

（三）以功能为导向的转化

谶纬学的功用在于两个方面，即预测与解释。对于统治者而言，取得谶纬的权威解释权的同时最大限度地限制民间对谶纬的不正当利用是对谶纬与法制冲突予以缓解的方法也是从学术层面维护统治的关键。汉章帝朝会儒白虎观以"正五经异同"，实则对国家智识信仰进行了全面的整理与统一的宣告，[51] 其成果《白虎通义》对待谶纬学术中的预测与解释两作用的不同态度体现了对谶纬学的转化。

谶纬学术的预测功能主要以提出政治预言为主。实践中其主要模式为依据祥瑞、灾异、五行及历算预测政治事件。两汉交替时政治投机者常托言谶纬，以预言天命所归。称霸一时的公孙述则自引谶自预言有"龙兴之瑞"，[52] 刘秀举兵亦引谶纬预言以取得支持。同时谶纬的预测功用的发挥往往依赖"造作图谶""诈献祥瑞"进行，更有甚者可能将

---

[49]（南朝宋）范晔：《后汉书》，（唐）李贤注，中华书局1965年版，第1202页。

[50]（东晋）袁宏撰：《后汉纪》，张烈点校，中华书局2002年版，第238页。

[51] 学界对《白虎通义》的性质有颇多讨论。实际上其内容牵涉国家统治的各个方面，可见的最新成果认为其是国家政典与儒家经典的结合，其既具有统治阶层认定的政治权威性也具有学术权威性。参见朱汉民："《白虎通义》：帝国政典和儒家经典的结合"，载《北京大学学报（哲学社会科学版）》2017年第4期。

[52]《后汉书·公孙述传》载："述亦好为符命鬼神瑞应之事，妄引谶记。以为孔子作春秋，为赤制而断十二公，明汉至平帝十二代，历数尽也，一姓不得再受命。……又自言手文有奇，及得龙兴之瑞。"参见（南朝宋）范晔：《后汉书》，（唐）李贤注，中华书局1965年版，第538页。

方术结合起来，如厌胜、巫蛊、扶乩等。此皆与法制不合，故而于治世多被统治者禁绝。汉光武帝"颁布图谶于天下"，即不可能保有与汉统不合的预言性质的谶纬；章帝朝则更进一步，经考《白虎通义》中有31处明引谶纬，其中无一处有预言性质。从小处着眼，汉章帝朝议经的基本目的在于确立今文经学的官方解释，对今文经学中的"王者受命"等用以正名的观念作为论证"大一统"的起点本应予以重视。但现存《白虎通义》却直接以论"王道"为起始，在经学体系中忽视对"何人可受命为王"的论述。唯见《圣人》节述："《诗》曰：'文王受命。'非圣不能受命。"[53] 同时自中兴以来，应用谶纬论证法统是惯例且有先代所定图谶可循，亦未见其文本中有所体现。汉章帝朝谶纬学兴盛，此处应属有意为之，默认汉天子具有政统与法统并作为理论起点，借以淡化谶纬学的预测作用。

谶纬学的解释功能可分为两个部分。其一，对灾异、天象等现象进行解释。如汉明帝朝有"王雒山出宝鼎"，考之谶纬即与《礼含文嘉》契合，汉明帝因之奖赏三公。《礼含文嘉》载："神鼎者，质文精也，知吉凶存亡，能轻能重，能息能行，王者兴则出。"[54] 汉章帝朝对这种解释的依据予以理论化。《白虎通义》卷六设"灾变"一章，其于章首释明："天所以有灾变何？所以谴告人君，觉悟其行，欲令悔过修德，深思虑也。"[55] 此处明确了灾异是上天与人君沟通的途径，而对其解释与回应也理当由人君做出。实践中亦然，史载："自是朝廷灾异，多以访之。（杨）统作《家法章句》及《内谶》二卷角说，位至光禄大夫，为国三老。年九十卒。"[56] 此处对杨统以谶纬论灾异的记载颇似汉武帝遣使询问董仲舒如何处理疑难案件，且成书解说，可见次数的频繁。虽谶纬释灾具有专业性，但汉章帝依然努力将名儒解释掺入皇家权威。

---

[53]（清）陈立：《白虎通义疏证》，吴则虞点校，中华书局1994年版，第336页。
[54][日]安居香山、中村璋八辑：《纬书集成》，河北人民出版社1994年版，第498页。
[55]（清）陈立：《白虎通义疏证》，吴则虞点校，中华书局1994年版，第267页。
[56]（南朝宋）范晔：《后汉书》，（唐）李贤注，中华书局1965年版，第1047页。

其二，对经文进行解释。刘师培对于东汉经、纬并行、谶纬释经有精辟论述，其《谶纬论》载："以经淆纬，始于西京。以纬俪经，基于东汉。"又言："谶以辅纬，纬以正经。"[57] 东汉初年，以谶纬论经义颇为盛行，史载："（李育）尝读《左氏传》，虽乐文采，然谓不得圣人深意，以为前世陈元、范升之徒更相非折，而多引图谶，不据理体，于是作《难左氏义》四十一事。"[58] 可见已有学者看到了以谶纬滥释经文的弊病。《白虎通义》则将谶纬对经文的解释作用充分发挥并以权威文本确立下来，其学术观点不出于以今文经学为核心的学术体系范畴。但在引证谶纬学著作解释经义的同时，解释本身也可能超越原有经典含义而对经学体系予以扩充。如董仲舒从《公羊传》提炼"三纲"观念，而《白虎通义》中论及的"六纪"则源于谶纬。其引《礼纬含文嘉》语："敬诸父兄，六纪道行，诸舅有义，族人有序，昆弟有亲，师长有尊，朋友有旧。"[59] 由此融合而成的"三纲六纪"成为东汉礼、法的共同依据。汉章帝朝校订经文而作《白虎通义》的初衷在于对国家智识信仰的再次宣告，其将谶纬学术成果吸收进经学体系中并被用作对经学体系的重塑，实际上完成了对谶纬学身份的一种转化。在转化过程中，议经承接光武帝校订图谶、汉明帝校订五经，一方面利用谶纬完善经学体系，试图将以谶释经的权威解释权收归中央；另一方面，使得谶纬学的依附性不断增强，逐渐成为经学的附庸。

以上，汉章帝朝对于谶纬与法制的关系的处理是颇值得称道的，"利用"与"转化"是其关键词。从维护社会稳定的角度，利用谶纬恤刑、赦宥做到了理性而不妄滥，妖言兴狱、牵连甚多的法制危局不复存在；从政刑制度完善的角度，汉章帝朝臣以谶纬谏君，君以谶改制将谶纬作为工具而非盲信；从学术转化的角度，汉章帝朝努力争取谶纬的权

---

[57] 刘师培：《刘师培史学论著选集》，上海古籍出版社2006年版，第210页以下。
[58] （南朝宋）范晔：《后汉书》，（唐）李贤注，中华书局1965年版，第2582页。
[59] （清）陈立：《白虎通义疏证》，吴则虞点校，（唐）李贤注，中华书局1994年版，第373页以下。

威解释权。此时期的学术对谶纬的预测功能予以弱化,加强对谶纬解释功能的应用的同时引导其向经学转化,使之成为理论研究的依据而非妖言乱法的祸源。

三、汉章帝朝调和谶纬学与法制关系的历史经验

东汉一朝,谶纬学经历了由盛而衰的过程。其盛时,光武有滥赦之弊、明帝有妖言之狱;其衰时,考之正史《五行志》《天文志》,自和帝以降灾异频繁,东汉末年托言谶纬的地方变乱甚多。唯有汉章帝朝在学术与法制之间达成了较好的默契。前文已述汉章帝朝利用、转化谶纬学术所做的努力,但考之缘由,则应从谶纬学的禁绝可能开始论析。东汉初年实无禁绝的条件。而对其的转化与利用则成为必然的选择。汉章帝朝的系列举措间有成败,或可为鉴。

(一)东汉初年对谶纬学予以律令禁止的不可行性

自魏晋以后,对谶纬学的律令禁止已然成为制度传统。《晋书》对西晋泰始三年(公元267年)有"禁星气谶纬之学"的记载,统治者开始明令禁止谶纬。之后《唐律疏议》依据行为不同将禁止藏谶、造谶、言谶拆分为《职制律》中"私有玄象器物"条与《贼盗律》中"造妖书妖言"条,后世法典多对其因循、补充。已有学者对唐以后历代律令中禁止谶纬传播的条文进行梳理,[60] 但律令禁止与全面禁绝并不相同。律令禁止目的在于杜绝臣民议谶言天;而实则历代对天象、灾异等的记载与推演从未停止,只是将对此的记录、解释权收归了中央。此时我们应当回顾东汉初年章帝朝面临的局面,谶纬学的律令禁止困难重重:

从制度传统层面,东汉虽沿用西汉"妖言罪",但其对谶纬传播的打击确是有限度的,而且谶纬与法制的交集颇多。前引两汉打击谶纬诸案,律令仅在其行为危害社会秩序、统治秩序达到一定程度和级别的时

---

[60] 参见方潇:"'天机不可泄漏':古代中国对天学的官方垄断和法律控制",载《甘肃政法学院学报》2009年第2期。

刻才发挥作用，而与后世法典规定藏有谶纬、造作妖言即犯刑条有所不同。同时东汉初期法制依赖对西汉诸多制度、习惯的沿用，依灾异赦宥、依五行时令断狱等决定了东汉法制无法与谶纬学彻底割裂。同时，东汉光武中兴大兴图谶，谶纬学的官方地位通过"校订"与"颁布"被确立，面对祖宗成法，汉章帝朝几无可能对制度传统予以彻底颠覆。

从学术传统层面，东汉初期谶纬学成熟、兴盛，然而国家却并未掌握对谶纬的解释权威。在自然科学尚不成熟的汉代，对天象、灾异、祥瑞、历算的解释是君主与民众均迫切需要的。统治者对灾异学的需求与研究源远流长，《说苑》载："楚庄王见天不见妖而地不出，则祷于山川曰：'天其忘余欤？'此能求过于天，必不逆谏矣。"[61] 此典故与鲁哀公"天不降谴"相对，天变降谴或可称得上统治者有德行的标志。而谶纬与经学的结合使其得到更快的普及与更高的认同。如史载：

> 景鸾字汉伯，广汉梓潼人也。少随师学经，涉七州之地。能理《齐诗》、《施氏易》，兼受《河》、《洛》图纬，作《易说》及《诗解》，文句兼取《河》、《洛》，以类相从，名为《交集》。又撰《礼内外记》，号曰《礼略》。又抄风角杂书，列其占验，作《兴道》一篇。及作《月令章句》。凡所著述五十余万言。数上书陈救灾变之术。州郡辟命不就，以寿终。[62]

当时大儒常经纬同习，经学著作、谶纬著作的并行使得谶纬从"荒诞不经"的术数成为各阶层可议可用的知识。[63] 由此，君王需要、臣民修习且信仰，融合于国家智识信仰层面的谶纬学实难以律令禁绝之。

---

〔61〕（西汉）刘向撰，赵善诒疏证：《说苑疏证》，华东师范大学出版社1985年版，第26页。

〔62〕（南朝宋）范晔：《后汉书》，（唐）李贤注，中华书局1965年版，第2572页。

〔63〕李贤注《后汉书·方术传》时虽称："内学，谓图谶之书也。其事秘密，故称内。"然而实际上其与显学经学并为国家各阶层所接受。其讨论的内容颇为玄妙，但并不妨碍其成为当时社会民众的普遍信仰。

以上，制度传统是律令禁止难以设定的表层原因，而深层次原因则是学术传统已然根植，东汉诸帝废禁谶纬的愿望并不强烈。光武帝好图谶而桓谭、郑兴不附和，且说"不言谶"以示劝谏；后有汉顺帝时张衡谏言"以图纬虚妄，非圣人之法"禁绝谶纬，皆不为君王采纳；作为学术思潮的反动者，王充《论衡》中以证明"天人感应"的荒谬来批判谶纬，此亦不为当世认可。反观西晋经汉末三国之乱，社会智识信仰体系发生了重要变迁，谶纬在儒家传统的重构中被剥离，并日渐衰微而堕入术数之流，[64] 此时统治者可以下令禁图谶、而将对其的解释权收归中央，此亦为中央集权加强的体现。回到东汉初年，汉章帝朝既然不能选择对谶纬学用律令予以禁绝，只能合理利用之以调和其与法制的冲突并期望通过学术层面的整合与转化，将谶纬的权威解释权逐渐收归中央的同时淡化其危害法制秩序的部分。

（二）成功调和的途径——理性工具化与谶纬经学化

汉章帝朝的法制状况被后世称道，范晔论曰："章帝素知人厌明帝苛切，事从宽厚。感陈宠之义，除惨狱之科。深元元之爱，著胎养之令。"[65] 本朝善政多于法制有关，据前文，蠲法、易制、赦宥均因谶纬而起或依据谶纬而为。但其举措从性质而言与王莽引谶易制、光武帝因异滥赦并无区别。汉章帝朝所以既能行"恺悌"之政，又不失于妄滥导致法制动荡与法制权威性受损，其核心在将谶纬学理性的作为"工具"而非对其迷信。考其行为，汉章帝明知楚狱惨酷的事实而借灾害赦免，且其因灾异赦免只赦"坐楚狱"者，之后虽有日食、星变甚至出黄龙、凤凰等其皆不赦。又如议决新礼之事，面对大臣异议汉章帝执意更张以及和帝时新礼之议寝废等史实也表明更礼实际上为汉章帝个人意愿，征引谶学理论后言"每见图书，中心恶焉"实为其更易礼制的借口。汉章帝朝的君臣将谶纬学的理论价值与实践价值予以结合，君因之行易制、

---

[64] 参见陈侃理：《儒学、数术与政治：灾异的政治文化史》，北京大学出版社2015年版，第173页以下。

[65] （南朝宋）范晔：《后汉书》，（唐）李贤注，中华书局1965年版，第159页。

更法、恤刑等政,臣因之行劝谏之议,将法制秩序的维护过程中的诸多举措建立在谶纬学的理论基础上。

同时,汉章帝朝对于谶纬学也试图予以转化。这种转化并非有意的过程,而是统治阶层对经学、谶纬学的一次整合,并试图加强对其解释的权威性。这次转化中谶纬预测功能的削弱与解释功能增强是具体的表现形式,其最终方向是使得谶纬学融入经学体系中。实际上汉章帝朝的"无心插柳"确实取得了成效,以纬注经在其后诸儒著作中常见,而谶语断言天机、国统不再以独立学术体系存在。[66] 其成功的原因主要有三方面:

其一,恰当的转化对象。谶学与纬学源流不同,谶学偏重预言,而纬书则关注对经学的解说,西汉末年两者结合的"谶纬学",是其从民间术数向国家认可的学术的转化。而当时的国家意识形态被儒家思想所笼罩,具体的学术体系即是经学。两汉交界的政治背景对学术的影响不可忽视,谶纬学作为沟通不同知识体系的"桥梁"而被社会各阶层所接受,[67] 也因此被官方化。但东汉光武帝对其谶纬学术官方地位予以确认时遭遇到的反对声音以及后世对谶纬的批判都表明:谶纬学相对于经学的正统独立地位不被知识分子阶层所认可。同时学术体系之间的融合从未停止,拥有强大支持传承体系的经学具有强大的包容性。被政治上确认独立的学术体系在统治者认为其无独立的意义时,主动或被动地转化为国家权力支持的经学的一部分符合学术变迁的规律。

其二,和平的转化过程。汉章帝朝通过议经的方式或将谶纬学说附随于经学观点之后以明其义,或将其观点补入经学体系之中,最终通过《白虎通义》所体现出的国家意识形态已然从理论层面蕴含了经学与谶

---

[66] 虽然后世谶语不断,但不再成体系的以"谶纬学"的形式存在。诸多谶语、预言散见史籍记载中,不被当作主流学术受到统治者与臣民的修习与信仰。

[67] 葛兆光教授认为,谶纬学的官方化是一般知识向精英思想靠拢的体现,这种经过不仅由民间群体努力推动,而且要依靠统治阶层的认可与支持,即精英阶层对民间知识的主动吸收与利用。参见葛兆光:《中国思想史》(第二卷),复旦大学出版社2013年版,第260页以下。

纬的结合。同时，谶纬的实践价值也在不断被统治者证明，终东汉之世经、纬并行，不曾严禁。此做法与先代"焚书"、后世"禁佛"迥异，从结果的角度也证明和平转化的有效性。

其三，合理的转化方式。"谶言"乱法、"纬文"释经，汉章帝朝参与议经的君臣对此颇为清楚。"谶言"对于法统论证的作用在汉初颇为必要，而在汉章帝朝被诸学者作为既定的前提不再讨论，以减弱其预言功能对统治可能带来的影响。贾逵于"条奏左式长义"一文中言："又《五经》家皆无以证图谶明刘氏为尧后者，而《左氏》独有明文。《五经》家皆言颛顼代皇帝，而尧不得为火德。《左氏》以为少昊代黄帝，即图谶所谓帝宣也。"[68] 贾氏将中兴前谶言的预测功能转化为当下论证汉统的基准理论。而纬书中除了对经文的解释外，对五行、星历、历史等记载对经学补益极大。《白虎通义》引谶证经具有引导性，后学论说经文也多因袭，尤以章句学者为最。后郑玄注经成为东汉经学发展的高峰，其注中也多引纬书。

汉章帝朝将谶纬学理性地作为工具用于法制秩序的维护，不仅一改先代法制严切的弊病，也未堕入滥于赦宥、易制的窠臼。其进行的学术转化，加强了国家对谶纬话语权的把握，也使得谶纬学术开始和平、合理地向经学转化。

（三）矛盾存续的原因——制度规范的缺失

应当反思的是，是否汉章帝朝真正解决了谶纬与法制的冲突，还是只是以君臣的理性掩盖了本来尖锐的矛盾。

首先，禁止妄说灾异的律令与官方认可谶学导致臣民言谶之风盛行的矛盾并未解决。东汉末年，汉统衰落，类似西汉末年的谶纬兴盛再次出现。吏民言谶甚至直接涉及政权更替，如《后汉书·五行志》载："延熹七年（公元164年）六月壬子，河内野王山上有龙死，长可数十丈。襄楷以为夫龙者为帝王瑞，《易》论大人。天凤中，黄山宫有死龙，

---

[68]（南朝宋）范晔：《后汉书》，（唐）李贤注，中华书局1965年版，第1237页。

汉兵诛莽而世祖复兴,此易代之征也。"[69] 后地方反乱中以图谶应和者亦然不逊于东汉初年。其次,因循谶纬更张与法制稳定性的矛盾没有解决。汉章帝朝做到了合理利用,而后世中因谶易制、因谶滥赦、因谶升黜官员见诸史籍。以汉桓帝建和元年(公元 147 年)为例,其一年中有日食、地震、黄龙、凤凰、芝草等灾异,而其赦宥、减刑的频率也令人惊诧。经统计,其一年中大赦一次,两次"减死罪一等"。[70] 最后,法统论证的必要性与多元性的矛盾没有解决。汉章帝朝议经并颁行《白虎通义》已然试图缓解此矛盾,但对臣民的谶纬解释不曾限制或禁止、谶纬典籍纷繁也未见管理、沙汰。

可见依靠君臣理性对谶纬学与法制冲突进行的调和并没有为东汉后世垂范,而制度规范的缺失是重要原因。以下将分论之:

其一,谶纬传播层面。汉章帝朝借谶议律、议礼,却对与谶纬传播相关的制度建设视而不见。明帝朝言论管理的惨酷使得民众噤若寒蝉,汉章帝朝此类问题较少故而对言论自由多采宽容放任,甚至其后有解禁因获"妖言罪"被禁锢者的诏令。但后世逢乱则不然,民众议谶的风气未经法律规范的引导,民间童谣都可以言"汉家气数"。其二,法令稳定性层面。以赦宥为例,经沈家本考证,汉代"赦"有定制。但考之汉代因灾异论赦的记载,因除日食之外的灾异而赦宥应无定法。汉章帝朝行赦理性,但却不曾有法律制度的流传。依靠君臣理性维持的合理赦宥难以长久维系,汉和帝朝尚能"每有灾异,辄延问公卿,极言得失",其后世因灾异合谶而赦宥则流于妄滥。其三,法统论证层面。汉章帝"会儒白虎观"已经做出努力,不断强调谶纬的中央解释权。但这种努力毕竟是引导性的,《白虎通义》的颁行也只

---

[69] (西晋)司马彪:《注补续汉书:续汉志》,中华书局 1965 年版,第 3344 页。
[70] 参见(南朝宋)范晔:《后汉书》,(唐)李贤注,中华书局 1965 年版,第 289 页以下。

是经义解释的参考，经学家尚且不能对此守而不失，[71] 何况言谶议谶者。同时助推学术的融合需要多种社会规范的配合，如果想缩短进程则需要较强的国家强制，例如配合法律、行政命令用以推行。由于议经的成果不具有规范性与强制力，加之与谶纬传播相关的法律规范的缺失导致国家对民间谶纬学的管控不足，官方引导对谶纬学的影响颇有限度。

以上，汉章帝朝君臣对谶纬学的理性利用确实使得学术与法制的矛盾在一朝得到了缓解，甚至达到相互促进的效果。但由于制度规范的缺失，其善政无法传之后世。

结　语

学术与法制之间的冲突是常见的历史片段，不同的解决方式给今人留下了宝贵的历史财富。谶纬学与法制的冲突不遑多论。汉章帝朝君臣理性地将谶纬学作为工具加以利用并向经学转化，在当朝实现了谶纬学与法制的"融合"。虽然制度规范的缺失使其成果不甚稳固，但在东汉初年的智识体系下，此系列举措在今人看来仍不失为具有政治智慧的选择。后世虽以律令禁止民间传习，而谶纬学中的诸理论已然渗透到社会各层面。"天变不足畏"式的反动并未成为历史的主流，而民间会党、教门中的谶言见证着传统社会的衰落。从法制走向法治、从"独尊"到"争鸣"，讨论法治建设与学术发展的关系的时代背景已然与传统社会不同。但"秦鉴"未远，如何以包容的心态、恰当的途径化解冲突、互相促进值得进一步思考。

---

[71] 学界对于《白虎通义》的权威性，以及其对汉代思想史的影响已有讨论。其主要结论为：《白虎通义》为"今文经学之大宗"，其奠定了东汉前期今文经学的权威解释体系，但同时不可避免地受到其后兴盛的古文经学的冲击。自东汉后期开始，学者对其研究已然寥落，甚至其文本需要后人辑佚而得。参见向晋卫：《〈白虎通义〉思想的历史研究》，人民出版社2007年版，第35页以下。

法典化时代的法治国理念
——以 1794 年《普鲁士一般邦法》为观察重点

吴训祥*

一、导论

18 世纪中期,当启蒙运动在欧陆西部如日中天的局面已然开始显得有些令人担忧时,全新的现代世界的面貌正随着扬帆于大西洋上的商船而渐露峥嵘。这个时代与英国革命的距离已足够远,而路易十四仍在以辉煌的武力优势宣示着开明绝对主义在欧洲的统治性地位。在德意志的大部分地区,30 年战争的浩劫带来的长达一个世纪的萧条仍未终结。在这个地区的东北方,勃兰登堡-普鲁士国家刚刚升格为"王国"不到半个世纪,距离摆脱波兰的控制也不过 100 年,弗里德里希二世仍在为西里西亚的领土而同时与几乎半个欧洲进行战争。启蒙的火花从新教盛行的北德意志开始燃起——那里有同为新教盟友的英国的领地汉诺威,来自英国的思想从此地被译为德语,进而涌向德意志的腹地,渐渐拓展到了天主教南德意志地区,德意志人终于赶上了启蒙的末班车。[1]

来自"西方"的影响以其理性化和世俗化为先导,要求运用思想对人间事务进行安排。它与牛顿的经典力学体系一道散发着现代的气息,划破了欧洲的天空,早在莱布尼兹和普芬道夫的时代便已为德意志人所熟悉。但那时的德意志人尚处于思想接受期,那时的思想家同英国人和法国人一样,为理性的开疆拓土而欢呼。然而他们毕竟比后者来得晚了

---

* 作者系北京大学硕士研究生。

[1] Vgl. Ernst Landsberg/Roderich Stintzing: Geschichte der Deutschen Rechtswissenschaft, dritte Abteilung, erster Halbband, München und Leipzig, 1898, S. 363.

一步，早期启蒙运动的诉求本身所包含着的隐患已经开始显现。正如法国人卢梭所反思的那样：对于人间那纷繁浩淼的世事而言，理性的力量是否具备将其统筹协调的能力，换言之，知识的进步究竟有无界限。与远在英伦三岛的思想家们那中道圆润的想法不同，海峡的另一边却发生了激烈的精神冲突。从思想史的历程看，那个年代是人类精神文明的一大巅峰，正是在18世纪60年代，欧洲大陆对启蒙的态度悄然开始发生转变：绝对主义政治在思想史上却产生了截然不同的作用。在绝对主义传统根深蒂固的法国，领土国家出现的事实并未对思想界带来太大的冲动，反倒是坐实了法兰西几百年来既成的疆域。启蒙以一往无前的理性精神在全社会横冲直撞，要求对一切事务进行掌控，直到1789年的法国大革命。可即便是在革命弥漫的恐怖中，孔多塞依然写成了代表乐观主义最高峰的《人类精神进步史表纲要》。

事情在欧洲大陆的另一个绝对主义国家里却呈现出了截然不同的形态。与法国相比，德意志在早期近代的命运要糟糕得多。总也摆脱不掉的四分五裂的命运，导致启蒙在德意志多多少少带上了通过合理性的安排生活以实现富国强兵的色彩。而在两次西里西亚战争之后，号称"已启蒙的绝对主义"君主弗里德里希二世更加发现了这种启蒙的好处，普鲁士也得以在数十年间跻身欧洲列强之一，居然一举获得了与奥地利争当德意志邦国盟主的机会。然而战争所带来的后果远不止如此：一方面，普鲁士国内"封建-庄园式"的社会结构并未发生太大变革，地方各等级（Stände）的自治要求极强，这使得德意志国家统合遇到的阻力相当大，而其主要载体即官僚阶层[2]在战争的压力下变成了战争机器的维护者，他们的诉求构成了最初的法治国思想。[3] 就法律史而言，这种法治国观念来自启蒙运动对社会生活进行规范的要求，但并非带有

---

[2] 德国政治史学家奥托·欣策对近代普鲁士国家的定义是"绝对主义+军国主义+官僚制"，vgl. Otto Hintze: Das monarchische Prinzip und die konstitutionelle Verfassung, in: Gerhard Oestreich（hrsg.）: Otto Hintze: Staat und Verfassung. Göttingen, 1962, S. 364.

[3] 参见徐建：《近代普鲁士官僚制度研究》，北京大学出版社2005年版，第13页。

政治上的含义。另一方面，夹缝中生存的体验导致早期启蒙时代那天真而纯粹的理性诉求在普鲁士过早陷入衰落，自18世纪60年代开始便遭到了狂飙突进运动和浪漫主义的猛烈抨击，后两者所带来的个体化观念则为民族主义开辟了道路。

在法律史的叙事中，随着民族历史理念的引入，自12世纪罗马法复兴以来的自然法思想也受到了极大的冲击，一种历史-哲学式的自然法观念将在数学-演绎方法论的指导下，要求重新审视潘德克顿现代运用以来、作为欧洲共同法的罗马法。尽管这种要求"只是在中欧地区才真正产生了法政策的后果"，[4] 但以1780年开始制定的《普鲁士一般邦法》(Allgemeines Landrecht für die preußischen Staaten，以下简称ALR)、1804年颁布的《法国民法典》(Code Civil，以下简称CC) 和1811年颁布的《奥地利普通民法典》(Allgemeines Bürgerliches Gesetzbuch，以下简称ABGB) 这三大法典为内容的立法活动，开创了欧洲以民族国家法典取代共同法的范例，并随着欧洲主要国家在全球范围内的扩张，在法律形态上产生了世界性的影响。这段前后三十多年的立法时期则被后世称为法典化时代（Kodifikationszeitalter[5]）。

当后人试图审视法典化时代时，ALR的地位将显得格外得突出。不仅因为它意味着这个时代的开始、其立法史与这段时期有着相当的重合，更由于在启蒙绝对主义的勃兰登堡-普鲁士王国中，法治国与法典

---

[4] Franz Wieacker: Privatrechtsgeschichte der Neuzeit: unter besonderer Berücksichtigung der deutschen Entwicklung, Göttingen: Vandenhoeck & Ruprecht, 1967, S. 313. 维亚克尔将法典化运动视为启蒙运动与理性法的结合作用。然而此时的启蒙运动早已不再是纯然理性化的诉求，而是带有了强烈的历史-哲学色彩，即"反启蒙"因素。Siehe Hans Thieme: Die preußische Kodifikation, in: ZRG-GA, Bd. 57, 1937, S. 416.

[5] Vgl. Hans Schlosser: Kodifikationen im Umfeld des Preußischen Allgemeinen Landrechts, in: Detlef Merten/Waldemar Schreckenberger (hrsg.): Kodifikation gestern und heute: Zum 200. Geburtstag des Allgemeinen Landrechts für die Preußischen Staaten, Berlin: Duncker & Humblot, 1995, S. 64. "法典化时代"只是一个描述性概念，其更多的意义在于指称1780-1811年这段时期，而非附加有意识形态的内容如市民社会的兴起或资本主义的上升等。

化的理念发生了深刻的碰撞：作为这种碰撞的最终结果，1794 年《普鲁士一般邦法》成了一个时代的集中体现。在这个时代里，法律制度史和法律思想史呈现出了罕见的复杂关系。就此，本文的论述拟围绕 ALR 进行，通过对这部法典的立法史进行追溯，并结合其具体规定，对这个时代的理念进行简要的介绍。

二、立法史概述（1780-1794）

（一）勃兰登堡-普鲁士时代的司法改革诉求

对 ALR 立法史的追溯，通常要从近代早期的德意志法律史开始。自 15 世纪神圣罗马帝国（H. R. R.）继受罗马法以来，在德意志地区同时并存的法律渊源包括罗马法、普通法和教会法。由于政治的分裂等原因，帝国枢密法院（Reichskammergericht, 1495-1806 年）尽管作为名义上德意志帝国的最高审判机关，却始终力量薄弱，无法成为案件的终审机构。[6] 德意志各邦内部的地方法院和领主法院的司法管辖混乱，不存在统一的诉讼程序。法官和律师的腐败情况严重，而案件审理过程中的互相扯皮在案卷移送制度（Aktenversendung）的影响下，也都导致诉讼过程极为拖沓。[7]

这种局面在那时的欧洲似乎并非罕见，启蒙运动的倡导者们正在要求改变混乱的法律状态，以理性化的法律代替混乱且野蛮的近代法律。但这一要求在普鲁士国家却被染上了强烈的工具色彩。[8] 受古老习俗的影响，当时德意志诸邦国的君主均不具有最终的案件裁判权，而是必须与形形色色的地方或等级法庭进行管辖权的争夺，在启蒙思想的影响

---

〔6〕 参见林海：《帝国枢密法院：司法的近代转向》，中国法制出版社 2010 年版，第 28 页。

〔7〕 Vgl. Carola Barzen, Die Entstehung des "Entwurf（s）eines allgemeinen Gesetzbuchs für die preußischen Staaten" von 1780 bis 1788, Konstanz: Hartung-Gorre, 1999, S. 1.

〔8〕 Vgl. Peter Krause: Zur Geschichte der Gesetzgebung, in: Svarez.: Gesammelte Schriften, Zweite Abteilung: Die Preußische Rechtsreform, Stuttgart-Bad Cannstatt: frommann-holzboog, 1996, S. XXXII.

之下，君主们（他们本身就是"最启蒙的"）也开始呼吁法律的统一化和理性化：当然是在君主的领导之下进行，[9] 国王站在了"弱势"的一方，与人民一起反对法律官僚们的"非理性统治"。事实上，作为"开明的/启蒙了的"君主，历代普鲁士国王均无法忍受群众对他的司法官员各种劣迹的抱怨，法的统一化和国家化成了君主带领国家走向中央集权的工具。

勃兰登堡-普鲁士国家（1714年升格为王国）自完成近代化整合之初便提出了改革的要求。但直到1780年，立法工作才算真正开始。[10]

1. EAGB 与 AGB[11]

在1780年4月14日"为改善司法系统的内阁敕令"中，弗里德里希二世提出了新法典制定工作的要求，主要是在语言、处理习惯法和罗马法的关系方面。[12] 至7月17日，国王公布了司法部长卡尔玛[13]的立法计划（"法典制定的实施工作所应采取的方案"[14]），根据该计划，法律改革工作的意图"并非在于制定的新的法律，而是要将现有的法律搜集、整理，使之清晰明确并易于理解"，同时也不排除在必要时

---

[9] Vgl. Michael Stolleis: Geschichte des öffentlichen Rechts in Deutschland, Erster Band: Reichspublizistik und Polizeywissenschaft 1600-1800, München: C. H. Beck, 1988, S. 321.

[10] 对于早期的托马修斯（Christian Thomasius）改革、柯克采伊（Samuel von Cocceji）改革，由于篇幅所限，在此不再讨论。

[11] 在本文中分别为 Entwurf eines allgemeinen Gesetzbuchs für die preußischen Staaten 和 Allgemeines Gesetzbuch für die Preußischen Staaten，即《普鲁士一般法典草案》和《普鲁士一般法典》的简称。

[12] Vgl. Novum Corpus ConstitutioNo. PrussicoBrandenbergensiumPraecipueMarchicarum, Bd. 6, Sp. 1940-1941.

[13] Johann Heinrich Casimir von Carmer（1720-1801），出身于平民，在耶拿和哈勒学习法律，1753年便担任布列斯劳上诉法院院长，1788年被授予贵族封号，是普鲁士司法改革的领导人。Dazu siehe Thomas Finkenauer, Vom Allgemeinen Gesetzbuch zum Allgemeinen Landrecht: Preußische Gesetzgebung in der Krise, in: ZRG-GA, Bd. 113, 1996., S. 44, Fn. 8.

[14] Vgl. "Plan, nach welchem bey Ausarbeitung des Gesetzbuchs verfahren werden soll", 计划全文见 Alexander von Daniels, Lehrbuch des gemeinen preußischen Privatrechtes, Bd. 1, Berlin: Grobe, 1851, Anlage I, S. 1-9.

修改"现时代的习俗、惯例、宗教与邦之政制",以更适应自然法和正义的要求。[15] 新法典的题目依然采用科克采伊时代的"弗里德里希民法大全",其内容应包括:(1)在王国各省正具有效力的特别法之汇编(Sammlungender speciellen Rechte);(2)一部一般的、辅助性的法典(einem allgemeinen subsidiarischen Gesetzbuche),其在特别法未有规定的场合应当作为裁判的准绳。[16]

根据卡尔玛的要求,国王在同年 7 月 26 日指示他征调所需人员,卡尔玛几乎从西里西亚调了一整套班子来到首都。立法委员包括:枢密法院法官鲍姆加登(只有他没有西里西亚背景)[17]、布雷斯劳地方法院法官施瓦雷茨、西里西亚财政署官员(Generalfiskal)帕哈里[18]、罗马法博士弗克马尔[19],此后又陆续将克莱因[20](1781 年)和高斯勒[21](1783 年)召至柏林进行工作。他们便是法典起草工作的主要

---

[15] Vgl. Alexander von Daniels, a. a. O., Anlage I, S. 3.

[16] Vgl. Alexander von Daniels, a. a. O., Anlage I, S. 3-4. 不过到了 9 月,国王向卡尔玛表示:"法典的名称无关紧要,内容有用就可以了",Vgl. Andreas Schwennicke, Die Entstehung der Einleitung des Preußischen Allgemeinen Landrechts von 1794, Frankfurt am Main: Vittorio Klostermann, 1993, S. 19.

[17] Otto Nathanael Baumgarten (1745-1802),先在枢密法院作实践培训(Referendar),1769 年成为枢密法院法官,1781 年担任法典委员会委员,1783 年出任 Obertribunalsrat,随后担任 Geh. Oberjustizrat. Dazu siehe Andreas Schwennicke, a. a. O., S. 18, Fn. 19.

[18] Friedrich Wilhelm Pachaly (1742-1804),自 1783 年起担任西里西亚地方法院顾问,1790 年担任布列斯劳战争与领土事务官员(Kriegs- und Domänenrat)。See Dazu siehe Andreas Schwennicke, a. a. O., S. 18, Fn. 21.

[19] Friedrich Nathanael Volkmar (? -1794),1775-1777 年在哈勒学习,是布列斯劳西里西亚地方法院的陪审员(Auscultator),随后任教于奥得河畔法兰克福大学,讲授私法。Vgl. Dazu siehe Andreas Schwennicke, a. a. O., S. 18, Fn. 22.

[20] Ernst Ferdinand Klein (1744-1810),1763-1766 年在哈勒学习法律,1766 年在布列斯劳上诉法院与施瓦雷茨共事,1786 年担任枢密法院法官,1799 年成为法典委员会委员。Vgl. Dazu siehe Andreas Schwennicke, a. a. O., S. 22, Fn. 44.

[21] Christoph Goßler (1752-1816),在哈勒学习法律,随后在枢密法院任职,1787 年在法典委员会担任"代表"(Justizdeputation)。Vgl. Dazu siehe Andreas Schwennicke, a. a. O., S. 24, Fn. 52.

承担者。卡尔玛在1780年9月向国内的法学家和实践家广泛征求法典结构的意见，并与施瓦雷茨[22]一起对收到的各种反馈进行汇总，按照沃尔夫的自然法体系确定了一个法典体例。这个体例并没有得到实际贯彻，事实上，法典的体例直到1789年EAGB完成之时仍在不断地变化。[23]

在立法工作开展之初，根据卡尔玛和施瓦雷茨的法典体例，弗克马尔和帕哈里（后者的摘录工作仅限婚姻法和家庭关系的若干部分，主要任务是对弗克马尔的摘要进行审查）相互配合，对罗马法原始文献进行了逐章节的分类筛选和汇总，抽出有用的部分并用德语附加注释，形成了600多页"罗马法摘要"（Extrakt）[24]。但对于那些罗马法中不存在的事项，如有关国民各等级的法律，则需要制定者们自己想办法。由于工作量极大，法典制定所花费的时间远远落后于卡尔玛自己的预计[25]，大家不得不抓紧时间干活。

至1783年末，作为《弗里德里希民法大全》草案的第一部分编写完成[26]，卡尔玛将其呈递给弗里德里希二世，同时请求将草案公布并征求意见。由于篇幅过大（第一部分的条文就有20 000多条），国王或

---

[22] Carl Gottlieb Svarez（1746-1798），出生于Schweidnitz，在奥得河畔法兰克福师从沃尔夫学派的达耶斯（Darjes）学习法律，1771年起担任布列斯劳地方法院的法官，与卡尔玛共事。参见［德］克莱因海尔、［德］施罗德主编：《九百年来德意志及欧洲法学家》，许兰译，法律出版社2005年版，第415页，"斯瓦雷茨"词条。

[23] Vgl. Carola Barzen, a. a. O., S. 253.

[24] 据说由于弗克马尔刚刚写完他的罗马法博士论文，因此对于法学阶梯、学说汇纂和优士丁尼法典的内容极为熟悉。哪怕如此，在不到一年的时间内完成这个工作亦是极为惊人的成就。参见Carola Barzen，前引书，第76页。

[25] 卡尔玛本来打算，到1783年初至少可以把草案的第一部分呈递给国王，但直到1783年夏天，才完成了导论和第一部分的若干内容。参见Peter Krause，前引文，第LXVIII页以及以下。

[26] Vgl. Andreas Schwennicke, a. a. O., S. 29.

许根本没看其内容[27],也不同意公开出版("私人没有权利对国王及政府的行动指指点点"[28])。最终,在卡尔玛的极力坚持下,国王终于勉强同意将草案更名为 Entwurf eines allgemeinen Gesetzbuches für die preußischen Staaten 后出版。

自 1784 年 3 月起,EAGB 开始分六部分逐步公开(详细情况见下表),并迅速送交专家和学者[29]进行审阅,贵族和各地方等级也积极参与到了提意见活动中。为了提升公众的参与热情,普鲁士司法部宣布将在欧洲范围内对草案条文的修改进行悬赏,经过评审,对各部分的内容提出优秀建议的人将获得一笔奖金。建议的内容则应针对法典以下问题进行评述:(1)对罗马法的安排是否合理;(2)罗马法中出现矛盾,或体系的漏洞,或当代新出现的规定;(3)内容是否完整;(4)表述是否清晰、准确。[30] 奖金为每部分一等奖 50 个达克特(Dukaten),二等奖 25 个达克特。[31] 收到的建议则被称为"意见"(Monita),由立法委员(主要是施瓦雷茨一人)进行斟酌,再对 Monita 进行评述,做成最后的"修改意见"(RevisioMonitorum)。

---

[27] Vgl. Carola Barzen, a. a. O. , S. 127. 1785 年 3 月,国王对呈到手中的 EAGB 第二部分的评价是:"可真够厚的,不过法典必须得简短,而且别那么琐碎(Es ist aber Sehr Dicke, und gesetze müssen Kurz und nicht Weitläufig seindt.)。"参见 Jörn Eckert 为 HRG 撰写的"Allgemeines Landrecht"词条,in: Handwörterbuch zur deutschen Rechtsgeschichte, 2. völlig überarbeitete und erweiterte Auflage, Bd. 1, Berlin: Erich Schmidt Verlag, 2004, S. 158. 施瓦雷茨的说法则略有出入("Gut, aber es ist ja so dikke. Gesetze müssen kurz sein.")。

[28] Peter Krause, a. a. O. , S. LXXIII.

[29] 这些专家包括:Darjes(Frankfurt a. O.), Fenderlin(Grüßau), Selchow(Marburg), Pütter(Göttingen), Nettelbladt(Halle), Schlettwein(Gießen), Büsch(Hamburg), Schlözer(Göttingen), Höpfner(Gießen), Schott(Leipzig), Eybell, Böll, Garve, Moses Mendelsohn, von Lindenau. 名单收录于 August Heinrich Simon, Bericht über die szientifische Redaktion der Materialien der preußischen Gesetzgebung, in: Allgemeine Juristische Monatsschrift für die Preußischen Staaten, Berlin, Bd. 11, 1811, S. 212-213.

[30] Vgl. GStARep. 84 Abteilung XVI Nr. 04, zitiert nach Carola Barzen, a. a. O. , S. 130-131.

[31] Vgl. GStARep. 84 Abteilung XVI Nr. 04, zitiert nach Carola Barzen, a. a. O. , S. 131.

EAGB 和 Monita 的公布情况[32]

公布的部分	公布时间	送交专家时间	收到的建议数	宣布获奖时间
第一部分第一节（婚姻法、家庭法）	1784.03.24	1784.04.24	106	约 1785.06
第一部分第二节（农民、市民、社团、教会、学校）	1785.03.20	1785.03.26	91	1786.08.12
第一部分第三节（犯罪、刑罚）	1786.03.30	1786.04.08	66	1787.11.01
第二部分第一节（物法）	1787.04.30	1787.05.14	47	1788.07.01
第二部分第二节（物法）	1787.12.20	1788.01.03	37	1789.07.01
第二部分第三节（物法）	1788.06.15	1788.06.20	32	1789.12.17

对法典进行公开讨论这件事，在民主国家自然是"不言自明的"，[33]但发生在一个绝对主义国家里则是空前的，被认为是"绝对主义国家的公开立法"。[34]也得到了时人康德的称赞。[35]

---

[32] 表中数据来源：Carola Barzen, a.a.O., S.134, 135, 154, 155, 183, 200, 201, 206, 207, 214, 215; Peter Krause, a.a.O., S. LXXXIII.

[33] Vgl. Peter Krause, a.a.O., S. LXXVIII.

[34] Vgl. Hans Thieme: Publizität der Gesetzgebung im absoluten Staat: Das Beispiel des friedericianischen Preußen, in: Gerd Kleinheyer/Paul Mikat (hrsg.), Beiträge zur Rechtsgeschichte, Gedächtnisschrift für Hermann Conrad, 1979, S. 539 ff., zitiert nach Peter Krause, a.a.O., S. LXXVIII.

[35] Vgl. Immanuel Kant, Beantwortung der Frage: Was ist Aufklärung? in: Berlinische Monatsschrift. Zwölftes Stük., 1784, S. 493-494. 中译参见［德］康德：《历史理性批判文集》，何兆武译，商务印书馆1990年版，第30页。

至 1791 年初，全部 Monita 的处理工作结束。[36] 经过法典委员会的最终审议，[37] 卡尔玛将法典提交国王请求公布。1791 年 3 月 20 日，弗里德里希·威廉二世签发敕令，公布名为 Allgemeines Gesetzbuch für die Preußischen Staaten 的四卷本法典全文（包括一个导论和两个部分，共 19 206 条），宣布定于 1792 年 6 月 1 日起具有法律效力。[38]

2. 从 AGB 到 ALR

当施瓦雷茨和克莱因等人在卡尔玛的大法官官邸讨论 AGB 的内容时，法国大革命的消息从西方悄然传来。而就在距 1791 年 3 月 20 日关于 AGB 生效的敕令被签发仅仅三个月以后，逃亡途中的路易十六被截回。法国的局势似乎昭示了一些前所未有的变化。1791 年 5 月，波兰也颁布了欧洲第一部成文宪法（"五三宪法"，在世界上仅晚于美国），宣布实行君主立宪制。1792 年 4 月 6 日，科斯琴的地方官员 von Poser 向卡尔玛报告称，当地有大批农民聚在一起讨论新法典对他们未来的影响，并随时有暴动的危险。据称，农民们"成堆地"（haufenweise）涌向书店购买刚刚出版的 AGB，试图从中找到有关减少农业税的内容。[39] 一系列的事件使得 AGB 的处境变得微妙起来。法典的撰写者们也预料到了可能出现的危机，卡尔玛和施瓦雷茨开始不断进行演讲和游说，[40] 但对那最坏结果的出现似乎没有更好的办法。

---

[36] Vgl. August Heinrich Simon, a. a. O., S. 231.
[37] Vgl. August Heinrich Simon, a. a. O., S. 232.
[38] Vgl. August Heinrich Simon, a. a. O., S. 234.
[39] Vgl. GStA Rep. 84 Abteilung XVI Nr. 03, zitiert nach Thomas Finkenauer, a. a. O., S. 85.
[40] 施瓦雷茨在 1791-1792 年为普鲁士王太子（即后来的威廉三世国王）所作的几次讲演后来得到整理出版，成了研究 ALR 制定者思想的重要文献。诚然，由于这几次讲演的特殊背景，施瓦雷茨对于 AGB 中某些尖锐的部分进行了弱化和修饰，以避免与高层发生进一步的冲突。Vgl. Siehe Carl Gottlieb Svarez: Vorträge über Recht und Staat (hrsg. von Hermann Conrad/Gerd Kleinheyer), Köln und Opladen: Westdeutscher Verlag, 1960.

1792年4月9日，西里西亚省司法部长冯·邓克尔曼[41]上书国王，请求将法典生效时间推迟，理由是"留给人们用来理解法典的时间不够"[42]。由此，邓克尔曼的建议是：暂缓 AGB 的实施。4月18日，威廉二世同意了邓克尔曼的意见，并签发了将 AGB 的实施"暂时"（vor der Hand）推迟，但并没有确定推迟时间。事实上，这位新国王的政治理念与他的前任完全不同：他更倾向于君权神授的理论而非弗里德里希二世那启蒙-社会契约的国家观，[43] 并早已对 AGB 中的某些条款（如导论第六条关于废除权力判决的规定）心存警惕。AGB 将被搁置，"直至所建议的措施都满足了"为止，[44] 实际上是将实施时间无限期地推迟了。

尽管"时间过于紧迫、人们来不及理解"的理由在表面看起来很充分，[45] 但事实上仍经不起推敲。如前所述，法典的主要内容已在空前的意见征集活动中广为人知。而早在1791年夏天，法典最终定稿之后，司法部就已经向各省分发了超过 10 000 份文本，[46] 官员和法官们已经有了充足的时间对内容进行熟悉。问题部分出在法典的内容上，也即邓克尔曼轻描淡写般提到的"改变和偏离的部分"，正是这些具有"宪政"或"法治国"倾向的条款引起了国王的猜疑，认为法典中可能具有颠覆性或革命性的内容，[47] 并使他最终做出暂缓实施

---

[41] Adolph Heinrich Albrecht Leopold Freiherr von Dankelmann（1736–1807），出生于柏林，在哈勒学习法律，1759年在马格德堡政府任职，1763年成为克莱弗（Kleve）地区的行政长官，1780年作为卡尔玛的继任者，出任西里西亚省司法部长。Vgl. Dazu siehe Thomas Finkenauer, a. a. O., S. 89, Fn. 209.

[42] Vgl. GStA Rep. 84 Abteilung XVI Nr. 07, zitiert nach Thomas Finkenauer, a. a. O., Anhang 1, S. 208.

[43] Vgl. Thomas Finkenauer, a. a. O., S. 61.

[44] Vgl. Andreas Schwennicke, a. a. O., S. 48.

[45] 参考 BGB 从颁布到实施的时间差：1896年8月15日颁布，1900年1月1日实施。但须注意，BGB 的很多内容带有独创性，而 AGB 仅是当时普鲁士现行法的简化汇编。

[46] 卡尔玛当时在一通书信中写道，"法典已经在司法人员手中放了十个多月了"。参见 Thomas Finkenauer, 前引文，第91页及以下。

[47] 对于这部分条款，可以参照 ALR 对 AGB 的修改之处获得了解。

的决定。[48] 更关键的原因则在于贵族和地方等级的强烈反对,他们要求"保持地位的纯粹,仅服务于国王",而法典中的诸如贵族对其造成的等级较低的孕妇负责[49]、君主独揽立法和税收权[50]之类的条款,则是对贵族们的利益和尊严极大的损害。而所谓"法治国"条款更是导致了他们的强烈不满,他们对国王进而对 AGB 的暂缓实施起到了决定性的作用。[51]

得知消息的立法者[52]们迅速展开了应对性的公关措施。针对邓克尔曼所提出的"不熟悉"理由,立法者们进行了大量的宣传工作:克莱因撰写了《AGB 摘要》(Auszug aus dem allgemeinen Gesetzbuch für die Preußischen Staaten, ein zu Vorlesungen bestimmtes Handbuch);高斯勒则争取到了机会,在从 1792 年至 1793 年的每一期《柏林月刊》(Berliner Monatsschrift)上连续刊发 1791 年至 1972 年施瓦雷茨的王太子讲座(Kronprinzenvorträge)的内容,[53] 为争取法典实施而鼓动舆论的声势。

早在 1788 年,施瓦雷茨在柏林星期三协会(Berliner Mittwochsge-

---

[48] 在得到暂缓实施消息的次日,亦即 4 月 19 日,卡尔玛立刻上书国王陈情,声称法典中"没有任何有损国王陛下君权的内容,或任何对国家及宗教政制有所背离之处。"国王对此虽将信将疑,但仍在邓克尔曼的劝说下坚持了法典停摆的决定。Vgl. Siehe GStA Rep. 84 Abteilung XVI Nr. 07, zitiert nach Thomas Finkenauer, a. a. O., Anhang 4, S. 211.

[49] §1057, II, 1 AGB:弱势方有权要求引诱她的人扶养其生活,就如同低等级的妻子那样。

[50] §6, 15, II, 13 ALR。

[51] Vgl. Thomas Finkenauer, a. a. O., S. 143.

[52] 根据绝对主义国家的政治结构,国王是唯一的立法者(Gesetzgeber),而如科克采伊和卡尔玛之类的法典制定官员只能是"立法大臣",德语文献中所使用的概念是 Redaktor(编纂者)。为了叙述的方便,本文将不再对这两个德语概念进行区分,而是统一采用"立法者"的指称。还请读者留意。

[53] Vgl. Thomas Finkenauer, a. a. O., S. 144.

sellschaft)[54] 的一次讲演"法典该多简短？法典能多简短？"[55] 中便提到了对两部法典的设想，即一部法典供法官和学者适用，另一部法典留给人民用。[56] 已制定的 AGB 属于前者，而所谓"人民法典"（Volkskodex）应当具有以下原则：（1）不针对特定阶级和职业；（2）对于市民生活中的规定应当尽可能通俗、简短，在面对复杂问题时只给出概念而不做解释；（3）对特定行为规定形式要件，而不规定其后果；（4）只简单规定诉讼的程序，主要内容留给法官；（5）刑法部分只规定重大犯罪；（6）其他的禁止性规范则不予规定。[57] 由于立法时间紧促，这个方案在当时没有实现，直到 1793 年 5 月，施瓦雷茨和高斯勒联合（但主要作者是施瓦雷茨）署名"两位普鲁士教授 C. G. S. 和 C. G."，出版了题为《对普鲁士居民的法典教程》（Unterricht über die Gesetze für die Einwohner der Preußischen Staaten）的小册子[58]，按照"人民法典"的设想，从 AGB 中摘出了部分内容，力图"脱下学术的外衣，只用简单的日常语言"[59] 对之进行介绍，并且通过对"臣民义务"的反复强调，成功打消了国王对 AGB 是否具有革命色彩的疑虑。尽管 AGB "暂时"被搁置的命运依然没有改变，但立法者们从上而下的奴隶措施正使得其内容逐渐为公众所熟知，AGB 也开始在某些地区起到了事实上的法

---

〔54〕 1783-1798 年间存在于柏林的私密小圈子，又名"启蒙运动之友协会"（Gesellschaft von Freunden der Aufklärung）。其成员多为学者、官员，每个月的第 1 个星期三（夏季）或第 1、3 个星期三（冬季）17：30-20：00 在不同的成员家里聚会，讨论有关启蒙的话题，对讨论内容不得外泄，因此大家可以各抒己见。克莱因、施瓦雷茨和摩西·门德尔松都是这个协会的成员。

〔55〕 Vgl. Carl Gottlieb Svarez: In wie fern können und müssen Gesetze kurz sein? in: ders.: Vorträge über Recht und Staat（hrsg. von Hermann Conrad/Gerd Kleinheyer），Köln und Opladen: Westdeutscher Verlag, 1960, S. 628-633.

〔56〕 Carl Gottlieb Svarez, a. a. O., S. 629.

〔57〕 Carl Gottlieb Svarez, a. a. O., S. 630-633.

〔58〕 Vgl. C. G. S. /C. G. （nämlichCarl Gottlieb Svarez und Christoph Goßler）: Unterrichtüber die Gesetzefür die Einwohner der PreußischenStaaten, Berlin/Stettin: Friedrich Nicolai, 1793. 全书正文部分仅 282 个页码。

〔59〕 Vgl. C. G. S. /C. G., a. a. O., S. IX.

律效力。[60]

戏剧性的转折出现在 1793 年春。1793 年 1 月 23 日，根据普鲁士与俄国签订的第二次瓜分波兰协议，普鲁士获得了波兰的但泽（Danzig）、托伦（Thorn）、波森（Posen）和卡利什（Kalisch），并将后三者合并为一个新的省：南普鲁士（Südpreußen）。[61] 针对在这个新省（其居民所使用的语言主要是波兰语）应当推行什么法律时，AGB 又重新进入了人们的视野中。在经过长达半年的沟通交流之后，[62] 卡尔玛做出了最大的让步：删除 AGB 中的国家法的敏感内容，并制定一份索引。[63]

1793 年 11 月 17 日，威廉二世发布内阁敕令，指示即刻进行 AGB 的修订工作，新法典的名称将被改为 Allgemeines Landrecht für die preußischen Staaten，准备在南普鲁士省进行适用。[64] 在修订渐次结束之后，新法典于 1794 年 1 月 4 日至 2 月 4 日分四卷相继公布，并定于 6 月 1 日正式生效。

（二）1794 年《普鲁士一般邦法》

1. 内容与实施情况

ALR 的立法史在世界上都属罕见：由于它的时间延续极长，过程波折不断，最终呈现的法典篇幅也使人惊叹，即便学者在 200 年后重温这段历史时，都不由感叹这"基本上成了一段传奇"。[65] 在沃尔夫学派的启蒙-自然法理念[66] 和绝对主义法治国要求的共同塑造下，ALR 呈

---

[60] Vgl. Thomas Finkenauer, a. a. O. , S. 148.

[61] ［德］卡尔·艾利希·博恩等：《德意志史》（第三卷），张载扬等译，商务印书馆 1991 年版，第 9 页。

[62] Vgl. Thomas Finkenauer, a. a. O. , S. 160-167.

[63] Vgl. Thomas Finkenauer, a. a. O. , S. 167.

[64] Vgl. Andreas Schwennicke, a. a. O. , S. 57.

[65] Vgl. Dietmar Willoweit: Die bürgerlichen Rechte und das gemeine Wohl, in: Friedrich Ebel (hrsg.), Gemeinwohl-Freiheit-Vernunft-Rechtsstaat: 200 Jahre Allgemeines Landrecht für die Preußischen Staaten, Berlin: Walter de Gruyter, 1995, S. 3.

[66] Vgl. Ernst Landsberg/Roderich Stintzing: Geschichte der Deutschen Rechtswissenschaft, dritte Abteilung, erster Halbband, München und Leipzig, 1898, S. 473.

现出了一幅"雅努斯的面孔"[67]。根据沃尔夫的自然法体系,法律应当从对个人及其财产的规定出发,到婚姻、家庭、等级、教堂、国家,其所影响到的圈子渐次扩大,[68] 体现了德意志自然法中的秩序观。这种编排使得法典看起来像是教科书,完全改变了中世纪以后占据统治地位的盖尤斯法学阶梯模式(人、物、诉讼三分法),成了学术性法律体系的一个新的尝试。事实上,自 ALR 制定之前乃至实施以来,关于民法体系的尝试和争论始终没有停歇,直到萨维尼提出法律关系理论才为潘德克顿体系打下了基础,进而使得严谨的体系成为可能。[69]

就内容而言,这部法典包括了民法(第一部分、第二部分第一至四章)、封建法(第二部分第七章、第九章)、商法(第二部分第八章)、教会法(第二部分第十一章)、行政法(第二部分第十章)、国家法(第二部分第十二至十七章)、刑法(第二部分第二十章)等现代部门法,另有关于学校(第二部分第十章)和福利机构(第二部分第十八、十九章)的内容,是属于启蒙时代绝对主义福利国家的范畴。尽管体量惊人,但事实上,在排除掉等级之下的规定后,ALR 的内容与现代私法

---

〔67〕 Vgl. Germaine de Staël-Holstein: De l'Allemagne, Paris, 1845, S. 75, zitiert nach Andreas Schwennicke, a. a. O., S. 6.

〔68〕 Ernst Landsberg/Roderich Stintzing, a. a. O., S. 205.

〔69〕 关于潘德克顿体系的形成, Vgl. Andreas B. Schwarz: Zur Entstehung des modernen Pandektensystems, in: Zeitschrift der Savigny-Stiftung für Rechtsgeschichte: Germanische Abteilung, Bd. 42, 1929, S. 578-610. 关于 ALR 在私法体系史上的位置,特别参见第 585 页。关于体系(System)在欧陆,尤其是德意志私法学术中的重要作用,国内的民法学者们已经有所认识。但体系与法典化(Kodifikation)并非具有本源性的关联(ursprünglicher Zusammenhang),毋宁说是这两者共同受到了理性化的影响。若借用韦伯的概念区分理性化对它们的不同影响:作为数学-形式的理性化呼唤严谨的体系;而作为官僚制-实质的理性化要求法典化(关于韦伯对 ALR 的态度,参见[德]马克斯·韦伯:《法律社会学》,康乐、简惠美译,广西师范大学出版社 2005 年版,第 289 页)。因此可以理解,CC 所具有的革命-宣示性使其对这两种理性化均不感兴趣,所以受到了萨维尼(他是站在法学教授的立场)的贬低。而除了理性化自然法时代以来的体系化追求外,对法典化时代影响最大的因素就是官僚制-法治国的诉求。对于这种诉求而言,体系的重要性退居一旁:这正是 ALR 区别于 CC 和 ABGB 的最大特点。

典的出入并不大。作为用德语进行私法立法活动的第一次尝试,且由于法学中的概念水平尚处于较低的层次,[70] ALR 中保留了大量的来自罗马法、经历现代运用阶段洗礼但仍未达到高度概念化的用法,这与 BGB 用语的高度洗练形成了鲜明的对比:比如关于赠与形式的规定,BGB 用了 1 条、2 款、共计 3 个句子的篇幅,而 ALR 则用了整整 7 条。[71] 此外,ALR 饱受诟病的还有其决疑论的风格,启蒙绝对主义对于日常生活琐事的介入更使这种风格显得奇怪:如"对木桩的规定,原则上亦适用于围栏"(§158, I, 8 ALR[72]);"一个健康的母亲有义务自行为其孩子哺乳"(§67, II, 2 ALR)。理性主义凌驾于生活之上的掌控欲、决疑论的风格,以及法律语言的繁琐,是导致法典条文数量膨胀的重要原因。除此之外,绝对主义国家对 ALR 行政官僚的强烈控制和对法律官僚的不信任,也促成了条文数量的急剧上升。[73]

"导论"部分的设置尤其具有特色。这一设置来自德意志自然法学派的学术贡献,据说后来 BGB 的"总则编"(allgemeiner Teil)可以追溯到这里,[74] 但事实上,导论与总则完全是基于不同设置理由而出现的:ALR 的导论来自早期近代德意志自然法与现代运用法学的融合,导论的作用在于宣示某些先验的"基本概念",其理论预设是法世界的封闭和静止。[75] 但对于 BGB 和潘德克顿学派而言,总则编的意义在于其

---

[70] 即萨维尼所说的:"至少对立法而言,德语在目前阶段仍有着极大的困难。"Friedrich Karl von Savigny: Vom Beruf unserer Zeit für Gesetzgebung und Rechtswissenschaft, 2. Aufl., Heidelberg: Mohr, 1828, S. 91.

[71] Vgl. BGB §518; §1063-1069, I, 11 ALR.

[72] 在援引 ALR 条文时,需按顺序注明所引用的部分、章、条目,即如"ALR 第二部分第三章第 4 条"被标记为"§4, II, 3 ALR"。

[73] "这部法典最能体现时代理想之处,便是它的厚度。"Vgl. Dazu siehe Ernst Landsberg/Roderich Stintzing, a. a. O., S. 475.

[74] "序言(即导论——引者注)实际上也属于总则。"参见杨代雄:《古典私权一般理论及其对民法体系构造的影响:民法体系的基因解码》,北京大学出版社 2009 年版,第 52 页。

[75] 即所谓自然法的数学方向(mathematische Richtung)。Vgl. Dazu siehe Hans Thieme: Die Zeit des späten Naturrechts, in: ZRG-GA, Bd. 56, 1936, S. 221.

中规定归纳出的"基本概念"即意思表示和法律行为来统领整个法典。[76]

如前所述,ALR 是为了在南普鲁士省的实施而重获新生的,但即便在那里,ALR 起初也只是具有补充作用(Subsidiarität),直到 1797 年才开始具有直接效力。[77] 在地方等级的强大压力下,ALR 在普鲁士的其他区域(如萨克森、威斯特法伦、锡根等地)始终起着对地方法的补充作用。[78] 而在莱茵河左岸(Rheinland)、新前波美拉尼亚(Neuvorpommern)和吕根,即便到了解放战争之后依然适用 CC,[79] 直到 1900 年 BGB 开始实施。

2. 后人的评价

在 AGB 被搁置期间,德意志法学界对新法典的评价便已呈现分歧,在 1792 年至 1794 年间出现的四篇关于法典的文章立场或褒或贬,[80] 简而言之:正面评价更多关注新法典所能带来的法秩序统一作用,而负面评价主要来自对其学术价值的不满。

最早的欢呼声来自 1791 年第 19 期《柏林月刊》一位未署名的作者。在题为"立法者弗里德里希"的文章中,刚刚获得颁行许可的 AGB 被赋予了至高的荣耀,"弗里德里希二世对他的人民是如此的仁慈

---

[76] 晚期潘德克顿学派的代表齐特尔曼便说,总则编的"真正基石在于法律行为理论"。Vgl. Siehe Ernst Zittelmann: Der Wert eines „ allgemeinen Teils " des bürgerlichen Rechts, in: Zeitschrift für das Privat- und Öffentliche Recht der Gegenwart, Bd. 33, Wien, 1906, S. 14.

[77] Vgl. Thomas Finkenauer, a. a. O., S. 194.

[78] Vgl. Reinhart Koselleck, Preußen zwischen Reform und Revolution: allgemeines Landrecht, Verwaltung und soziale Bewegung von 1791 bis 1848, Stuttgart: Klett, 1981, S. 47.

[79] Vgl. Richard Schröder: Lehrbuch der Deutschen Rechtsgeschichte, Berlin und Leipzig: Walter de Gruyter, 1922, S. 1016.

[80] Vgl. Johann Werdermann: Über die Suspension des neuen Preußischen Gesetzbuche, 1792; Christian Erhard: Versuch einer Critik des Allgemeinen Gesetzbuchs für die Preußischen Staaten, 1792; Christian von Eggers: Sammlung von Urkunden und Aktenstücken zur Geschichte der neuen Preußischen Gesetzgebung, 1793; Heinrich Henke: Beurteilung aller Schriften, 1793. Dazu siehe Thomas Finkenauer, a. a. O., S. 149.

和怀有正义感,并充满了对人民自由和真理的关注:这一作品已经完成,在 3 月 20 日获得公布,它屹立在世界及它的后代面前接受赞美,并鼓舞了一切普鲁士人民的爱国自豪感。"[81] 在同年的《德意志时报》中,更是有人将 AGB 的部分相关内容与法国 1791 年《人权与公民权宣言》做了逐条的对比,认为两者尽管外观迥异,但在精神气质上并无不同,均是启蒙运动带来的伟大成果。[82] 但 AGB 接下来暂缓实施的命运使得这种高涨情绪迅速趋于消散。自 1825 年起,ALR 才重回新闻界和学术界的视线。1838 年,August Heinrich Simon 在《哈勒年鉴》发表"一般邦法的形成:它的斗争与胜利",称赞它"实在是德意志祖国及其他国家的表率"。[83]

不过上述带有极强政治色彩的评价在法学家那里并未获得太大的认同。蒂堡在 1814 年关于统一民法的论文中根本没有提过作为普鲁士一邦之法的 ALR,却始终呼吁为"全部德意志兄弟们"[84] 制定一部统一的民法典。与之鲜明对立的是萨维尼的主张:在关于立法和法学的当代使命的论文中,萨维尼将法典化时代的三大法典做了详细的评述,在他的眼里,ALR 的价值要高于其后的 CC 和 ABGB。尽管有着诸如排斥法官解释[85]、否定法律学术在法律生活中作用[86] 的瑕疵之外,与 CC 那近乎儿戏的革命式立法技术相比,ALR 保存了"历史性的和文学性的生

---

[81] Vgl. Friedrich Wilhelm der Gesetzgeber, in: Berliner Monatsschrift, Bd. 19, 1791, S. 7.

[82] Vgl. Etwas über das neue Preußische Gesetzbuch und die Französische Revolution, in: Deutsche Zeitung, 47stes Stück, den 25ten November, 1791, S. 801–802.

[83] Vgl. August Heinrich Simon: Das Werden des Allgemeinen Landrechts, sein Kampf und sein Sieg, in: Hallische Jahrbücher, Nr. 225, 19. September 1838, S. 1800.

[84] Vgl. Anton Friedrich Justus Thibaut: Über die Nothwendigkeit eines allgemeinen bürgerlichen Rechts für Deutschland, in: Hans Hattenhauer (hrsg.): Thibaut und Savigny: Ihre programmatischen Schriften, München: Verlag Franz Vahlen, 2002, S. 58.

[85] Vgl. Friedrich Karl von Savigny, a. a. O., S. 88.

[86] Vgl. Friedrich Karl von Savigny, a. a. O., S. 92.

活"[87]。事实上，萨维尼对 ALR 的批评并非在于"邦法的不全面"，也不是因为在内容上"缺乏某些规定"或"随后出现的法律对邦法进行了改变或补充"，而是在于"法典化本身"。[88] 萨维尼对法典化时代的判断要远远高出蒂堡，ALR 只是萨维尼为了表达其学术观念而借题发挥的靶子。[89] 具体而言，法典化的概念来自边沁[90]，这种启蒙时代的理性诉求下，法学家们理想中的法典化应当满足：（1）严格的三权分立要求，即立法和司法各自具有独立性，由立法机关（国王或议会或法典委员会）垄断立法权，法典成为单独且唯一的法律渊源，并严禁法官造法。作为其逻辑结果的（2）法典在内容上具有完备性，这种完备性使得法典无需借助解释而直接收获自动贩卖机一样的效果。而为了实现这种完备性，法典应当（3）具有严密体系性，这种体系需要从公理出发，经过从概念到概念的逻辑推导，[91] 最终建成法律条文的大厦。这种对法典化的理解支配了边沁、包括蒂堡的想法[92]，也正是 ALR 的制定者们所持有的观点，[93] 并成为后来潘德克顿-概念法学的追求理想。

---

[87] Vgl. Friedrich Karl von Savigny, a. a. O., S. 95.

[88] Vgl. Pio Caroni: Savigny und die Kodifikation: Versuch einer Neudeutung des, Berufes", in: ZRG-GA, Bd. 86, 1969, S. 150.

[89] Pio Caroni, a. a. O., S. 172. 萨维尼所主张的法典完备性建立在"基本原则"的基础之上。而这些基本原则存在罗马法中，进而存在于民族生活之中（因为罗马法早已凭借继受而被德意志民族接纳），为此，法典化的预备工作是对德意志法（也即潘德克顿法）进行历史研究。在这项研究工作完成之前，一切法典化的要求都是冒进、进而需要排除的。

[90] 参见封丽霞：《法典编纂论：一个比较法的视角》，清华大学出版社 2002 年版，第 151 页。

[91] Vgl. Waldemar Schreckenberger: Die Gesetzgebung der Aufklärung und die europäische Kodifikationsidee, in: Detlef Merten/Waldemar Schreckenberger (hrsg.): Kodifikation gestern und heute: Zum 200. Geburtstag des Allgemeinen Landrechts für die Preußischen Staaten, Berlin: Duncker & Humblot, 1995, S. 94.

[92] Vgl. Pio Caroni: Savigny und die Kodifikation: Versuch einer Neudeutung des, Berufes, in: ZRG-GA, Bd. 86, 1969, S. 155.

[93] Vgl. Svarez: In wie fern können und müssen Gesetze kurz sein? in: ders.: Vorträge über Recht und Staat (hrsg. von Hermann Conrad/Gerd Kleinheyer), Köln und Opladen: Westdeutscher Verlag, 1960.

无论如何，在萨维尼的强大号召力之下，德意志法学界开始将精力投入到对罗马法的历史研究之中，ALR 遭到了学术界——实务界亦然[94]——长时间的冷淡。即便 1819 年初，萨维尼放下手头《中世纪罗马法史》的撰写工作，开始酝酿在冬季学期的邦法讲授，他的意图仍在于利用 ALR 的框架来讲授潘德克顿法的内容。[95] 作为普鲁士的实证法，ALR 在萨维尼的眼里体系混乱、漏洞百出。直到 1875 年海因里希·邓恩伯格出版《普鲁士私法教科书》[96]，把 ALR 纳入潘德克顿体系之中进行讲解，邦法的学术特征才清晰地显现出来；而此时 BGB 第一委员会也已经开始了工作（1874 年），ALR 距离寿终正寝的时日已然不多。而随着 1900 年 BGB 在德意志第二帝国全面生效，ALR 最终完成使命，彻底成了法律史的研究对象。

前述立法史的追溯试图将法典的形成过程呈现于当下。"倘若现代的读者不具有立法史的知识，便不会揭示其条文中的真实意义。"[97] 倘若把 ALR 的规定放在其曲折命运中进行理解，那些无论在当下看来是"宪政的先声"，或是"具有准宪法特点"的条文，实际上都不过是另一种思想结出的果实。

二、法典化时代的法治国理念

（一）时代背景

法国大革命掀起的澎湃激情对德意志造成的积极效用随着大革命战

---

[94] 自 1826 年起普鲁士开始强制推行司法人员考试（Prüfung der Justizbeamten）制度，ALR 成为考试的内容之一。而在此之前，"准备从事法律工作的人们基本不具备任何邦法的知识。" Vgl. Dazu siehe Jahrbücher für die Preußische Gesetzgebung, Rechtswissenschaft und Rechtsverwaltung, Bd. 27, Berlin, 1826, S. 287.

[95] Vgl. Christian Wollschläger: Praktische Theorie: Savignys Landrechtsvorlesung, in: Friedrich Karl von Savigny: Landrechtsvorlesung 1824: Drei Nachschriften, Erster Halbband: Einleitung, Allgemeine Lehre, Sachenrecht, Frankfurt am Main: Vittorio Klostermann, 1994, S. XLII.

[96] Vgl. Heinrich Dernberg: Lehrbuch des Preußischen Privatrechts, Bd. 1, Halle an der Saale, 1875.

[97] Vgl. Andreas Schwennicke, a. a. O., S. 173.

争的进程（1792-1802年）而迅速消散，[98] 到解放战争时期（1813-1814年）更是由于反侵略和民族主义的全面抬头而完全转向反面。[99] 自1789年起，普鲁士高层便开始以一种更为现实的国家化-理性化-市民化改革方案把启蒙运动的要求付诸实践，[100] 小心地避开了可能造成颠覆性局面的措施，或如历史学家汉斯·韦勒所言，制定ALR是一种"防御性的现代化措施"[101]。前文在追溯立法史时已略提到，出于某些敏感原因而被搁置的AGB在暂缓实施期间受到了内容上的修改，导论部分的第6、7、9、12、77-79条被删除。与之相比，随后的ALR显得更像一个"阉割版"，或如托克维尔的观察，这是一个由"全然现代的头颅和彻底中世纪的躯体"[102] 组成的怪物。尽管经过大幅修订，但当代的读者们"绝不可因此而产生错误的认识，即从这部法典中找不出任何法治国的意图来"，[103] 事实上，本文的论点恰恰是，正是由于德意志式法治国理念对于ALR的决定性影响，使得ALR成为法典化时代最有代表性的法治国式的法典（rechtsstaatliches Gesetzbuch）。

---

[98] Vgl. Michael Stolleis, a. a. O. , S. 328.

[99] 持相反观点的是弗里德里希·恩格斯，他在1845年的《德国状况》中写道："被称为'德国历史上最光荣的时期'等等的1813-1814年和1815年的'光荣的解放战争'，是一种疯狂的表现，每一个正直的和有理智的德国人在今后相当长的时期内都会为它感到惭愧"。参见《马克思恩格斯全集》（第2卷），人民出版社2005年版，第637页。

[100] Vgl. Winfried Speitkamp: Staat und Bildung in Deutschland unter dem Einfluß der Französischen Revolution, in: HZ, Bd. 250, H. 3, 1990, S. 578.

[101] Vgl. Hans-Ulrich Wehler: Deutsche Gesellschaftsgeschichte, Bd. 1, München, 1987, S. 531, zitiert nach Rudolf Vierhaus: Das allgemeine Landrecht als Verfassungsersatz? in: Barbara Dölemeyer/Heinz Mohnhaupt（hrsg.）200 Jahre Allgemeines Landrecht für die preußischen Staaten: Wirkungsgeschichte und internationaler Kontext, Frankfurt am Main: Vittorio Klostermann, 1995, S. 10.

[102] Vgl. Alexis de Tocqueville: Der alte Staat und die Revolution, Leipzig, 1867, S. 232. 中译参见［法］托克维尔：《旧制度与大革命》，冯棠译，商务印书馆1992年版，第247页。

[103] Vgl. Reinhart Koselleck, a. a. O. , S. 31.

由于"法治国"（Rechtsstaat）是德国公法史中最为混乱的概念之一，在长期的历史演变中存在着极为复杂的变异，本文无力对其内涵进行梳理，而仅采取德国学界的通说作为叙述时的所指。因此，本文所提到的法典化时代的法治国理念并非一种"统治形式"（Herrschaftsform），也与"民主"无关，而是将国家生活以法律进行规范的认可。[104] 这种法律必须是法典化形式的成文法，其内容应当是合乎理性（vernünftig）的，并且体现启蒙运动的"国家目的"观念。因此，本章将结合 ALR 的规定（主要是导论部分），以及 AGB 中被删除的条文，首先对绝对主义普鲁士国家的国家目的进行考察，再试图结合当代法治国理念关于基本权利和分权的要求，对法典化时代的法治国理念进行描述。[105]

（二）国家目的作为 ALR 的立法原则

国家目的（Staatszweck）是自国家（Staat）概念导出而成的演绎性概念。[106] 中世纪以来，德意志国家法理论中的国家目的经历了世俗化

---

[104] Vgl. Detlef Merten: Die Rechtsstaatsidee im Allgemeinen Landrecht, in: Detlef Merten/Waldemar Schreckenberger（hrsg.）, Kodifikation gestern und heute: Zum 200. Geburtstag des Allgemeinen Landrechts für die Preußischen Staaten, Berlin: Duncker & Humblot, 1995, S. 114. 与之对应的是当代的法治国理念，其应包括：（1）基本权利原则；（2）分权原则。参见刘刚："德国'法治国'的历史由来"，载《交大法学》2014 年第 4 期；［德］卡尔·施米特：《宪法学说》，刘锋译，上海人民出版社 2005 年版，第 139 页。诚然，当代的法治国概念受到了英美世界"ruleoflaw"观念的巨大冲击，在德语中也开始使用"Herrschaft des Rechts"的直译表述，但在德语文献中，最常使用（同时也是最混乱）的概念依然是 Rechtsstaat。

[105] 在这个意义上，法典化时代的法治国理念属于"前宪政的法治国"（vorkonstitutioneller Rechtsstaat）理念。Vgl. Rudolf Vierhaus: Das allgemeine Landrecht als Verfassungsersatz? in: Barbara Dölemeyer/Heinz Mohnhaupt（hrsg.）. 200 Jahre Allgemeines Landrecht für die preußischen Staaten: Wirkungsgeschichte und internationaler Kontext, Frankfurt am Main: Vittorio Klostermann, 1995, S. 21.

[106] Vgl. Wolfgang Stegmaier, Das Preußische Allgemeine Landrecht und seine staatsrechtlichen Normen: über die Funktion der Rechtssätze des Allgemeinen Staatsrechts in AGB und ALR unter der Bedingung der uneingeschränkten Monarchie, Berlin: Duncker & Humblot, 2014, S. 150.

的过程,由神圣目的论转向了国家-社会契约论,[107] 即在自然状态下,人们为了保护自身的和平和安宁而结合成为共同体,因此建立共同体应当服从这个目的。在风行于当时的社会契约观念的影响之下,施瓦雷茨所设想的国家是"一切居民及其共同体,为了共同的福利而形成的结合体"。[108] 在 1791-1792 年的王太子讲座中,施瓦雷茨对国家目的有着如下的具体阐述:

> 国家的目的,是保持内部与外部的和平与安全,保护每个人所应得的(Seinigen)免于遭受暴力和扰乱;是维持国家机构,通过这些机构,居民可以获得手段和机会去发展他们的能力和力量,并应用后者来提升自己的私人福祉。[109]

这一说法与当时德意志地区的主流观点略有不同,即在维持和平与安宁[110]的基本目的上,又附加了绝对主义福利国家的要求。[111] 在这种依照统治契约而形成的共同体中,一切事务应当为着国家目的而建立,包括基本的政制和法律。根据上述国家观,施瓦雷茨所起草的 1791 年待施行的 AGB 导论部分第 77-79 条明确规定了国家目的:

§ 77. 市民联合的目的以及法律的一般目标,总体而言是

---

[107] Vgl. Michael Stolleis, a. a. O. , S. 322.

[108] Vgl. Adolf Stölzel: Carl Gottlieb Svarez: Ein Zeitbild aus der zweiten Hälfte des achtzehnten Jahrhunderts, Berlin: Franz Dahlen, 1885, S. 384.

[109] Vgl. Carl Gottlieb Svarez: Vorträge über Recht und Staat (hrsg. von Hermann Conrad/ Gerd Kleinheyer), Köln und Opladen: Westdeutscher Verlag, 1960, S. 228.

[110] 参见 [德] 康德:"论通常的说法:这在理论上可能是正确的,但在实践上是行不通的",载 [德] 康德:《历史理性批判文集》,何兆武译,商务印书馆 1990 年版,第 191 页及以下。

[111] Vgl. Thomas Finkenauer, a. a. O. , S. 122 f.

国家的福利，具体而言是国家之臣民的福利。[112]

§ 78. 由于国家之领导人有义务促进共同体的福利，因此他有权确定并引导一切居民的外部行为，使其符合上述目的。[113]

§ 79. 在共同体的目的所要求之外，国家的法律和规章不应当对市民的自然自由和自然权利施加进一步的限制。[114]

生活在自然状态中的人，各自贡献出了他们的"自然自由"，通过缔结社会契约而组成共同体，其目的是维持和平和安宁，并促进共同体以及各自的福利——这个社会契约论的经典表述完整地体现在了上述前两个条文之中。然而理论上的进一步，便是导出了第79条对立法者（也即国王）的实质约束：尽管这一约束的标准是极为含糊的"对市民的自然自由和自然权利施加进一步的限制"，仍在1791年遭到了强烈的抨击。[115] 针对批评之声，克莱因只好表示"君主之上没有任何人，没人能够强制他关照法律"，但即便如此，法治国理念仍要求"对君主也应当有法律的确定限制，而不能仅凭他的正义感行事"。[116] 而施瓦雷茨也不得不在"王太子讲演录"中明确，普鲁士是"无限君主制"（uneingeschränkte Monarchie）国家，但重复了法典化时代法治国的要求即"其权利来自公民契约"，应当"尊重"（respektiert）法律，否则会成为独裁者（Despot）。[117] 这种将"法治"理念依附于君主自我道德约

---

[112] Vgl. Das Wohl des Staats überhaupt, und seiner Einwohner insbesondere, ist der Zweck der bürgerlichen Vereinigung, und das allgemeine Ziel der Gesetze.

[113] Vgl. Das Oberhaupt des Staats, welchem die Pflichten zur Beförderung des gemeinschaftlichen Wohls obliegen, ist, die äußern Handlungen aller Einwohner, diesem Zweck gemäß, zu leiten, und zu bestimmen, berechtigt.

[114] Vgl. Die Gesetze und Verordnungen des Staats dürfen die natürliche Freyheit und Rechte der Bürger nicht weiter einschränken, als es der gemeinschaftliche Endzweck erfordert.

[115] Vgl. Andreas Schwennicke, a. a. O., S. 348.

[116] Vgl. Andreas Schwennicke, a. a. O., S. 349.

[117] Vgl. Carl Gottlieb Svarez, a. a. O., S. 12-13.

束的传统、而非制度建设的举措,是在绝对主义政制下无奈的选择。尽管这种带有浓厚家长主义色彩的混合国家观根本上有别于当代的"自由主义"观念,但在大革命的形势下,一切与"社会契约"相关的理论或立法意图确实引起了威廉二世的警觉。在修订后的 ALR 中,以上关于国家目的的三个条文被悉数删除。

尽管如此,这三条规定的精神依然渗透进了 ALR 本身。在第二部分第十三章所规定的国家权利和义务中,第二条和第三条即分别为"国家之领导人的首要义务是,保持内部的和平与安全,并保护每个人,使其所得免于暴力和干扰",和"维持各机构也属于他的义务:通过这些机构,居民可以获得手段和机会,去发展他们的能力和力量,并应用它们来提升自己的福祉",重申了国家 AGB 导论中被删除的部分。

(三)基本权利(Grundrechte)

鉴于 ALR 对 AGB 的诸多条款进行了删除和修改,学界对 AGB 乃至 ALR 中是否具有基本权利条款曾有着巨大的争议。[118] 如 ALR 导论第 83 条、亦即 AGB 导论第 90 条的规定——"自然人的一般权利来自于自然的自由,可以追寻并提升自己的福利,且不受他人权利的限制"公然将自然权利写入了法典,被誉为"普鲁士的人权宣言"(die preußische Menschenrechtserklärung)。[119] 但近来的立法史研究表明,呈现于当下的这条规定具有字面的欺骗性,不仅"内容空洞、在判决中毫无用处",而且"被接下来的第 84 条施加了实质性的限制"。[120] 类似的评价也同样出现在其他"基本权利条款"之中,下文将就最具代表性的基本权利即平等、私有财产权保护自由进行讨论。

---

〔118〕 对此有三种观点:(1) AGB 中有,但在修订时被删除(Hermann Conrad);(2) AGB 和 ALR 都没有,立法者的意图本来就不在于规定基本权利(Andreas Schwennicke, Thomas Finkenauer);(3) AGB 和 ALR 中都有(Hans Thieme)。

〔119〕 Vgl. Günter Birtsch: Zum konstitutionellen Charakter des preußischen Allgemeinen Landrechts von 1794, S. 108, zitiert nach Thomas Finkenauer, a. a. O., S. 129.

〔120〕 Vgl. Thomas Finkenauer, a. a. O., S. 129, Fn. 426.

1. 平等（Gleichheit）

ALR 导论第 22 条规定："国家的法律约束其一切成员，没有等级、地位和性别之分。"这条规定在 AGB 中的表述要更加激烈："国家的一切成员都要服从法律，没有等级、地位或性别的差异。"[121] 但无论如何，这一条款在法典修订工作中幸存了下来，且明确规定了法律普遍的约束力，包括国王在内的一切国民都要服从法律。施瓦雷茨对这条规定的解释是：

> 任何居民，无论其地位有多高，都不得使自己背离对法律的顺从。因此，一切臣民在君主的眼里都是完全平等的。君主本人直接位于王座之上，他同样应当服从自己的法律，如同那些最卑微的农村人或雇工。[122]

这番话据信出自弗里德里希二世的类似表述，后者对法国哲学家们倡导的"égalité"有着强烈的激情，认为"王子与农民一样，在法官面前都是平等的"。[123] 不过这一原则并未在实际规定中获得落实，邦法的第二部分依然按照不同等级划分了法域[124]，也没有按照当时自然法教科书的通例，规定一般的权利能力概念；在婚姻和家庭法中则体现了严重的男女不平等，女子被置于男子家长主义的保护之下，不具有同男子一样的行为能力[125]：在 ALR 的立法者看来，一个世纪后自由主义的 BGB 的规定简直是将女子独自扔进了社会的复杂漩涡中，对她们的"保

---

[121] Alle Mitglieder des Staats, ohne Unterschied des Standes, Ranges oder Geschlechts sind den Gesetzen unterworfen.

[122] Vgl. Carl Gottlieb Svarez, a. a. O., S. 246.

[123] Andreas Schwennicke, a. a. O., S. 219.

[124] 关于 ALR 的等级特点，参见 Reinhart Koselleck，前引书，第 52 页。

[125] 如 § 195, II 1, ALR 规定：妻子不得在违背丈夫意志的情况下为自己从事工作。克莱因对 ALR 与 CC 中关于妇女家庭地位不同规定的解释，参见 Ernst Ferdinand Klein: Über die Verschiedenheit der Form des Französische Civil Codex und des Preußischen Allgemeinen Landrechts, in: Annalen der Gesetzgebung und Rechtsgelehrsamkeit in den Preußischen Staaten, Bd. 25, 1808, S. 172-173.

护"显然是不够的。[126]

此外，由于地方等级的强烈抵制，以及农奴制度的始终存在，这种"貌似的平等"在司法实践中带来的只可能是"最大的不公正"。[127] 直到施坦因-哈登贝格改革时代的 1807 年"十月敕令"（Oktoberedikt）才宣告废除农奴制，而等级制度的废除更是在 1919 年魏玛立宪以后了。正如当代学者的观察，ALR 中确实存在平等条款，但这种平等只是"在法律之前的"（vor demGesetz），而非当今法治国意义上的"在法律之中的"（imGesetz）平等。[128]

2. 所有权保护

在前述共同福祉的国家目的指导下，ALR 对所有权保护的规定相当有特色，其有别于 CC 所有权神圣的规定，被认为是日耳曼传统的最好体现，直到 BGB 的起草年代仍为冯·基尔克所称赞。[129] 具体而言，ALR 在导论中为所有权保护课以共同福利的限制，个人的所有权为了共同福利的原因可以被牺牲。诚然，这种牺牲会得到俟后的国家补偿：

§74. 国家成员的具体权利和利益，当与为提升共同体福利的权利和义务发生现实冲突时，必须居于次要位置。

§75. 对于那些为共同体福利而不得不牺牲了其特别权利和利益之人，国家有义务对其进行补偿。

§29, I, 8. 国家仅能对其市民的私有财产施加如此的限制：借此能够避免他人或国家遭受显著的损失，或借此能够创

---

[126] Vgl. Andreas Schwennicke, a. a. O., S. 220.

[127] Vgl. Andreas Schwennicke, a. a. O., S. 221.

[128] Vgl. Detlef Merten: Die Rechtsstaatsidee im Allgemeinen Landrecht, in: Detlef Merten/Waldemar Schreckenberger (hrsg.), a. a. O., S. 122.

[129] Vgl. Otto von Gierke: Der Entwurf eines Bürgerlichen Gesetzbuchs und das deutsche Recht, Leipzig: Duncker & Humblot, 1889, S. 279 ff.

造极大的利益,且这两者均不对所有权人造成任何不利。[130]

§ 30, I, 8. 此外,若该限制将对所有权人造成不利,则应将国家或他人被避免的损失或创造的利益,与该不利进行衡量。[131]

这种出于共同福利(das gemeine Wohl)而对个人财产进行限制的逻辑并非来自罗马法,[132] 而是来自德意志启蒙运动中"市民社会的基本规则"[133]。关于这条规则可能引起的滥用,施瓦雷茨在讲演录中说道:

> 君主权利中最重要、却也是最令人感伤的权利,是在特定情形下授权国王如独裁者一般行动。在这种冲突的紧急场合下,他可以处置臣民的财产甚至生命,不需要考虑法律在一般情况下的规则。但这项规则的真实意义绝非在于主张君主在法律之上……[134]

绝对主义国家的国家目的在于维持和平并促进共同福利的发展,对于后者,现代福利国家亦加以接受,[135] 私人财产神圣性的打破更被视

---

[130] Vgl. Der Staat kann das Privateigentum seiner Bürger nur alsdann einschränken, wenn dadurch ein erheblicher Schade von Andern oder von dem Staate selbst abgewendet, oder ihnen ein beträchtlicher Vortheil verschafft werden, beydes aber ohne allen Nachtheil des Eigenthümers geschehen kann.

[131] Vgl. Ferner alsdann, wenn der abzuwendende Schade, oder der zu verschaffende Vortheil des Staats selbst, oder andrer Bürger desselben, den aus der Einschränkung für den Eigenthümer entstehenden Nachtheil beträchtlich überwiegt.

[132] 罗马法对私有财产的态度是 Suumcuique(各得其所),参见 D. 1. 1. 1. 2. 以及 Dietmar Willoweit: Die bürgerlichen Rechte und das gemeine Wohl, in: Friedrich Ebel (hrsg.), a. a. O. , S. 9.

[133] Vgl. Carl Gottlieb Svarez, a. a. O. , S. 255.

[134] Vgl. Carl Gottlieb Svarez, a. a. O. , S. 255-256.

[135] Vgl. Dietmar Willoweit: Die bürgerlichen Rechte und das gemeine Wohl, in: Friedrich Ebel (hrsg.), Gemeinwohl-Freiheit-Vernunft-Rechtsstaat: 200 Jahre Allgemeines Landrecht für die Preußischen Staaten, Berlin: Walter de Gruyter, 1995, S. 11.

为最近一个世纪以来，各国私法发展的趋势。但现代自由主义国家与绝对主义时期的普鲁士对私有财产的限制并非出于同样的理论根据：对于普鲁士而言，每个公民个体在知性上未必成熟，他们当然可以运用自己的知性而为自己求得福利，但他们对于公共福利却无法认清，当他们的判断发生错误时，国家作为监护人[136]应当对这种追求施加限制——诚然，这种限制应当存在成文法律的规定，这样才符合法典化时代法治国的要求。

3. 自由：内心自由而非政治自由

如前所述，ALR 第 83 条被誉为"普鲁士的人权宣言"，甚至被当代学者类比于《基本法（GG）》第 2 条第 1 款。[137] 此外，在 ALR 中可以找到无数关于自由（Freiheit）的规定，仅举若干例：

（意思表示自由）§ 4, I, 4. 意思表示必须是自由的、严肃的、明确的或可靠的。[138]

（婚姻自由）§ 119, II, 2. 父母不得对其子女未来的配偶选择加以强制。[139]

（宗教自由）§ 2, II, 11. 国家的任何居民都享有完全的信仰与精神自由。[140]

在德意志国家法以及法学文献中，自由的概念很早便已经出现，因

---

[136] 对此不同的观点，即认为普鲁士并非家长主义国家，参见 Dietmar Willoweit: Die bürgerlichen Rechte und das gemeine Wohl, in: Friedrich Ebel (hrsg.), a. a. O., S. 13.

[137] Art. 2 Abs. 1 GG: Jeder hat das Recht auf die freie Entfaltung seiner Persönlichkeit, soweit er nicht die Rechte anderer verletzt und nicht gegen die verfassungsmäßige Ordnung oder das Sittengesetz verstößt. （人人享有其个性自由发展的权利，但不得侵犯他人权利，也不得违反宪法秩序或道德规范）Vgl. Detlef Merten: Die Rechtsstaatsidee im Allgemeinen Landrecht, in: Detlef Merten/Waldemar Schreckenberger (hrsg.), a. a. O., S. 131.

[138] Vgl. Die Willenserklärung muß frey, ernstlich, und gewiß, oder zuverläßig seyn.

[139] Vgl. Aeltern können ihre Kinder zur Wahl eines künftigen Ehegatten nicht zwingen.

[140] Vgl. Jedem Einwohner im Staate muß eine vollkommene Glaubens- und Gewissensfreyheit gestattet werden.

此绝非是受到美国《权利法案》或法国《人权宣言》的影响而跟风使用的，而是另有其深厚的背景：自由和人权的概念在近代自然-国家法中扮演着核心的角色。[141] 因此需要澄清的问题是，在早期德意志法治国理念中的自由概念绝非其在当代自由主义理论所呈现的意义。

在18世纪下半叶的文献对自由的讨论中，更多的关注点在于如何发挥个人的能力和自由，而非如何对这种自由施加限制。与制度性的限制相比，法学家们更加期待的是通过教育和启蒙提升人的理性和道德能力，进而实现自我约束。"当君主想要限制其臣民的自由时，这就构成了对君主权力的滥用，而这是违背理性政府之要求的。"[142] 在前述国家目的的指导下，"真正被每个人所接受的共同的善，只可能存在于国家对个人安全的保护之中"，[143] 因此国家（也即君主）成了自由最终的守护者。施瓦雷茨在讲演录中对市民自由做出了如下的解释：

"通过法律，每个人在其自由中都不得对他人构成侵犯，或限制他人所应得的。……在这种自然的自由和平等的状况中，倘若人们全部都是启蒙了并向善的，那么他们将会非常幸福。"[144]

对市民自由的限制仅在这些情况下是必要的：其关系到一般的和平、安宁与秩序，或是为了整体而履行的国家义务。……臣民不得对其自然自由所遭受的限制进行抱怨，更不能对此提出反对。[145]

启蒙绝对主义的国家观所要求的自由是在法治国框架之内的服从，

---

[141] Diethelm Klippel/Louis Pahlow: Freiheit und aufgeklärter Absolutismus, in: Günter Birtsch/Dietmar Willoweit（hrsg.）, Reformabsolutismus und ständische Gesellschaft: Zweihundert Jahre Preußisches Allgemeines Landrecht, Berlin: Duncker & Humblot, 1998, S. 220.

[142] Heinrich Gottfried Scheidemantel: Das Staatsrecht nach der Vernunft und den Sitten der vornehmsten Völker betrachtet, Bd. 3, Jena, 1773, S. 202, zitiert nach Diethelm Klippel/Louis Pahlow: Freiheit und aufgeklärter Absolutismus, in: Günter Birtsch/Dietmar Willoweit（hrsg.）, a. a. O., S. 225.

[143] Diethelm Klippel/Louis Pahlow: Freiheit und aufgeklärter Absolutismus, in: Günter Birtsch/Dietmar Willoweit（hrsg.）, a. a. O., S. 236.

[144] Vgl. Carl Gottlieb Svarez, a. a. O., S. 5.

[145] Vgl. Carl Gottlieb Svarez, a. a. O., S. 68.

而非否定意义上的反抗自由。在 ALR 中，这种自由服务于改革绝对主义（Reformabsolutismus）的强化国家权力的目的，与市民社会基础上的平等自由没有任何关系。[146] 正如康德所谓："可以争辩，随便争多少，随便争什么；但是必须听话。"[147] 对"内心自由"的强调构成了普鲁士国家与英法美自由观的最大区别。

如前所述，法典化时代的观念在于对既存法律的理性化处理，通过确立唯一的法律渊源排除其他因素的干扰。因此 ALR 中完整保留了这种自由观念，并通过细致入微的规定对自由的各种界限进行了确定，私人的自由空间必须与启蒙绝对主义的国家目的相契合，并在其中寻找自己的存在领域。[148] 就此而言，尽管 ALR 中存在着大量关于"自由"的规定，但"考虑到立法者心中的自由和平等的观念，亦即排除了政治自由、在市民社会中因保护既得特权而否认身份的平等，普鲁士的法典化与法国《人权宣言》仍有着太大的距离。"[149]

三、结论

理性化的追求塑造了法典化时代的法治国理念。其诉求具体表现在两个方面：（1）通过理性编纂而成的法典应当成为唯一的法律渊源，取代其他非理性的法律渊源，如习俗和惯例；（2）国家生活需要进行理性化的规制，其手段是理性化的法典。在这两种追求的努力之下，欧洲大陆的主要国家纷纷开展了法典编纂运动。ALR 对这两者的追求是最为成功、同时也将是最富时代性的：CC 和 ABGB 经历了两个多世纪的修改，

---

[146] Vgl. Diethelm Klippel/Louis Pahlow: Freiheit und aufgeklärter Absolutismus, in: Günter Birtsch/Dietmar Willoweit (hrsg.), a. a. O., S. 253

[147] Immanuel Kant, Beantwortung der Frage: Was ist Aufklärung? in: Berlinische Monatsschrift. Zwölftes Stük., 1784, S. 493-494. 中译参见［德］康德：《历史理性批判文集》，何兆武译，商务印书馆1990年版，第30页。

[148] Diethelm Klippel/Louis Pahlow: Freiheit und aufgeklärter Absolutismus, in: Günter Birtsch/Dietmar Willoweit (hrsg.), a. a. O., S. 243.

[149] Thomas Finkenauer, a. a. O., S. 130.

至今仍在沿用；而作为"时代法典"（Zeitkodex）的 ALR 却始终未能获得如 BGB 一样的地位，尽管在精神基础上两者"没有太大区别，都为了追求植根于民族习惯和道德之上的、普遍适用于民族国家的法典。"[150]

通过对 ALR 立法史的回溯可以看出，这部法典自诞生之初便受到了反差强烈的对待，态度的差异随着判断做出者立场的不同而"居无定所"。对这些态度的回顾，及对其立场的追溯，都有可能为外国的研究者提供不同的观察角度：视野的切换恰恰意味着问题意识的变更。

作为法典化时代的代表，ALR"可以称得上是德意志立法史上最伟大的法典化成果，同时也是普鲁士启蒙运动最重要的丰碑之一。"[151] 理性化的追求在它那接近 20 000 个条文的详细规定中体现得淋漓尽致，为后人展现出了一幅当时普鲁士国民生活的图像。德意志自然法的体系化、完备性要求在这部法典中获得完美体现，乃至被狄尔泰称赞为"普鲁士的自然法"[152]。

作为绝对主义普鲁士法治国诉求的代表，ALR 的制定过程多少反映出了这种诉求的自相矛盾：法治国家所要求的政治生活的可预期性恰恰与无限制君主的权力相龃龉；君主对官员加强控制的需求却又促使他通过成文法典来实现政治生活的理性化。从而，立法史向我们呈现出的跌宕起伏的图景，诸如权力判决条款的取消、国家目的条款的废除，都令我们反思德意志式的法治国理念。尽管这一理念可以与不同的统治形式相结合，但这种结合是否意味着可以带来安宁和福祉——这两个来自启蒙绝对主义国家之国家目的的概念，反倒是在现代法治国中才达到其"现世存在"（Dasein）的。

---

[150] Wolfgang Stegmaier, a. a. O., S. 246.

[151] Hans Hattenhauer, ALR, S. 9, zitiert nach Wolfgang Stegmaier, S. 246.

[152] Wilhelm Dilthey, Zur preussischen Geschichte: Schleiermachers Politische Gesinnung und Wirksamkeit, die Reorganisatoren des preussischen Staates, das Allgemeine Landrecht, B. G. Teubner, 1985, S. 153.

人生就是一场实验
——新政时期的州际贸易条款研究

敖海静*

一、引言

  联邦和州之间的权限关系是美国宪制研究领域永恒的议题，其中，州际贸易条款则是这个议题的核心。最高法院关于州际贸易条款的解释经历了长期的变迁，从最早由马歇尔法官奠定的事务性质的解释标准最终演变至"实质影响"标准。与此同时，联邦和州之间的权限关系不断发生变化，直至影响了宪法所确立的联邦主义原则发生变迁。在这一过程中，罗斯福领导的新政改革对州际贸易条款产生了重大影响。1937年之前的最高法院对贸易条款予以机械性的解释，严重阻碍了新政改革的推进，但在此之后则转变立场支持了联邦贸易权力的扩张。最高法院的这一转变是如何发生的？为何会发生？其与罗斯福新政之间又存在怎样的关系？正是这些令人疑惑不解的问题引发了我的思考和写作。

  本文在结构上除引言之外分为六个部分。首先，本文将概述州际贸易条款的早期史，马歇尔法官在1824年的航运垄断案中第一次解释了这一条款，并基本确立了事务性质的解释标准。随后，本文将阐述这一解释标准在新政时期的变迁，最高法院在此基础上提出了"生产/贸易"二分的审查方法，推翻了诸多新政立法，限制了联邦调控州际贸易的权力。在第四部分，本文将阐述1937年之后最高法院关于州际贸易条款解释标准的革命，"实质影响"标准获得采纳，联邦调控贸易的权力扩展至所有对州际贸易产生实质影响的事务。与此同时，本文还将分析最

---

* 作者系武汉大学博士研究生。

高法院解释标准变迁背后隐含的司法知识模式的转型。第五部分则会分析法院的转向与新政改革之间的关系。第六部分简要述及当代某些州际贸易判例中所表现出的对司法节制哲学的反动萌芽。最后，本文将得出简要的结论。

二、贸易条款的早期史：事务性质标准的起源

1781年，从英国统治下获得独立的北美十三个殖民地联合制定的《邦联条例》正式生效。然而，革命不到十年，许多年轻的共和国领袖就开始担忧邦联已经处在崩溃的边缘。《邦联条例》建立的是一个松散的联邦，一个权力极为有限的全国政府。在《邦联条例》的体制下，全国政府缺乏征税和管制州际贸易的必要权力，而"各邦保留自己的主权、自由和独立、每项权力、管辖范围和权利"，只有"邦联议会召开期间通过这项结盟明确授予联邦者"才是全国政府可以享有和行使的权力。[1] 这种州契约的主权和政体模式决定了是州，而不是邦联享有对各种问题的表决权。这就使贸易和商业上的恶性竞争成为各州之间纷争迭起的一个重要原因。任何五个州都可以通过拒绝参加邦联议会的方式阻止于己不利，但可能惠及邦联整体的贸易政策。每个州都会实行一系列独特的贸易政策，这些政策竭力使自己的公民获取专有利益，继而带来了"差别、特惠和排外，从而引起不满"，甚至"自然引起暴行，暴行又引起报复和战争"。[2] 各州之间的贸易战不仅耗费了大量财力和资源，更使得美国在与欧洲的贸易竞争中无法抵制一种在各方面对其繁荣非常不利的政策，而只能受制于"大西洋彼岸的一切势力或影响的支

---

[1] 参见《邦联条例》第2条、第5条和第9条。本文有关《邦联条例》的中译文采用尹宣先生的译本。学界在传统上一般将state译为"州"，但尹宣先生译为"邦"，从学理上讲也未尝不可。但为行文统一，除去文中直引尹宣先生的译文部分，全文一律采"州"这一通行译法。《邦联条例》的中译文，可以参见［美］詹姆斯·麦迪逊：《辩论：美国制宪会议记录》，尹宣译，译林出版社2014年版，第712~721页。

[2] 参见［美］汉密尔顿等：《联邦党人文集》，程逢如等译，商务印书馆1980年版，第31~32页。

配",没有能力和资格"提出新旧世界交往的条件"。[3] 这对于一个像美利坚这样具有尊严意识和献身自由的道德民族来说,是绝对无法接受的,甚至无疑宣判了人类社会企图通过"深思熟虑和自由选择",而非"机遇和强力"来建立良好的政府是一个十足空洞的希望。

事实证明,《邦联条例》根本无法完成立国建政的历史使命,其中,贸易体制的彻底失败是导致这一后果的重要原因。为了回应这些危机,中大西洋地区五个州的代表于1786年在马里兰州首府安纳波利斯集会,"试图重新审视合众国的贸易和商业状况,并思索在他们的贸易交往和管制方面,一个统一的体制在多大程度上对于确保他们之间的共同利益和永久和谐是绝对必要的"。[4] 安纳波利斯大会实际上并没能决定任何实质性的问题,但与会代表同意来年5月在费城再次召开各州代表会议,以期为危机提供一个"一揽子"解决方案。

费城会议原本只是各州为修补《邦联条例》而召开的,但后来却演变成一个闭门的制宪会议。在四个多月的会期里,代表们为拥有管制州际和对外贸易权力的更加强有力的联邦政府的优点展开了激烈辩论。[5] 最终在1787年9月17日签署的宪法文本虽然是一系列妥协的结果,但实际上创制了一个权力更加集中和强势的联邦政府。历史地来看,《联邦宪法》第一条第八款第三项实际上是整部宪法的基石,它授权国会"制定对外贸易、邦际贸易、与印第安人贸易的规则",不仅为安纳波利斯会议的核心关注——由于各种不同的贸易和关税政策而处于崩溃边缘的美国经济状况——提供了解决方案,更成为日后联邦政府权力最丰富的源泉。但对制宪时的人们来说,贸易条款是否真的能够医治贸易市场

---

〔3〕 [美]汉密尔顿等:《联邦党人文集》,程逢如等译,商务印书馆1980年版,第52~58页。

〔4〕 "House Document No. 389", Documents Illustrative of the Formation of the Union of the American States, Government Printing Office, 1927, 载http://avalon.law.yale.edu/18th_century/annapoli.asp, 最后访问日期:2016年7月14日。

〔5〕 参见[美]詹姆斯·麦迪逊:《辩论:美国制宪会议记录》,尹宣译,译林出版社2014年版,第309~551页。

的分裂，带来联邦的整合尚不是能得到确定无疑的回答的问题，联邦党人和反联邦党人也只是在很抽象的层面争论它存在的价值和意义。就这一点而论，直到 1824 年最高法院判决著名的航运垄断案，联邦宪法才通过自身的机制开始提供答案。

该案的案情是奥格登依纽约州法律拥有该州境内的哈德森河二十年的航运垄断权，而吉本斯也在纽约市和新泽西州的伊丽莎白镇之间经营水上航运，因而被奥格登以侵权为由诉至纽约州法院。法院判决禁止吉本斯在纽约州水域营业。吉本斯宣称他的航运执照是根据 1793 年国会制定的《海岸航行法案》（The Federal Coasting Act）获得的，有权经营沿海航运，遂上诉至联邦最高法院。最高法院根据联邦最高条款，判决纽约州无权将自身授予的垄断权适用于吉本斯。但是，在适用联邦最高条款之前，最高法院仍需先回答调整沿海航运事务的《海岸航行法案》是否在国会的贸易权力范围内。针对奥格登的律师将宪法中的"贸易"一词限定为交通、买卖或商品交换，而不包含航运的观点，马歇尔法官认为这会将一个适用范围本来很广泛的条款仅仅限缩至其中一个方面。"贸易，当然包括交通（traffic），但绝不仅限于此，它还是一种交流（intercourse）。它描述的是国家之间或者国家各部分之间商业交流的所有方面。"[6] 因此，如果说一国调控贸易的法律体系不应当包括与航运有关的法律，理性的人是无法想象和接受的。在从正面完成了应然意义上的论证之后，马歇尔法官又借助客观现实从反面进行了论证。他指出，"如果贸易真的不包括航运，那么联邦的确无权管理航运，更无权规定哪些是美国船只或要求必须由美国船员来驾驶这些船只"，然而事实上联邦政府从成立时起就行使了这样的权力，所有人都认为这属于贸易调控的范围。[7] 基于以上正反两方面的解说，马歇尔完成了对航运属于贸易这一在我们看来更加理所应当的理解的论证。

但是，宪法规定的是国会有权调控州际贸易，而非所有贸易，否则

---

[6] Gibbons v. Ogden, 22 U. S. 1, 189~190 (1824).
[7] See Gibbons v. Ogden, 22 U. S. 1, 190 (1824).

宪法就不会对适用于该项权力的贸易类别进行列举，列举就意味着有限。基于此，马歇尔进一步考察了"各州之间"（among the several states，即州际）一词的含义。"之间"（among）意味着"混合在一起"（intermingled with），"某物存在于某些东西之间，也就是跟它们混合在一起。各州之间的贸易不能在各州的边界处就戛然而止，而是可以进入其内部。"[8] 事实上，这很好理解，且不说很难想象两个人分别站在州界两侧交易的情形，由于联邦并不是一个抽象的存在，它在地理空间上就是由各州组成的，因此任何州际贸易的开始或结束都必然在某一个州内的地点进行，不可能有完全脱离州内因素的州际贸易。霍姆斯法官后来也指出，必须从实际的商业活动，而不是法律技术的角度来看待州际贸易的概念。一项交易或行为即便发生在州内，但只要是州际贸易流不可分割的一部分，仍然属于国会有权调控的范围。[9] 正是在这种意义上，"各州之间的贸易必然也是各州的贸易。因此，不论国会权力可能是什么，它必须在诸州管辖的疆土之内行使。"[10] 与此同时，也正是在这里，马歇尔法官才能更加清晰地对联邦权力的边界进行阐释。他继而指出，"尽管'之间'一词范围广泛，但是对其合适的理解是将之局限于关涉一州以上的贸易"，宪法的文字并不包括"完全属于一州内部的贸易"，因为"整个联邦政府的本质特征是它的行动只适用于国家的外部事务和普遍影响各州的内部事务，而非那些完全处于特定州内的事务"。[11] 我以为，本案之所以成为里程碑式的判例，反倒并不是因为这是贸易条款第一案，而是马歇尔法官通过以上阐述明确提出了审查国会贸易权力的合宪性标准，即调控的事务必须本身具有对外或者普遍影响各州的性质，而不能是不关涉他州的一州内部事务。

从贸易条款解释的发展历程来看，这种从事务性质的角度来界定权

---

[8] Gibbons v. Ogden, 22 U.S. 1, 194 (1824).
[9] See Swift and Company v. U.S. 196 U.S. 375, 398 (1905).
[10] Gibbons v. Ogden, 22 U.S. 1, 196 (1824).
[11] Gibbons v. Ogden, 22 U.S. 1, 194~195 (1824).

力边界的方式具有相当的合理性，但马歇尔法官提出的这项具体标准在实际应用上过于强调"州际/州内"这一性质上的区分，似乎暗示了一种倾向，即联邦只能调控"州际"贸易，而州则只能调控"州内"贸易。那么，如果一项交易在性质上属于"州内"贸易，但对州际贸易产生了很大影响，联邦是否有权调控呢？另一方面，州固然不得违反联邦法律，但在联邦立法滞后或某些事务本身存在需要的情况下，完全否决州调控州际贸易的权力是否合理？用考克斯教授的话来问就是，"地方法规是否有权规定州际驾驶的车辆在经过农村时的时速？"[12]尽管航运垄断案似乎有意回避了这些问题，而马歇尔法官在1829年的一个案件中也认可了为改善环境而管理州际河流的州法，[13]但总体上法院仍然认为规定国会权力的宪法第一条含蓄地为关涉州际贸易的州法和地方法规设置了限制。[14]然而在现实中，是州而非国会承担着主要的调控经济活动的职责，甚至在不存在国会立法的情况下也严格禁止州对州际贸易的任何影响，州就会面临无尽的诉讼而无法进行必要的管理活动，最高法院也将不得不面对准确划定州权边界的难题。[15] 1851年判决的领港调控案在坚持事务性质审查标准的前提下较好地解决了这个问题。

在这一案件中，代表最高法院宣布判决的柯蒂斯法官提出了后来被称作"库利法则"的审查标准。"调控贸易的权力包含着广阔的领域，它包含不仅为数众多，并且性质各异的事务，有些必须要求单个统一的规则……有些必须要求多样化……无论什么事务，只要它在性质上是全国性的或只允许单个统一系统或调控计划，它的性质就要求国会的专有

---

[12] ［美］阿奇博尔德·考克斯：《法院与宪法》，田雷译，北京大学出版社2006年版，第91页。

[13] See Wilson v. Blackbird Creek Marsh Company, 27 U. S. 245 (1829).

[14] See John E. Nowak, Ronald D. Rotunda, *Principles of Constitutional Law*, West, 2010, p. 162.

[15] See Norman R. Williams, "Gibbons", *New York University Law Review* Vol. 79, No. 4, 2004.

立法。"[16] 库利法则的优点就在于它转而关注事务性质本身对调控所提出的必然要求，也就是说，即便是州际贸易，只要这项具体事务的性质允许多样化的调控且国会没有立法，就可以交由州来调控。相较于马歇尔法官的标准，库利法则更具灵活性和实用特征。在后来最高法院长期的司法实践中，这种以调控对象本身所应当具备的性质或特征为判断基点的审查标准基本得到了遵循，学者们从后来的最高法院判例中总结出的众多审查方法，如"贸易流""生产/贸易二分法""直接/间接影响"等理论，都是最高法院在具体案件中对事务性质审查标准的具体应用。

三、事务性质标准在新政时期的变迁

经过 19 世纪下半叶的经济起飞，到新世纪即将来临之际，美国已经完成了深刻的社会经济变革，国会明显感受到组织化的财富所衍生的大规模权力，遂试图寻求管制不断发展的工业经济，联邦调控贸易的权力开始发生变迁。1887 年，国会通过了《州际贸易法案》（Interstate Commerce Act），使铁路行业成为有史以来第一个纳入联邦管制的私人产业。在随后的若干年，州和联邦的立法机关试图贯彻实施旨在改善工作条件的社会政策，在一定程度上抑制了型塑美国经济的自由贸易和市场体制。1890 年，国会制定了《谢尔曼反托拉斯法案》（Sherman Antitrust Act，以下简称《谢尔曼法案》），禁止"通过契约、联合或密谋限制各州之间的贸易或商业"，并赋予联邦政府起诉违法的公司的权力。这部法律极大地扩张了联邦调控经济活动的权力，遭到工商界的激烈反对，[17] 他们指责国会破坏了宪法所确立的"二元联邦制"，侵入到了联邦无权调控的州内贸易领域，而 1895 年的糖业托拉斯案就是他们对联邦扩权展开的反击。

E. C. Knight 是费城的一家制糖公司，出资收购了宾夕法尼亚州另外四家与之有竞争关系的制糖企业，由此控制了全美 98% 的糖业生产。

---

[16] Cooley v. Board of Wardens, 53 U.S. 299, 319 (1851).
[17] See "Mr. Sherman's Hopes and Fears", *The New York Times*, October 10, 1890.

联邦政府根据《谢尔曼法案》指控该公司妨碍市场竞争，构成垄断，要求联邦法院禁止收购行为。案件最终被送至最高法院。法院在该案中继续坚持从事务本身的性质角度来界定联邦权力范围的审查进路，进行了我们现在看来颇为机械的区分。代表最高法院宣布判决的富勒法官指出，炼糖（refining）是"生产"（manufacture）领域的行为，而根据宪法第十修正案，生产领域由各州保留，不属于联邦贸易权力的管辖范围。[18] 如果允许联邦管制产品的"生产"，无疑将破坏各州的"自治"。这项判决的逻辑是，"贸易发生于生产之后，并不是生产的构成部分……买卖或交换州际运输的物品的合同、运输及其工具，以及以跨州运输为目的的买卖和交换或者跨州运输的物品可以受到调控，但这是因为它们构成州际交易或贸易（interstate trade or commerce）的一部分。出于跨州销售（export to another State）而生产某物品这一事实本身并不能使该物品成为一种州际贸易的物品，并且生产者的意图（intent）对于某物品或商品脱离州的控制而进入贸易环节的时间也不具决定意义。"[19] 显然，富勒法官在本案"发现"了生产制造——这是一个严格的"州内"行为，用他自己的话说就是，"无论多么不可避免，无论范围多么广泛，这种生产领域内的契约、合并与合谋都不必然成为《谢尔曼法案》所禁止的那种契约、合并与合谋"[20]——与跨州销售——这才是联邦可调控的"州际"贸易行为——间的区别。通过这种在霍姆斯法官看来对实际商业活动毫无意义的概念游戏，最高法院极大地限制了联邦调控贸易的权力。

值得注意的是，联邦政府在本案中曾强调对生产环节的垄断将对州际贸易产生重大影响，但富勒法官则反驳说，"控制了某种物品的生产的确在一定程度上就控制了对它的分配，但这种程度是次要的，而不是

---

[18] See John E. Nowak, Ronald D. Rotunda, *Principles of Constitutional Law*, West, 2010, p. 77.

[19] United States v. E. C. Knight Company, 156 U. S. 1, 12~13 (1895).

[20] United States v. E. C. Knight Company, 156 U. S. 1, 6 (1895).

主要的。尽管这会启动贸易环节,但却不会控制它,仅仅只会对贸易产生偶然和间接的影响。"[21] 由此可以看出,联邦政府基于大规模工业化经济形态这一实际背景希望促使最高法院正视这些组织化的财富所衍生的压迫性力量所造成的社会问题,表现在诉讼策略上就是强调产品的生产可以对州际贸易产生重大影响,似乎有推动最高法院的审查标准的关注点由对事务本身的性质向实际影响转变的企图,但法院却将联邦政府主张的这种影响界定为"偶然的和间接的"。从判决的推理过程来看,不能说最高法院对联邦政府的意图毫无意识,因为它在判决中也承认当交易本身是一种垄断时,联邦的贸易权力就可以用来管制垄断。不久之后,法院就认为钢铁公司之间固定价格和具有竞争关系的铁路公司之间联合的协议违反了《谢尔曼法案》。[22] 但问题并不在于法院判决的具体结果,而是它的思维方式和审查标准依然是机械性的。在新政时期与此类似的谢克特家禽公司案和卡特煤炭公司案中,最高法院虽然也不得不对联邦政府所主张的"影响辩论"进行回应和讨论,但都作出了间接影响的结论,更重要的是,它仍然依赖于"生产"和"贸易"的区分来判断影响的"直接性"和"间接性",并没有提出区分"直接"和"间接"的其他更清晰的实质性标准。[23] 这两个案件都涉及规定工人最低工资和最高工时的立法,也就是说,最高法院认为这种劳动条款的效果主要落在生产而非贸易过程中,而生产过程是一种纯粹的地区性活动,与州际贸易并无直接联系。

最高法院为什么要如此强烈地坚持"生产/贸易二分"这种不切实际的审查标准呢?归根结底是要维护传统的"二元联邦制",因为一旦"贸易条款被解释为涵盖所有可以对州际贸易产生影响,包括间接性影响的企业和交易行为,那么联邦的权力范围将在事实上扩展至人民的所

---

[21] United States v. E. C. Knight Company, 156 U. S. 1, 12 (1895).

[22] See John E. Nowak, Ronald D. Rotunda, *Principles of Constitutional Law*, West, 2010, p. 77.

[23] 参见牟效波:"想象让位于实验:关于美国联邦贸易权力的判决脉络述评",载《人大法律评论》2012年第1期。

有行为,与此同时,州对其内部事务的管理权仅仅在联邦默许的情形下才会存在"。[24] 因此,从以上这些判例的推理逻辑可以发现,最高法院实际上并非在真诚地回应联邦政府的担忧,也不是从反思审查标准的角度来讨论"影响"问题,而只是将之作为一种话语和策略。在最高法院看来,是"生产"过程在"影响""贸易"过程,即便某事务"影响"了"贸易"过程,但决定案件结果的仍旧是该事务属于"生产"过程这一性质。在这种情况下,"直接影响"和"间接影响"的区分根本不具有任何独立性,联邦实际上仍然无法调控那些切切实实影响到州际贸易的州内事务。

20世纪二三十年代的大萧条给了美利坚民族极为独特的体验和信念。在此之前,他们不仅相对于欧亚大陆享受着更广泛的和平,而且还经历着人类有史以来最大规模的经济增长和繁荣。而在美国人眼中,这正是源自他们在商业上的进取精神和自由放任的经济规律,宪法上的二元联邦体制对联邦权力的限制和正当程序条款的洛克纳式解释则赋予了这种进取精神和经济规律最大的自由空间。然而,大危机和大萧条就是发生了,尽管并不能说毫无征兆,但仍然让所有人都跌破眼镜。从1929年9月开始,纽约股市就开始了疯狂的崩盘之旅,虽然期间也有所反复,但到1932年7月8日,道琼斯指数已经呈现自由落体状态,跌至大崩盘以来的最低点——41.22点。1929至1933年间,有超过85 000家企业倒闭,失业率从3%攀升至近25%,超过5500家银行倒闭。5年间,国民生产总值下降了一半,失业救济大军和银行倒闭拖累了全球经济。[25] 在罗斯福看来,不幸的源泉恰是那神圣不可侵犯的经济规律和假借这种神圣之名而放弃对社会经济的指导和干预之责的联邦政府。"虽然地方政府一如既往地负有主要责任,但对于广大人民的福利,联

---

[24] Schechter Poultry Corporation v. U. S., 295 U. S. 495 (1935).
[25] 参见[美]斯坦利·布德尔:《变化中的资本主义:美国商业发展史》,郭军译,中信出版社2013年版,第246页。

邦政府过去一直负有、现在仍然负有责任。"[26] 但胡佛政府的想法依然如故，企业间不受胁迫的自愿合作仍然是胡佛政策的核心。到1933年2月，约有1300万人失业，伴随暴动骚乱的银行倒闭每天都在上演。绝望的现实无法再让人理性地思考，以往高唱自由竞争的美国人也强烈要求联邦政府迅速采取行动，不管这些行动是否真的能够治愈经济的弊病，重要的是"行动，马上行动"。罗斯福的效率颇高，也展示了极强的行动力，但最大的阻碍力量不是来自经济本身，而是最高法院对宪法的解释。

从1934年到1936年，最高法院做出了12个宣布新政措施或立法无效的判决。从1932年接任总统初始，罗斯福就迅速展开救助经济的行动。然而，这些最高法院的判决几乎将他的努力摧毁殆尽。巴拿马炼油公司案和谢克特家禽公司案推翻了《全国工业复兴法案》，[27] 铁路退休委员会案推翻了《铁路退休法案》，[28] 路易斯维尔银行案推翻了《农场破产法案》，[29] 汉弗莱遗嘱案限制了总统撤换州际贸易委员会成员的权力，[30] 巴特勒案推翻了对新政十分关键的《农业调整法案》，[31] 而这一时期最重大的判决是前述的卡特煤炭公司案。由于罗斯福始终认为"供给超过有支付能力的需求"是诱发大萧条的主要原因，[32] 因此，调整劳资关系，出台规定最高工时和最低工资以保障工人基本福利的法律是推进新政的关键。在该案中，最高法院却认为，联邦对工人工资和工时的调控已经进入了煤炭的开采和生产领域，而这个

---

[26] [美] 富兰克林·罗斯福：《罗斯福炉边谈话》，张爱民、马飞译，中国社会科学出版社2009年版，第255页。

[27] See Panama Refining Company v. Ryan, 293 U.S. 388 (1935); Schechter Poultry Corporation v. U.S., 295 U.S. 495 (1935).

[28] See Railroad Retirement Board v. Alton R. Company, 295 U.S. 330 (1935).

[29] See Louisville Joint Stock Land Bank v. Radford, 295 U.S. 555 (1935).

[30] See Humphrey's Executor v. U.S., 295 U.S. 602 (1935).

[31] See U.S. v. Butler, 297 U.S. 1 (1936).

[32] 参见[美] 富兰克林·罗斯福：《罗斯福炉边谈话》，张爱民、马飞译，中国社会科学出版社2009年版，第88~89页。

领域并不是贸易权力的范围。根据经典的第十修正案的分析模式，所有生产性行业的劳资关系都是"纯粹的地方性活动"，除非对州际贸易产生"直接"影响，对这些活动的调控属于州的排他性管辖权。这个判决表明最高法院已经铁心要实施它关于第十修正案的见解，以反对联邦治理经济萧条的各种措施。[33] 由此观之，除非最高法院改变初衷，罗斯福的新政很可能会被扼杀在摇篮里。

四、新政背后的司法知识模式的转型

最高法院法院对贸易条款和第十修正案的解释毫无疑问激起了新政改革派的批判。罗斯福说谢克特案的判决证明最高法院依然生活在"马车与马力的年代"。罗斯福的司法部长，后来的最高法院法官罗伯特·杰克逊也指出，"问题在于这群法官一直将他们年轻时的标准运用于一个完全不同时代的立法。他们自以为他们在适用宪法，然而，在我们看来，这完全是一种错用。因为到底什么才是合理的还必须取决于环境和条件……他们推翻了大量的联邦法律，而依据的不过还是边疆拓荒时期形成的那些标准。"[34] 在他看来，最高法院在20世纪前40年的所作所为无异于使民主多数的意志屈从于九位——很多时候仅仅只有五位——法官。最高法院经常过于依赖某种形式化的标准或理论，法官们想象着联邦宪法内在地要求自由市场、小政府和二元联邦制这些古老的信仰，而拒绝正视已经并且还在不断变化的社会现实，进而拒绝了人们对衣食住行和通过工作养家糊口的基本需要。新政正是要通过联邦政府来满足人们的这些需要，但"司法至上的缺陷也正在于它逐步关闭了通过和

---

[33] See John E. Nowak, Ronald D. Rotunda, *Principles of Constitutional Law*, West, 2010, p. 88.

[34] Robert H. Jackson, *Justice Jackson's Story*, manuscript of Recording taken by Dr. Harlan B. Philips, Oral History Research Office, Columbia University 1952–1955, Papers of Robert H. Jackson, Library of Congress, Manuscript Division, Washington D. C., Box 190, Folder 5, p. 448.

平、民主的调节途径来解决我们所面临的社会和经济冲突的大门"。[35]

一场宪法解释的革命发生在 1937 年。这场革命的直接动力自然来自大萧条的强力冲击,可以说是严酷的"革命现实"教育了傲慢的最高法院,但不可否认的是革命的背后也隐含着一种司法知识模式的转型。

其实,最高法院曾在 1914 年颇为意外地作出了一个并不属于事务性质审查标准这一脉络的判决。在当年的铁路运费案中,德克萨斯州铁路公司将州内的铁路运费费率规定地低于其与路易斯安那州之间的铁路费率,州际贸易委员会认为德州的做法是不公平的歧视措施,有碍于公平的市场竞争,因而勒令德州取消这种差别。但德州认为委员会无权调控德州境内的铁路费率。经过审理,休斯法官代表最高法院宣布判决指出,国会并不拥有调控一州内部贸易的权力,但"它的确拥有促进和保护州际贸易的权力,以及采取所有必要或合适的手段来实现那项目标的权力",[36] 那么,当调控州内贸易成为促进和保护州际贸易的必要手段时,国会就可以调控州内贸易。从本文上述对事务性质审查标准脉络下系列案件的分析来看,这一判决实际上偏离了这一脉络,法院通过对必要与适当权力条款的解释使得联邦权力被允许涉足州内事务。但问题是,如何才算是"必要"的呢?休斯法官的回答是,"有些事务与州际交通有如此紧密和实质性联系,以至于国会的控制对于维护州际交通、州际服务的效率以及州际贸易在公平、不受干扰和阻碍的条件下开展是必要和适当的",[37] 也就是说,国会欲调控的州内事务必须与州际贸易具有"紧密和实质性联系"。有学者据此总结出"实质影响"标准,将之与事务性质标准相对立。[38]

"实质影响"标准的真正勃兴发生在 1937 年。或许是为了应对罗斯

---

〔35〕 Robert H. Jackson, *The Struggle for Judicial Supremacy*: *A Study of a Crisis in American Power Politics*, Alfred A. Knopf, 1941, p. 187.

〔36〕 Houston Texas Railway Company v. U. S. 234 U. S. 342, 351 (1914).

〔37〕 Houston Texas Railway Company v. U. S. 234 U. S. 342, 351 (1914).

〔38〕 参见牟效波:"想象让位于实验:关于美国联邦贸易权力的判决脉络述评",载《人大法律评论》2012 年第 1 期。

福釜底抽薪的法院改组计划，但更可能是持续恶化的大萧条促使某些法官认识到，"最高法院把联邦权力限定于通过时似乎是适当的范围的主张，与那些通过扩展授予联邦政府之有限管辖权所逐步取得的变革相比，可能会导致更为激烈的变革",[39] 无论如何，最高法院确实发生了转向。1937 年 3 月，在西岸旅馆案中，休斯和罗伯兹两位法官转而加入支持新政的自由派行列，维持了华盛顿州一项保障最低工资的立法，进而开启了这场宪法革命。[40] 保守派法官的这种"及时转向"(switch in time) 马上导致一系列支持新政的判决。其中，琼斯与劳克林案是具有界碑意义的判例。这是一件涉及企业解雇组织和参与工会的工人的劳资关系案件，如果根据以往最高法院的判例，本案并不涉及州际贸易，是纯粹的地方事务，联邦无权调控。但休斯法官却代表法院在判决中指出，"尽管有些活动在单独考察时在性质上可能是州内事务，但如果它们与州际贸易有如此紧密和实质的联系，以至于调控它们对于保护州际贸易免受限制和阻碍是必要和适当的，国会就有权进行这种调控。"[41] 同时，在讨论法律保护工人组织工会和集体谈判的权利与州际贸易的关系时，休斯法官也放弃了传统上认为生产与州际贸易之间没有"法律或逻辑上的联系"的概念主义，转而观察前者对后者产生的实际商业和市场影响。他指出，琼斯和劳克林钢铁公司工人的长期罢工事实上实质性地影响到了大量矿石和钢铁的州际流通，进而也影响到了其他相关商品的州际运输。

在 1941 年的达比案中，最高法院在回答对工厂在生产过程中违反法定工时和工资的行为，国会是否有权禁止时指出，国会的贸易权力应当扩展至对州际贸易有实质影响的州内行为，鉴于劳动标准已深刻影响

---

[39] Owen J. Roberts, *The Court and the Constitution*, Harvard University Press, 1951, p.62, 转引自 [美] 伯纳德·施瓦茨：《美国最高法院史》，毕洪海等译，中国政法大学出版社 2005 年版，第 257~258 页。

[40] See West Coast Hotel v. Parrish, 300 U.S. 379 (1937).

[41] NLRB v. Jones and Laughlin Steel Corporation, 301 U.S. 1, 37 (1937).

到州际间的商品交易,国会当然有权调控。[42] 在随后的1942年,当年辅佐罗斯福推行新政的杰克逊已经成为最高法院法官。作为小麦超种案判决意见的撰写人,他深入阐释了其关于贸易条款的宽泛解释立场和司法节制的信念,将"实质影响"标准运用到了极限,以至于斯图尔特法官认为"从来没有一个对联邦贸易权力持有比他更宽泛概念的人进入最高法院"。[43] 该案起因于一位农场主为了自家消费而种植了超出《农业调整法案》规定配额的小麦。针对被上诉人主张联邦的行为是对小麦生产和消费这种地方性活动的调控,已经逾越了国会的宪法权限的辩解,杰克逊法官通过引用马歇尔法官认为对联邦贸易权力的有效制约必须通过政治而非司法的途径实现和霍姆斯法官在肉价协议案中对州际贸易概念的商业实践性,而非法律技术特征的强调的意见——很显然,这种倾向预示了一种解释标准的彻底转向——指出,"法院在适用贸易条款时对适当的经济影响的确认已经使得对法律规则的机械运用不再可行。一旦接受了衡量国会依贸易条款所获权限的经济标准,联邦权力的问题就不能再简单地基于系争行为是否为'生产'来确定,也不能以所谓的'间接'而阻止对其经济效果的考量……就决定当前的联邦权限问题而言,调控的客体是否是'生产'、'消费'或'销售'行为已不重要……即使被上诉人的行为是地方性的,即使它不被认为是贸易行为,不论其性质为何,国会仍然可以加以调控,只要它对州际贸易造成了实质性的经济影响,不管这种影响在早先时候被认为是'直接'的还是'间接'的。"[44] 同时,在认定何为"实质性的经济影响"的过程中,杰克逊法官也突破了法律逻辑上的局限,将实际的经济后果纳入考量。他指出,"消费自产小麦对州际贸易的影响是基于它构成了小麦消耗中最富变化性的因素这一事实,被上诉人自身对小麦需求的影响也许是微

---

〔42〕 See U. S. v. Darby Lumber Company, 312 U. S. 100 (1941).

〔43〕 Potter Stewart, "Jackson on Federal State Relationships", in Charles S. Desmond, Paul A. Freund, Potter Stewart, Lord Shawcross, eds., *Mr. Justice Jackson*: *Four Lectures in His Honor*, Columbia University Press, 1969, p. 68.

〔44〕 See Wickard v. Filburn, 317 U. S. 111, 125 (1941).

乎其微的，但这并不足以使其脱离联邦调控的范围，因为在这里他的份额如加上与他处于相似情形的人的份额，就远非微小了",[45] 一如既往地展现了他关注商业实践的实用主义法律观。

从联邦和州之间权力消长的角度看，小麦超种案历来被视为对联邦贸易权力最大限度的扩张，最高法院从此彻底抛弃新政以前的"生产/贸易"或"直接/间接（影响）"二分的标准，只要调控的事务与州际贸易之间的联系存在理性基础，法院就将维持联邦法律的合宪性。从此后一系列的案件中，很难看出法院还会对联邦行使贸易权力施加任何阻碍。但从法律理论的角度来看，不可能仅仅因为本案（包括之前的琼斯和劳克林案）在结果上极度扩展了联邦权力就自然成为宪法史上的经典判例——即便联邦和州之间的权力界限再模糊，联邦权力再如何扩张，宪法文本终究确立的是有限政府原则——这些判例之所以经典，归根结底乃是因为它们隐含了新政背后的一种司法知识模式的转型——从形式主义的知识模式转向实用主义的知识模式。

通常来说，最高法院由于民主正当性的基础不足，在审查国会立法时应当尽量贯彻司法最低限度主义的承诺，所仰赖的理由也应尽可能地窄。但事实上，最高法院在判决方式上也故意拒绝了更为审慎的方针。在谢克特案中，最高法院似乎并未将自己的角色限于审查系争的法案条款和宪法问题，而是有意地将判决的基本原则阐述地十分宽泛，试图将自己19世纪的自由放任主义哲学灌输到宪法中去，甚至突破案件所涉行业抨击了国家所有维系正当工业和劳工标准的努力。[46] 这个判决表明最高法院准备推翻所有应对20世纪30年代全国性问题的联邦行动。[47] 但是，法院知道自己的判决绝不可能从自由放任的经济哲学中推导出来，即便那的确是他们的真实信仰，但却不是法律的推理。法律

---

[45] Wickard v. Filburn, 317 U.S. 111, 127~128 (1941).

[46] 参见 [美] 伯纳德·施瓦茨：《美国最高法院史》，毕洪海等译，中国政法大学出版社2005年版，第255页。

[47] See John E. Nowak, Ronald D. Rotunda, *Principles of Constitutional Law*, West, 2010, p.81.

上的根据只能是宪法对二元联邦制的规定，而法律的推理则是通过前述那种事务性质的审查标准实现的。

所谓二元联邦制，是指宪法"假定了两个相互独立的领域，一些特定的人类活动领域被分配给联邦政府；联邦政府在这一领域享有各州不得侵犯的主权。所有余下的人类事务则交由各州处理；在这一领域内，各州享有联邦政府不得侵犯的主权"，而且"在19世纪中叶，人们大都假设关于各州的规制与征税权的司法先例已经固定了这一分界线，从而确定了贸易条款之下的联邦权力的界限"。[48] 与此同时，机械化但适用起来却简单明了的事务性质的审查标准使得二元联邦制在新的工业时代也能通过最高法院的司法权获得保留和维持。尤其是富勒法官在糖业托拉斯案中所发明的"生产/贸易"二分的审查方法，以牺牲新的商业和金融组织的实际影响的代价，通过极度形式化的区分再度固定了联邦和州之间的权力分界。在富勒法官，甚至后来休斯法院中的"四骑士"看来，"国会权力在一个领域内的行使将意味着对各州的排除，这在那些国会选择不作为的领域之内亦是如此。"[49] 同样的逻辑，在州行使权力的领域也不存在联邦活动的空间，即便这些领域内的事务可能或者已经普遍影响到他州。在法律推理上，这些法官关注的是系争问题与州际贸易是否存在"法律世界内重要的"法律或逻辑上的关联。[50] 所以，马歇尔法官需要绞尽脑汁证明"贸易"包括"航运"，富勒法官和休斯法官才需要努力证明炼糖和劳资关系属于生产过程，而生产并非各州之间的"贸易"，而像炼糖、劳资关系这样的生产性事务的实际效果和影响是怎样地被法官们置于这种普遍和抽象的概念形式的作用之下了。炼糖是生产性事务，生产发生于贸易之前，同时发生在某个州内，因此，联邦无权置喙。在这里，古老的形式与逻辑获得了胜利。在理论渊源上，

---

[48] ［美］阿奇博尔德·考克斯：《法院与宪法》，田雷译，北京大学出版社2006年版，第145~146页。

[49] ［美］阿奇博尔德·考克斯：《法院与宪法》，田雷译，北京大学出版社2006年版，第147页。

[50] See Adair v. U. S., 208 U.S. 161, 178 (1908).

这种关于司法的知识模式可以追溯至南北战争之后的兰德尔的法律科学主义，其最突出的特征就是它忠于演绎推理或者逻辑。对于逻辑的忠诚产生了两个相互关联的后果：第一，分析上的或者逻辑上的合理性是正确的法律推理的唯一标准，所以法官不得考虑可能产生自判决的正义或者不正义；第二，19世纪前期特有的公开实用主义的或工具性的司法判决方法被抛弃了，实际的或政策的考虑因素被认为会影响那种能够区别有效的法律推理的逻辑纯粹性。[51] 具体来说，最高法院在这些判例中的推理至少在两个相关的方面反映了这种知识模式：第一，最高法院所坚持的事务性质标准的审查进路呼应了兰德尔所主张的形式主义，法官们假定有一个事先就存在的州权管辖的领域，任何归于这一领域的事务都一概排斥联邦的干涉。换言之，判决取决于法院对这个问题的所谓逻辑演绎，即系争事务是否属于一个事先就被定义好的概念类别，即"生产过程"或者说州内事务；第二，尤其在新政案件中，法院的形式主义结论本身也强化了一个不受政府调控的经济自主的隐含观点，宪法被认为由制宪者们赋予了对自由市场和夜警政府的古老信仰，这正是这种形式化的司法知识模式的吊诡之处，看似形式化、中立性的法律推理推翻了大量表面上干涉市场自由运行的社会经济立法，却并没有导致中立性的司法效果，带来的是自由放任的经济哲学和不断恶化的萧条景象。

总体来看，19世纪末至新政前的贸易条款的解释在事务性质标准的主导下是极度逻辑化、概念化和形式化的，它所维护的二元联邦制仿佛一座空中楼阁，样式巧夺天工、令人向往，但基础却是虚无缥缈、宛如流沙。这正是像霍姆斯、弗兰克，以及杰克逊这样的实用主义和现实主义者所坚决批判和摒弃的。最高法院在新政案件中的形式主义司法模式是一种抽象的，脱离了美国人所处的那个极端恶劣的萧条年代这一具体语境的理性主义，它与活跃生动、爱恨交加的社会现实，与普通美国人对外在世界的独特体验没有丝毫关联。在这里，我要再一次引用霍姆

---

[51] 参见［美］斯蒂芬·M. 菲尔德曼：《从前现代主义到后现代主义的美国法律思想：一次思想航行》，李国庆译，中国政法大学出版社2005年版，第172~173页。

斯法官在 1905 年的箴言——"州际贸易并不是一个法律技术的概念，而是来自商业过程的实用性概念",[52] 制定于 18 世纪末的贸易条款现在需要面临一个已经改天换地了的经济世界。国民经济的复杂与网络特质使相距甚远的地方企业在经济上也必然相互依赖，且不说联系日益紧密的工商业经济，连一个小农场主多种一点小麦自用都会最终影响到全国的小麦供求关系和价格，[53] 因此，如果放弃从一种现实和实用主义的进路来看待州际贸易及其影响因素，就不可能促进和维持一个现代化的统一和强劲的国民经济。毫无疑问，从宪法变迁的角度讲，可以说 1937 年的琼斯和劳克林案通过全面采纳关于贸易条款的"实质影响"的解释标准发动了一场宪法解释的革命，但正如任何大河的源头都是涓涓细流一般，这种司法知识模式的实用主义转向也是渊源有自。

如果抛开纽约州的禁令是否与《海岸航行法案》相抵触这一具体问题，航运垄断案的真正疑难之处实际上是由吉本斯的另一个辩护律师丹尼尔·韦伯斯特提出的，即宪法赋予联邦的贸易权力是排他的和绝对的，禁止州的立法。韦伯斯特思想中具有强烈的国家主义倾向，可以从政治哲学和理想的视角来理解，但同时我们无法否认他的主张具有逻辑和推理上的合理根据。"19 世纪早期的宪政主义者在思考权力之时所关注的总是权力的性质与场域，而不是权力运作的实际效果。在牛顿物理学的影响下，他们经常把特定的权力视作如同原子一样的不可分割的整体。"[54] 这种机械化的权力观并无绝对意义上的对错之分。更重要的是，我们无法苛责现代自然科学初兴背景下观察和思考社会的方式。根据这种思维方式，贸易权力是一个无法分割的整体，那么在逻辑上必然由国会独享。这是逻辑规则上的必然结论，也纯粹是机械化的思维方式所自设的逻辑"陷阱"。如前所述，最高法院在领港调控案中通过思维

---

[52] Swift and Company v. U.S. 196 U.S. 375, 398 (1905).
[53] See Wickard v. Filburn, 317 U.S. 111 (1941).
[54] 参见 [美] 阿奇博尔德·考克斯：《法院与宪法》，田雷译，北京大学出版社 2006 年版，第 91 页。

的转变创立了库利法则,某种程度上逃离了这一自我构设的困境,它认为,"无论什么事务,只要它在性质上是全国性的或只允许单个统一系统或调控计划,它的性质就要求国会的专有立法。"[55] 据此,最高法院在 19 世纪下半叶撤销了不少带有地方保护色彩的州法,但在联邦主动调控与贸易有关的州内事务时却再一次走向了形式化的"生产/贸易"二分的审查方式。

1937 年宪法解释标准转变的背后实际上也是一个类似的知识模式和思维方式的转型,只不过此时作为理论话语的法律现实主义和实用主义已经显得更加成熟,而更重要的是,由大萧条造就的客观需求也更加强劲,因此,这项转型就显得更加激烈和彻底——想一想罗斯福向最高法院"宣战"的改组法院计划,想一想最高法院"四骑士"的先后黯然辞职。紧急的现实状况不允许法院利用"生产""地方事务"这样的概念束缚联邦的手脚,这些事务对全国经济和人民福利的事实上的实质影响创造了对它们进行普遍规则化的实际需求。尽管逻辑是重要的,但它永远都没有压倒对实用主义的关切,尽管普通法的一般安排应该是哲学化或逻辑化的,但与实践的便利之间的妥协却是十分正确的。[56] 这就是法律实用主义者的纲领,它们显然与新政政治有着强烈的共鸣。随着罗伯兹法官的立场转向,随着休斯法官承认法律保护工人组织工会和集体谈判的权利与州际贸易之间的实质联系,不再纠缠于两者之间究竟有何"法律上或逻辑上的关联"这种纯粹法律的修辞,最高法院最终在知识模式上实现了从形式主义到实用主义的转型。

作为这种转型的逻辑必然,新政改革派强烈呼吁法院尊重国会的社会经济立法,1937 年的宪法革命之后,最高法院的确从司法至上退回到了一种更为缓和的立场。因为对于新政立法而言,立法机构和行政机构中的专家相比法官更具备适用工具理性重新安排社会的能力,以促进公

---

[55] Cooley v. Board of Wardens, 53 U. S. 299, 319 (1851).

[56] 参见 [美] 斯蒂芬·M. 菲尔德曼:《从前现代主义到后现代主义的美国法律思想:一次思想航行》,李国庆译,中国政法大学出版社 2005 年版,第 197 页。

民普遍的经济和社会福利。虽然这些机构也不能保证任何时候都手握真理，但当"联邦权力试图超越自身性质时，它就会使自身受到质疑；抑或者当它试图超越自身的组织和调控能力时，它也会由此衰弱。联邦的权限和责任必然会在投票中获得检验"。[57] 与此相对，法院既无资格，也无能力指导代议机关，新政作为社会变革与法院无关。这种司法节制的哲学必然影响到法院对贸易条款的解释，从此，法院将自己的任务仅限于发现国会调控的事务与州际贸易之间的理性联系，至于国会最终是否以及如何行使这项权力则是国会自主的领域。

五、是法院转向，还是国家转型？

长久以来，美国宪法学界始终有一股反对将宪法的合法性和至上性完全归结于人民主权的思潮，考文、格雷和雪莉是这种思潮的代表性学者。虽然他们在具体问题和术语表述方面也存在不少分歧和差异，但在本质上都把宪法视为科学理性的产物。在他们对美国建国时期的历史考察中，宪法不是被看作一种纯粹的至高无上的实证法，而是被看成是某种自然法、根本法或高级法的摹本。[58] 这种观点当然不可能否认美国宪法的成文特征，而是说即便是成文法，也是理性的化身和对高级法的模仿。在宪法解释方面，它强调了宪法的科学性，主张法官可以甚至应当通过理性和适当的解释方法发现客观存在的宪法答案。因此，美国的宪法史往往就被视为一部法院，尤其是最高法院的解释史，宪法学也成为最高法院判例的评注集合，并且成为一门独立的部门法，即宪法（constitutional law）。在这种格局下，社会背景、民众需求和政治斗争等这些因素自然因为在科学的方法论的意义上与解释过程的无涉而被排除在法官的思考范围以外，也正是由于这个原因，多数宪法相关的著作总

---

[57] Robert H. Jackson, *The Struggle for Judicial Supremacy: A Study of a Crisis in American Power Politics*, Alfred A. Knopf, 1941, p. 125.

[58] 参见丁晓东："自然法抑或实证法——理性与意志视野下的美国宪法"，载《法制与社会发展》2012年第1期。

是对最高法院在新政期间转向的原因及其背后的宪制逻辑关注不足，甚或者说不太关注。就州际贸易条款的解释而言，最高法院从之前的事务性质标准转向后来的"实质影响"标准不可能凭空发生，我们不能只是将眼光局限于这两种解释标准在法律上的区别，而对背后的实际社会政治因素保持色盲。这就要求我们不仅要关注最高法院基于科学和形式主义的日常解释实践，更需要从政治的维度审视美国宪法的基础。

联邦宪法的基础是公民个人，还是各州？对于美利坚的政制来说，这是个关乎根本的问题，它实际上是在问作为一个政治上的共同体，美利坚的主权源自哪里。在很大程度上，美国两百多年的宪法史就是围绕这一问题展开的。马歇尔法官曾通过精巧的法律解释技艺——实际上是精心的政治修辞——驳斥了"主权内的主权这种政治上的怪物"，重申了"美利坚帝国的建筑物应该奠立在人民的同意的牢固基础上"这一主权在民的政治理论。[59] 有关州际贸易条款的宪法解释标准的争议和变迁也毫无疑问反映了联邦和州之间权力的此消彼长，在这一过程中，传统的"二元联邦制"被抛弃，联邦不断获得新的更大的调控权，管辖范围事实上已经突破了"州际"的限制，而进入到很多州内事务。阿克曼曾指出，内战后的共和国政体比先前的联邦主义的政体更具国家性，第十四修正案首次在美国人的政治身份问题上宣告了国家公民身份相较于州公民身份的优先性。[60] 按照这种逻辑，我们可以说，新政之后的共

---

[59] 参见强世功："联邦主权与州主权的迷思——麦卡洛克诉马里兰州案中的政治修辞及其法律陷阱"，载《中国法学》2006年第4期。

[60] 参见[美]布鲁斯·阿克曼：《我们人民：奠基》，汪庆华译，中国政法大学出版社2013年版，第85页。施米特也曾指出，"联邦的本质恰恰在于，只要联邦本身与成员邦本身同时并存，联邦与成员邦之间的主权问题就始终处于悬而未决的状态。"联邦在法律和政治上具有几种深刻的二律背反关系，通过同质性要求可以实现对这些二律背反的扬弃。"如果若干民主制国家组成了联邦，就必然导致民主同质性与联邦同质性的汇合。人民的同质统一体不顾各成员邦的政治界限，为了整体的统一性而取消了联邦与具有政治独立性的成员邦并肩而立的悬疑状态，这是民主制的自然发展的一部分。"参见[德]卡尔·施米特：《宪法学说》（修订译本），刘锋译，上海人民出版社2016年版，第475~485页，第497页。

和国政体的国家性特征更加浓厚了。对于当下的美国人来说,联邦政府已不再遥远,相较于建国时期的前辈们,他们更愿意首先考虑为达到联邦政府的目的需要多少权力,而不是费尽心机研究拟议中的那种权力对各州政府可能产生的消极后果。在争取各州批准宪法的过程中,联邦党人也曾说,基于人性的情感通常随着对象的距离或散漫情况而减弱,人民往往更偏爱州政府而不是联邦政府,因而无需过分担忧联邦对州权的侵蚀,[61] 但现在看来,这更像是一种政治上的宽慰和修辞。因为当联邦党人主张将宪法的作用奠基和扩展于合众国人民,而不是各州时,联邦政府在这场联邦制政体结构的变迁之旅中就已经赢得了先机,它的权力直接来源于人民,拥有独立和坚实的民主正当性基础。

这种联邦主权源自人民而高于州主权的理论拒绝将宪法的权威追溯至某种更高的法或理性,而是奠基于现代社会中的人民意志。在这一理论谱系中,阿克曼提出的二元民主理论是影响较大的。他虽然主张人民是宪法的唯一来源,但只有在超越日常政治的宪法时刻,作为个体的人才总能投身关键时刻的社会变革,积极参与政治家们的社会动员,审慎地选择自己系于国家的共同命运,并成为宪法变革的原动力。[62] 所谓宪法时刻是指相对于日常政治而言,在日常政治中,人们关心自己的私人利益超过公共事务,政治家们只是在做间隙性的改革,而不去追问根本性的原则,此时只会存在由政府制定的普通立法,最高法院也被视为制宪时刻人民意志的代言人,通过对宪法的解释来实施人民的意志。宪法时刻的标志则是人民被不断地广泛动员起来,要求根本性的变革,它起始于民众运动的领导人控制了美国政府的某一个主要机构之时——通常是总统,但有时候也可能是国会或最高法院,[63] 此时就会形成宪法

---

[61] 参见[美]汉密尔顿等:《联邦党人文集》,程逢如等译,商务印书馆 1980 年版,第 83、235~245 页。

[62] 参见高全喜:"论宪法政治:关于法治主义理论的另一个视角",载《北大法律评论》2005 年第 1 期。

[63] 参见[美]布鲁斯·阿克曼:《我们人民:奠基》,汪庆华译,中国政法大学出版社 2013 年版,序言第 3 页。

政治，诞生表达人民意志的高级立法。在阿克曼看来，美国宪政史至今出现过三次宪法时刻，分别是建国时期、重建时期（中期共和国），以及罗斯福领导的新政改革（现代共和国），而每一个宪法时刻都会形成表达了人民的变革意志的高级立法，由此，最高法院对宪法的解释必然是一种代际综合的实践，即如何避免此前宪政实践中确立下来的原则与当下的原则发生冲突，确保不同时代确立的原则协调一致。就那些饱受批评的新政案件而言，最高法院坚持的是契约自由和联邦无权调控州际贸易以外的事务的法律原则，其实这正是对内战之后通过对新制定的第十四修正案正当程序条款的适用而造成的财产和经济自由时代的沿用而已，法院的错误在于没能意识到新的宪法时刻和新的高级立法的到来。人民饱受自由放任带来的经济萧条之苦，新政要求对州际贸易条款进行宽泛的解释，联邦需要调控全国经济的广泛权力，然而遗憾的是，最高法院没能意识到这已经是超越日常政治的宪法时刻的政治诉求了。

在论及推动最高法院在新政期间最终转向的因素时，多数学者都会论及罗斯福在1937年提出的改组法院计划，认为这个釜底抽薪的计划虽然最终没能获得国会同意，但确实给了最高法院重重一击，促使它开始认可新政立法的合宪性。的确，"拒绝承认这些判决和最高法院之争之间有一定关联有点幼稚"，[64] 而阿克曼也认为对持不同政见的机构实施非常规的威胁是高级立法过程中的一环，但改组计划毕竟是失败了，而且在新政改革派和民主党内部都引发了争议，我们应当关注的不是这个改组计划本身，而是是什么因素促使了罗斯福在1937年下定决心以这样近乎"刺刀见红"的方式挑战最高法院。很多学者似乎并没有认真地思考最高法院的转向为什么发生在经济已有复苏向好之际的1937年，而不是之前萧条景象更甚，更需政府救助的年代？至少一个重要但通常并未引起足够重视的原因是新政改革派赢得了关键性的选举。在1934

---

〔64〕 Franklin D. Roosevelt，*The Public Papers and Addresses of Franklin D. Roosevelt*，University of Michigan Library，2005，p. 69，转引自［美］伯纳德·施瓦茨：《美国最高法院史》，毕洪海等译，中国政法大学出版社2005年版，第257页。

年11月的国会中期选举中,民主党大获全胜,与共和党在众议院中的席位是322对103,参议院的席位民主党更是独占了2/3以上,选举结果只留给共和党7位州长和不到1/3的议席。[65] 而在1936年的总统大选中,罗斯福以包括强大的劳工力量在内的广泛的选民基础击败了共和党候选人阿尔弗雷德·兰登(Alfred E. Landon),赢得了除缅因和佛蒙特两州之外的所有州的选举人票。这些重大的选举胜利既给了罗斯福强力推进新政的极大信心,事实上也向最高法院展示了新政所具有的广泛的民意基础,并且在阿克曼看来,选举中所获得的一系列胜利使罗斯福获得了人民的授权,这种授权又足以使他拥有构建一部新宪法的权威。[66]

米克尔约翰曾指出,美国宪法的各项条款并不是同等重要的,从历史背景来看,序言、第一条第二款、第一修正案和第十修正案不仅关系密切,而且决定了整部宪法的涵义和结构。其中,第一条第二款和第十修正案表明人民在通过宪法创设政府的同时,并没有将所有的统治性权力都让渡出去,前者尤其规定了一种人民决定由自己直接行使的保留性权力,即"联邦众议院由各邦人民每两年选举产生的众议员组成"。根据这一条款,人民并不享有选举的权利(right),而是保留了与立法、行政和司法权力性质相当,但在效力上更高于它们的选举的权力(power)。通过这种投票选举的权力,人民作为选民积极地参与到统治作为法律适用对象的自身以及作为法律的制定者、执行者和解释者的各种政治代理机构的活动中。[67] 从这个角度讲,第一条第二款旨在保障作为统治者的人民的主权性权力,由此可以说,在常规的政治生活中,人民是被统治者,但在选举这种政治性时刻,人民是作为统治者而采取行动。那么,在这个意义上,罗斯福和民主党在选举中的大胜并不仅仅意

---

[65] 参见何顺果:《美国历史十五讲》,北京大学出版社2007年版,第227页。

[66] 参见[美]布鲁斯·阿克曼:《我们人民:宪法的变革》,孙文恺译,法律出版社2009年版,第12页。

[67] See Alexander Meiklejohn, *The First Amendment Is An Absolute*, The University of Chicago Press, 1961, p. 245、pp. 253~254. 现如今,美国人的直接选举的范围扩大了,但这里面内含的基本原理并没有改变。

味着他们获得了政治委托和政治资本，更直接表明人民亲自出场要求乃至命令进行根本性的变革，最高法院的宪法解释到了必须调整的时刻了。对最高法院来说，州际贸易条款只是授权（当然，授权的另一面也暗含了限权，即不得超越授权）条款，本身并没有预设任何一种社会经济哲学，但新政却为美国人创造了一种深刻的权利意识：期望政府帮助大家。联邦政府的被动调节角色已转变成如下观点：将美国政府作为"推动者"或催化剂，无论是在经济还是在更大的社会中。即使保守派对大政府的猛烈进攻，也没有动摇如下普遍共识——联邦政府必须确保经济健康和公民福利。[68] 由此可见，新政既是应对危机的措施，更是迈向福利国家的全面的社会经济转型，这一点最高法院必须重新认识和接受，无法选择。从这个意义上讲，1937年的宪法解释革命的说法即使不是夸大其词，也是抬举了最高法院，与其强调最高法院的适时转向"批准"了联邦的扩权，不如说它本就是这场国家转型的必然结果。

六、新政案件的余波：对司法节制的反动？

正如司法能动和最高法院里意识形态阵营的划分并无必然关系，司法节制也是自由和保守两派法官在不同时期都主张过的司法哲学，它在内容上是指要求法院在司法审查过程中更多地尊重代议机关通过立法作出的政策和价值判断，不要轻易推翻立法。在最高法院的历史上，很少有法官完全抛开宪法立场而单纯主张司法节制的。杰克逊法官之所以呼吁司法节制，正是因为当时的最高法院对反映他所持的宪法观的新政立法的态度不够节制。当面对各州立法所设置的贸易壁垒时，他也不再谈论司法节制的哲学，反而说自由竞争是法院付诸实践的理论。[69] 理解司法节制作为一种司法手段时的中立性，但同时作为一种哲学立场时必

---

[68] 参见［美］斯坦利·布德尔：《变化中的资本主义：美国商业发展史》，郭军译，中信出版社2013年版，第276页。

[69] 参见张敏、张千帆："以中央制约地方：论美国联邦宪法中'州际贸易条款'的'潜伏效应'"，载《南京大学法律评论》1999年第2期。

然受制于意识形态的非中立性，是恰当理解司法节制的关键。

就涉及贸易条款的新政案件而言，1937年的宪法革命通过采纳"实质影响"的审查标准，最高法院认可和尊重了国会的权力扩张，不再推翻新政立法，表现出了司法上的审慎和节制。但正如本文前面所分析的，"实质影响"标准之所以导致了法院的节制乃是早先的事务性质标准过于形式和机械，法律实用主义作为解释标准背后的知识模式，以及新政本身是超越司法的国家转型三个方面的原因所致。如果抛开这些深层次的背景和原因，仅仅只是从一般解释学的方法来看的话，"实质影响"标准并不必然导向司法节制的哲学。从构词上看，"实质影响"一语由"实质"（substantial）和"影响"（effect）两个词语组成。这两个词——尤其是其中的"实质"——实际上都含有一种表示"程度"的意蕴，而"程度"往往就是仁者见仁、智者见智的认识和判断问题，极难达成共识性的结论。在校园禁枪案（U. S. v. Lopez）中，法院就认为政府律师对"实质"的认定纯粹是猜测和推论，立法记录并不包含任何"实质性证据"。[70] 其实，前述一系列适用"实质影响"标准的判决大都没有详细阐述"实质"的内涵，法官论证的重点反而更多集中于"影响"，似乎什么是"实质"性的是只可意会不可言传的，只需法官的心证和判断即可。与此同时，如何认定"影响"的存在也是众说纷纭。在当下这样一个经济网络化的互联互通的世界，连种族歧视都能和州际贸易扯上边，[71] 很难想象还有什么东西不对贸易产生程度不等的影响，但是法院不可能认定那些距离过于遥远的影响因素，否则，无异于承认联邦拥有无限权力，这是任何稍具理性的人都无法接受的极端立场。休斯法官就曾不无担忧地指出，"如果联邦政府可以基于与成本和价格的关系以及对州际贸易产生间接影响就能决定州内贸易中雇员的工

---

[70] 参见张千帆：《西方宪政体系》（上册），中国政法大学出版社2004年版，第172页。

[71] See Heart of Atlanta Motel, Inc. v. U. S., 379 U. S. 242 (1964); Katzenbach v. McClung, 379 U. S. 294 (1964).

资和工时,看来它就可以调控同样影响价格的其他成本要素,比如雇员人数、租金、广告以及经营方式。所有纳入成本的生产和销售过程都将受到调控。如果进行州内贸易的成本本身可以是联邦调控的对象,那么能对成本进行多大程度的调控就是一个裁量问题而非(是否有此)权力的问题了",并因此拒绝了联邦政府基于铁路运费案而主张的抗辩。[72] 如果再联想到正是休斯本人多年前在该案中首次提出并适用了"实质影响"标准,[73] 就更加证明"实质影响"标准虽然在某种程度上有利于联邦的扩权,但从司法最终原则的角度讲,它最终会演变成一个司法上的认定和裁量问题,完全有可能导致法官十分自由地解释宪法,司法能动的哲学其实也同样内含于这一标准当中。

另一方面,托马斯法官曾通过文本结构解释方法指出"实质影响"标准违背贸易条款的文本原义。他说,"如果国会真的有权调控所有实质影响贸易的事务,宪法就毫无必要详细列举出国会所享有的制定统一破产法、铸造钱币和统一度量衡,以及处罚伪造联邦证券和货币的行为的权力……简言之,如果国会真的被赋予那种权力,那么对于宪法第一条第八款来说,即便不是所有,至少大部分内容(包括贸易条款自身的部分内容)都会是累赘。如果对贸易条款的解释使这些宪法条款成为多余,这种解释就不可能正确",法院的立场"已经吞噬了贸易条款"。[74] 这种批判颇得结构解释方法的真谛,它利用宪法第一条第八款各项授权条款之间的并列平行关系来反证国会不可能拥有调控那些"实质影响"到州际贸易的事务的权力,制宪者对制定破产法、铸造货币等内容的规定表明这些事务既不可能就是州际贸易,也不可能影响到州际贸易。从当下视角来看,宪法第一条第八款规定的诸多其他内容不可能对州际贸易毫无影响,而像某些学者那样通过假定制宪者当时未必认识

---

[72] See Schechter Poultry Corporation v. U. S., 295 U. S. 495, 549 (1935).
[73] See Houston Texas Railway Company v. U. S. 234 U. S. 342 (1914).
[74] U. S. v. Lopez, 514 U. S. 549, 588~589 (1995).

到统一破产法和货币等事项对贸易的影响来质疑托马斯的做法，[75] 恐怕也不符合历史事实。同时，有人继续批评托马斯法官的观点忽视了宪法修正案的类似结构，并认为如果按照托马斯法官的逻辑，既然第五修正案和第十四修正案的正当程序条款历来都保障生命、自由和财产，那么对这些权利进行单独列举就是多余的。[76] 但这种批评恐怕混淆了权利和权力在本质上的区别。就基本权利的本质而言，即便没有后来的未列举权利条款和正当程序条款，也不能否认权利在逻辑上的先在性，然而对于权力来说，联邦宪法采纳逐项列举的方式正是为了贯彻有限政府的原则——没有列举的就不可能是联邦的权力，对权利的列举则不可能意味着"有限"，同样是列举，含义却殊为不同。

问题在于，精明如托马斯法官不可能意识不到主张宪法第一条第八款各项内容之间是纯粹平行、互不重叠的关系既不符合历史事实，也违背基本常识，但他依然如故的逻辑又在何处呢？或许一个相对合理的解释是，宪法文本采用平行结构来规定国会权力就意味着排除以"实质影响"标准来理解州际贸易条款的倾向，因为那些客观上能够影响州际贸易同时又应当授予国会的权力都已经列举出来了，那些没有列举的事务即便客观上对州际贸易有实质影响，也不是宪法的疏漏，乃是制宪者认为它们本质上既不是州际贸易，也不是其他应当由联邦调控的事务，而属于州的管辖范围。因此，在 2005 年的大麻种植案中，托马斯法官通过异议强烈指出，"被上诉人的地方性的种植和消费大麻的行为不是'各州之间的贸易'……自建国以来，并无迹象表明'贸易'包括仅仅

[75] 参见车效波："想象让位于实验：关于美国联邦贸易权力的判决脉络述评"，载《人大法律评论》2012 年第 1 期。实际上，麦迪逊曾经阐述过制定统一的破产法、归化法对州际贸易的影响，而且他将调控州际贸易、铸币、规定度量衡、惩罚伪造联邦证券、设立邮局和修筑邮路等权力在类别上归于同一类型，即规定各州之间进行和睦而适当交往的权力。因此，推测制宪者们没有认识到这些事项与州际贸易之间相互影响的关系，即便不是毫无根据，至少也是存疑的。参见 [美] 汉密尔顿等：《联邦党人文集》，程逢如等译，商务印书馆 1980 年版，第 216~220 页。

[76] 参见车效波："想象让位于实验：关于美国联邦贸易权力的判决脉络述评"，载《人大法律评论》2012 年第 1 期。

对物品的占有或不涉及有价交换的纯私人行为。"[77] 如此熟悉的话语当然会被追溯至新政之前用以解释贸易条款的事务性质标准,托马斯法官本来就极为属意这一标准,认为新政之后对贸易条款的解释是一个"错误的转向",[78] 但他的目的绝不仅仅只是限于逻辑上的精美,而是希望借此重申伟大的立宪原意,即联邦政府是一个权力被明确列举于宪法文本,具有明确权力边界的有限政府,而司法节制绝不意味着在国会越权时仍然保持沉默,作为宪法的守护者,最高法院在确保国会恪守权限方面负有不可推卸的责任。

七、结语

与宪法的其他条款一样,最高法院有关州际贸易条款的解释标准也经历了漫长的变迁,并在1937年发生了彻底转向。早先时候,法院固守事务性质标准,从"生产/贸易"二分的方式入手将联邦的权力限制在一个比较固定的范围内,新政改革之后,"实质影响"标准取代了事务性质标准,成为联邦贸易权力的新界限,此时正如杰克逊法官所言,州际贸易条款成为联邦权力最丰富的源泉。从宪法解释标准背后的知识模式来看,最高法院在1937年转向之前似乎认为联邦和州之间存在一条清晰的权力边界,而这正是宪法在诞生时即确立下来的"二元联邦制"结构,联邦的权力只限于那些有限列举出来的特定事项,余下的广阔领域则是州权的管辖范围。为此,最高法院从"州际"和"贸易"两个视角来严格限定联邦的权力——州际贸易必然只能是"州际"的,也不得是"贸易"之外的。由此,联邦和州之间被机械性地划出一条界限,州际交通、航运、纯粹的交易行为被认为是联邦管辖的"贸易"事务,生产垄断、劳工标准、退休政策,以及农业配额等则被保留在各州的权限范围内,而不论这些事务是否存在实际上的相互影响,也不管州

---

[77] Gonzales v. Raich, 545 U. S. 1, 58~59 (2005).
[78] 参见张千帆:《西方宪政体系》(上册),中国政法大学出版社2004年版,第172页。

的政治过程是否有足够的能力和资源来调控好那些保留给它的事务。

20世纪二三十年代爆发的大萧条客观上催生了由联邦调控广泛的经济贸易事务的需求。最高法院起初并不认可联邦基于州际贸易条款的权力扩张，推翻了诸多的新政立法。转变发生在1937年，此后法院用以解释贸易条款的"实质影响"标准将联邦的贸易权力扩展至所有对州际贸易产生实质影响的事务。最高法院立场的转变背后实际上隐含了一种司法知识模式的转型，即从一种概念化和形式化的司法知识模式转向了更强调灵活解释宪法的实用主义模式，而从更广阔的意义上来说，这场转向正是通过新政改革而发生的国家转型的必然结果。对美国人来说，新政改革也是全新的体验，它带来了对州际贸易条款，乃至整部宪法的全新理解。从最高法院对州际贸易条款前后极为不同的解释可以看出，新政改革实际上带来的是新旧两种宪法观之间你死我活的斗争，是围绕国家转型展开的革命与反革命之争，全然是政治的，而不是解释的。自新政之后，最高法院基本上对联邦的贸易权力扩张都持认可的态度，时至今日，联邦的这一权力几乎已经覆盖到了所有和经济沾边的事务，甚至可以通过贸易权力来推进种族平权。这正是新政后出现的福利国家所必然要求的，政府再也不可能对社会经济事务袖手旁观、不管不问，因此，它必须拥有与其责任相称的权力。复杂的社会经济事务更不是法院所擅长的，从这一领域退出继而留出更多精力来关注基本权利的保护成为新政之后的沃伦法院的基本特征。尽管如前文所述，"实质影响"标准在逻辑上并不必然走向司法节制，但决定"走向"的绝不仅仅只是逻辑，这一司法上的"真理"不正是被最高法院自己的历史所证实了吗？在当下这个新经济形态和交易方式层出不穷的互联互通的时代，州际贸易条款将面临一个比新政时期更具不确定性的经济世界，正如一首诗里所说的，"一切都是熟悉的，一切又都是初次相逢；一切都理解过了，一切又都在重新理解之中"，正因如此，当面对政府对社会经济的调控时，法院难道不应该想一想霍姆斯法官那句看似无关，恰正应景的箴言吗？他说，"人生就是一场实验。"

试论西周时期的诉讼费用

黄 海[*]

关于西周时期的诉讼费用,之前基本未有学者进行过系统研究。这一方面是由于传世典籍中关于此时诉讼费用的材料过于分散;另一方面是因为在出土文献,尤其是狱讼类的金文中,未见到直接与此相关的材料。正因为传世文献与出土文献中材料的零散与匮乏,使得这一问题除了少数学者略有提及之外,少有人问津。

但是,细究之下,我们可以发现,在现有的狱讼类金文中,并非全无诉讼费用的相关内容,在西周重器曶鼎[1]铭文的第一个案例当中,便有与诉讼费用相关的信息。从此则材料出发,通过对出土文献(尤其是金文)与传世文献当中与西周诉讼费用有关的信息分别进行梳理,并对二者进行比较,我们可以对西周时期的诉讼费用有一定的了解。

一、金文所见西周诉讼费用

在西周时期的金文当中,包含有一些与诉讼费用相关的内容,例如

---

[*] 作者系华东政法大学博士研究生。
[1] 曶鼎,又名曶鼎,是西周中期的青铜器,清朝乾隆年间毕沅得之于西安,现在唯有铭文拓本传世。曶鼎铭文是西周时期的一篇重要铭文,对于当时许多方面的研究均具有重大意义。由于其铭文中包含有两个完整的案例,所以其对西周法律史的研究更是意义非凡。关于曶鼎的具体信息,可参见中国社会科学院考古研究所编:《殷周金文集成》(修订增补本),中华书局2007年版,第1521页;李朝远:"曶鼎诸铭文拓片之比勘",载《上海文博论丛》2009年第1期;孙常叙:"曶鼎铭文通释",载孙常叙:《孙常叙古文字学论集》,东北师范大学出版社1998年版,第163~261页。

所谓的"取瞻若干孚",之前的学者对于它是否是诉讼费用已进行过讨论。[2] 再如前文提及的曶鼎铭文的案例一(因该案争议标的为"五夫",以下简称"五夫"案)中,也曾出现与诉讼费用有关之内容。其中目前仍有许多让人疑惑之处,以下笔者将尝试对这些材料进行梳理。

(一)曶鼎铭"五夫"案中的诉讼费用

1. 曶鼎铭"五夫案"简介

在曶鼎铭文所包含的两个案例中,"五夫"案向来以铭文佶屈聱牙、难以通读著称。目前,学者们对"五夫"案的案情有数种截然不同的理解。[3] 其铭文内容如下:[4]

唯王四月既眚(生)霸,辰在丁酉,井叔才(在)異为囗。曶事(使)厥小子䜌以限讼于井叔:我既卖女(汝)五夫效父,用匹马束丝。限諾(许)曰:氐则卑(俾)我赏(偿)马,效父则卑(俾)復厥丝束。賢、效父乃諾(许)赞曰:于王参门囗囗木桯,用償(赎)祉(诞)卖(赎)丝(兹)五夫,用百孚(锊),非出五夫囗囗㫃。廼酷又(有)㫃罙毓金。井叔曰:才王人,廼卖(赎)用囗,不逆。付曶,毋卑(俾)式于氐。曶则拜頴(稽)首,受兹五夫,曰陪、曰恒、曰办、曰鑫、曰省。使孚(锊)以告氐,廼卑(俾)饗以曶酉(酒)彶(及)羊、丝三孚(锊),用致丝(兹)人。曶廼每(诲)于氐曰:汝其舍(捨)䜌矢五秉,曰:弋

---

[2] 诸家观点总结可参见王晶:"金文中的'取䚘若干孚'与讼讼无关",载《中国文字研究》2008 年第 2 期。

[3] 具体参见黄海:"曶鼎铭文法律问题研究",华东政法大学 2016 年硕士学位论文。

[4] 本释文基于《殷周金文集成》释文,并吸收了各家观点和笔者的一些个人意见,详细情况参见黄海:"曶鼎铭文法律问题研究",华东政法大学 2016 年硕士学位论文。中国社会科学院考古研究所编:《殷周金文集成》(修订增补本),中华书局 2007 年版,第 1521 页。

试论西周时期的诉讼费用

（必）尚（当）卑（俾）处彶（厥）邑，田𨛫（厥）田，䣄
则卑（俾）复令（命）曰：若（诺）。

在本案中，裁判者是井叔，诉讼双方分别是原告方的曶与小子𢦔、被告方的限、效父与䣄。原告一方，小子𢦔是曶的下属；被告一方，效父和䣄是限的下属。案件大意是，双方本来约定，原告方以"匹马束丝"的价格向被告购买"五夫"，但被告方未遵守约定，所以原告方向具有裁判权的井叔起诉。双方对裁判者井叔分别进行了陈述后，作为裁判者的井叔应该进行了调解，被告方的限与效父同意调解，但䣄不同意，所以井叔对案件进行了裁决。裁决判定原告方获胜，之后双方按照当时的交易程序完成了"五夫"的交易，案件结束。[5]

"五夫"案中"曶迺每（悔）于䣄曰：汝其舍𢦔矢五秉"句中的"矢五秉"[6]，即非常有可能是诉讼费用。

---

[5] 根据笔者的理解，"五夫"案铭文可以翻译如下：王四月既生魄丁酉日这天，井叔在異这个地方担任某官。曶以小子𢦔为代表向井叔状告限："我方曾经约定以匹马束丝的代价向对方的效父购买五夫，但对方未能如约交付。"限陈述道："是䣄与效父不愿意交易，䣄将马拿回给我，效父将束丝拿回给我，让我退还给曶。"䣄和效父向𢦔辩解到："之前在王参门□□木之处，双方曾约订，用百㝬的䣄来买五夫，如果违约就要被告诉。所以我们拒绝以匹马束丝为对价交易。"经过井叔的调解，限与效父同意按原约，即匹马束丝的对价交易五夫，但䣄仍不同意交易。之后曶以小子䣄为被告告诉，并缴纳了诉讼费用。井叔裁判道："在王人参与的情况下，这次交易用㝬是不被接受的。被告方应该将五夫交给曶，并不能使五夫背离曶"。曶在行礼后，得到了五夫的名籍，名字分别是𢦔、恒、㚘、䣄、省。之后，曶用酒、羊以及丝三寽作为交易完成的礼物，以告知䣄应该交付五夫。䣄用曶的礼物招待了五夫，使他们答应被交易。交付完成后，曶又对䣄要求道："你应该给𢦔矢五秉"又道："你一定要保证五夫待在他们的居邑，耕作应该耕种的田地，不能教唆或者帮助五夫逃亡。"䣄使人回复道："好的。"参见黄海："曶鼎铭文法律问题研究"，华东政法大学2016年硕士学位论文。

[6] 学界对于"矢五秉"中"秉"的释字和具体数量有所争议。如郭沫若先生释此字为"束"，"矢五束"即五百矢；陈梦家先生释此字为"拱"，并推测一拱为二十矢，"矢五拱"即一百矢，正好是束矢。关于此问题，目前因材料有限，难下结论，不过可以确定的是，"秉"确为"矢"的计数单位。参见郭沫若编著：《两周金文辞大系图录考释》，上海书店出版社1999年版，第446页；陈梦家：《西周铜器断代》，中华书局2004年版，第200页。

2. 作为诉讼费用的"矢"

"矢"在金文中，除了作为人名之外，主要有两种用法。第一种是作为赏赐，第二种是作为诉讼费用。

"矢"作为赏赐用品的情况在金文中屡次出现，试举几例如下：

西周中期的同卣[7]："矢王易（锡）同金车、弓矢。"

此处是矢王赐予作器者同弓矢与金车。

西周中期的应侯视工钟[8]："王格于康宫，荣伯入右应侯视工，锡彤弓一、彤矢百、马四匹。"

此处是王赐予应侯"彤矢百"等物。

西周晚期的鄂侯驭方鼎[9]："王亲锡驭方玉五瑴，马四匹，矢五束。"

此处是周王赐予鄂侯驭方包括"矢五束"在内的一系列物品。

在这种作为赏赐的场合下，"矢"与诉讼并没有什么关系，而在金文中，作为赏赐物品是矢的主要用途，此与当时的礼制有关。

"矢"作为诉讼费用，在笔者目前所见的西周金文材料中，只有一例，即曶鼎铭文中的"五夫"案。但是，通过分析，我们可以看到此处的"矢"应该确实是作为诉讼费用出现的。

在"五夫"案铭文的最后，胜诉方的曶要求被告方向己方返还"矢五秉"，即铭文中的"曶廼每（悔）于㱃曰：汝其舍（捨）矤矢五秉"。而在铭文前文中，并未出现"矢五秉"或与其有关的内容，按照金文中的省略习惯来看，应该是因为"矢五秉"在诉讼中是一种常例，所以前文中才未提及。结合《周礼·大司寇》所言的"以两造禁民讼，

---

[7] 参见中国社会科学院考古研究所编：《殷周金文集成》（修订增补本），中华书局2007年版，第3368页。

[8] 参见吴镇烽编著：《商周青铜器铭文暨图像集成》（第27卷），上海古籍出版社2012年版，第370页。

[9] 参见中国社会科学院考古研究所编：《殷周金文集成》（修订增补本），中华书局2007年版，第1479页。

入束矢于朝,然后听之"[10]的记载,此处的"矢五秉"极有可能是诉讼费用。而且,不少学者已经指出[11],将"矢五秉"理解为诉讼费用,文义非常通顺,正如张经先生认为,本案中应该是原告方预缴了"矢五秉"作为诉讼费用,在胜诉后,又要求被告方将等额的诉讼费用赔给自己一方[12]。

(二) 西周金文所见"取赇某寽"与诉讼费用

西周金文中与诉讼费用相关的内容,主要可以分成两种。第一种是上文所述的"矢";第二种便是"赇若干寽"。西周金文中经常可以见到"取赇若干寽"的辞例,例如趞簋[13]铭文中的"讯小大有邻,取赇五寽"。

1. 西周金文中的"取赇某寽"

西周金文中常见"取赇若干寽"的记载,其中的"寽"应该是金属货币"赇"的计数单位。[14]在金文中,"取赇若干寽"主要见于赏赐和册命的场合,取赇的数目大小不等,目前所见有"五寽"、"十寽""廿寽"和"卅寽"等数额。以下试举几例。

---

[10]《周礼·秋官·大司寇》。

[11] 例如陈梦家先生认为,"矢五束"实为"矢五拱",五拱为一束,正与《周礼》所言"以两造禁民诉,入束矢于朝,然后听之"相合,当为诉讼费用。陈梦家:《西周铜器断代》,中华书局2004年版,第200页。

[12] 张经先生认为,"诉讼者要先缴纳一束矢,审理部门才会受理,与今日法律规定诉讼费用由原告方预先缴纳是相同的。今日法律规定,败诉方承担诉讼费用,如果原告胜诉,即退回预先缴纳的诉讼费,而由被告承担。西周时的规定与此略有差异,胜诉方预缴的束矢可能并不退回,因而造成的损失,胜诉方可以向败诉的一方索要。"参见张经:"智鼎新释",载《故宫博物院院刊》2002年第4期。

[13] 中国社会科学院考古研究所编:《殷周金文集成》(修订增补本),中华书局2007年版,第2596页。

[14] 关于西周时期货币的具体形态与价值,可参见陈连庆:"试论智鼎铭文中的几个问题",载吉林大学古文字研究室编:《古文字研究》(第20辑),中华书局2000年版,第85~97页。

西周中期的楚鼎[15]:"王格于康宫,仲偁父入佑楚,立中廷,内史尹氏册命楚赤◎巿、銮旂,<u>取遄五寽</u>。"

西周中期的䚄簋[16]:"王呼作册尹册申命䚄曰:更乃祖服,作冢司马,汝廼谏讯有粦,<u>取遄十寽</u>"。

西周晚期的番生簋盖[17]:"王命毃司公族、卿士、太史寮,<u>取遄廿寽</u>"。

西周晚期的毛公鼎[18]:"王曰……与朕褒事,以乃族捍敔王身,<u>取遄卅寽</u>"。

上举诸例中的"取遄若干寽"均出现于册命金文中,故"取遄若干寽"应与官员的职责有关。

但是,关于"取遄若干寽"的具体含义,目前争议颇大,有罚金、薪酬、办公费用、诉讼费用等数种说法[19]。笔者认为,"取遄若干寽"在不同情况下应该会有不同的理解,不一定在所有的册命类金文中均意思相同。

2. 作为诉讼费用的"取遄某寽"

在记有"取遄某寽"的西周金文中,有一类铭文值得注意。在这些铭文中,"取遄某寽"常与"讯讼""讯"等词语连用,他们应该与诉讼费用相关,举例如下:

西周中期的趞簋[20]:"讯小大有邻,取遄五寽。"

---

[15] 楚鼎,参见中国社会科学院考古研究所编:《殷周金文集成》(修订增补本),中华书局2007年版,第2463页。

[16] 䚄簋,参见《中国历史文物》2006年第3期封二。

[17] 番生簋,参见中国社会科学院考古研究所编:《殷周金文集成》(修订增补本),中华书局2007年版,第2708页。

[18] 毛公鼎,参见中国社会科学院考古研究所编:《殷周金文集成》(修订增补本),中华书局2007年版,第1534~1543页。

[19] 诸家观点总结可参见王晶:"金文中的'取䚄若干锊'与讯讼无关",载《中国文字研究》2008年第2期。

[20] 参见中国社会科学院考古研究所编:《殷周金文集成》(修订增补本),中华书局2007年版,第2596页。

西周中期的扬簋[21]:"讯讼,取賸五寽。"

西周晚期的𩽾簋[22]:"命汝司成周里人眔诸侯、大亚,讯讼罚,取賸五寽。"

在这种情况下,"取賸五寽"明显与讯讼相关,将其理解为诉讼费用顺理成章。这些铭文实际上记述了周王在册命过程中赋予他们的司法权限,也就是说,诉讼费用在"五寽"这个等级的案件,可以由铭文中被册命的官员处理。[23]

这在相关的金文中亦可以得到证明,例如在上述的𩽾簋铭文当中,𩽾被册命的职事是"命汝司成周里人眔诸侯、大亚"[24],既然要治理人众,那么处理他们之间的纠纷自然是工作的重要内容之一,故而可以处理诉讼费用在"五寽"这个等级的案件。其他同类铭文中,亦都如此,如扬簋铭文中,扬受册的职事是"作司工,官司量田佃、眔司位、眔司芻、眔司寇、眔司工事"[25],事涉田、工、寇诸事,均是容易引起纠纷之事,自然需要有一定的司法权限来处理该类纠纷。同样,在趞簋铭文中,其受册的职事是"作𢕏师冢司马,啻官仆、射、士"[26],涉及军队的管理,拥有司法权限来处理纠纷自然也是正常的。

(三)金文所见西周诉讼费用的分类:矢与货币

综上所述,我们可以发现,目前,西周金文中出现的诉讼费用一共

---

[21] 参见中国社会科学院考古研究所编:《殷周金文集成》(修订增补本),中华书局 2007 年版,第 2640 页。

[22] 参见中国社会科学院考古研究所编:《殷周金文集成》(修订增补本),中华书局 2007 年版,第 2417 页。

[23] 参见陈公柔:"西周金文诉讼辞语释例",载陈公柔:《先秦两汉考古学论丛》,文物出版社 2005 年版,第 123~130 页。

[24] 参见中国社会科学院考古研究所编:《殷周金文集成》(修订增补本),中华书局 2007 年版,第 2417 页。

[25] 参见中国社会科学院考古研究所编:《殷周金文集成》(修订增补本),中华书局 2007 年版,第 2640 页。

[26] 参见中国社会科学院考古研究所编:《殷周金文集成》(修订增补本),中华书局 2007 年版,第 2596 页。

有两类，分别是"矢"与"贶若干寽"，也即矢与货币。根据曶鼎铭文中的"五夫案"，"矢"似乎诉讼双方均需要缴纳，之后胜诉方可要求败诉方返还等额的矢。而根据"取贶若干寽"中与诉讼费用相关的部分，我们似乎可以推测，根据案情的不同，诉讼费用会随之变化。当然，这些目前只是一些猜测。同时，对于二者在何种情况下可以作为诉讼费用使用，使用二者作为诉讼费用的情况是否有区别，根据目前的金文则并不能得到答案。为了尝试弄清这些问题，我们不得不求助于后世成书的传世典籍，以期寻找到蛛丝马迹。

二、《周礼》及其他传世文献中的诉讼费用

在后世成书的传世文献当中，有一些材料涉及两周时期的诉讼费用问题，其中尤以《周礼》所载为详。《周礼》一书自近代疑古思潮兴起以来，屡被质疑，其书在先秦时期的研究中只有参考意义，可以说已成定论。但是在近些年的研究中，可以发现《周礼》的内容与不少出土文献材料相吻合，[27] 所以其对于西周时期法律制度的研究仍然具有一定的积极意义。为了更好地使用《周礼》中的材料，我们有必要先就该问题进行一些讨论。

（一）《周礼》在西周法制史研究中的使用方法

《周礼》包含了大量关于先秦典章制度的材料，所以历来受到极大的关注。而要想清这些材料并使用它们，明确《周礼》的成书年代是最为重要的前提。关于《周礼》的成书年代，自古至今，历来聚讼不已，目前主要有西周成书说、春秋成书说、战国成书说、周秦之际成书说、汉初成书说、王莽刘歆伪作说六种观点。[28] 目前，《周礼》成书年代仍然难以确定。可以确定的是，《周礼》应该并不是成于一人之手，

---

[27] 例如，《周礼·秋官·掌戮》所载"墨者使守门，劓者使守关，宫者使守内，刖者使守囿，髡者使守积"。"刖者使守囿"的记载与藏于山西省博物院所藏西周时期的刖人守囿车的形象相吻合。

[28] 参见沈长云、李晶："春秋官制与《周礼》比较研究——《周礼》成书年代再探讨"，载《历史研究》2004年第6期。

而是经过许多人的叠加、整理而成,所以其中很可能包含有不止一个时代的材料。我们不能武断地判断整本《周礼》在先秦史研究中可用或者不可用,而是要对每一条材料细加分析,逐条判断其是否可靠。

《周礼》六篇中的《秋官》一篇,记录的便是当时的司法职官系统,其中包含法律原则、诉讼、执行等各方面的内容,其系统性和科学性是让人惊叹的。《周礼》中有数量如此庞大,涉及面如此之广的法制史相关材料,我们在研究中,势必无法对其视而不见。但是与此同时,在使用时,为了防止滥用或错用,还需要注意具体的使用方法。

在法律史学界,长久以来一直有一种趋势,即对于《周礼》的材料不细加甄别,而径直将其作为西周时期的材料来使用,这一点无论是在教科书中还是在早期论著中均有所表现。这种方法无疑是有很大问题的,因为《周礼》的成书并不在西周,而是由后世人编纂所成,其中包含有大量后世人的想象。

但是,我们同样不能因为其成书于后世就对《周礼》中的材料弃而不用。虽然《周礼》并非成书于西周,更不是历代儒家学者所谓的周公所作。但是通过与出土文献的对比,我们可以发现其中不少材料确与西周时期的实际情况相合。例如在西周职官的研究中,不少职官与《周礼》相合。[29]

综上所述,在西周法律史的研究中,我们还是应该坚持王国维先生提出的"二重证据法",即将传世文献与出土文献结合起来论证问题。具体来说,我们在使用《周礼》等传世文献中的法律材料时,应该将其与金文等出土文献材料进行比较,如果传世文献中的材料与金文等所反映的情况相合,则这些材料便是可以使用的。反之,则这些材料便仍有待证明,不可单独使用。当然,在重视金文等出土文献的同时,我们也不能忽视《周礼》等传世文献的作用。传世古籍虽有疑古派所谓的"层累"现象,但其中仍然包含着大量的历史信息,我们需要通过分析

---

[29] 参见沈长云、李晶:"春秋官制与《周礼》比较研究——《周礼》成书年代再探讨",载《历史研究》2004年第6期。

确定哪些是真实有用的信息,哪些是可疑的信息,而不是简单地对传世古籍予以否定。

(二)《周礼》及其余传世文献所见西周诉讼费用相关

关于《周礼》中所载的西周时期诉讼费用的内容,见于《周礼·秋官·大司寇》,内容如下:

> 以两造禁民讼,<u>入束矢于朝</u>,然后听之;以两剂禁民狱,<u>入钧金</u>,三日乃致于朝,然后听之。

可以看到,在《周礼》当中,将西周时期的诉讼费用分为两种,即"束矢"与"钧金",这似乎与上文所言金文中出现的两种诉讼费用"矢"与"金属货币"正可对应。为了进一步确定该问题,需要对《周礼》中的两种诉讼费用分别进行讨论。

1. 作为诉讼费用的"矢"

《周礼》关于"矢"作为诉讼费用的内容如下:

> 以两造禁民讼,入束矢于朝,然后听之。[30]

郑玄注云"讼,谓以财货相告者……使讼者两至,既两至,使入束矢乃治之也"[31]。也就是说,按照此处的记载,在与财货相关的诉讼之前,诉讼双方均需要向官方交纳"束矢"作为诉讼费用。孙诒让则认为"盖讼未断之先,则令两人束矢,既断之后,不直者,没入其矢以示罚,其直者则还其矢"[32]。也就是说,在诉讼之前,双方各交纳一束矢给官方,在裁判之后,胜诉方的束矢会被返还,败诉方的束矢则不再

---

[30] 参见《周礼·秋官·大司寇》。
[31] 参见(清)孙诒让:《周礼正义》,王文锦、陈玉霞点校,中华书局1987年版,第2748页。
[32] 参见(清)孙诒让:《周礼正义》,王文锦、陈玉霞点校,中华书局1987年版,第2748页。

返还。

在该条记载中，比较值得关注的问题是，其认为以"矢"为诉讼费用的案件是与财货相关的案件，西周时期是否确实如此呢？

检阅典籍，在较晚的春秋时期，有一例齐国以"矢"为诉讼费用的记载，通过其中的记载，或可以帮助我们分析《周礼》中的内容。

> 桓公问曰："夫军令则寄诸内政矣，齐国寡甲兵，为之若何？"管子对曰："轻过而移诸甲兵。"桓公曰："为之若何？"管子对曰："制重罪赎以犀甲一戟，轻罪赎以鞼盾一戟，小罪谪以金分，宥间罪。索讼者三禁而不可上下，<u>坐成以束矢</u>。美金以铸剑戟，试诸狗马；恶金以铸锄、夷、斤、斸，试诸壤土。"甲兵大足。[33]

齐桓公欲强国，所以需要更多的战争装备（"甲兵"），所以管仲提出了一系列建议用以收集甲兵。可以看到，此处的齐国在诉讼中以"束矢"作为诉讼费用，是其收集战争装备的手段之一，其目的在于解决齐国"寡甲兵"的现状。而此处以"矢"为诉讼费用的案件是"讼"，即与财货相关的案件，与《周礼》所载相合。此事亦载于《管子》中的《中匡》《小匡》两篇。[34] 在《小匡》篇的记载中，我们可以看到一些差异。

> 桓公曰："卒伍定矣。事已成矣，吾欲从事于诸侯其可乎？"管子对曰："未可。若军令则吾既寄诸内政矣，夫齐国寡甲兵，吾欲轻重罪而移之于甲兵。"公曰："为之奈何？"管子对曰："制重罪入以兵甲犀胁、二戟，轻罪入兰、盾、鞈革、

---

[33] 《国语·齐语》。
[34] 《管子·中匡》与《齐语》叙事大体相同，其中有关"讼"的部分写作"无所计而讼者"；《管子·小匡》与《齐语》所载则有所差异，详见下文。

二载，小罪入以金钧分，宥薄罪入以半钧。<u>无坐抑而讼狱者，正三禁之而不直，则入一束矢以罚之。</u>美金以铸戈、剑、矛、戟，试诸狗马；恶金以铸斤、斧、锄、夷、锯欘，试诸木土。"[35]

此处之记事与《国语·齐语》所言大体相同，但在与"矢"相关的部分则大有不同。以"矢"为诉讼费用的案件包含了"狱"与"讼"，而不只是适用于与财货相关的"讼"，与《周礼》之记载并不相同。

通过以上典籍中关于齐桓公时期"矢"作为诉讼费用的记载，我们可以看到，即使到了西周之后的春秋时期，"矢"作为诉讼费用所适用的案件，仍然并不确定，而并非如《周礼》所言，单单适用于与财货有关的案件。春秋时期尚且如此，按照常理，西周时期自然更非如此。但是，西周时期是否有此种分类的倾向，则并不好说。

通过以上分析，我们可以基本明确一点，即在西周时期，确有以"矢"作为诉讼费用的情况。与金文相比，传世文献对于"矢"作为诉讼费用的内容要丰富许多。虽然其主要记录的是春秋时期的制度，我们无法依此断定西周时期的"矢"在作为诉讼费用时具体是如何操作的，但是根据传世古籍的记载，可以佐证我们通过金文得到的判断，即西周时期确实曾以"矢"作为诉讼费用。

2. 作为诉讼费用的"金"

《周礼》关于"金"作为诉讼费用的内容如下：

以两剂禁民狱，入钧金，三日乃至于朝，然后听之。[36]

郑玄注云"狱，谓相告以罪名者。剂，今券书也。使狱者各齎券

---

[35]《管子·小匡》。
[36]《周礼·秋官·大司寇》。

书,既两券书,使入钧金,又三日乃治之,重刑也"[37]。即,对于涉及刑事犯罪的诉讼,需要双方分别书面陈述,并各自交纳"钧金"给官方,官方在三日之后进行处理。

这里的"钧金"无疑具有诉讼费用的性质,孙诒让云"此亦谓狱未断之先,两入钧金,既断之后,则不直者没入金以示罚,直者仍还其金"[38]。意即双方在诉讼前分别缴纳"钧金",在案件裁决后,胜诉者的"钧金"会被退还,而败诉者的钧金会作为惩罚被没收。

对于"钧金"作为诉讼费用,有一点值得注意,即败诉者所交之"钧金"或许兼有罚金的性质,也就是说,"钧金"兼有诉讼费用与罚金两种性质。我们可以结合上节所引齐桓公与管仲之事以为例证。

> 桓公问曰:"夫军令则寄诸内政矣,齐国寡甲兵,为之若何?"管子对曰:"轻过而移诸甲兵。"桓公曰:"为之若何?"管子对曰:"制重罪赎以犀甲一戟,轻罪赎以鞼盾一戟,<u>小罪谪以金分</u>[39],宥间罪。索讼者三禁而不可上下,<u>坐成以束矢</u>。美金以铸剑戟,试诸狗马;恶金以铸锄、夷、斤、斸,试诸壤土。"甲兵大足。[40]

可以看到,此处直言"小罪谪以金分",即被确定犯有小罪之人,需要缴纳"金"作为罚金,这正与孙诒让所言"既断之后,则不直者没入金以示罚"相合。而平民可诉之与犯罪相关的案件,即《周礼》所言"民狱",应当多为轻微犯罪,这也与《国语·齐语》齐桓公事中

---

[37] 参见(清)孙诒让:《周礼正义》,王文锦、陈玉霞点校,中华书局1987年版,第2750页。

[38] 参见(清)孙诒让:《周礼正义》,王文锦、陈玉霞点校,中华书局1987年版,第2750页。

[39] 此处"金"应即"钧金",《管子·小匡》所载同一事中,对应内容为"小罪入以金钧"。

[40] 参见《国语·齐语》。

所言的"小罪"相合。

虽然对于这些推论,我们目前仍无法在金文等出土文献中找到可以直接证明其的材料,但是通过以上的讨论,和金文材料相结合,可以佐证西周时期确曾以金属作为诉讼费用。

三、结论

目前,对于西周时期诉讼费用的相关材料仍然不是很多。不过,通过对这些材料按照出土文献与传世文献两大类进行的梳理,我们仍然可以有所收获。

首先,西周时期的诉讼应该确实存在诉讼费用。这在金文中的"取䙴若干寽"上表现得尤为明显,传世文献所载虽为后期情况,但与金文遥相呼应,可为佐证。

其次,西周时期的诉讼费用根据目前所见可以分为两种,即"矢"和金属货币[41]。在金文当中,即"矢五秉"与"取䙴五寽",在传世文献中,即"束矢"与"钧金"。

由上文的分析,我们可以看到,无论是在金文当中,还是在传世典籍中,当时的诉讼费用均可分为两类,即"矢"和金属货币,这应该不是巧合,这种两种诉讼费用的分类方法在当时应该是确实存在的。

按照《周礼·秋官·大司寇》的记载,"矢"在与财货相关的案件("民讼")中作为诉讼费用,而金属货币在与犯罪相关的案件("民狱")中作为诉讼费用。当然,《周礼》的记载因为其成书年代等原因并不能完全相信,但我们或许可以推测,西周时期应该有类似的分类。即一些性质的案件以"矢"为诉讼费用,另一些性质的案件以金属货币作为诉讼费用。遗憾的是,对于其中的具体细节,目前因为材料所限,仍然无法确定。

最后,我们应该明确一点,即西周时期的诉讼费用或许兼有罚金的性质。前文中也已述及,作为诉讼费用的金属货币,对败诉一方来说不

---

[41] 金文称作"䙴若干寽",传世古籍称作"金"。

予退还，从而兼有诉讼费用与罚金两种性质。其实，由传世文献反映的情况来看，"矢"作为诉讼费用，对败诉方来说或许亦有罚金之性质。上引齐桓公与管仲之事中，关于诉讼费用的记载，《管子·小匡》便记为"小罪入以金钧分宥薄罪，入以半钧。无坐抑而讼狱者，正三禁之，而不直，<u>则入一束矢以罚之</u>"，而金文当中的"取𫢏若干寽"，亦有学者将其认为是罚金。虽然因为材料不足，我们无法对其进行确认，但是认为西周时期的诉讼费用或许兼有罚金的性质仍不失为一种合理的推测。

狱史与"微难狱"
——秦县廷中的狱史仕进之路

舒哲岚[*]

"狱史"一词多见于传世文献和出土秦汉简文中。例如,"(路温舒)稍习善,求为狱小吏,因学律令,转为狱史,县中疑事皆问焉",[1]"乡官辄上奔书县廷,廷转臧(藏)狱,狱史月案计日,盈三月即辟问乡官,不出者,辄以令论,削其爵,皆校计之",[2]等等。零散截取的以上文句,无一不向今人透露出熟习律令的狱史虽非位高权重,却时常参与县廷诉讼事务,是秦基层法律运行的重要一环。今人欲厘清秦法在基层行政中如何运行,县廷的吏员配备及工作职能是不可绕过的议题,狱史则是我们从县廷的理讼断狱职能角度了解其组织运行的关键。

然而,如陈直在《汉书新证》中所言,"汉书所据,则为最后官制,对六百石以下之官吏,沿革每漏而不记"。[3]对于作为秦基层官吏一员的狱史,传世文献所载语焉不详、疑问丛生。所幸,狱史多见于新出土的简牍材料。将关于狱史的"地下之新材料"与"纸上之材料"比照映证,一定程度上可以补充传世文献的阙漏。故笔者以出土简牍所见狱史为中心,试图通过辨析狱史与秦县廷中其他官吏的关系,明确狱史所任职务与所处地位。同时,透过狱史而进一步分析县廷长吏与少吏工作性质、升迁途径的异同,我们可在出土简牍中为秦汉基层官吏的"士吏

---

[*] 作者系中国政法大学博士研究生。

[1] 《汉书》卷五十一《路温舒传》。

[2] 参见陈松长主编:《岳麓书院藏秦简(肆)》,上海辞书出版社2015年版,第113页。

[3] 参见陈直:《汉书新证》,天津人民出版社1979年版,第5~6页。

无别"、〔4〕"官吏相通"〔5〕找寻微观层面的佐证，探寻南北朝开始的"官吏分途"〔6〕在帝国基层治理层面的潜在内因，上溯至秦代找寻后世"胥吏之害"的渊源，并从统一中央集权国家行政组织纵深沿革的角度，对理解中国古代官吏关系的演变加以历史早期时代内容的补充。

众所周知，在秦的县廷之中，除了被后世称作"长吏"的县令、县丞和县尉以外，维系县基本行政职能需要人数众多的"少吏"群体，〔7〕狱史即是其中一员。"汉制计秩，自百石始，不及百石者谓之斗食，百石则称有秩矣"，〔8〕少吏依据俸禄是否达到百石又可细分为"有秩吏"和"斗食吏"。按照此种依俸禄划分的秩级，狱史当为斗食之属，在日常工作中会与县廷一众少吏发生联系。这些秦基层官吏名称的内涵和具体职能划分尚待进一步思考，亦限于文章篇幅，笔者无法一一进行讨论。而其中与狱史联系最为紧密的当数令史。〔9〕狱史与令史

---

〔4〕 阎步克先生在其《中国古代官阶制度引论：中国古代官僚等级制度研究》等著作中提到秦代"士吏无别""百官相通"的观点，认为"以刀笔吏治天下"的秦刀笔吏阶层的"崛起与扩张，一度弥平了士大夫与胥吏之间的鸿沟"，"从低级官吏直到宰相，都没有身份性限制"。参见阎步克：《中国古代官阶制度引论：中国古代官僚等级制度研究》，北京大学出版社 2010 年版，第 400 页。

〔5〕 参见周雪光："从'官吏分途'到'层级分流'：帝国逻辑下的中国官僚人事制度"，载《社会》2016 年第 1 期。

〔6〕 叶炜先生认为，在南北朝隋唐时期，与历代官府中存在的负责办理文书、处理具体事务的胥吏阶层相对应的，是身份显赫、匡世经纬的士族官僚，二者在行政等级、社会身份等级、道德品质等级三个方面存在巨大的差别与习惯性对立，并直接影响了宋代及后世官吏行政体制的走向。参见叶炜：《南北朝隋唐官吏分途研究：中国古代官僚等级制度研究》，北京大学出版社 2009 版。

〔7〕 需要说明的是，下文将借用《汉书·百官公卿表上》中"长吏"和"少吏"的概念来划分秦县廷的官吏，即以"长吏"作为对县令长、县丞、县尉的统称，以"少吏"作为县廷中除长吏以外低层小吏的统称。这种划分方式可能存在以后世概念妄论前代的讹误，但笔者在此仅借用这种按照禄秩划分基层官吏的方式，并非认为秦代即存在明确的长吏与少吏的概念。

〔8〕 参见（清）王国维：《观堂集林》，河北教育出版社 2003 年版，第 421 页。

〔9〕 例如，刘向明先生在"从出土秦律看县'令史'一职"一文中认为，秦县廷中的"令史"与"狱史"是同官异称，不仅是县令的属吏，也是丞、尉的属吏，负责的职务涉及县的行政、司法、经济、监督和军事等各方面。参见刘向明："从出土秦律看县'令史'一职"，载《齐鲁学刊》2004 年第 3 期。

的关系,还涉及秦县廷少吏的职属划分,进而体现县廷官制科层化程度。又因狱史与令史分别隶属于县丞与县令,探讨二者关系,亦包含了对县丞与县令权力分配问题的探究。故笔者在此仅着重探讨此二者的关系。

一、狱史与令史

令史与狱史同为秦县廷的小吏之属,多见于传世文献与出土简牍所载。睡虎地秦墓竹简(以下简称睡简)中就有多处涉及令史的简文,如《编年记》中自秦王政元年至十二年的记载如下:

> 今元年,喜傅
> 二年
> 三年,卷车。八月,喜揄史
> 四年,□军。十一月,喜□安陆□史
> 五年
> 六年,四月,为安陆令史
> 七年,正月甲寅,鄢令史
> 八年
> 九年
> 十年
> 十一年,十一月,获产
> 十二年,四月癸丑,喜治狱鄢[10]

其中,"为安陆令史"和"鄢令史"两句,表明墓主喜生前曾担任令史一职。《旧汉仪》有载,"更令吏曰令史,丞吏曰丞史,尉吏曰尉

---

[10] 参见睡虎地秦墓竹简整理小组编:《睡虎地秦墓竹简》,文物出版社1990年版,第6页。

史,捕盗贼得捕格",[11] 故相较于职能和禄秩,令史一称的命名方式似更大程度上源自其和县令长的统属关系。类似的情况还可能适用于丞史、尉史,其称谓都说明了他们分别统属于县丞、县尉。[12] 由一县最高领导直接统属并因此得名,令史在一众小吏中的地位之高可见一斑。亦因其地位特殊,出土简牍与传世文献中对令史均多有提及,例如:

> 计以具付器计廿八年不来报,敢言之。□□□□□□写移令史,可以律令从事,敢【告】□手。[13]

赵禹者,斄人。以佐史补中都官,用廉为令史,事太尉亚夫。[14]

《岳麓书院藏秦简(叁)》的《魏盗杀安、宜等案》中亦提及令史:

> ……●即令狱史触与彭沮、衷求其盗。……甚微难得。触等以智(织)微,谦(廉)求得。五年,触与史去疢谒为【□□□□】□之。今狱史触、彭沮、衷得微难狱,磔皋一人。

---

[11] 参见(清)孙星衍等编:《汉官六种》,周天游点校,中华书局1990年版,第82页。

[12] 对于睡简中令史的有关记载,学者们的论著亦多有涉及,认为令史是县令的直属属吏,执掌文书,地位略高于佐和史。如整理小组对令史的注释为"令史,县令的吏,执掌文书等事"。参见前引[10],睡虎地秦墓竹简整理小组书,第10页;高敏先生认为,"令史是县令手下属官","'令史'又大于'史'"。参见高敏:"从云梦秦简看秦的若干制度",载高敏:《云梦秦简初探》,河南人民出版社1981年版,第203页;马雍先生认为,"令史是县令属下的小吏"。参见马雍:"读云梦秦简《编年记》后书",载中华书局编辑部编:《云梦秦简研究》,中华书局1981年版,第30页;高恒先生认为,"令史即县府属员县令史","令史高于佐、史"。参见高恒:"秦简中与职官有关的几个问题",载中华书局编辑部编:《云梦秦简研究》,中华书局1981年版,第220页。

[13] 参见陈伟主编:《里耶秦简牍校释》(第一卷),武汉大学出版社2012年版,第33~34页。

[14] 参见《史记》卷一百二十二《酷吏列传》,中华书局1963年版。

为奏十六牒，上。触为令史廿二岁，年卅三；彭沮、庚劳、年中令。皆请（清）絜（洁），毋（无）害，敦（憝）；守吏（事），心平端礼。任谒课以补卒史，劝它吏。敢言之。[15]

细读简文可知，前文提及狱史触临危受命，负责调查疑案，而后文为其因"得微难狱"请功提拔的部分则有"触为令史廿二岁"一句。触的职务究竟是狱史还是令史？矛盾之处是否是笔误？

岳麓书院藏秦简整理小组在注释中试图解释这一问题，认为"似乎秦国令史未曾分化，狱史实为令史，'狱'字仅表示其所担当的业务范围"。[16] 刘向明亦持此观点，认为秦令史的执掌存在从复杂到分化的发展过程，因令史审判职能分化而产生了狱史的官称，狱史与令史乃同官异称。[17] 水间大辅作出的解释是，同为属吏的令史与狱史是同一官员在不同小吏层面的称呼，令史是"一次等级"，狱史是"二次等级"，[18] "属吏由于被任命为令史等一次等级从而取得特定的官秩，保持着此一等级的同时就任为狱史等二次等级，从而被分配在特定的部门，被授予特定的职责"，[19] 而睡虎地秦简《封诊式》中治狱的令史就是狱史。与上述观点不同，卜宪群考证尹湾汉简中县属吏设置，认为令史、狱史分立说明二者并非同一官职，且东海郡除郡治所同时设立了狱丞、狱史之外，其他各县侯国只设狱史。狱史一般属斗食之秩，排在

---

[15] 参见朱汉民、陈松长主编：《岳麓书院藏秦简（叁）》，上海辞书出版社 2013 年版，第 185~195 页。

[16] 参见朱汉民、陈松长主编：《岳麓书院藏秦简（叁）》，上海辞书出版社 2013 年版，第 126 页。

[17] 参见刘向明："从出土秦律看县'令史'一职"，载《齐鲁学刊》2004 年第 3 期。

[18] 参见［日］水间大辅："秦汉县狱吏考"，载中国社会科学院考古研究所、河南省文物考古研究所编：《汉代城市和聚落考古与汉文化》，科学出版社 2012 年版，第 419~430 页。

[19] 参见［日］水间大辅："秦汉时期县狱史的职责"，载《出土文献与法律史研究》（第一辑），上海人民出版社 2012 年版，第 206 页。

令史之后是其地位高的一种表现。[20]

笔者认为,之所以存在"狱史与令史同官异称"的观点,且传世文献多有可能将二者身份相混同,其原因主要有以下三点:

(一) 文献记载的矛盾之处

出土简牍与传世文献中皆存在因狱史与令史混用而产生矛盾的内容,常有某处史料记载担任狱史一职的人,在其他文献记载中担任的却是令史一职。除了上文所引的《魏盗杀安、宜等案》以外,还有如下记载:

> 秦二年,……陈婴者,故东阳令史,居县中,素信谨,称为长者。东阳少年杀其令,相聚数千人,欲置长,无适用,乃请陈婴。婴谢不能,遂强立婴为长,县中从者得二万人。少年欲立陈婴便为王,异军苍头特起。婴母谓婴曰:"自我为汝家妇,未尝闻汝先古之有贵者。今暴得大名,不祥。不如有所属,事成犹得封侯,事败易以亡,非世所指名也。"婴乃不敢为王……[21]

陈婴在秦帝国担任东阳县的令史一职,因诚实守信的个人品质而获得尊敬爱戴。为反抗秦的暴政,县中少年诛杀了县令。在秦郡县制之下,县令等长吏皆由中央直接委派。杀死中央直属的县令以立威更能直接地表达县中人反抗中央政权的决心,符合"山东郡县少年苦秦吏,皆杀其守尉令丞反,以应陈涉"[22]的大背景。在所谓的"长吏征辟制"之下,与长吏有别的少吏阶层则并不是县中人起义的敌对势力,反而是其想要力争的具备智识的群体。陈婴因个人品质被推举为起义军的首领,"县中从者得二万人",说明他获得县中广泛拥戴,这极可能是陈婴

---

[20] 参见卜宪群:"西汉东海郡吏员设置考述",载《中国史研究》1998年第1期。
[21] 参见《史记》卷七《项羽本纪》,中华书局1963年版。
[22] 参见《史记》卷六《秦始皇本纪》,中华书局1963年版。

在令史任内所积累的群众基础。而自陈婴母亲的劝言中，可获知陈婴出身贫寒，"闻先故未曾贵"，可谓其家族世代出身不高。这也佐证了令史此职禄秩与社会地位皆不高，乃介于官与民之间的小吏。

然而，同书此段的注释有这样一句：

《正义》引《楚汉春秋》云：东阳狱史陈婴。[23]

在《汉书》和《史记》的记载中，陈婴的职位均为令史，而《史记正义》则据《楚汉春秋》明确指出陈婴担任的不是东阳县的令史，而是狱史一职。两处记载的时间阶段几乎重合，故不能以陈婴先后担任了狱史和令史两个职务来解释，则此处所涉文献记载的矛盾之处，存在两种解读的可能。其一，狱史即令史，二者同官异称；其二则是作者的笔误。笔者综合分析，认为后者的可能性很大。诸多版本的《史记》与《汉书》流传至后世，皆未在此处有特别的出入，而至唐人注释的《史记正义》始言及西汉著作《楚汉春秋》中有与原文记载不同的说法，采信唐人说法而据此推翻传世原典的做法似乎不太合理。且《楚汉春秋》成书于西汉早期，《史记》采撷参考之，司马迁在撰写此段文字时自当阅览了《楚汉春秋》对陈婴职位之记载，却仍以"令史"一职记录，应是谨慎辨析后的录入。故笔者认为陈婴的身份应该采"令史"一说，而非"狱史"。但以上论证亦从另一个角度说明，正因为狱史与令史二职存在类同，才有可能导致在后世文献传抄过程中出现针对此二职务的讹误。

（二）二者禄秩地位近似

狱史与令史同为县廷中的属吏，分别在各自的职能分类上辅佐县廷长吏处理行政事务，故一般认为二者地位近似。但经仔细考究，可发现二者地位存在差异。刘海年先生指出，令史的地位低于狱吏，二者在诉

---

[23] 参见《史记》卷七《项羽本纪》，中华书局1963年版，第299页，注［六］。

讼中的地位差别很大。[24] 卜宪群则认为，尹湾汉简令史在斗食中地位最高，紧接有秩之后，在不设有秩吏的县中令史则直接位于丞、尉之后。[25]

睡虎地秦简《秦律十八种·置吏律》中有一条规定官吏递补顺位次序的简文：

> 官啬夫节（即）不存，令君子毋（无）害者若令史守官，毋令官佐、史守。[26]

此句多为学者所引用以证明令史的地位禄秩稍高于佐、史，因为首先考虑替补官啬夫缺位的是"若令史守官"，即只要有令史在，就不允许由官佐、史等予以临时性接替。但换个角度来看，此句也正说明了令史与官啬夫、官佐、史的禄秩地位近似但不完全相同。因为如果此几种小吏存在巨大的职位差异和身份差距，就不会出现官啬夫职位空缺而由"若令史守官"代理的现象；而之所以出现此条禁令，其原因或许正是在禁令出台之前，存在官佐、史等填补官啬夫空缺的先例，且非鲜见。这也是导致立法者将此条于《秦律十八种·置吏律》中加以明确的原因。无论系出于维护县廷属吏系统的职权明确或其他原因的考量，官啬夫、令史、官佐、史等都是小吏的属性以及其禄秩差异不大的本质是无法否认的。这也正是笔者认为令史与狱史禄秩地位相近似，但仍存在令史略高于狱史的细微差异的原因之一。故狱史与令史虽然禄秩地位相近，实为两名县廷少吏，并非二者同官异称。

（三）二者职能近似甚至多有重合

上文所引《编年记》部分内容，表明墓主喜在担任鄢这个地方的令

---

[24] 参见刘海年："秦代法吏体系考略"，载《学习与探索》1982年第2期。
[25] 参见卜宪群："西汉东海郡吏员设置考述"，载《中国史研究》1998年第1期。
[26] 参见睡虎地秦墓竹简整理小组编：《睡虎地秦墓竹简》，文物出版社1990年版，第56页。

史一职时从事了"治狱"活动。刘海年指出令史是治理刑狱的办事人员，具有一定的侦查和法医检验专门知识，执行职务须与直接上司密切配合。[27] 这一论断似乎也与狱史的职能相适应。睡简《封诊式》记载了多个供官吏治狱参照的案例，但其中提及狱史的简文几乎没有，而多处爱书却记载了令史在办案中的贡献：

□□爱书：某里公士甲自告曰："……，来自告，告丙。"即令令史某往执丙。
爱书：……即令令史某齿牛，牛六岁矣。
爱书：……今鋈丙足，令吏徒将传及恒书一封诣令史，可受代吏徒，以县次传诣成都，成都上恒书太守处，以律食。
丞乙爱书：令令史某、隶臣某诊甲所诣子，已前以布巾裹，如衃血状，大如手，不可智（知）子。[28]

从上述爱书的节选可知，令史参加的工作包括逮捕被告人、检验牲畜牙齿以判断畜龄、充当郡府的文书接收人员、带领隶臣勘验现场等。对比狱史的工作，令史的这些工作似乎大同小异，甚至多有重合。并且，睡简全篇并未提及"狱史"二字，那么，是否可据此认为狱史只是对分管狱事的令史的别称呢？笔者认为并非如此。

首先，陈梦家据汉简"史书令史"指出"令史最初应以主文书为其职事"。[29] 可见，令史的本职是主书文书的史官，爱书是文书的一种，因此，由令史从事爱书这种司法文书的撰写是顺理成章的，是符合令史职能的，但并不表示令史就是专门负责狱事的狱史。

其次，出土简牍中存在关于令史的如下记载：

---

[27] 参见刘海年："秦代法吏体系考略"，载《学习与探索》1982年第2期。
[28] 参见睡虎地秦墓竹简整理小组编：《睡虎地秦墓竹简》，文物出版社1990年版，第150、152、155、161页。
[29] 参见陈梦家：《汉简缀述》，中华书局1980年版，第112页。

狱史与"微难狱"

> 关市律曰：县官有卖买殹（也），必令令史监，不从令者，赀一甲。[30]
>
> 其毋（无）故吏者，令有秩之吏、令史主，与仓□杂出之，（索）而论不备。[31]
>
> 令令史循其廷府。[32]
>
> 司马令史掾苑计，计有劾，司马令史坐之，如令史坐官计劾然。[33]

上述简文表明令史除了负责文书以外，还承担了监管市场、管理仓库、巡视府库、掌管军马等工作。如果史籍中多次出现的"狱史"一职从来不存在，都是原本主管其他工作的令史因临时负责狱事而担任，那么，与以上引文对比观之，监管市场的市官、管理仓库的廷主仓、巡视府库的库吏、掌管马政工作的马丞等县廷小吏，是否都可能不是一个固定官职而是由其他小吏临时充任呢？这似乎不符合常理。

最后，《岳麓书院藏秦简（肆）》的《内史郡二千石官共令·第戊》中有如下记载：

> 后上之恒与上攻皆（偕）⌐，狱史、令史、县官，恒令令史官吏各一人上攻劳吏员，会八月五日。[34]

---

[30] 参见陈松长主编：《岳麓书院藏秦简（肆）》，上海辞书出版社2015年版，第148页。

[31] 参见睡虎地秦墓竹简整理小组编：《睡虎地秦墓竹简》，文物出版社1990年版，第27页。

[32] 参见睡虎地秦墓竹简整理小组编：《睡虎地秦墓竹简》，文物出版社1990年版，第64页。

[33] 参见睡虎地秦墓竹简整理小组编：《睡虎地秦墓竹简》，文物出版社1990年版，第76页。

[34] 参见陈松长主编：《岳麓书院藏秦简（肆）》，上海辞书出版社2015年版，第210~211页。

该条简文中同时出现了狱史与令史二职,则非常直白地表明了狱史与令史并非同一吏职。同简中还有十多处记载因某种违法行为导致承担罚责的"丞、令、令史各一甲(盾)"句文,而目前未见狱史出现在类似简文中,据此笔者猜测令史的身份与包括狱史在内的一般县属吏仍存在差别。正因令史与全权掌管县廷诸事务的丞、令承责方式类似,故其职责范围也类似地包括了处理上文所述的市场、仓库等事务,其中部分职能与狱史职能重合并非不可能。

睡简中多次提及令史在断案中发挥的作用、所载爰书多出自令史之手,并不能表示没有狱史一职,而是与睡虎地秦简本身的性质有关。其一,因睡简的法律汇编的摘抄文献性质、底层小吏墓葬简的出土性质,其中所载内容可能无法完整反映秦律的规定。其二,从实用性角度而言,摘抄的部分很可能只是与墓主相关的律文内容。而《编年记》中所载墓主人喜的职业恰恰正是"令史",其更多关注令史一职、记载下较多有关令史参加工作的案例,很可能只是本身职业的要求。再则,喜在秦王政六年时担任了安陆令史,后文并未有其治狱安陆的记载;但在喜担任鄢令史五年后的秦王政十二年记录了喜治狱鄢,令人费解。可以设想,如果令史的日常职能即是治狱,那么写明其为令史即包括了日常治狱这一内涵,记录者完全没有必要在喜既未升迁又未更换任官地点的数年后着重记上一笔"治狱鄢"。

综上所述,笔者认为"令史与狱史同官异称"这一观点值得慎重商榷。也许,我们可依据二者职能多有重合这一实际情况,猜测秦县廷基层属吏分工不甚明确,但不能据此认为不存在狱史。

在明确了狱史在县廷中的位置及其与县廷中令史的关系之后,我们不禁疑惑,作为少吏的狱史,为吏一任的出路在哪?如果狱史工作表现优秀,有机会晋升成为县廷长吏吗?本文以下将探讨的是狱史的仕进之路。

二、狱史的仕进之路

所谓"仕进",指从基层小吏晋升为"入流"官僚的过程。在县丞的领导下，狱史参与了县廷诉讼断狱功能之实现的过程，于县司法行政中发挥了作用。在崇尚法家"明主治吏不治民"[35]思想的秦代，狱史一职禄秩低下，仅为斗食佐史之流。这些斗食之吏于数量上存在多少呢？据学者考证尹湾汉墓简牍集簿和东海郡吏员簿，得出汉代仅东海郡一郡中的吏员总数就多达二千二百人之余，除却数量极少的郡县长官，其他都是类似狱史的属吏。虽然尹湾简牍是汉代的产物，但汉承秦制，因秦官吏数据仍处于缺失状态，姑且以此数据为参照，我们便可以推想秦地方官吏的大概数量。如此数量庞大的群体，其为吏目的是什么呢？可以推测，除却领取薄俸维持基本生活所需、得以免除部分徭役这两项基本权利以外，在官僚体系发展处于初期阶段，官与吏阶层分化并未完全的秦代，为吏者兢兢业业地工作是为了以功劳资历积累升迁的资本，期待有朝一日步入仕途，获得社会地位的提升和享受更多优待。那么，狱史通过什么途径可以晋升提拔呢？

（一）张家山汉简《奏谳书》一则案例分析

狱史在庞大的秦帝国中可谓毫不起眼，主书帝王将相事的传世文献的字里行间，有关这一职位的记载自然罕见。然而，张家山汉简《奏谳书》的案件二二，记述了侦办此案的狱史因业绩突出而受到提拔的事件经过，为我们提供了研究狱史仕进的珍贵材料。[36]因为它是出土简牍

---

[35] 参见（清）王先慎：《韩非子集解》（卷十四《外储说右下》），钟哲点校，中华书局2016年版，第360页。

[36] 在此，笔者有必要对下文所引史料的时间问题进行说明。笔者研究的问题时间限定在秦，所引用的史料当以秦简中的记载为主。张家山汉简虽自汉墓中出土，但其中《奏谳书》案例的年代问题，学界多有探讨。如李学勤先生认为："《奏谳书》案例的编排，凡有纪年的，大体上是越早的越列在后面。推算历朔，纪年最早的在秦始皇即位之初，而最晚的到汉高祖十一年。"参见李学勤："《奏谳书》解说（上）"，载《文物》1993年第8期；彭浩先生认为："就《奏谳书》全部简文来看，其编排次序大致是年代较早的案例居后，年代较晚的在前，也就是说，西汉时期的案例位于全书的前部，秦代案例位于其后，两件东周时期的案例则插编在秦代案例中。在全部二十二件案例中，西汉时期的有十六件。这种编排与西汉时期的司法需要是适应的。"参见彭浩："谈《奏谳书》中秦代和东周时期的案例"，载《文物》1995年第3期。因此，虽然出现在汉简中，但案例二二是秦代的奏谳案例，以此案例为依据展开针对秦县廷狱史的研究，史料的年代是符合的。

文献中非常难得的一个篇幅完整、记载详细、逻辑清晰、细节具体的案例，细致分析简文内容，除可了解狱史晋升的途径外，还有助理解诉讼程序、乡里关系、人口流动等秦的基层风貌，故除篇首案情叙述部分以现代汉语简述外，其余部分完整引用，未加删改。[37]

1. 案件经过

秦王政六年（公元前241年）六月癸卯日这一天，在秦某县下辖的里中，发生了一起恶性案件。一位名叫婢取的女子在白昼归家途中被人从背后刺伤而倒地昏迷，其随身携带的一千二百钱亦不知所踪。

案例开篇即说明了里典[38]向咸阳县廷告诉该起盗伤人案的具体时间。与文末县丞上行文书的落款时间相呼应，我们可知该案发生在秦王政六年（公元前241年）。[39]县廷受理了里典的报案，并命顺、去疢、忠文、□固等四名狱史共同负责此案的侦破工作。此四人是同时负责本案的侦破追查工作，还是一一先后受命，仅依据现有文字记载我们不得而知，但秦县廷中有多名狱史处于县丞支配之下待命是可以确定的。通过对受害人和可能知情群众的初步讯问，四名狱史并未能锁定犯罪嫌疑人，对于犯罪现场所遗留的唯一"证据"——一枚尺半荆券也是毫无头

---

[37] 为便于分析，笔者在原文中标注的字母和数字，与后文分析一一对应。原文参见彭浩等主编：《〈二年律令〉与〈奏谳书〉·张家山二四七号汉墓出土法律文献释读》，上海古籍出版社2007年版，第377~378页。

[38] 此案的告诉人是名为赢的"典"，即秦县廷下属的基层治理单位里的一名负责人。根据张家山二四七号汉墓竹简整理小组的观点，因讳始皇名，改里正为里典。参见彭浩等主编：《〈二年律令〉与〈奏谳书〉·张家山二四七号汉墓出土法律文献释读》，上海古籍出版社2007年版，第378页。张金光先生则认为，里的负责人"典"在秦统一前称"里典"或"田典"，秦简牍中没有"里正"一称，并且始皇时不讳"正"，至二世时始讳"正"。参见张金光："秦乡官制度及乡、亭、里关系"，载《历史研究》1997年第6期。

[39] 根据张家山二四七号汉墓竹简整理小组的注释，"由篇尾'六年八月丙子朔'可知，属秦王政六年（公元前241年）。据《中国先秦史历表》，案例末尾'六年八月丙子朔'，合于秦王政六年八月干支。六年六月丁丑朔，癸卯为该月二十七日。"参见彭浩等主编：《〈二年律令〉与〈奏谳书〉·张家山二四七号汉墓出土法律文献释读》，上海古籍出版社2007年版，第378页。

绪。在破案工作进入滞碍期时，县廷派第五名狱史举旅来接替工作，全权负责此案。狱史举旅上任以后：

A. 举旅以婢偾所券谦（廉）视买市者，类缯中券也。今令贩缯者视，曰：券齿百一十尺，尺百八十钱，钱千九百八十，类缯中券。讯等，曰：毋此券。謱求其左，弗得。

案发现场遗留的右半买人券是本案除遗留凶刀以外唯一的证据，似乎直指犯罪嫌疑人和商业市场有关。狱史举旅以此券走访熟悉市场交易过程的买市者，得知其是贩运缯这种丝织品的商人在交易中经常使用的支付凭证。但举旅讯问多名贩缯商人未果，而试图寻求此右半券的左半券的工作也停滞不前，"弗得"，"求毋征物以得之"。

B. 举旅求毋徵物以得之，即收讯人竖子，及买市者舍人、人臣仆、仆隶臣、贵大人臣不敬德、它县人来流庸（仆），疑爲盗贼者，徧视其爲谓即（节）薄、出入所以爲衣食者，谦（廉）问其居处之状，弗得。举旅有（又）将司寇袤等□收置□□□□而从之□不□□□□□□视行□不□，飲食靡大，疑爲盗贼者，弗得。举旅求徧（徧），悉弗得。□□□□徧□□用隶妾每晨昧里，研詷谦（廉）问不日作市贩、贫急穷困、出入不节，疑爲盗贼者，公卒瘛等徧（徧）令人微随视爲谓、出入、居处状，数日，乃收讯。其十五（伍）武曰：将阳亡而不盗伤人。其一公士孔，起室之市，落莫（漠）行正旗下，有项即归，明有（又）然。衣故布带，黑带，带有佩（佩）处而毋佩（佩）也。瞻视应对最奇，不与它人等。1) 孔曰：爲走士，未尝佩（佩）鞞刀、盗伤人，毋坐也。

与此前四名狱史类似，举旅也重视对本案相关社会关系的调查，但其不仅局限于对与被害人有关的社会人员进行走访，而是将调查范围扩大至社会闲散人员,包括走街串巷的未成年人、熟悉底层社会生活的仆役、流动性较大的外来务工人员等,对其近期言行、住所状况进行排查登记。当然,此举可能只是因为前四名狱史的举措没有取得预期效果的走投无路之举。此一步骤必是漫长繁琐却关键的,因工作量巨大,狱史无法一人承担,甚至举县廷中所有正式在编狱史之力都无法完成。于是,我们看到,狱史举旅带领着可由其支配的司寇袭等多人、隶妾每等多人、公卒瘛等多人,分别针对涉嫌抢劫的饮食消费奢侈过度者、不事劳作贫困却支出与收入不符者,进行了"为谓、出入、居处状"的地毯式"微随视",即暗中跟踪调查。工作成果是"数日,乃收讯"。也正是这一详细排查的过程,犯罪嫌疑人孔开始进入办案狱史的视野。此次收讯的多人中,有一名为武,身份是士五的社会闲散人员提供线索,说身份为公士的孔每天行踪诡异,且衣服上有佩戴刀具所用的布带却不见刀,看受害人的眼神也与他人不一样。狱史举旅敏锐地锁定了这一目标。

C. 举旅疑孔盗伤婢,即謴问黔首:有受孔衣器、钱财,弗诣吏,有罪。走马仆诣白革鞞、系绢,曰:公士孔以此鞞予仆,不智(知)安取。2)孔曰:未尝予仆鞞,不智(知)云故。

即使怀疑孔就是犯罪嫌疑人,但因孔的辩解,苦于缺乏直接证据的狱史只得另辟蹊径。狱史向社会不特定人群发出公告,"有受孔衣器、钱财,弗诣吏,有罪",即知情不报、隐匿财物、包庇罪犯的行为都是有罪的,以此广泛征求此案相关证人及证物,调动社会力量破案。此举对于后文孔妻女提供孔的佩刀不知去向这一线索进而坐实孔虚假供述存在促进作用。

D. 举旅以婢北(背)刀入仆所诣鞞中,袛。诊视鞞刀,刀环哙旁残,残傅鞞者处独青有钱,类刀故鞞也。3)诘讯仆、孔，改曰：得鞞予仆，前忘，即曰弗予。孔妻女曰：孔雅佩（佩）刀，今弗佩（佩），不智（知）存所。4）诘讯女、孔，孔曰：买鞞刀不智（知）何人所，佩（佩）之市，人盗紺刀，即以鞞予仆。前曰得鞞及未尝佩（佩），谩。5）诘孔：何故以空鞞予仆，谩曰弗予？雅佩鞞刀，有（又）未尝？孔毋解。

走马仆因知悉狱史举旅发出的公告，将其从孔处得到的一个白色皮革质地且系有绢的刀鞘交给办案人员，案情已经渐趋明朗。举旅以案发现场罪犯攻击被害人背部的凶刀放入所得刀鞘之中，大小适合，且刀环处的缺口与刀鞘处的痕迹严丝合缝。这一侦查环节证明凶刀属于公士孔所有，孔在案发后将缺失了刀的刀鞘赠予他人以图消灭对己不利的证据。

E. 即急讯，磔，6）恐獨欲答，改曰：贫急毋作业，恒游旗下，数见贾人券，言雅欲剽盗，详（伴）爲券，操，视可盗，盗置券其旁，令吏求贾市者，毋言孔。见一女子操篡但（撣）钱，其时吏悉令黔首之田救毚，邑中少人，孔自以爲利，足刺杀女子夺钱。即从到巷中，左右瞻毋人，以刀刺夺钱去走。前匿弗言，罪。问：如辟（辞）。臧（赃）千二百钱，已论，孔完为城旦。

据睡简《封诊式·治狱》的要求，"治狱，能以书从迹其言，毋治（笞）谅（掠）而得人请（情）为上；治（笞）谅（掠）为下；有恐为败"，[40] 举旅作为司法吏员严格遵守了这一治狱准则。但在证人证言与证据都指明孔极有可能是罪犯而孔仍负隅顽抗的情况下，举旅对孔进行了刑讯，孔终于对所犯罪行和盘托出。案件告破，孔被判处"完为城旦"之刑。

---

[40] 参见睡虎地秦墓竹简整理小组编：《睡虎地秦墓竹简》，文物出版社1990年版，第147页。

孔端爲券，贼刺人，盗夺钱，置券其旁，令吏勿智（知），未尝有。黔首畏害之，出入不敢，若思（斯）甚大害也。顺等求弗得，乃令举旅代。毋微物，举旅以智研訽求得。其所以得者甚微巧，卑（俾）令盗贼不敢发。

六年八月丙子朔壬辰，咸阳丞戭礼敢言之。令曰：狱史能得微难狱，上。今狱史举旅得微难狱，爲奏廿二牒。举旅毋害，谦（廉）絜（洁）敦愨，守吏也，平端。谒以补卒史，劝它吏，敢言之。

从此二段文末总结性质的文字我们可以看出，令文规定，"狱史能得微难狱，上"。也就是说，在本案中，狱史之所以得到晋升，最主要的原因是当时国家法令中规定晋升条件之一为"得微难狱"。那么，什么是"微难狱"呢？

2. "微难狱"的特征分析

总结上文所述，前四名狱史接手案件后进行了办案的一般程序性工作，包括：询问受害人案发时的情况、依据受害人的陈述提出疑问并由受害人解答、调查受害人的社会关系状况、提取核验现场证物刀与买人券、讯问案发现场周围可能存在的目击者，但终因此案受害人自述模糊、现场证据有限、目击者缺乏等诸多因素，顺等四名狱史"求弗得"。狱史举旅此时接手此案的侦破工作，可谓临危受命，本案侦破难度可见一斑。

举旅接手案件后，有条不紊地进行了如下工作：

1. 跟进买人券线索；
2. 进行社会关系调查；
3. 广搜证据、广求证人；
4. 跟进凶器刀的线索；
5. 刑讯犯罪嫌疑人。

狱史与"微难狱"

由奏谳书中完整精确的记载可知，本案的犯罪嫌疑人孔，是一名具有一定反侦察能力、蓄谋已久、狡猾冷静的罪犯。狱史举旅先后对其进行了多达六次的讯问，才终于凭充分证据使其认罪伏法。

1. 针对士五武对自己近期行踪诡异、举止怪异的指认，孔言"未尝佩鞞刀、盗伤人"，予以一一否认。

2. 走马仆将属于自己的刀鞘上报办案狱史，孔言"未尝予仆鞞"，仍抵死不认。

3. 走马仆的人证、刀鞘与刀匹配的物证俱备，而走马仆与孔的供述存在抵触之处，狱史诘讯二人，孔才承认刀鞘是自己给仆的这一事实，其他均予以否认。

4. 孔的妻女举报孔平日佩刀、如今刀不知所踪的情况，与孔的供述有出入，狱史再次诘讯二人，孔改口承认欺瞒了部分事实，承认买刀并佩戴着去市场，但虚构了在集市中刀被盗、仅余刀鞘的事实，自圆其说地解释了证言的冲突之处。

5. 面对狱史发现证言前后矛盾的漏洞，"孔毋解"，企图以沉默使案件调查陷入僵局。

6. 经刑讯，孔才对案情供认不讳，并交代了其"盗置券其旁，令吏求买市者，毋言孔"的图谋，故意将与案件无关的证据遗留在犯罪现场，希望转移办案人员的注意力，混淆视听，以洗脱自己的嫌疑。

而经过以上的分析，上述案例中的狱史举旅之所以可依据破获该起案件进而获得提拔为卒史的机会，是因为举旅除进行了其他四名狱史所进行的基础工作外，还在同样没有证物、线索缺失的情况下，顺利破获了这起犯罪分子极端狡猾、社会影响巨大的抢劫案。而上述这些原因，都可归为文中的"微难狱"一词。也就是说，狱史举旅获得晋升的条件之一为"得微难狱"。据此，我们可以从更加直观清晰的角度理解此案被称作"微难狱"，原因有三：

(1)"毋征物,举旅以智研訽求得"体现"微"

即留在犯罪现场可供追索的线索和证据除一把作为凶器的刀以外几乎全无,案犯更蓄意留下用以混淆视听的半个买人券;也不存在现场目击证人可以指证凶嫌;而被害人的自我陈述模糊不清,对办案几乎无法提供任何帮助。狱史举旅运用自己的聪明才智,克服了重重困难,带领手下排除误导线索、调查社会关系、发布公告广搜证据、通过凶器锁定罪犯等工作,成功实现了案件的侦破。

(2)"孔端为券,贼刺人,盗夺钱,置券其旁,令吏勿智,未尝有"体现"难"

即如前文详细分析,本案的案犯孔故意在犯罪现场留下作案前盗取的、与案情完全无关的买人券,将办案狱史的侦查导向了错误的方向,具备一定反侦察能力。在举旅之前负责此案的顺等四名狱史,即因有效证据缺乏并被此项伪证据所误导,侦查工作无法继续进行。孔为抢劫,事先有了周密计划,进行了剽盗买人券等准备工作,可谓为盗杀人而蓄谋已久。孔选准犯案的时机(邑中人多前往田野救治蝗灾、四下无人之时)和犯案目标(孤身一人携带财物的女子、极易得手),而此后面对狱史的多次诘问、证人的指证等,孔仍能淡定自若、应对自如,足见其狡猾冷静。用"未尝有"评价一名胆大心细的犯罪嫌疑人,说明其罕见复杂的犯案手法为狱史办案大大加剧了难度。

(3)"黔首畏害之,出入不敢,若思(斯)甚大害也"体现此案社会影响大

因本案发生在里中,即百姓聚居的区域中,且从被害人刚从集市归来等描述可知案发时间是在白昼,又因顺等四名狱史负责调查此案仍无法告破,犯罪嫌疑人逍遥法外许久,这些因素均使里中百姓及附近的普通居民人心惶惶,造成恐慌效应,社会影响非常恶劣。因狱史举旅"所以得者甚微巧",一定程度上安抚了民心,展示了狱史所代表的公权力机关工作人员的聪明才智,给蠢蠢欲动的其他犯罪分子以警示,"卑(俾)令盗贼不敢发",消除了社会不良影响。

（二）"微难狱"与狱史晋升条件

案二二被编入《奏谳书》之中，说明其是奏谳案例。这一点从此案末尾两层累加的"敢言之"的下层官吏向上级呈报的上行文书惯用语亦可得知。然此案事实清楚、程序正当、判决合理、无人乞鞫，明显不属于存疑需要上级机关作出处理建议的当"谳"之案，不属于《汉书·刑法志》所言"县道官狱疑者，各谳所属二千石官，二千石官以其罪名当报之。所不能决者，皆移廷尉，廷尉亦当报之"的情况。[41] 笔者认为，《奏谳书》的作者将并不存疑的案例二二作为向上级报告的文书典例收录，是因为此案文末尾提出的狱史举旅得微难狱而奏请对其予以升迁嘉奖的申请：

> 六年八月丙子朔壬辰，咸阳丞氂礼敢言之。令曰：狱史能得微难狱，上。今狱史举旅得微难狱，爲奏廿二牒。举旅毋害，谦（廉）絜（洁）敦悫，守吏也，平端。谒以补卒史，劝它吏，敢言之。[42]

"六年八月丙子朔壬辰，咸阳丞氂礼敢言之"，表明文书所载内容是一位名叫氂礼的咸阳县丞向上级报告案情概括、破案经过、罪犯供述、判决结果、案件评论。其后，在此上行文书中引用令文"狱史能得微难狱，上"，并附上"今狱史举旅得微难狱，……劝它吏，敢言之"一段评议，符合上行文书的基本格式，表示此案经过了两个层次的上奏。第

---

[41] 日本学者官宅洁在研究张家山汉简有关内容后认为，此条秦代审判记录的上报理由之特殊性在于，处理此案的狱史顺利地解决了疑难案件，因此县根据有关令的规定，请求将此狱史补任为卒史，"是在'推荐状'上附加案件经过而构成一个整体"。参见[日]官宅洁："秦汉时期的审判制度——张家山汉简《奏谳书》所见"，载杨一凡等主编：《中国法制史考证》（丙编第一卷），徐世虹译，中国社会科学出版社2003年版，第287~322页。

[42] 参见彭浩等主编：《〈二年律令〉与〈奏谳书〉·张家山二四七号汉墓出土法律文献释读》，上海古籍出版社2007年版，第378页。

一层丞的上奏侧重于对案件事实等概括的普通陈述，陈事的成分居多；第二层相关法令的规定，虽然"爲奏廿二牒，举旅毋害谦（廉）絜（洁）敦慤，守吏也，平端"等为程式性惯用语，没有特殊含义，但目的在于表彰狱史举旅侦办此疑难案件的突出表现，并因此引出对其嘉奖"谒以补卒史，劝它吏"，即请求上级提拔狱史举旅担任卒史。

无独有偶，在《岳麓书院藏秦简（叁）》中，我们又看到了一例因狱史得微难狱而向上级申请予以升迁的案例。此案被整理小组命名为《同显盗杀人案》，案件的具体侦破过程因简文缺漏过多等客观原因已无法详知，但所幸文末狱史洋因断微难狱而得到提拔的记载保存较为完整，可供仔细探究。

令曰：狱史能得微难狱，【上。今狱史洋】得微难狱，【……】为奏九牒，上。此黔首大害殴（也）。毋（无）徵物，难得。洋以智治訮（研）詞，谦（廉）求而得之。洋精（清）絜（洁），毋（无）害，敦（慤）；守吏（事），心平端礼。【劳、年】中令。绥任谒以补卒史，劝它吏，卑（俾）盗贼不发。敢言之。[43]

与《奏谳书》二二案例文末部分对比阅读，可知两份文书都具备两层累加的上行文书形式，且文句相似度很高。值得注意的是，整理小组将此段中未能完全辨识的"□□中令"依据前后文意推知不详的二字内容，并拟补为"【劳、年】中令"。"劳年中令"有什么含义呢？

岳麓书院藏秦简整理小组认为，劳即功劳阀阅，年即年龄，中令则是"符合法律要求"的意思。此四字在文中的意思是：狱史洋参加工作以来所积累的功劳阀阅和其自身年龄已达到法律规定的提拔升迁为卒史的要求。由此可见，此案中，令上奏请示狱史得以提拔为卒史的前提条

---

[43] 参见朱汉民、陈松长主编：《岳麓书院藏秦简（叁）》，上海辞书出版社2013年版，第180~181页。

狱史与"微难狱"

件之一是"劳年中令",即狱史要升迁为卒史,除了"得微难狱"这一契机以及具备"精(清)絜(洁)、毋(无)害,敦(惇);守吏(事),心平端礼"等个人素养以外,还需要所积劳绩和年资符合秦律的明文规定。

整理小组在注释中标明,将缺字补充为"【劳、年】中令"的依据是《岳麓书院藏秦简(肆)》简169所载。那么,简169又是如何记载的呢?

> 五年,触与史去疢谒为【□□□□】□之。今狱史触、彭沮、衷得微难狱,磔辠一人。为奏十六牒,上。触为令史廿二岁,年卌三;彭沮、衷劳、年中令。[44]

简169选自《岳麓书院藏秦简(叁)》中的《魏盗杀安、宜等案》。在此段引文中,除却因狱史得微难狱而称赞的上行文书格式化用语外,整理小组根据前后文推测补充的"五年,触与史去疢谒为卒史,南郡却之",意思是在秦王政五年的时候,县廷中的狱史触与去疢同时向上级请求提拔为卒史,但被该县的上级行政机构的南郡长官拒绝上报推荐而未能实现提拔。距离本案发生的秦王政廿年[45]的十五年前,对触和去疢"谒为卒史"的请求"南郡却之"的理由从简文中已无法详知,姑且猜测可能是劳绩、年资、"得微难狱"等条件中的任何一项未达到法定晋升要求。即使条件未完全满足,"五年"就曾提过申请的县狱史触在这十五年间可能一再地提出过"谒为卒史"的晋升请求,也可能没有,但彼时意气风发的青年此刻已然渐日垂暮,"譬如朝露,去日苦多"的慨叹想必在残阳下的断鸿声里已千万次涌上心头。"触为令史

---

[44] 参见朱汉民、陈松长主编:《岳麓书院藏秦简(叁)》,上海辞书出版社2013年版,第191页。

[45] 参见朱汉民、陈松长主编:《岳麓书院藏秦简(叁)》,上海辞书出版社2013年版,第191页,注释[一]。

廿二岁，年卅三"一句的寥寥数语，就概括了一个二十一岁成为令史的秦国男子大半生的漫漫仕宦之路，这里无法用上"仕宦沉浮"，因为在长达二十二年的时间里他并没有获得任何的升迁，晋升遥遥无期，年复一年始终从事着县廷狱史（如前文论证，此处"令史"系"狱史"笔误）琐碎而又繁重的狱讼文字工作，接受着苛刻又严格的考课约束，终其一生可能只是为了保证自己不被免黜而已。

此处的"史去疢"与张家山汉简奏谳书案例二二中提到的顺等四名狱史其中之一的"去疢"，同名的二人仕途经历亦同病相怜。岳麓简中名为去疢的狱史在秦王政五年时曾提请过一次晋升为卒史，被"南郡却之"的原因也应该是劳绩、年资、"微难狱"中的一项未满足。然而，劳绩与年资或许可以通过年复一年的诚恳工作从而积累完成，但诚如上文分析的"微难狱"条件之苛刻，需要符合天时地利人和诸项要求，可谓罕见难得。张家山汉简中的狱史去疢则在秦王政六年时有机会参与了一个侦破后被称为"微难狱"的杀人夺财案，但他也错过了这个机会，因为此案之错综复杂、线索缺失、难度巨大，已经超出了一般狱史的侦破能力范围，先后四名狱史或前赴后继、或分工协作，都无法取得进展。所以，一句"顺等求弗得，令狱史举旅代"，去疢就错失了可能的晋升机会。而从上文对侦破此案的狱史举旅所做工作的分析，或许可以知悉其机智聪慧、胆大心细，但也不得不承认此案的侦破有一定的偶然成分，不是这些因素的共同作用，此案很可能成为一桩埋葬在历史深处的悬案，后世无人知晓。

上述触与两位皆名为去疢的狱史的经历不会是偶然，我们甚至可推及大秦帝国统治之下千千万万的底层属吏。以狱史为代表的属吏地位低微，虽领取朝廷俸禄，实则薪俸微薄，身份介于官与民之间，除享有部分徭役免除的特权以外，同样承担着巨大的层级压力。作为秦帝国高效文书行政的毛细血管端，承担基层文书撰写审核、传送收发工作的他们无所遁形，更可怕的是几乎看不到晋升的希望。

此简文中的"绥任谒以补卒史"一句，"任"字整理小组给出的解释是"保举、担任"，可知县廷狱史要拔擢晋升，除具备上述分析的诸项条件外，还要得到此上奏文书的撰写人县丞的推荐保举。这一点可能不是形式上的必备要件，但一定是官场的隐形要件。县廷虽小但人事关系亦波云诡谲，若存在上下级关系不融洽或利益纷争，勤恳敬业工作且幸运得微难狱的狱史可能无法得到有上奏权的长吏心悦诚服地在上奏文书中写上"毋害，谦（廉）絜（洁）敦悫，守吏也，平端"的评价，仍然无法获得提拔的机会。这无疑又为狱史的晋升提拔之路设上了一道隐形的关卡。

以上三例中都出现的"补"是官员调任的意思。因政府财政收入、物质资料是有限的，故县廷人员编制也是有限的。狱史得以补卒史，很可能还需要满足卒史的岗位人员确有空缺。一名狱史满足了晋升的形式要件，却很可能因为编制满员、暂无人员缺额而陷入漫长无绝期的等待之中。

或许，如阎步克等一些学者所阐述的观点，在秦汉"以文书御天下"的文法吏政治之下"官吏无别"，地方小吏与封疆大吏皆为吏。但是，正如黄留珠在其著作中总结道，"吏道和通法都是秦实行法治的产物。这两种仕途在秦王朝最后六年里，被极端化、绝对化，成为这一短暂时期仕进制度的主要内容"，[46]重用法吏的治国政策"虽然对秦的法治曾起过一些积极作用，但其最后被绝对化、极端化，对于秦的灭亡，无疑是投了一付加速剂"。[47]

综上所述，狱史得以晋升为卒史的条件包括了"劳年中令"即该名狱史本人工作劳绩达标且年资合格，"得微难狱"即非常幸运地处理了侦破难度与社会影响力皆极大的罕见疑难案件，处理好与县廷中长吏的人际关系并适逢上级人事体制中缺员有空缺。如此繁多而苛刻的条件，狱史晋升岂非难哉！

（三）狱史拔擢为卒史

综观上述三个狱史晋升的例子，三名县廷狱史因微难狱被拔擢后所

---

[46] 黄留珠：《秦汉仕进制度》，西北大学出版社1985年版，第76页。

[47] 黄留珠：《秦汉仕进制度》，西北大学出版社1985年版，第77页。

任职务，不约而同都是卒史。这是一种巧合吗？卒史是怎样的一个职官？是否可以因此概括所有的狱史都只会提拔为卒史？二者又是什么关系？

1. 狱史与卒史

卒史常见于传世文献。狱史得晋升而成为卒史，卒史自然比狱史级别高。陈梦家认为，卒史为秦及西汉郡级机构的主要属吏，地位很高，禄秩一般为百石或比百石；且认为卒史不仅限于郡国，汉代的中央机构也设有卒史一职，且汉朝的属国也设有卒史一职。[48] 由以往传世文献所载，卒史为郡级官吏似无疑问，其秩禄为百石，是为郡太守、都尉、诸侯内史所配给的员额内的有秩属吏，在郡中的地位略低于史，与书佐相类。卒史负责郡政府中的文书撰写与典籍保管的工作，这似乎与前述县廷中狱史负责的工作相类似，符合其由狱史晋升而来的选拔口径，不需要再对受提拔的狱史进行特殊培训的便捷，更符合尽快从事其原本就擅长的工作的行政效率最大化原则。卒史的社会地位相对狱史而言比较高，虽低于"三老"与"从事"，却也高于一般的底层小吏。

狱史得以提升成为卒史，是从县吏一跃成了郡吏，其工作环境与编制归属都将发生很大的变化，但其秩级并没有很大改变。从狱史到卒史，虽由斗食之吏成了有秩吏之属，但仍然是少吏阶层，与其苛刻严格的晋升条件相比存在着一种不平衡。按照惯常思维设想，县廷中少吏历经千辛万苦获得的晋升路线应是成为同一县廷中的长吏，而非跨越了郡县的行政层级提拔成为郡中少吏。故上述简文所反映的少吏晋升途径与这种设想不甚相同。据此，我们可以推断，以狱史为代表的少吏的晋升仍然只是在少吏群体之内进行，只是提拔为禄秩较高的郡中所属的少吏，少吏与长吏之间存在着难以逾越的晋升障碍。

对于秦的低层官吏晋升途径，卜宪群的论述颇有启发性：

　　秦汉吏的迁转有两种途径，其一是由低级官府吏职向高级

---

[48] 参见陈梦家：《汉简缀述》，中华书局1980年版，第111页。

官府吏职迁转，由低级吏员向高级吏员迁转；其二是由吏向官迁转。第一种迁转虽然地位升高，但仍属吏职。只有迁为官才可以改变吏的身份……秦汉政府对于"吏道"寄予高度重视，其突出表现是强调为官之前需经吏职……在秦汉官僚行政运作中，吏发挥了不可或缺的作用。由于在制度上保证了吏的升迁，故为吏也是仕宦生涯的一个重要环节。而仕宦先经吏职，又为其日后做官提供了实践经验。更重要的是无论从政治角色抑或社会角色看，吏在秦汉还没有被普遍视为低贱职业，官吏关系也不像后世那样不可逾越，这都为吏的职能发挥提供了必要的政治和社会环境。[49]

笔者赞同卜宪群的观点，且本文所探讨的狱史的晋升，是符合卜宪群所提出的"第一种迁转虽然地位升高，但仍属吏职"的晋升方式的。上述三个狱史晋升为卒史的例子，都是在少吏系统内部发生的提拔，并未在长吏与少吏之间进行。我们不得不面对一个悲哀的结论，那就是狱史经过重重苛刻晋升条件的考验，最终也只是成为了一个郡中的类似"狱史"的卒史而已。

2. 制度设计内因探析

通过以上分析，我们见证了由县廷狱史晋升为郡中卒史的困难重重。但是，狱史地位低微，晋升成为卒史，也并未在社会地位和秩级俸禄上有明显的提高。这让我们不禁感叹：这样严苛的制度设计是为了什么？又是如何保障官吏们仍心存希望、保持工作效率的呢？

众所周知，官僚体制的运行是有成本的，这种成本最直接的体现就是供给上至三公九卿、下至佐史小吏的各级官吏的俸禄。官僚体制的运行成本是国家财政的重要支出之一，是直接联系了财政、赋税等国家经济基础的重要节点，更是帝制之下官僚体系维持国家机器运转所必不可少的一项手段。遗憾的是，因历史久远，秦的官吏数量、官员俸禄秩

---

[49] 参见卜宪群："吏与秦汉官僚行政管理"，载《中国史研究》1996年第2期。

级、国家财政收入等数据目前均处于缺失状态,无法对这类问题进行定量分析。即使是大概的估算,也无从入手。

仅结合当时的历史背景而言,贾谊《过秦论》云,"及至始皇,奋六世之余烈,振长策而御宇内,吞二周而亡诸侯,履至尊而制六合,执敲扑而鞭笞天下,威振四海。南取百越之地,以为桂林、象郡;百越之君,俯首系颈,委命下吏"。此时,秦国历经"昭襄业帝"等六世君王变法改革、开疆拓土、富国强兵的治世,所积蓄的大量财富大部分用于战国末年的兼并战争,以实现统一六国的大业。此时,军费开支无疑成为国家财政的主要支出,而举国内部生产的大部分也将充当秦军队的后勤补给,财政支出上已不太可能存在提高官员俸禄的空间。结合《史记·秦始皇本纪》所载,自公元前221年秦朝建立之后,初并天下的始皇即用数年时间巡幸全国,登临泰山祭天,又大兴土木,修筑了长城、宫殿、甬道、驰道等,而无论是迁徙天下富豪至咸阳和巴蜀居住,还是迁徙内地官民赴边地开拓疆土而成为简文中记载的"新黔首"和"新地吏",以上任何一项政策的施行,都将会耗费国家财政的巨额资财。同时,需要以武力镇压原本东方六国的残余反抗势力,还需派出军队于西北驱逐匈奴和戎狄,在这一时期,帝国的军费开支比例相较于统一以前可能不会急剧减少。故总结上文,无论是在秦国还是秦朝,在维持官僚体系正常运行的官员俸禄支出已占据国家财政支出的相当比例的前提下,大规模或大范围地提高官僚体系的人员俸禄几乎不太可能。

如笔者上文论述,秦官吏中长吏与少吏各自占比差别巨大,长吏人数占吏员总数的比例虽然很小,却是各级行政长官,主导着地方的行政决策。官僚体系之中还存在着名称繁复且数量巨大的少吏,他们服从长吏的指挥,落实具体行政事务。而仅就县廷中的情况而言,长吏配备了数量上远多于其本身数量的佐史小吏以辅助其处理日常行政事务,以东海郡吏员数据所得出的比例为长吏占吏员总数的6%,剩余94%皆为少吏。但即使小吏位卑言轻、俸禄低微,每员小吏也会定时领取相应俸禄,以回报自己的劳动付出并养家糊口。当我们将视野放大,就整个秦帝国范围而言,存在县吏、郡吏、中央官吏等,仅这些官吏的总体数量而言就是一个不小的数字，可以想见与其匹配、辅助其处理事务的小吏佐史的数量，必然多出数倍以上，而这些人员的俸禄都将自国家财政中支出。至此，也就不难理解为什么制度的设计者极尽严苛之能事，把小吏晋升的路径限缩到极端狭窄的程度。因小吏的频繁晋升，意味着需要更多小吏进入官僚系统，以维持和稳定自下而上金字塔型的人员编制。这相应地意味着更多的财政支出。在生产力不甚发达的农耕文明时代，国家财政收入很难有突破性增长，反而极易受各种天灾人祸的影响而入不敷出。如果不加限制地任官僚体制自然膨胀，可以预见国家财政终有耗尽崩溃的一天，而这于国家政权统治的稳定性而言无疑是致命的。

美国学者施坚雅依据人类学、社会学领域的研究所得出的结论，亦巧妙准确地解释了上述制度设计的原因。[50] 施坚雅在对自汉唐至明清的县级区划数量、县级区划总面积、全国人口数等一系列数据进行罗列分析后，解释了中国古代自中唐以后县数量有规律减少、县平均面积逐渐扩大所反映的基层行政中心职能不断缩减现象的深层原因。[51] 他指出，地方行政规模的扩大连带引起各级官僚和僚属人数的膨胀，因此产生的协调管理问题将超过农业国家的承受能力。[52] 为维持扩大后的官

---

[50] 施坚雅主编的《中华帝国晚期的城市》，是运用著名的"施坚雅模式"中的宏观区域理论进行研究的代表作。作为一名具备纯正美式教育背景的汉学家，施坚雅先生跳脱了大多数中国历史学家难以避免的以"行政区划作为理解空间的唯一框架"的桎梏，从社会经济层级的视角出发，概括了农业社会文明皆具备的国家、受过教育的社会精英、比较复杂的社会结构、城市体系等主要特征。行文涉及地方制约、行政收缩对城市发展的意义等重要论题，虽侧重研究的是1895年以前、明清时期的中华帝国晚期的城市发展，与帝制滥觞时期的秦帝国无论于时间还是空间层面均相去甚远，但因社会发展存在一些普遍规律、传统中国帝制政治的共性等原因，尤其是其中有关平衡与制约官僚体系发展的理论，在此可以提供借鉴参考。参见［美］施坚雅主编：《中华帝国晚期的城市》，叶光庭等译，陈桥驿校，中华书局2000年版。

[51] 参见［美］施坚雅主编：《中华帝国晚期的城市》，叶光庭等译，陈桥驿校，中华书局2000年版，第17~23页。

[52] 参见［美］施坚雅主编：《中华帝国晚期的城市》，叶光庭等译，陈桥驿校，中华书局2000年版，第20页。

僚机构正常运行，唯有依靠增加苛捐杂税等横征暴敛行为，而这些终会分摊至普通百姓及下层士商，是以降低他们的生活水平和日常收入为代价实现的。"要压制由此而引起的地方一级的不满"，"无疑都会成为任何皇室垮台的祸根"，因此，"只有有计划地收缩基层行政职能的范围"，[53] 自汉唐以后的帝制才得以维持至近千年以后的清末。欲达到收缩的效果，采取的方式可能包括如前文所述的秦汉时期为少吏晋升设置了各项严苛之至的条件，从而限制官僚体系的扩大，以保证地方行政的稳定和国家财政的收支平衡。

结　论

围绕秦县廷中的狱史，本文探究了县廷中的狱史与令史的关系，以及地位低微的狱史因"得微难狱"而受到提拔的仕进之路两个方面的问题，试图在一定程度上反映秦县廷低层小吏的地位及晋升概括。在本文的第一部分，笔者分析了以往学者会形成"狱史即令史"观点的三方面原因，即传世文献记载矛盾的误导、二者禄秩地位近似、职能多有重合。在此基础上，依据令史史官性质、令史除负责文书外仍担任多项其他工作、岳麓简和睡简简文分析结果三条理由，辨析了部分学者所误读的史料的记载，进而认为狱史与令史并非同官异称，以往学者所依据的史料仅可证明秦县廷存在属吏分工不甚明确的现象。第二部分，笔者首先引用张家山汉简《奏谳书》中的典型案例二二，分析了狱史举旅展开的侦破工作和犯罪嫌疑人孔的狡猾冷静，并据此总结出"微难狱"的三个特点，即"毋征物"之"微"、具备反侦察能力的罪犯所导致的破案之"难"、案件社会影响巨大且恶劣。其次，对比分析了张家山汉简《奏谳书》案例二二和岳麓简《同显盗杀人案》中狱史"得微难狱"获得晋升的相似记载，认为狱史据此获得晋升的要求苛刻、困难重重，需

---

[53] 参见 [美] 施坚雅主编：《中华帝国晚期的城市》，叶光庭等译，陈桥驿校，中华书局2000年版，第20~21页。

要有"劳年中令""得微难狱"等形式要件，亦需具备能妥善处理县廷人际关系的隐形条件，还要恰逢人员空缺的时机，上述条件缺一不可。再其次，探讨了史料记载的狱史晋升皆成为卒史的原因，即作为郡吏的卒史与县廷狱史工作性质大体相同，担任卒史相当于在郡中继续从事狱史的工作。而与惯性思维所设想的县廷少吏经提升成为县廷长吏的晋升路线不同，秦代的少吏与长吏之间始终存在着晋升障碍，以狱史为代表的少吏晋升仍只能在少吏群体内进行。最后，笔者比照西汉东海郡吏员分析结果，进一步探讨了此种制度设计背后的原因，认为官僚机构人员编制的增减应充分考虑到国家财政的实际情况，严苛的晋升制度是为了限制官僚机构的过快膨胀，进而形成较为稳固的金字塔型官吏系统，最终巩固国家的政权统治。

在"一断于法"的秦时，从官吏的选拔、业绩的考核、对违法犯罪官吏的惩处，到官吏的教育、任免、监察等诸多方面，事无巨细，都有相应的法律规定，并且随着官僚机构的日益繁复冗杂，这些法律规定呈现出日趋完备的形势。本文探讨的秦县廷中的狱史是秦汉基层官吏中的一员。他们顺应秦帝国"贵法吏"的时势，经过自己坚持不懈的努力，掌握了文字书记的本领，精通了帝国法律，通过了考核，在岗位上勤勤恳恳、兢兢业业地工作着，以一己之力维护着秦帝国庞大行政机器的顺畅运转。韩非言："闻有吏虽乱而有独善之民，不闻有乱民而有独治之吏，故明主治吏不治民"。[54] 在民智开化未久、教育尚未普及的秦代，受知识水平的限制及帝制下黔首社会地位的影响，国家法律的运行无法走"群众路线"，运筹帷幄者唯有竭尽所能地将吏治的制度体系设计得精巧细致，以期取得更佳的治民效果。

---

[54] 参见（清）王先慎：《韩非子集解》（卷十四《外储说右下》），钟哲点校，中华书局 2016 年版，第 360 页。

三等奖获奖论文

论儒家法文化对"以儒释经"之影响
——以《天方典礼》为例

尕永强[*]

"在中国伊斯兰教历史上,明末清初是至为关键的时期。这一时期产生了具有中国作风、中国气派的教义学体系。这是一个里程碑,标志着伊斯兰教本土化的基本完成。成就这番事业的,是中国伊斯兰教著名的教义学家王岱舆[1]、马注[2]、刘智[3]等人。"[4] 由于《古兰经》、圣训、伊斯兰教义及穆斯林学者的著作多以阿拉伯语和波斯语为主,要理解《古兰经》和伊斯兰教义,需精通阿拉伯语和波斯语,在"以儒释经"前,只有熟练掌握上述语言的宗教人士才能理解。宗教人士虽解释教义,但回族群众大多一知半解。明清时期,"回族经学大师们运用儒家思想和语言全面诠释伊斯兰教,进而把伊斯兰教同儒家思想结合起来,……在这些著作中所反映的伊斯兰教与儒家思想的结合,主要表现在儒家客观唯心主义世界观与伊斯兰教宇宙观的结合,宋明理学'格物致知'的认识论与伊斯兰教认主学的结合,儒家的伦理道德观念与伊斯兰教的道德观及基本教义的结合等几个方面,"[5] 史称"以儒释经"。

---

[*] 作者系中南财经政法大学博士研究生。

[1] 王岱舆:回族,(约 1584-1670),江苏南京人,中国伊斯兰教著名教义学家。

[2] 马注:回族,(1640-1711),云南保山人,清初中国伊斯兰教著名教义学家。

[3] 刘智:回族,(约 1644-1744),字介廉,号一斋。江苏上元(南京)人,清初中国伊斯兰教著名教义学家。幼读《古兰经》,十五岁时读儒家经史子集和佛、道、杂家等书,对儒、道、释各家的学说研究尤深。

[4] 参见中华文化通志编委会编,秦惠彬撰《中华文化通志:伊斯兰教志》,上海人民出版社 1998 年版,第 1 页。

[5] 转引自(清)刘智:《天方典礼》,张嘉宾、都永浩点校,天津古籍出版社 1988 年版,第 8 页。

回族学者通过"以儒释经"使《古兰经》、伊斯兰教义走向大众化,削弱了宗教人士对伊斯兰教义知识的垄断,具有历史进步意义。在众多的"以儒释经"著作中,清人刘智的《天方典礼》成就最高,被收入《四库全书》存目,既说明该书具有较高的价值,亦说明用儒家思想阐释《古兰经》、伊斯兰义符合回族群众需要和伊斯兰教义中国化的需要。

一、"回儒"[6]的形成与"以儒释经"的兴起

回族,主要是西域信仰伊斯兰教的商贾定居中原与当地汉、蒙古等民族通婚所形成的一个民族。[7]公元610年,穆罕默德在阿拉伯半岛复兴伊斯兰教后,在其名言"学问虽远在中国,亦当求之"的鼓励下,唐朝始,大量阿拉伯人、波斯人前往中国求学或经商,这些人在唐代是'蕃商胡贾',在五代是'蛮裔商贾',在宋代是'土生蕃客'。后经元代的'色目人'阶层时期,在明代,就内地而言,终于形成了'回民族'。……'蕃商胡贾'-'蛮裔商贾'-'土生蕃客',这是中国穆斯林发展变化的几个环节。如果说'蕃商胡贾'还有点侨民意味,那末中经'蛮裔商贾'('海中蛮裔')到'土生蕃客'('五世蕃客'),这些人可以说已经是地地道道的中国人了。[8]进入中国始,在唐朝"四夷可使如一家"的民族政策之下,"蕃商胡贾"开始学习儒家文化,唐宣宗时,朝廷允许色目人参加科举考试,并规定了最低限度的录取名额。[9]这种类似于今之少数民族考生高考优惠政策的制度,体现了唐时的文化自信和开放心态,激发了唐时"蕃商胡贾"融入儒家文化的信

---

[6] 回儒:即深受儒家文化和伊斯兰文化的影响的回族知识分子。
[7] 参见虎有泽主编:《张家川回族研究(1)》,兰州大学出版社2007年版,第1页。
[8] 参见中华文化通志委员会编,秦惠彬撰:《伊斯兰教志》,上海人民出版社1998年版,第78~79页。
[9] 参见中华文化通志委员会编,秦惠彬撰:《伊斯兰教志》,上海人民出版社1998年版,第217~218页。

心。留居唐朝的大食国人李彦升就是在这种背景下考取进士的,[10] 从考取进士可以看出,唐朝"蕃商胡贾"对中国文化和儒家思想的理解已十分深刻,初具"回儒"形态。宋时,随着海外贸易的不断推进,"宋代穆斯林开始自觉地系统地接受中国传统文化的熏陶和培育,除了在地方官学(如府学、州学等)同汉族子弟一起学习中国传统文化之外,在一些地方,主要是穆斯林较多的广州和泉州,还有只招收或主要招收蕃客后代的专门学校,史称'蕃学'。'蕃学'有两类,一类是穆斯林自己出资创建的;一类是地方官办的。"[11] 官办"蕃学"与民办"蕃学"的出现,"蕃客"系统学习了儒家经典和中国传统文化,使其中国化程度进一步加深。元时,设立了隶属于国子监的回回国子学,"除了讲授汉文典籍外,还开设阿拉伯语和波斯语等外语课程。"[12] 明清时,建立在前述教育基础上的"经堂教育"[13]体系正式形成,深受儒家文化和伊斯兰文化影响的"回儒"开始"以儒释经"。

"回儒"的出现使"以儒释经"成为可能,为何会出现"以儒释经"群体,在笔者看来主要原因如下:一是伊斯兰教适应儒家文化之需要,"在中国长期的封建帝王统治下,儒家学说始终居于垄断地位,从西汉董仲舒'罢黜百家,独尊儒术'开始;往后,宋明理学更为盛行,许多外来的思想、文化,似乎都要具备或染上汉化、儒化色彩,才能站住脚、有活路。"[14] 因此,伊斯兰教进入中国后,需适应中国文化之需要才能获得发展,时至今日形成了中国化的伊斯兰教。二是为消除统治阶级的担忧和顾虑,伊斯兰教是外来宗教,其宗教理念、宗教文化在

---

[10] 参见中华文化通志委员会编,秦惠彬撰:《伊斯兰教志》,上海人民出版社1998年版,第217~218页。

[11] 参见中华文化通志委员会编,秦惠彬撰:《伊斯兰教志》,上海人民出版社1998年版,第214页。

[12] 参见中华文化通志委员会编,秦惠彬撰:《伊斯兰教志》,上海人民出版社1998年版,第217页。

[13] 经堂教育:培养伊斯兰宗教人才的制度,经堂教育一般在各清真寺内进行。

[14] 叶哈雅·林松、苏莱曼·和龑:《回回历史与伊斯兰文化》,今日中国出版社1992年版,第185页。

中华大地上缺乏文化基础，亦不被人所了解，加之伊斯兰教宗教义务的特殊性，每周五的"聚礼"[15]、两大宗教节日期间的"会礼"[16]以及"封斋"等，或参加人数众多或夜晚活动，易被封建统治阶级所猜忌，有造反之嫌，加之伊斯兰教义，多以阿拉伯语或波斯语著作为主，统治阶级、民众不了解，回族群众亦不了解，诚如鹿佑[17]所言："清真一教，来自天方，衣冠、言貌炯岸异人。予向疑其立教在吾儒之外，而或亦等于老、佛之流也。"[18]因此，通过"以儒释经"，用儒家思想解释伊斯兰教义，既符合统治阶级需要，亦能满足回族群众之需要。三是儒家文化和伊斯兰教义有众多共同之处，孔子创立的儒家学说是中华文明的核心和主体，虽然儒家学说和宗教之间并无必然联系，但伊斯兰教义与儒教学说在众多方面存在共通性，均包含爱国、团结、有仁慈之心、孝敬父母等思想，即使在部分表述上有差异，亦表达了相同的意思，如孔子强调"尊君""天下有道，则礼乐征伐自天子出；天下无道，则礼乐征伐自诸侯出。自诸侯出，盖十世希不失矣；自大夫出，五世希不失矣；陪臣执国命，三世希不失矣。天下有道，则政不在大夫。天下有道，则庶人不议。"[19]伊斯兰教义则强调"爱国是信仰的一部分""服从使者[20]，服从你们中的主事人[21]"，正是二者的共性，使"以儒释经"成为可能。四是语言文字上的优势，回族以汉语为母语，对以阿拉伯语或波斯语为主的伊斯兰教法著作无法阅读，以汉语为载体解释伊斯兰教义，可弥补回族在语言上的劣势，更加便利地理解伊斯兰教义，避免因文字障碍而产生歧义。以刘智为代表的回族学者，正是基于上述原

---

[15] 聚礼：即主麻日，参加人数较多。
[16] 会礼：即"开斋节""古尔邦节"两大节日期间的礼拜，参加人数众多。
[17] 鹿佑：（1648-1718），字有上，号兰皋，颍州城内南关人（今安徽阜阳颍州区）。清朝著名的治世能臣，官至兵部侍郎。
[18] 参见（清）刘智：《天方典礼》，张嘉宾、都永浩点校，天津古籍出版社1988年版，第12页。
[19] 《论语·季氏》。
[20] 使者：指穆罕默德。
[21] 主事人：指国家的领导人等。

因之考量,通过"以儒释经"的方式,实现伊斯兰教义中国化。

二、儒家法文化对"以儒释经"影响之表现

"由于回族以汉语作为自己的民族语言,回族的汉文化水平日益提高,加之回族与汉族的交往比以往更加频繁,联系更加密切,回族伊斯兰教受汉文化影响的程度也在日益提高。汉文化对伊斯兰教的这种潜移默化的影响也在一定程度上迫使回族伊斯兰教加速民族化。"[22]《天方典礼》的核心是用儒家思想解释伊斯兰教义,在笔者看来,最能体现这一核心命题的是《天方典礼》卷十至卷十三的中的《五典》《父道》《君道》《兄弟之道》。刘智认为"五典者,乃君臣、父子、夫妇、昆弟、朋友之常经,为天理当然之则,一定不移之礼也。"[23] 在《五典》中又围绕着夫道、妇道、父道、子道、君道、臣道、兄弟之道、朋友之道而展开,具体要求是:"夫尽其为夫,以爱"[24]"妇尽其为妇,以敬"[25]"父尽其为父,以慈"[26] "子尽其为子,以孝"[27] "君尽其为君,以

---

[22] 转引自(清)刘智:《天方典礼》,张嘉宾、都永浩点校,天津古籍出版社1988年版,第6页。

[23] (清)刘智:《天方典礼》,张嘉宾、都永浩点校,天津古籍出版社1988年版,第114页。

[24] (清)刘智:《天方典礼》,张嘉宾、都永浩点校,天津古籍出版社1988年版,第116页。

[25] (清)刘智:《天方典礼》,张嘉宾、都永浩点校,天津古籍出版社1988年版,第118页。

[26] (清)刘智:《天方典礼》,张嘉宾、都永浩点校,天津古籍出版社1988年版,第122页。

[27] (清)刘智:《天方典礼》,张嘉宾、都永浩点校,天津古籍出版社1988年版,第125页。

仁"[28]"臣尽其为臣，以忠"[29]"兄弟尽其为兄弟，以协义"[30]"朋友尽其为朋友，以忠信"[31]，与儒家的"三纲五常"是相一致的，是伊斯兰教义的儒家化和中国化。

（一）儒家化的夫妻关系

伊斯兰教法中夫妻地位不平等，丈夫比妻子享有更多的权利，与儒家倡导的夫妻关系是一致的。在夫妻关系上，刘智从儒家伦理道德、《古兰经》和圣训规定等多重维度阐释了丈夫、妻子的权利和义务。在"五典"中，刘智将"夫妇"居于首位，"夫妇，生人之本也"[32]"有天地而后万物生，有男女而后人类出，故夫妇为人道之首也"，[33] 可见其对夫妻关系的重视。儒家认为结婚的目的是"将合二姓之好，上以事宗庙，而下以继后世也，故君子重之"，刘智认为"娶妇之意，为承先继后，代身事父母也。子治于外，妇治于内，内外倡随，而孝行成焉。古人称为内相，良有以也"。[34] 此观念仍未脱离儒家"香火"观念和"男主外女主内"之影响，是对孟子"不孝有三，无后为大"思想的阐释。

在我国封建社会，"礼法"贯穿于社会生活的方方面面，刘智在解释妻子的义务时，仍用"礼法"来解释伊斯兰教法之要求。婚后丈夫要

---

[28]（清）刘智：《天方典礼》，张嘉宾、都永浩点校，天津古籍出版社1988年版，第130页。

[29]（清）刘智：《天方典礼》，张嘉宾、都永浩点校，天津古籍出版社1988年版，第135页。

[30]（清）刘智：《天方典礼》，张嘉宾、都永浩点校，天津古籍出版社1988年版，第140页。

[31]（清）刘智：《天方典礼》，张嘉宾、都永浩点校，天津古籍出版社1988年版，第143页。

[32]（清）刘智：《天方典礼》，张嘉宾、都永浩点校，天津古籍出版社1988年版，第115页。

[33]（清）刘智：《天方典礼》，张嘉宾、都永浩点校，天津古籍出版社1988年版，第114页。

[34]（清）刘智：《天方典礼》，张嘉宾、都永浩点校，天津古籍出版社1988年版，第118页。

"夫尽其为夫，以爱"[35]，还应教妻以"礼法"，"礼法"包括妻子应履行的宗教义务和家庭义务。妻应严守"礼法"，因为"礼由主定，孰能违之？违礼，即违主也。逆礼，即逆主也。主之爱，在顺从；主之恶，在违逆。夫因妇之顺逆而爱恶焉，主亦因夫之爱恶而爱恶之矣。是则见夫之爱恶，犹见主之爱恶也。此不计夫之是非，唯计妇之顺逆"。[36] 刘智将儒家的"礼"转换成"礼由主定"，即礼是由真主制定的，使伊斯兰教法与儒家思想相一致。妻子除严守"礼法"和妇道时，应无条件服从丈夫，即使妻之父母生病、死亡时，未得到丈夫允许之前，不得看望和吊丧，"父母疾，不命不往视；父母丧，不命不往吊"[37]，"情莫重于父母，事莫大于丧疾。非夫命，且不往视吊，况下此者乎？益见妇道以事夫为重，顺夫为大也"。[38]

在家庭中强调丈夫的主导地位。除此之外，还要求妻子"重德"、尊敬丈夫，博取丈夫之爱，"夫爱，犹主爱，夫恶，犹主恶也"[39]。"妇有大德二：不私，不妒"，[40]"妇美美德，不美美色"[41]。在家庭义务方面，要"言必遵夫取与必听令，不私出；不外见；不违夫所欲"[42]。

---

〔35〕（清）刘智：《天方典礼》，张嘉宾、都永浩点校，天津古籍出版社1988年版，第116页。

〔36〕（清）刘智：《天方典礼》，张嘉宾、都永浩点校，天津古籍出版社1988年版，第119页。

〔37〕（清）刘智：《天方典礼》，张嘉宾、都永浩点校，天津古籍出版社1988年版，第119页。

〔38〕（清）刘智：《天方典礼》，张嘉宾、都永浩点校，天津古籍出版社1988年版，第119~120页。

〔39〕（清）刘智：《天方典礼》，张嘉宾、都永浩点校，天津古籍出版社1988年版，第119页。

〔40〕（清）刘智：《天方典礼》，张嘉宾、都永浩点校，天津古籍出版社1988年版，第120页。

〔41〕（清）刘智：《天方典礼》，张嘉宾、都永浩点校，天津古籍出版社1988年版，第120页。

〔42〕（清）刘智：《天方典礼》，张嘉宾、都永浩点校，天津古籍出版社1988年版，第118页。

"从夫命，守夫约，勤事公姑也"[43]。婚后若妻子有过错，不能轻易休妻，"圣人曰：'妇有过，善言以教之，勿轻去'。"[44] 只有在妻子"必犯悍恶、淫贼、不敬公姑、不勤夫事"[45] 等情形出现时丈夫方能休妻，其解释仍未超出"七出三不去"之范围。

（二）儒家化的父子关系

在《天方典礼》的"父道"与"子道"中，主要说明了父亲、子女各自的权利义务及父子关系，仍按儒家原理去解释，认为"父尽其为父以慈。其道十：谨胎教；命美名；开乳；报牲；防患害；洁衣食；严教训；择师董学；量才授业；及其长也，男婚女嫁，而为亲之道尽矣。"[46] 父亲对子女所尽义务从妻子怀孕时开始，妻子怀孕后丈夫要行为检点，孩子出生后要为子女起名，当子女成长至一定年龄时，要根据子女的天赋和能力，熟读经典，为其择业，男女平等抚养，不得重男轻女，"男女必同育，聪拙必同爱"[47]，并引用圣训加以强调，"圣人曰：'勿以男喜，勿以女忧，惟男暨女，真主所寄命也'。"[48] 在封建社会，子女出生后，就会面临嫡庶之分，但伊斯兰教法中无妻妾之分，亦无嫡庶之分，诸子平等。穆罕默德曾言："你们应该敬畏真主，应该公平的对待你们的儿女。"刘智在解释时，未采用伊斯兰教法中的诸子地位平等制，而用儒家的嫡庶制度来解释，刘智认为"形有男女，礼有嫡庶，

---

[43]（清）刘智：《天方典礼》，张嘉宾、都永浩点校，天津古籍出版社1988年版，第121页。

[44]（清）刘智：《天方典礼》，张嘉宾、都永浩点校，天津古籍出版社1988年版，第117页。

[45]（清）刘智：《天方典礼》，张嘉宾、都永浩点校，天津古籍出版社1988年版，第117页。

[46]（清）刘智：《天方典礼》，张嘉宾、都永浩点校，天津古籍出版社1988年版，第122页。

[47]（清）刘智：《天方典礼》，张嘉宾、都永浩点校，天津古籍出版社1988年版，第123页。

[48]（清）刘智：《天方典礼》，张嘉宾、都永浩点校，天津古籍出版社1988年版，第124页。

所出同也，其爱宜均。"[49] "正室所生曰嫡，姬妾所生曰庶。虽有男女嫡庶之殊，而同于自父，则爱宜均。"[50] 不管嫡子还是庶子，要求父亲需尽到相同的义务，"子习学，丰其衣食，倍其用度，使无纷志于营谋"[51]，可见其对不符合当时国情的伊斯兰教义做儒家化解释，使伊斯兰教义更加符合国情。

　　子女成年之后，不管是伊斯兰教法还是儒家法文化，均强调应对父母尽孝。"身体发肤，受之父母，不敢毁伤，孝之始也。立身行道，扬名於后世，以显父母，孝之终也。"[52] "夫孝，始於事亲，中於事君，终於立身。"[53] 孝是"亲亲"原则的核心，将"不孝"上升为国家法律制度"十恶"之一，且应重惩。伊斯兰教义亦强调应尽孝，《古兰经》云，"你的主曾下令说：你们应当只崇拜他，应当孝敬父母。如果他们中的一人或两人在你的堂上达到老迈，那，不要对他俩说：'呸！'不要喝斥他俩，你应当对他俩说有礼貌的话。"[54] 刘智解释孝道时用《古兰经》中的内容加以说明，"《经》言报亲次于报主者，示报亲之重也。木有本，水有源，吾含灵成形之本源，惟主与亲，则吾之修身尽性，无非寻源报本之诚。故言天道，莫大乎尊主；言人道，莫大呼事亲。尽人道，即是尽天道。未有尽天道不始于人道者也"[55]。对子女来说，刘智认为主要有十大义务，即"敬事而顺；洁诚而养；奉以亲身；执守良业；勤于学而敏于善；不危其身；不辱其名；奉父母于无过；亲

---

[49] （清）刘智：《天方典礼》，张嘉宾、都永浩点校，天津古籍出版社1988年版，第124页。

[50] （清）刘智：《天方典礼》，张嘉宾、都永浩点校，天津古籍出版社1988年版，第124页。

[51] （清）刘智：《天方典礼》，张嘉宾、都永浩点校，天津古籍出版社1988年版，第124页。

[52] 《孝经》。

[53] 《孝经》。

[54] 《古兰经》17：23。

[55] （清）刘智：《天方典礼》，张嘉宾、都永浩点校，天津古籍出版社1988年版，第126页。

在从其事；亲没守其爱。"[56] 因此，"孝"的前提是"敬"，"敬"是"孝"的基础。孔子认为，"孝最根本的要素是心理上的'敬'，而不是物质上的'养'"，"今之孝者，是谓能养。至于犬马，皆能有养；不敬，何以别乎？"[57] 因此，儒家思想与伊斯兰教在孝敬父母方面是相通的，刘智在解释时，将二者融为一体。

（三）儒家化的君臣关系

伊斯兰教的核心思想则是"敬主爱人"，与"仁者爱人"及"敬天保民"思想是一致的。"在中华民族的文化发展史上，仁的思想延绵了三千年之久。几乎没有一个其他思想范畴象仁那样博得了那么多思想家的讴歌，并获得如此广泛的社会意义。仁的思想，不但在形成中华文化特有的传统结构中发挥了主干作用，而且也给我们民族的心理打上了深深的印痕。"[58] 刘智认为君主应是"仁"君，"君尽其为君以仁""仁者，具众理，该万善，推其德意无所不及之名也"。[59] 刘智认为君主应符合如下条件："一曰体主；二曰法圣；三曰敬贤学；四曰亲百姓；五曰广仁惠；六曰正法度；七曰烛奸；八曰从谏；九曰日省己私，十曰时察民患。"[60] "至于亲百姓、广仁惠，则为仁之效也。正法度，则为仁之方也。烛奸，不使小人立于朝；从谏，不令过失掩于己，则为仁之力也。日省己私，则谨天理，遏人欲，而一身治。时察民患，则兴利除害，拯冤救溺，生民乐而天下安，此则为仁之至也。"[61] 从中可知刘智用"仁"解释伊斯兰教的君主观并将孟子的"民为贵，社稷次之，君

---

[56]　（清）刘智：《天方典礼》，张嘉宾、都永浩点校，天津古籍出版社1988年版，第125页。

[57]　杨景凡、俞荣根：《孔子的法律思想》，群众出版社1984年版，第102页。

[58]　杨景凡、俞荣根：《孔子的法律思想》，群众出版社1984年版，第63页。

[59]　（清）刘智：《天方典礼》，张嘉宾、都永浩点校，天津古籍出版社1988年版，第130页。

[60]　（清）刘智：《天方典礼》，张嘉宾、都永浩点校，天津古籍出版社1988年版，第130页。

[61]　（清）刘智：《天方典礼》，张嘉宾、都永浩点校，天津古籍出版社1988年版，第131页。

为轻"的思想贯彻其中。君主应如何治国,刘智认为君主要爱民,注重自身修养,成为有德之人,礼贤下士,清盗贼,宽刑,薄赋,旌善和不得穷兵黩武,除此之外,还需用"法治",并且执法要公正,"法度不正,则下民失守;奸邪不去,则君心易惑,故又以正法度,烛奸邪次之。"[62]

为臣之道,刘智认为要"忠","臣尽其为臣以忠。其道四:正也;高也;定也;宽也。四者,臣之四维也。用于君,宜于君;用于民,宜于民。"[63] 除忠于君主,严格要求自己,以身作则,严格执行法律,赏罚公允。因此,不管对君臣关系还是父子关系的解释,刘智仍未脱离中国传统法文化的影响,"在我国,君主制延续了很长的历史时期,它曾经是合理的、进步的。因为在古代农业经济条件下,在特定的空间和时间内,只能产生'君君、臣臣、父父、子子'的政治秩序和政治体制,也只有这样的政治秩序和政治体制,才有利于社会的安定和发展。"[64]

(四)儒家化的兄弟、朋友关系

如何处理兄弟间的关系,刘智认为:"兄之道在宽容,而不嫌弟之不足;在仁爱,而不忌弟之有余;在体恤,不以繁重累之,而伤其筋骨;在涵养,不以小忿与争,而破其情怀。""弟之道,恭而敬,顺而安,循事而励,有屈而不愠。"[65] 兄弟间要齐心协力,和睦相处,"兄弟义共,天下与颂;兄弟义畔,天下与战。"[66] 作为哥哥要宽容,能包容弟弟的不足和过失,弟弟要尊敬哥哥,"兄先我而生,侍奉膝下者久,

---

[62] (清)刘智:《天方典礼》,张嘉宾、都永浩点校,天津古籍出版社1988年版,第130页。

[63] (清)刘智:《天方典礼》,张嘉宾、都永浩点校,天津古籍出版社1988年版,第135页。

[64] 杨景凡、俞荣根:《孔子的法律思想》,群众出版社1984年版,第122页。

[65] (清)刘智:《天方典礼》,张嘉宾、都永浩点校,天津古籍出版社1988年版,第140页。

[66] (清)刘智:《天方典礼》,张嘉宾、都永浩点校,天津古籍出版社1988年版,第141页。

能体父母之心。敬兄,即所以敬父母也;顺兄,即所以顺父母也。"[67] 朋友之间,则要忠诚,志同道合,认为朋友有三种即"义友"、"利友"和"戏友",品德高尚之人以道义为朋友,小人以名利为朋友,浪子以玩乐为朋友,要"交友以德,识人以行"。[68]

(五)儒家化的婚姻关系

中国古代长期实行"一夫一妻多妾"制,伊斯兰教法则实行建立在众妻平等之上的"多妻制",《古兰经》中有明确规定:"你们可以择你们爱悦的女人,各娶两妻、三妻、四妻;如果你们恐怕不能公平的对待她们,那末,你们只可以各娶一妻,或以你们的女奴为满足。这是更近于公平的。"[69]生活在清时的刘智,既熟知伊斯兰教法中的"多妻制",又深刻理解中国传统婚姻制度。伊斯兰教法中的婚姻制度是典型的"宗教婚"和"多妻制",刘智认为伊斯兰教法的规定与儒家之礼并无多大区别,"婚姻为人道之大端,古今圣凡,皆不能越其礼而废其事也。废此,则近异端矣。清真之礼,出自天方圣教,而儒家之礼,多相符合,虽风殊俗异,细微亦有不同,而大节则总相似焉。故予于序礼解事处,多原儒语以明其义,盖欲此地人知所解耳。婚姻无贫富,必择善良。"[70]周公制"礼"后,婚姻"六礼"影响国人至今,《天方典礼》中,刘智在"六礼"基础之上增加了几个程序,变成了"使媒妁通言,问名,立主亲,纳定,纳聘,请期,书婚,铺陈婿室,亲迎,成礼,明日,妇出见舅,婿往见妇之父母"等环节,也可以说是"六礼"的复杂化。在婚姻对象的选择方面,受到了中国传统婚姻中"门当户对"之影响,要求"婚姻无贫富,必择良善","议婚之道,先访门户乡贯,次

---

[67] (清)刘智:《天方典礼》,张嘉宾、都永浩点校,天津古籍出版社1988年版,第141页。

[68] (清)刘智:《天方典礼》,张嘉宾、都永浩点校,天津古籍出版社1988年版,第145页。

[69] 《古兰经》,4:4。

[70] (清)刘智:《天方典礼》,张嘉宾、都永浩点校,天津古籍出版社1988年版,第199页。

察家教，务知男女贤否。或为子求妇，或为女择婿，皆不得慕声势而托高门，亦不可取便易而亲贱类"。[71]

三、"以儒释经"的限度与方法

（一）取儒家思想与伊斯兰教法共通之处

"回族伊斯兰教伴随着回族的形成，已逐渐成为中国封建社会上层建筑的一个组成部分，成为带有中国特色的伊斯兰教。在这一演变过程中，伊斯兰教受到了古老的中国封建文化的影响和渗透，其中最主要的是在哲学思想方面受到儒家思想，尤其是宋明理学的深刻影响和渗透。"[72]刘智熟读儒家、道教、佛教经典，同时又熟悉伊斯兰教义和《古兰经》，为其用儒家学说解释伊斯兰教义奠定了基础，纵观《天方典礼》全书，儒家思想贯彻其中，取二者相通之处。这就需要刘智先对儒家思想和观念加以理解和消化，成为"回儒"方能用儒家思想解释伊斯兰教思想。刘智认为："虽载在天方之书，而不异乎儒者之典，遵习天方之礼，即尤遵习先圣先王之教也。圣人之教，东西同，今古一。"[73]经过刘智对伊斯兰教思想的解释和改造，使儒家思想和伊斯兰教思想融合，使伊斯兰教法中国化，即实现了伊斯兰教法和儒家伦理道德的结合。《天方典礼》成书后，兵部侍郎鹿佑和礼部侍郎徐倬曾为其作序，鹿佑认为："一斋出所著《天方礼经》一集，曰：'清真原委，可约略见端于此矣。'因留览卒业。见其微言妙义，切实渊源；天几（机）人事，节目井然。其伦礼纲常，犹然君臣、父子、夫妇、昆弟、朋友也；其修齐诚正，犹然孝、弟、忠、信、礼、义、廉、节也；……夫然后知清真一教，不偏不倚，直与中国圣人之教理同道合，而非异端

---

[71]（清）刘智：《天方典礼》，张嘉宾、都永浩点校，天津古籍出版社1988年版，第199页。

[72]（清）刘智：《天方典礼》，张嘉宾、都永浩点校，天津古籍出版社1988年版，第7页。

[73]（清）刘智：《天方典礼》，张嘉宾、都永浩点校，天津古籍出版社1988版，第20页。

曲说所可同语者矣。"[74] 徐倬[75]作序时亦认为："此刘子用儒文传西学以教于同人者也。虽然地有东西，理无疆界。是礼也，虽自天方，而理通于天下。"[76] 从二人的"序"中可知，《天方典礼》是伊斯兰教义的儒家化，伊斯兰教义与儒家思想在很多方面是互通的，是刘智"以儒释经"之基础。

（二）不得与伊斯兰教义相冲突

儒家思想和伊斯兰教思想的共通性使"以儒释经"得以可能，得以成功，但刘智在解释过程中始终掌握限度，即不能违背《古兰经》、圣训的基本原则和伊斯兰教法的核心思想，是其解释的最低限度，不可逾越。诚如今之司法解释、立法解释不能违背宪法规定一样，刘智亦遵守了这一原则。纵观《天方典礼》全文，虽已儒家思想为主，但无明显违背伊斯兰教法之处，说明刘智对儒家思想和伊斯兰教法十分熟悉和了解，取舍得当，亦是其成功之处。

（三）《古兰经》、"圣训"、儒家思想"三位一体"解释法

刘智在用儒家思想解释伊斯兰教义时，为使回族能理解伊斯兰教义，使其解释具有权威性，因解释需要，引用了《古兰经》和圣训的部分内容。从解释方法来看，用《古兰经》中的规定说明某种解释的神圣性、强制性和权威性，用圣训中的规定说明某种解释的合理性，在不违背《古兰经》、圣训规定之前提下用儒家思想加以解释，因此，全书有大量的"经曰""圣人曰"，"经曰"即直接引用《古兰经》的内容，"圣人曰"指穆罕默德的言论，即"圣训"。在这种"三位一体"的解释模式下，既使其解释具有权威性，又能被广大回族所理解，取得了较大成功。该书创作完成后，不断地刊印和发行，成为回族"经堂教育"的必

---

[74]（清）刘智：《天方典礼》，张嘉宾、都永浩点校，天津古籍出版社1988年版，第12页。

[75] 徐倬：（1624-1713），字方虎，号苹村，浙江德清新塘（今德清士林镇徐家墩）人，官至礼部侍郎。

[76]（清）刘智：《天方典礼》，张嘉宾、都永浩点校，天津古籍出版社1988年版，第14页。

备书目之一，回族群众皆能引用其中的某些片段吟诵和教育子女，足以说明其成功之处。

四、从"以儒释经"看中华法文化与伊斯兰法文化的融合

（一）传统典籍中无法律交流之记载

五大法系中，中华法系和伊斯兰法系各占一席，足见其对世界法制文明的贡献。从历史上来看，中华文明与伊斯兰文明交流的时间较早，"据史书记载，伊斯兰教传入中国是在公元651年，即唐高宗永徽二年，迄今有一千三百多年的历史。"〔77〕但二者在法律制度上未曾有过直接交流，从传统典籍来看，史书中并无伊斯兰法与中华法交流之记载，清末"变法修律"时，亦未移植伊斯兰国家的法律。因此，从法律制度层面来看，二者无必然联系，但并不能说明二者无共通之处，二者在法律文化、法律理念等方面均有共性。共性如下：第一，"经典"是两大法系形成之基础，中华法系以儒家经典为基础，伊斯兰法系则以《古兰经》为基础，两大法系的精神内涵均建立在"经典""经学"基础之上。第二，从"法"之内涵来看，"法，在汉字中以'水'为偏旁，意为'公平如水'，虽然公平和公正是所有法律都追求的，但在中华法之'法'字中体现得淋漓尽致。在伊斯兰语境中，法或教法又叫'沙里亚'，沙里亚这个阿拉伯语词汇，它的本意是水源、源头。可见，两大文明的两大法系中，对法的定义有异曲同工之妙。〔78〕第三，从法文化的角度来看，均受到了神学之影响。伊斯兰法与宗教密不可分，中华法较早摆脱了神学的影响，与"仁学"的产生密不可分，"仁学的产生是一个漫长的历史过程，在它之前，是和它相对立的宗天神学。仁学是对神学的否定，是地上的人权对天上的神权的胜利。仁学的创始，标志着中华民族

---

〔77〕（清）刘智：《天方典礼》，张嘉宾、都永浩点校，天津古籍出版社1988年版，前言，第5页。

〔78〕参见金镖："在中国人民大学法学院举办的'法律与宗教'主题座谈会上的发言"，载http://www.360doc.com/content/17/0119/23/1417717_623592897.shtml. 最后访问日期：2017年12月15日。

认识史上，由神本位过渡到了人本位，由天道、神道发展到了人道。仁学，是我国古老的关于人的学说。随着仁学的诞生，中华古代法律思想和法律也就开始摆脱了神权的藩篱。"[79] 神学则贯穿伊斯兰法始终。因此，二者无法律制度层面的交流，既有地理因素亦有文化因素，但其在很多方面仍有共性。

（二）回族习惯法中包含大量伊斯兰教法内容

张晋藩先生指出："作为世界五大法系之一的中华法系，是以汉族为主体，各民族共同缔造的，它凝聚着少数民族的法律智慧，吸纳了少数民族优秀的法文化成果，是各民族的法律文化与法制经验相互交流与吸收的结果。各个少数民族在中华法系的形成和发展过程中，都作出了自己的贡献，而少数民族的习惯法与民间法，同样构成并丰富了中华法系的内涵。在统一多民族的古代中国，经过经济、政治、文化等多方面的推动，形成了多元一体的中华法文化。"[80] 回族的形成与伊斯兰教有着紧密的关系，从回族使用的语言来看，亦夹杂着很多阿拉伯语和波斯语，除回族习惯法外，其他信仰伊斯兰教的少数民族习惯法中亦有大量的伊斯兰教法的内容，如维吾尔族、东乡族、撒拉族等。虽习惯法不被国家做法认可，但其在生活中发挥着重要作用。"从中国社会的实际情况来看，不仅阶级社会中有法，在原始社会也存在法；法不仅与国家相联，表现为国家制定法，而且法也表现为各种类型的习惯法，这种习惯法的效力并不亚于国家制定法，甚至往往在国家制定法之上，对一定区域和一定社会团体的成员极强的约束力。我们不能无视这一客观存在，而将少数民族习惯法等排斥于法范畴法体系之外。"[81] 因此，伊斯兰法虽未与中华法系有过直接的交流，但建立在伊斯兰教法基础之上的伊斯兰法间接地与我国的法律制度进行交流与融合。

---

[79] 杨景凡、俞荣根：《孔子的法律思想》，群众出版社1984年版，第69~70页。

[80] 张晋藩："多元一体法文化：中华法系凝结少数民族的法律智慧"，载《民族研究》2011年第5期。

[81] 高其才："习惯法与少数民族习惯法"，载《云南大学学报（法学版）》2002年第3期。

小　结

费孝通先生指出:"中华民族作为一个自觉的民族实体,是近百年来中国和西方列强对抗中出现的,但作为一个自在的民族实体则是几千年的历史过程所形成的。它的主流是由许许多多分散孤立存在的民族单位,经过接触、混杂、联结和融合,同时也有分裂和消亡,形成一个你来我去、我来你去,我中有你、你中有我,而又各具个性的多元统一体。"[82] "我们把《天方典礼》的观点与儒家的观点两相比较,就不难发现,回族的伊斯兰教学者把儒家的思想和观念接受下来,经过消化、理解和改造,使之与伊斯兰教思想相融合,成为一种特殊的回族伊斯兰教的思想。"[83] 回族在形成过程中深受儒家文化和伊斯兰教影响,使回族的法文化、习惯法深受二者之影响,深刻影响了回族的生活方式和价值观念,"以儒释经"群体在儒家思想与伊斯兰教义融合方面发挥了重要作用,使回族融入中华民族大家庭中去,维护了民族团结和社会稳定,他们的贡献不可磨灭。

---

[82] 费孝通主编:《中华民族多元一体格局》(修订本),中央民族大学出版社1999年版,第3~4页。

[83] (清)刘智:《天方典礼》,张嘉宾、都永浩点校,天津古籍出版社1988年版,第10页。

浅析《历代刑法志》中的虚构与真实

刘吉庆[*]

引 言

尽信书不如无书,可见古人早就认识到了"书"中的虚构现象。何况中国法律史是一门基于史料的学科。中国法制史研究的经典文献资料《历代刑法志》中存在一些虚构的情节,在使用相关文献时,同样应当做详实的考证,然后才能进行相关史料的利用。但是,对于此问题,近百年来的法律史研究中却涉足甚少。为此,本文针对《历代刑法志》中存在什么样的细节虚构,为何存在此类虚构,结合当前学者对该问题的一些看法,对在使用相关法律史文献时应给予何种注意提出一些见解。[1]

一、《历代刑法志》研究概述

《历代刑法志》即中国传统二十五史中的刑法志。[2] 不仅是记录中国自汉朝到清末两千多年间法律发展的历史文献,也是中国传统法律文化的重要载体之一。有学者认为出自历代名臣学术大师之手的《历代

---

[*] 作者系中央民族大学硕士研究生。
[1] 本文由导师邓建鹏教授提供详细修订建议,在此向导师致以谢意,文责作者自负。
[2] 对于二十五史刑法志的观点,有的认为是十三篇,有的认为是十四篇,本文借鉴何勤华老师在"历代刑法志与中国传统法律文化"一文中的观点,与其保持一致,有十四篇,分别是《汉书》《晋书》《魏书》《隋书》《旧唐书》《新唐书》《旧五代史》《宋史》《辽史》《金史》《元史》《新元史》《明史》《清史稿》刑法志。本文所称《历代刑法志》是指群众出版社1988年版。

刑法志》可以说贯彻了中国传统法律文化的基本精神,揭示了中国传统法律文化的基本特征,也记录了中国传统法律文化的基本线索和基本规律。[3]对此,学术界相关研究颇多。《历代刑法志》一直是法律史学者的重要研究素材,自中国近代法制史研究伊始就有对《历代刑法志》文本材料的利用。

比如,中国近代法史学奠基之作沈家本先生的《历代刑法考》一书中在论述夏朝"肉刑"法律制度时仅有两个条文,其一,扬子《法言》先知篇:夏后肉辟三千。其二,《汉书·刑法志》"禹承尧舜之后,自以德衰,始制肉刑"。[4]但是两个条文其中之一就是引用自《历代刑法志》中的内容。在论述秦朝"凿颠、抽胁、镬烹"刑法制度时也是直接引用《历代刑法志》中的相关文本记录,"《汉书·刑法志》:秦用商鞅,增加肉刑、大辟,有凿颠、抽胁、镬烹之刑。"[5]在论述汉朝"夷三族"法律制度时直接摘录《汉书·刑法志》中:"汉兴之初,虽有约法三章,网漏吞舟之鱼。然其大辟,尚有夷三族之令。令曰:'当三族者,皆先黥、劓,斩左右止,笞杀之,枭其首,菹其骨肉于市。其诽谤詈诅者,又先断舌。'故谓之具五刑。彭越、韩信之属皆受此诛。至高后元年(公元前187年),乃除三族罪。"[6]类似的情况还存在于程树德先生的《九朝律考》中,几乎在《九朝律考》的每一节中都能发现对《历代刑法志》中相关史料的利用。例如,在《九朝律考·汉律考》"九章律"一条中一共有十一条摘自各种文献的史料,其中就有两条出自《历代刑法志》[7],并且这两条都是解释"九章律"的重要

―――――――

〔3〕 参见何勤华:"历代刑法志与中国传统法律文化",载《河南省政法管理干部学院学报》2003年第2期。

〔4〕 参见沈家本:《历代刑法考·刑制总考》(卷一),邓经元、骈宇骞点校,中华书局1985年版,第9页。

〔5〕 沈家本:《历代刑法考·刑制总考》(卷二),邓经元、骈宇骞点校,中华书局1985年版,第17页。

〔6〕 沈家本:《历代刑法考·刑制总考》(卷二),邓经元、骈宇骞点校,中华书局1985年版,第18页。

〔7〕 参见程树德:《九朝律考》,商务印书馆2010年版,第18~19页。

材料。《历代刑法志》文本内容在以上两部名著中的频繁出现正好说明了其在中国法律史研究中的重要史料价值。

在当代法律史研究中,如梁治平老师的《寻求自然秩序中的和谐——中国传统法律文化研究》[8]、张中秋老师的《中西法律文化比较研究》[9]等一些在法律史学界影响力比较大的著作中都涉及了不少对《历代刑法志》相关内容的引证或者论述。

专门研究《历代刑法志》的论文数量更多,仅在中国知网的"文献"一栏输入主题词"刑法志",显示有自 1921 年到 2016 年的论文共 1610 篇,输入主题词"篇名"为"刑法志",显示自 1985 年到 2016 年共有 63 篇篇名中有"刑法志"的论文。[10] 上述论文大可分为以下几类:

第一类:通过《刑法志》进行史料的考证补充,弥补相关研究的不足,比如"《晋书·刑法志》作者考——以唐代辛骥墓志为新证"[11]和"《新唐书·刑法志》舛误一则"[12]。

第二类:对研究所涉及的某一个朝代的《刑法志》进行评述。比如,"《晋书·刑法志》述评"介绍了《晋书·刑法志》里面的李悝变法、熊远的疏、张斐律注表、刘颂的法论文等相关的宝贵史料,指出其对研究中国古代法学、律学、法哲学的重大意义;[13]"中国古代第一部法律史著作——《汉书·刑法志》评析"指出了《汉书·刑法志》在

---

〔8〕 参见梁治平:《寻求自然秩序中的和谐——中国传统法律文化研究》,商务印书馆 2013 年版,有关《刑法志》的相关论述见第二章《刑与法》第 33~56 页等。

〔9〕 参见张中秋:《中西法律文化比较研究》,中国政法大学出版社 2006 年版,关于《刑法志》的论述有第 18、137、153、159 页等,在此不一一列举。

〔10〕 参见 http://epub.cnki.net/kns/brief/default_result.aspx. 最后访问日期:2016 年 10 月 19 日。

〔11〕 参见龙大轩、秦涛:"《晋书·刑法志》作者考——以唐代辛骥墓志为新证",载《河北法学》2014 年第 6 期。

〔12〕 参见曾代伟:"《新唐书·刑法志》舛误一则",载《法学研究》1986 年第 3 期。

〔13〕 参见华志强:"《晋书·刑法志》述评",载《皖西学院学报》2006 年第 6 期。

中国古代法起源、立法史、法律制度方面的史料价值。[14]

第三类：通过《历代刑法志》阐述中国古代法律思想及其作用。比如，"由《汉书·刑法志》分析西汉道德与法律的关系"一文分析了西汉时期的德法关系以及儒家思想主导下对西汉中后期的立法、司法实践的影响；[15]"十三篇《刑法志》的儒家情节"一文集中展示了作者选取的十三篇《刑法志》中的儒家情节，如"德主刑辅"的德刑观、"亲亲尊尊"的儒家伦理原则，得出十三篇《刑法志》均秉持儒家价值理想以批判现实和历史的结论。[16]

第四类：《历代刑法志》的对比研究。比如，"《晋书·刑法志》与汉《九章律》"一文通过将《晋书·刑法志》中关于汉律九章的记载和近年来的考古成果对比研究得出"汉代法典体系的发展、成型是一个漫长的演化过程"[17]，"汉律远非九章，但汉代法典基本体系仍是在《九章律》的基础上形成的"[18]结论；"故事与汉魏晋的法律——兼谈对于《唐六典》注和《晋书·刑法志》中相关内容的理解"[19]一文通过梳理汉、魏、晋时期故事与律、令、例、比、品式章程、制诏等之间的密切而复杂的关系，得出"故事通常是国家立法定制的一种经典依据，而法律适用中的事例往往又成为故事的一个主要来源"[20]的结论。

---

[14] 参见何勤华："中国古代第一部法律史著作——《汉书·刑法志》评析"，载《法学》1998年第12期。

[15] 参见黄珣："由《汉书·刑法志》分析西汉道德与法律的关系"，载《兰台世界》2014年第5期。

[16] 参见陈应琴："十三篇《刑法志》的儒家情节"，载《重庆邮电大学学报（社会科学版）》2009年第1期。

[17] 参见邵方："《晋书·刑法志》与汉《九章律》"，载《法学评论》2007年第1期。

[18] 参见邵方："《晋书·刑法志》与汉《九章律》"，载《法学评论》2007年第1期。

[19] 参见吕丽："故事与汉魏晋的法律——兼谈对于《唐六典》注和《晋书·刑法志》中相关内容的理解"，载《当代法学》2004年第3期。

[20] 参见吕丽："故事与汉魏晋的法律——兼谈对于《唐六典》注和《晋书·刑法志》中相关内容的理解"，载《当代法学》2004年第3期。

第五类：以古鉴今，通过《历代刑法志》的研究谈对当代的意义。比如，"历代《刑法志》之监狱制度及其当代意义"[21] 和"《汉书·刑法志》中肉刑存废之讨论对现代反刑讯逼供的认识"[22] 分别探讨了《刑法志》中监狱制度与肉刑存废问题的讨论对当代监狱制度的改进以及司法实践中反刑讯逼供的意义。

辨析史料真伪，是法律史研究最基础性的工作。但是，从上述著作与论文可知，目前相关研究要么补充《历代刑法志》之不足；要么进行横向或纵向比较研究；要么引用《历代刑法志》为基础史料使用；几乎所有研究均缺乏对《历代刑法志》文本材料的虚构与真实的辨析。《历代刑法志》作为中国法律史研究中的重要史料，目前针对刑法志中虚构与真实问题的相关研究比较少见，本文就是对此问题的一次尝试。

当然，必须要说明的是，由于精力不足与论文篇幅有限，本文的研究范围主要选取汉、唐、隋、宋等几个朝代的《刑法志》。原因在于《汉书·刑法志》是我国《刑法志》开山之作，为后世《刑法志》的写作奠定基础，此后《刑法志》经汉末乱世到隋唐时达到中国古代法律发展的巅峰，《刑法志》的体例结构进一步完善，至宋时《刑法志》分为三篇，迨到元、明、清时已没有大的变化，古人有一叶而知秋之语，故以几本具有代表性的《刑法志》为本文考察目标。

二、《历代刑法志》中的虚构

要考察《历代刑法志》中存在的虚构现象，就得从《历代刑法志》的文本叙述说起。以《汉书·刑法志》为例，在开篇作者即写道"上圣卓然先行敬让博爱之德者，众心说而从之。从而成群，是为君矣；归而往之，是为王矣。"[23] 只有"行敬让博爱"的有德之人才能使天下

---

[21] 参见李晓婧："历代《刑法志》之监狱制度及其当代意义"，载《中国刑事法杂志》2012年第2期。

[22] 参见周靖："《汉书·刑法志》中肉刑存废之讨论对现代反刑讯逼供的认识"，载《山海经》2015年第18期。

[23] 参见群众出版社编辑部编：《历代刑法志》，群众出版社1988年版，第1页。

人心中愉悦而从之、归之,"王"从而诞生。这种叙述,是儒家"有德者居位"思想的典型表现,但是与当时残酷的社会现象相距甚远。[24] 比如,秦国由于秦始皇"兼吞战国,遂毁先王之法,灭礼谊之官,专任刑罚,躬操文墨,昼断狱,夜理书,自程决事,日县石之一"[25],从而导致"奸邪并生,赭衣塞路,囹圄成市,天下愁怨,溃而叛之"[26],秦国由此灭亡。秦始皇统一六国,王天下,显然并非依据"行敬让博爱"。

在《刑法志》作者的眼里君主是"圣人","圣人既躬明哲之性,必通天地之心,制礼作教,立法设刑,动缘民情,而则天象地。故曰:先王立礼,'则天之明,因地之性'也。"[27] 他们认为刑罚是作为"圣人"的君主依据天地之性,根据礼教而制定的,目的是以"天讨"的名义处罚犯罪的人,当然贵为"天子"被儒家称为"圣人"的君主是不在此列的。但他们忽视的是这个"圣人"是由他们臆造出来的,君主之所以成为圣人,并不是由于有多聪明睿智,并非"行敬让博爱",大多数是因为有一个做君主的父亲。中国历史上除了开国君主一般会经历比较复杂艰苦的奋斗历程外,剩下的君主都是因为其与开国君主之间的父子血缘关系,通过继承的方式"躺着"做了君主。

历史上的荒唐君主很多,比如,秦始皇"专任刑罚,躬操文墨,昼断狱,夜理书,自程决事,日县石之一,奸邪并生,赭衣塞路,囹圄成市,天下愁怨,溃而叛之"[28];孝武帝即位"外事四夷之功,内盛耳目之好,征发烦数,百姓贫耗,穷民犯法,酷吏击断,奸宄不胜"[29];"徽宗每降御笔手诏,变乱旧章"[30],"徽宗在位二十五年,而举行大赦

---

[24] 相关叙述参见邓建鹏:《中国法制史》,北京大学出版社2015年版,第322~323页。
[25] 群众出版社编辑部编:《历代刑法志》,群众出版社1988年版,第14页。
[26] 群众出版社编辑部编:《历代刑法志》,群众出版社1988年版,第14页。
[27] 群众出版社编辑部编:《历代刑法志》,群众出版社1988年版,第1页。
[28] 群众出版社编辑部编:《历代刑法志》,群众出版社1988年版,第14页。
[29] 群众出版社编辑部编:《历代刑法志》,群众出版社1988年版,第17页。
[30] 群众出版社编辑部编:《历代刑法志》,群众出版社1988年版,第17页。

二十六次，曲赦十四次，德音三十七次"[31]，可谓"政紊而恩益滥"。类似例子不胜枚举，足见史家帝王"行敬让博爱"的"圣人论"的苍白无力。甚至，我们可以说《历代刑法志》中的这些"圣人论"不过是作者虚构的。

与之相关，《历代刑法志》中有关权力正当性的解释也很成问题。仔细研读《历代刑法志》，可以发现其作者在书写《历代刑法志》的时候充分体现了儒家关于权力正当性的理论，即君权来自上天授予，有德者得之，无德者将被上天抛弃失去君权。立法行政都要体现德，失德慢慢积累就会失去政权，得到政权是因为有德。可以说自《汉书·刑法志》开始，这种儒家权力正当性理论奠定了《历代刑法志》叙述中国家政权理论的基调。[32]

在这种基调下，关于政权合法性问题的解释也是不够合理的，最后甚至偏离了历史事实。陈晓枫老师对刑法志中此种解释概括为："中国古代法律关于国家基本法部分最突出的特点是，不规定最高权力如何取得和行使，只规定妨碍、危害最高权力者的刑罪。最高权力获得的合法性，权力行使的正当性，法律都没有形式上的要求。君权行使的限度，以主权不被摧毁为界，也就是说权力合法性、正当性都是以政权的存续现实来证明的。"[33] 刑法志的叙事在周人的"以德配天"说的虚化之中又加入"德"这个不能做形而上的检验标准，政权的存在或建立是因为身为"圣人"的君主有"德"，灭亡是因为失去了"德"。以政权的存续来解释其合理性，而不是用合理性解释其为何存在，相当于用结果

---

[31] 群众出版社编辑部编：《历代刑法志》，群众出版社1988年版，第334页。

[32] "作为历代刑法志之首篇的《汉书·刑法志》，全文直接引孔子及《论语》之言就有10处，大段摘引荀子之言2处，其他明确标明的征引《诗》《书》《周官》等儒家经典中记录10多处。这些，都说明汉代论法论刑悉以儒家为据，以儒家思想为主旨。汉以后的各代刑法志，大体上也都遵循了《汉书·刑法志》的这一理论格局。因此，有学者认为，儒家学说是历代刑法志的基调，这是十分确切的。"参见何勤华："历代刑法志与中国传统法律文化"，载《河南省政法管理干部学院学报》2003年第2期。

[33] 陈晓枫："《历代刑法志》：话语·语境与前见作用"，载倪正茂主编：《批判与重建：中国法律史研究与反拨》，法律出版社2002年版，第271~272页。

来解释原因,这种解释方法在逻辑上无疑是说不通的。在《历代刑法志》中真实性可疑的例子还有很多。

唐太宗"亲录囚徒"之疑。太宗"六年,亲录囚徒,闵死罪者三百九十人,纵之还家,期以明年秋即刑;及期,囚皆诣朝堂,无后者,太宗嘉其诚信,悉原之"。[34] 此事件有三点值得人怀疑,其一,先不论唐太宗"亲录囚徒"的真实性,作为皇帝是否有足够的时间亲自审理这么多死刑犯是值得怀疑的。因为一年前的张蕴古案件,唐太宗亲自下令"死刑虽令即决,皆三复奏"[35],正是一年前唐太宗自己下的诏书,刑法志中也没有改变此规定的记录。可见在三复奏程序下审理这么多死刑犯人绝对不会在很短时间内结束,唐太宗是否有这么多时间花在"亲录"死刑犯上呢?值得怀疑。

其二,"及期,囚皆诣朝堂,无后者"值得人怀疑。三百九十人的死刑犯们被放回家一年,一年后都回来按时受死,没有一个人迟到。高高在上的皇帝绝对不可能在审理的时候对罪大恶极的三百九十名死刑犯们一一进行思想教育,感化灵魂——假如皇帝有这个功能的话。死刑犯不论在唐朝还是今天都已经是被社会抛弃了的人,一般人避之唯恐不及,唐太宗作为天子——当时唐朝最尊贵、最有权力的人能对之进行教育,以至于一年后按时回来受死,难度有点大。若真是事实,可以这样推测:死刑犯们可能早就被告知一年后回来,能被赦免的后果,所以都能自觉回来;或者自从离开的那刻起,死刑犯们身后早已跟上了官府的衙役。官府对于这些死刑犯采取重点监视手段,等时候到了再将他们一一擒拿按时送回。无论如何,皇帝审理的案子是不能出差错的。

其三,根本就没有三百九十人这么多的死刑犯人,因为《新唐书·刑法志》记载,"四年,天下断死罪二十九人。六年,亲录囚徒,闵死罪者三百九十人,纵之还家,期以明年秋即刑"[36]。这里的"四年"

---

[34] 群众出版社编辑部编:《历代刑法志》,群众出版社1988年版,第311页。
[35] 群众出版社编辑部编:《历代刑法志》,群众出版社1988年版,第309页。
[36] 群众出版社编辑部编:《历代刑法志》,群众出版社1988年版,第309页。

和唐太宗"亲录囚"所说的"六年"都是出现在同一段落，前后相衔接，显然都是说唐太宗时期，且同一年号。仅仅间隔两年死刑犯竟然激增十倍以上，这是难以想象的。三百九十人的死刑犯们很可能是官员们为了应付唐太宗突然兴致大发要亲自录囚而临时找出来的，这些犯人要么已经事先经过大臣审判，对自己命运已经坦然接受，或者根本就不是死刑犯人，所以一年以后都能按时回来。从另一个角度讲，仅为了表扬死刑犯人的诚信就将之赦免，足见其目中无法，皇帝因为一时开心放走了近三百九十人的死刑犯人，他可曾想到受害人家属的感受。诚信固然重要，但与死刑犯人犯下的重罪相比，这场由皇帝导演的喜剧是否有点捡了芝麻丢了西瓜的感觉。

《新唐书·刑法志》记载："太宗以英武定天下，然其天资仁恕。"[37] 从"仁恕"的记载判断，则唐太宗应该是一个既讲仁义又心胸宽广之人。但是，这仅是《新唐书·刑法志》给后世的文本记录而已。《新唐书·太宗本纪》的记载是这样的："（太祖）八年，进位中书令。初，高祖起太原，非其本意，而事出太宗。及取天下，破宋金刚、王世充、窦建德等，太宗切益高，而高祖屡许以为太子。太子建成惧废，与齐王元吉谋害太宗，未发。九年六月，太宗以兵入玄武门，杀太子建成及齐王元吉。高祖大惊，乃以太宗为皇太子。八月甲子，即皇帝位于东宫显德殿。"[38]《新唐书·太宗本纪》的记载告诉我们"天资仁恕"的太宗犯下滔天大罪。

《唐律疏议》"十恶"条载："五刑之中，十恶尤切，亏损名教，毁裂冠冕，特标篇首，以为明诫。（中略）一曰谋反，谓谋危社稷。（中略）四曰恶逆，谓殴及谋杀祖父母、父母，杀伯叔父母、姑、兄姊、外祖父母、谋夫、夫之祖父母、父母。"[39] 杀害兄弟李建成、李元吉是恶逆，身为秦王居然杀死太子李建成，危害社稷是谋反。无论李世民以前

---

[37] 群众出版社编辑部编：《历代刑法志》，群众出版社1988年版，第311页。
[38] 《新唐书·太宗本纪》。
[39] 《唐律疏议》，岳纯之点校，上海古籍出版社2013年版，第9页。

立过多大功劳,都难以抵消他犯下的大罪。"高祖大惊,乃立太宗为皇太子"告诉读者这是一场成功的政治谋杀加政变,除掉身为太子的哥哥及其拥护者弟弟李元吉,年迈的高祖李渊就算是再糊涂,也只能是"大惊"之后赶紧传位。而对于此极其不光彩的严重破坏法制的一面《新唐书·刑法志》竟然没有写出来,甚至没有一点痕迹,反而都是对唐太宗李世民的溢美之词。对此,卞孝萱先生在"《唐太宗入冥记》与'玄武门之变'"一文指出:胜利者唐太宗为了维护其仁孝形象,对先发制人、杀兄诛弟、逼父让位的行为加以涂饰。当日唐史臣秉承太宗之意,在两朝实录、国史中,篡改了"玄武门之变"前后一连串事实的真相。[40] 显然,作为正史的这一部分刑法志叙述是后人为尊者讳,隐匿史实之真相的表现。

频频"受禅"之曲解与误用。《隋书·刑法志》记载:"高祖既受周禅,开皇元年(公元581年),乃诏……更定新律,奏上之。"[41]《新唐书·刑法志》记载:"唐兴,高祖入京师,约法十二条,惟杀人、劫盗、背军、叛逆者死。及受禅,命纳言刘文静等损益律令。"[42]《宋史·刑法志一》记载:"太祖受禅,始定折杖之制。"[43] 在《历代刑法志》的记载中可以说伴随着朝代的更迭都有"受禅"的出现。

"受禅"来自于儒家所言的三代政治制度"禅让制",即依照推举贤能的办法确定君主的人选,比如尧、舜、禹三帝的传承。隋文帝杨坚代周(北周)立隋,唐高祖李渊代隋立唐,宋太祖赵匡胤代周(后周)立宋,在这三个朝代更替的过程中依据的都是血腥暴力而不是君主的贤能有德。有意思的是隋文帝杨坚、唐高祖李渊、宋太祖赵匡胤这三位开国皇帝,在登上皇位之前都是旧政权的高官贵族。当这些身居高位手握大权的大臣凭借暴力手段,将政权从曾经向其誓死效忠的前皇帝手中夺

---

[40] 参见卞孝萱:"《唐太宗入冥记》与'玄武门之变'",载《敦煌学辑刊》2000年第2期。
[41] 群众出版社编辑部编:《历代刑法志》,群众出版社1988年版,第238页。
[42] 群众出版社编辑部编:《历代刑法志》,群众出版社1988年版,第308页。
[43] 群众出版社编辑部编:《历代刑法志》,群众出版社1988年版,第335页。

来，自己登上皇位之后，作为正史的刑法志叙述中无一用的不是"受禅"这个美丽的词语，来概括这个充满背叛与谎言的刀光剑影的过程。[44] 可见，这些存在于儒家理想政治中的"受禅"美事，在政治现实中都是一个委婉的谎言。

通过以上叙述可以发现《刑法志》中经常存在的几类具有虚构意味的描述。第一类：事实叙述可疑类。比如，唐太宗"亲录囚徒"之事件，类似皇帝录囚事件的描述常见于后世《刑法志》叙述中。第二类：表述不准确类。比如，上文中提到的《刑法志》中关于历代权力正当性的解释，是经不起逻辑推敲的。《刑法志》叙述中将政权的变更简单地归为"失德"与"无道"这种纯正的儒家学说理论，仅仅以君主的道德作为政权更迭的原因是值得商榷的。当然，这不是本文重点，不再展开。第三类：观点与评价与事实不符类。比如，唐太宗"天资仁恕"的描写，正史记载里关于其杀掉哥哥和弟弟，迫使父亲退位的描写已经推翻这个结论；还有君主"圣王论""受禅"论，其虚假性已经在上文交代清楚在此不赘述。

三、《历代刑法志》中虚构与真实并存的原因

探求《历代刑法志》中出现上述虚构与真实并存现象的原因，首先

---

[44] "高祖文皇帝，姓杨氏，讳坚，弘农郡华阴人也。汉太尉震八代孙铉，仕燕为北平太守。（中略）皇考从周太祖起义关西，赐姓普六茹氏，位至柱国、大司空、隋国公。（中略）俄而周帝以众望有归，乃下诏曰：'元气肇辟，树之以君，有命不恒，所辅惟德。天心人事，选贤与能，尽四海而乐推，非一人而独有。周德将尽，妖孽递生，骨肉多虞，藩维构衅，影响同恶，过半区宇，或小或大，图帝图王，则我显宗之业，不绝如线。相国隋王，睿圣自天，英华独秀，刑法与礼仪同运，文德共武功俱远（中略）九区归往，百灵协赞，人神属望，我不独知。仰祗皇灵，俯顺人愿，今敬以帝位禅于尔躬。天祚告穷，天禄永终。於戏！王宜允执厥和，仪刑典训，升圆丘而敬苍昊，御皇极而抚黔黎，副率土之心，恢无疆之祚，可不盛欤！'遣大宗伯、大将军、金城公赵煚奉皇帝玺绂，百官劝进。高祖乃受焉。"载：《隋书·卷一·帝纪第一·高祖上》。以上是正史《隋书》中关于隋文帝杨坚的"受禅"记载。《唐书》《宋史》关于唐高祖李渊、宋太祖赵匡胤的"受禅"记录大同小异，不一一列举。

应该考虑到《历代刑法志》的作者群体。《汉书·刑法志》的作者班固、《隋书·刑法志》的作者魏征、《新唐书·刑法志》的作者欧阳修、《宋史·刑法志》的作者托克托等。通过这些中国历史上不同时期出现的大名鼎鼎的名字，我们就可以发现"历代刑法志的作者是一作者群，是一群受过良好的传统儒家伦理教育的知识分子"。[45]

班固出自儒学世家，其父为班彪，父子二人是中国历史上著名的史学家，伯父班嗣也是当时的著名学者。班固除了名著《汉书》还编撰了《白虎通义》，集当时经学大成。欧阳修是北宋大文豪，熟读儒家经典不在话下，魏征曾任太子府洗马，托克托是元朝丞相，这些都是文人出身的大臣，可见《历代刑法志》的作者们都是熟读儒家经典且深受儒家思想影响的。自公元前134年汉武帝"罢黜百家，独尊儒术"导致儒学大盛，董仲舒"引经注律"后儒家思想进入司法审判之中，到魏晋南北朝的律学兴起，一直到唐律"一准乎礼"，儒家思想已与中国古代法律水乳交融，不能分离。在这种情况下，出现贯穿《历代刑法志》始终的并不合理的儒家权力正当性理论就显得非常合理了。

其次，官方话语权的因素也决定了《历代刑法志》的文本叙述方式。作为"正史"之一部的《历代刑法志》，与其说是《历代刑法志》作者的个人作品，倒不如说是当时官方话语的叙述。历代正史的编撰都是在政府主导的情况下完成的，作为正史之一部分的《刑法志》自然不能例外。撰史的各位主持者、执笔人往往都是在朝高官，比如班固、欧阳修、魏征、托克托等，他们在撰写《刑法志》的过程中不得不进行利益考量，比如为尊者讳的问题。

卞孝萱先生"《唐太宗入冥记》与'玄武门之变'"[46]一文中提到唐太宗李世民即位后三次要求看国史的事情，其中第一次是在贞观九

---

[45] 张烁、虞振威："《历代刑法志》中的法律叙事史"，载《理论月刊》2007年第2期。

[46] 卞孝萱："《唐太宗入冥记》与'玄武门之变'"，载《敦煌学辑刊》2000年第2期。

年（公元635年）十月，而五月高祖才死，后两次分别是贞观十三年（公元639年）、十四年（公元640年）。唐太宗李世民为何这么重视甚至是着急看"录记人君言行动止之事"的《起居注》呢？原因是"他为'玄武门之变'所定的调子，史官必须按照这个调子执笔"[47]。此事的结果是（唐）太宗对修改后的两朝《实录》很满意，对房玄龄、许敬宗、敬播皆有赏赐。尤其是许敬宗，不仅赐物，并且加官。即使他"才优而行薄"，缺乏史德，篡改事实，曲笔评述"玄武门之变"有功，故得（唐）太宗宠爱。[48] 因为两《唐书》《资治通鉴》都是沿袭《唐实录》录国史，所以此番修改史实使得包括《历代刑法志》在内的传世史料对于此事的不真实叙述一直沿袭下来。

最后，笔者认为凡是作为"书写"的历史，在真实性上就必然存在先天的缺陷。书写出来的历史永不能与实际的历史相合。此言虽或未免过当，然历史学家欲作完全的信史，实有许多困难。[49] 史实只能以经过加工的方式呈现于今人的面前，面对发生的历史即使史官经历整个过程，文字的记录无论如何也难以达到完全切合实际。况且，事情的发生是人难以预料、难以控制的，而历史学家对于历史事物的记载必然经过一番考量与慎思方才下笔。从这个意义上讲，作为"史料"的史实只要被书写在史书上，天然就面临着"失真"，必然和虚构扯上关系。

因为《刑法志》中的大多数记载都是出于事后的"回忆"，而不是"即时性记忆"。记忆是自觉的、主动的记忆，也有选择性的记忆，即使是"及时性记忆"即现场记录下来的文字，也不可能做到切合历史事件的每一个细节；回忆是对记忆的唤醒，只是其中的一部分，甚至是很小的一部分，这中间有一个筛选的过程；追忆的真实性更低，因为追忆都

---

[47] 参见卞孝萱："《唐太宗入冥记》与'玄武门之变'"，载《敦煌学辑刊》2000年第2期。

[48] 参见卞孝萱："《唐太宗入冥记》与'玄武门之变'"，载《敦煌学辑刊》2000年第2期。

[49] 参见冯友兰：《中国哲学史》（上），华东师范大学出版社2011年版，第11页。

带有明显的目的性,是一种主动的"回忆"。[50] 史官再将这些基于"回忆"的原始史料经过自己的"春秋笔法"呈现于读者眼前,而在这个过程中必然还要受到传统的叙述语言范式的影响。如叙战时之前,先说彗星见;叙帝王无道之后,即说日蚀之类。[51] 这就关系到历史叙述中的语境因素。

在不同国家不同民族之间,法律语境的不同,表现出话语的不同,话语的区别又来自于整个历史过程中自然、社会和心理的不同条件。在历史的过程中沉淀的语言、词句、思维方式,作为语境的重要因素,是在我们学习阶段就已经预存入我们的脑子中的。不单是作为思维形式而预定着我们的语言、词句,前人的研究成果也在致思途径上影响或规定着我们。前人的成果作为一种文本,既是后续研究的前提,又限制了后续研究的空间,它所传递的话语,决定了后续研究的出发点和范围。[52]

从以上视角看传统中国《历代刑法志》的历史叙述,出现偏向史官所受到的文化价值观的影响,在叙述的过程中牺牲真实性是很顺理成章的。傅斯年先生有言:"古史者,劫灰中之烬余也。据此烬余,若干轮廓有时可以推知,然其不可知者亦多矣。以不知为不有,以或然为必然,既违逻辑之戒律,又蔽事实之概观,诚不可以为术也。"[53]

正因如此,使得我们今天看来《历代刑法志》中的虚构与疑问不可避免,但并不能否定《历代刑法志》在中国法律史研究中的重要史料价值。何勤华老师认为:"凝聚了班固、房玄龄、魏收、颜师古、张昭远、欧阳修、托克托等各代著名学者之心血与睿智的历代刑法志,在一定程

---

〔50〕 关于即时性记忆、回忆与追忆的论述,详见鲁西奇:《何草不黄——〈汉书〉断章解义》,广西师范大学出版社 2015 年版,第 52~68 页。

〔51〕 参见冯友兰:《中国哲学史》(上),华东师范大学出版社 2011 年版,第 10 页。

〔52〕 参见陈晓枫:"《历代刑法志》:话语·语境与前见作用",载倪正茂主编:《批判与重建:中国法律史研究与反拨》,法律出版社 2002 年版,第 266 页。

〔53〕 傅斯年:《性命古训辩证》,上海古籍出版社 2012 年版,第 132 页。

度上可以说是中国传统法律文化的百科全书。"[54] 对于年代久远又缺乏相关历史资料的秦[55]、汉、唐等朝的法律制度，正是由于《历代刑法志》的存在，我们可以从可信度较高的正史文本中对已经被历史的尘埃掩盖的相关法律制度有进一步的认识和理解。但是，这都不能否认每一部《刑法志》都是作者对史实进行加工之后的产物。

除去"书写"史料的天然失真因素的影响，在儒家思想与官方话语权的双重影响下，中国古代皇帝几乎都以"圣人"的面目出现在《历代刑法志》的文本叙述中，而同时出于史家的职业要求又不能允许史官们对君主肆意枉法等能够被允许写在史书中的事实视而不见。因此，作为正史的《历代刑法志》中就会出现类似一个个屡见不鲜的"圣人"枉法的真实的"谎言"。从《历代刑法志》这种看似矛盾的叙述方式，就可以看出这是一个真实与虚构交织的中国法制史史料。

四、小结

由《历代刑法志》中的虚构与真实引发一个思考，就是在当今的中国法制史研究中我们如何对待历史上遗留下来的浩如烟海的法制史史料？对此，学术界已有一些讨论。

李启成强调法律史研究中材料的"位差"。李老师认为，近年来中国法律史研究领域出现将各类研究资料价值齐一化的倾向，可能会对法律史学一贯追求"求真"的研究目标产生妨碍。这种现象的出现与研究者的后现代史观、单纯从问题入手找材料的问题意识以及过于求新猎奇

---

[54] 何勤华："历代刑法志与中国传统法律文化"，载《河南省政法管理干部学院学报》2003年第2期。

[55] 梁启超先生："我国现行之律，继受明律，明律继受宋律，宋律继受唐律，唐律继受魏晋律，魏晋律继受汉律，汉律继受秦律，秦律即李悝之原文也。"见梁启超："论中国成文法编制之沿革得失"，载梁启超：《梁启超论中国法制史》，商务印书馆2012年版，第80页。虽然《历代刑法志》的文本并不包括秦朝的记录，但由于"汉承秦制"，通过《汉书·刑法志》对于汉初刑法制度的记载，我们可以对秦代的法律制度有一些认识。

的治学风气紧密相关。[56] 他主张重提研究材料价值等差的"常识"[57]，认为在法史研究能利用的所有材料中，其重要性并非无高低之别，而是有基本的位差存在。这种位差，简言之，就是包括档案资料、传世法典、正史、方志，乃至习惯调查和家法族规在内的基本材料，较之包括各种野史笔记和文学作品在内的其他材料具有更大的资料价值。[58]

杜金老师对此观点表示了异议，她觉得，这是一个不小的误解。实际上，不同史料本身并无先验的位差，如果存在位差的话，关键要看研究的对象或问题。换言之，如果学者研究司法实践，那么档案文书自然是首要的基本史料；如果研究民众的法律意识和法律心态，那么文学作品即有可能成为基本史料；如果研究法律制度，那么律令典章就是核心史料；如果研究律学方法，那么公私律学论著无疑是基本史料；如果研究律令修订，那么实录、正史和奏章之类的文献，即有可能成为不可或缺的史料。据此足见，不同史料之间的位差，基本上存在于具体的研究对象或问题当中，这无疑是"关键要看历史学家用以研究什么问题"的命意之所在，而非笼统的判断。[59]

无论是坚持法史研究中史料的天然"位差"，还是坚持以研究对象或问题来确定史料的选取。以上两位老师对于法律史研究中史料问题的理论反思，无疑是具有重要的现实意义的。

本文认为在法律史研究中史料的辨析，始终是一个基础性的工作。万丈高楼平地起，扎实正确的史料就是法律史立言、立论的基础。自中

---

〔56〕 参见李启成："'等差'还是'齐一'——浅谈中国法律史研究资料之价值"，载《河南大学学报（社会科学版）》2012 年第 3 期。

〔57〕 参见李启成："'等差'还是'齐一'——浅谈中国法律史研究资料之价值"，载《河南大学学报（社会科学版）》2012 年第 3 期。

〔58〕 参见李启成："文学作品、司法文书与法史学研究——以审理'妄冒为婚'案件为中心的研究"，载《政法论坛》2010 年第 2 期。

〔59〕 杜金："献疑与商榷：从'乔太守乱点鸳鸯谱'说起——《文学作品、司法文书与法史学研究》读后"，载《政法论坛》2012 年第 3 期。

国法律史学科创立以来，产生了多种研究方法。但其中占据主流的仍然是"以事实描述为主要特征，以系统整理传统法制史料为基本方法"[60]。

如果坚持"位差"之分，预先排除或轻视一部分史料的价值，反而会导致法律史研究的"失真"。当真实的历史事实越来越不再有意义，或者被人为地删减变更，那些存在于历史叙述范式中的虚构反而会压倒客观事实，成为历史中的"真实"。比如《历代刑法志》中出现的唐太宗"天资仁恕"，频频"受禅"的政治谎言等虚构事实。在缺乏辨别这些法律史研究中遇到的材料真实性的前提下，这些历史中的"真实"就会进入法律史的研究，往往可以得出许多"非常合理"的结论，从而误导读者以及后世的研究，这无疑是法律史研究中的一个悲剧。[61]

同样，不以"位差"为门槛，坚持以所研究的问题决定所选择的材料的方法也应当是建立在材料真实性的基础上。如果不能对面临的材料进行抽丝剥茧式的对比、考证、梳理，没有真实可靠的材料作为研究的基础，这样的方式更容易陷入各种各样虚假材料的漩涡，得出令人啼笑皆非的结论。

建立在虚假材料上的"真实"无论多么合情合理都不应当是学术研究的目的。无论在何时我们在法律史研究中都应当将史料的真实性考察放在基础的地位，然后再针对所研究的问题，以此为导向选择所需的材料。

---

[60] 王志强：《中国法律史学研究取向的回顾与前瞻》，载中南财经大学法律史研究所主编：《中西法律传统》（第二卷），中国政法大学出版社2002年版，第61页。

[61] 鲁西奇老师在其专著《何草不黄——〈汉书〉断章解义》里表示了对此问题的警惕，他认为问题在于，真实的历史事实越来越不再有意义，人们关注的、使用的，可能更是那些并非历史真实的"历史真实"，叙述中的"真实"压倒了客观历史中的"真实"。参见鲁西奇：《何草不黄——〈汉书〉断章解义》，广西师范大学出版社2015年版，第76页。

清末修律"以日为师"之时代原因及当代启示

谌静玮[*]

引 言

自全球化以后,各国之间在文化上的交流日益增多,几乎每一个国家或民族的法律思想和制度,均系国家之间相互影响、作用后诞下的产物。这一趋势在19世纪得以显著体现:伴随着国家之间的殖民碰撞以及国家内部的政权更迭,越来越多国家扬弃了历史逐渐形成的本国传统法,而根据当前本身的目的及需要,编纂新的法典,其内容或多或少含有外国法的色彩,例如日本明治维新对德国法的借鉴、英国土地法改革对爱尔兰法律的借鉴等。[1]对于当时正处于清朝末期的中国而言,伴随着鸦片战争打开中国闭关锁国的大门,外国资本主义大规模入侵,传统自然经济土崩瓦解,经济基础的动荡致使改革上层制度的呼声日益高涨。此时,对于数千年以"天朝上国"自居的封建专制王朝来说,如何在内忧外患中维持政权的稳定,如何在顺应思想变革潮流的同时保留大国"文化中心主义"的尊严,是当权者进行变法改革的首要关注点。至于所输入法律的长远适应性,在举国上下的浮躁心态和急功近利的氛围中,显得并不是那么重要。反观当今的法治改革,同样面临着对他国法律借鉴的浮躁心态和"水土不服"问题。

---

[*] 作者系北京大学硕士研究生。
[1] 参见咸鸿昌:"19世纪英国的土地法改革",载《山东师范大学学报(人文社会科学版)》2006年第4期。

清末修律"以日为师"之时代原因及当代启示

本文通过考证《沈家本年谱长编》《沈家本传》中关于清末修律的史料记载，分析"以日为师"的时代原因及具体内容，以期对当代的法治改革提出警示和展望。

一、清末修律"以日为师"的主要原因

从 1898 年康有为在《应诏统筹全局折》提出可学习罗马、美国、英国、德国等各国法律，[2] 至 1902 年清廷发布修律上谕任命修律大臣沈家本、伍廷芳参酌各国法律进行变法，[3] 可以看出，直到清廷决定变法修律之时，对引进法律对象国的选择上，还处在古今不别、英美法德、东西方同列的状态中，尚未明确以哪个国家为修律的参照。日俄战争以后，黄皮肤东洋人第一次打败了世界强国俄罗斯，这给予中国人以极大的刺激和兴奋，要求变革国家制度的呼声日益高涨，清廷不得不考虑政体、国体。[4] 故清政府于 1905 年 12 月派出大臣出洋考察。此时，中国外交环境并不乐观，但各国政府普遍热情以待：法国政府"并未以南昌教案为事"；美国政府"派员照料，接待甚优"；俄国政府表示"凡有可致力之处，务必竭力相助"；日本政府以帝室贵宾规格接待，安排最著名的宪政专家伊藤博文、穗积八束为考察团讲演宪政。[5] 因此，考察团得以在 6 个月的时间中"自上而下"深入了解各国的法律制度。经过比较英、德、法、日等几国的政体，考察团认为英美制度虽然很先进，但与我国的国情并不相符。[6] 基于此，清政府最终决定"远法德

---

〔2〕 参见李贵连："近代中国法律的变革与日本影响"，载《比较法研究》1994 年第 1 期。

〔3〕 参见《德宗景皇帝实录》，中华书局 1987 年版，第 577 页。

〔4〕 参见王敏："模式分析：中日法制现代化起点之比较"，载《法制现代化研究》1997 年第 1 期。

〔5〕 参见潘崇："外国媒体对清末五大臣出洋的观察与反应"，载《历史档案》2014 年第 4 期。

〔6〕 参见故宫博物院明清档案部编：《清末筹备立宪档案史料》（上册），中华书局 1979 年版，第 7 页。

国,近采日本",〔7〕即变法修律以日本作为法律输入的直接榜样。这一决定的作出受到多方面因素的影响。

(一) 中日法律近代化起步相似,"以日为师"适应本国国情

1. 中国与日本法律近代化基础的相似性

深入考察中日两国法律变迁史,可以发现世界上很难找到两个国家,法律交往的历史如此悠久,相互的影响如此深入。明治维新以前,日本对中国古代法律的学习借鉴长达千年,即使到了明治初期的"新律纲领"与"改定律例",仍是以明清律为继受的对象。〔8〕清末礼法论争中礼教派代表人物、德国学者赫善心〔9〕曾言:"日本无法律,向用中国律。"〔10〕《法典论》的作者、著名日本法学者穗积陈重曾说,日本法律在长达一千六百年的时间里属于中国法系。〔11〕由此可知,中国和日本法律悠久的交往历史使得二者在实体法律制度上具有极强的相似性,即法律近代化变革的基础是十分近似的。

2. 中国与日本法律近代化外部原因的相似性

清朝末期,中国进行变法修律的重要原因是收回领事裁判权。最初,列强攫取领事裁判权的借口,即中国刑事法律、司法审判以及监狱管理等制度,以西方为标准衡量,属于野蛮落后的制度,因此不愿意在华的西方人按照国际惯例接受中国的刑事司法管辖。在变法修律过程

---

〔7〕 故宫博物院明清档案部编:《晚清预备立宪档案史料》,中华书局1979年版,第838页。

〔8〕 参见黄源盛:"传统中国法对日本刑事立法最后的影响——以《新律纲领》与《改定律例》为中心",载《台大历史学报》2002年第30期。

〔9〕 参见陈新宇:"礼法论争中的冈田朝太郎与赫善心——全球史视野下的晚清修律",载《华东政法大学学报》2016年第4期。

〔10〕 黄源盛:"从法继受观点比较晚清与日本刑事立法的近代化",载张晋藩主编:《中国法律的传统与现代化——'93中国法律史国际研讨会论文集》,中国民主法制出版社1996年版,第121~141页。

〔11〕 参见 Nobushige Hozumi, *The New Japanese Civil Code As Material for the Study of Comparative Jurisprudence*, Osaka & Kyoto, 1912, p.36.

中,沈家本也曾指出:"首先收回治外法权,实变法自强之枢纽。"[12]由此可见,在主持修律的过程中,修律大臣沈家本也将变法修律作为收回领事裁判权的前提。1902年,英国在《马凯条约》中作出承诺,一旦中国的法律和审判方式臻于完善,英国将放弃其治外法权。[13] 此后在中国享有治外法权的其他列强也相继作出了类似的承诺。姑且不论在作出承诺后西方列强缺乏诚意的履行,对于当时急于稳定时局的清廷来说,这些承诺对法律近代化变革的促进作用是直接而巨大的。[14]

在一衣带水的日本,明治政府也基于相似的原因开始了本国的法律近代化进程。由于在幕府统治时期,英法美等国强迫日本签订了二十余个不同种类的不平等条约,例如1858年签订的《日美友好通商条约》,其中以容认领事裁判权和丧失关税自主权最为严重。[15] 1868年,日本倒幕派推翻幕府统治。明治政府成立后,推行了自上而下的资本主义改革,欲与列强交涉修改以往的不平等条约。明治四年,神田孝平、津田真道等向外务卿提出修改条约案。起草者所附之意见书说,撤销领事裁判权等不平等条款及缔结对等条约,虽是众所期盼,但须自觉日本国内制度与法律的缺陷,希望将条约修正延期数年,以便充实国内体制。此番建议除含有日本现行体制之缺陷的自觉外,也含有促使近代法学进步之意,更有警戒政府之意。因此,日本政府认为,若不采取与西欧国家同样的方向以改革内政,建立近代法之秩序,势必将无法使日本独立。[16] 因此,日本法律近代化的外部动力也是政府寄希望通过变革本国法律制度,从而废除不平等条约,收回本国的领事裁判权。从这点上

---

[12]（清）沈家本:《历代刑法考》,中华书局1985年版,第2042页。
[13] 参见（清）朱寿朋编:《光绪朝东华录》（第5册）,中华书局1958年版,第103页。
[14] 叶反修:"晚清输入域外法律文化内容和次第的选择",载《合肥师范学院学报》2012年第4期。
[15] 伊文成、马家骏:《明治维新史》,辽宁教育出版社1987年版,第685~698页。
[16] 参见陈新宇:"礼法论争中的冈田朝太郎与赫善心——全球史视野下的晚清修律",载《华东政法大学学报》2016年第4期。

看,晚清与日本法制近代化的动因十分接近。

正是基于近代化基础和近代化外部原因的相似性这些历史原因,清廷借鉴日本的法律制度能够最大程度和最具效率地应用于本国实践当中,水土不服的可能性最小,这对急功近利的清政府来说,具有相当的诱惑力。

(二)日本实行君主立宪制,"以日为师"有利于维护专制统治

1. 从"取法欧美"转至"德日为师"

1840年鸦片战争的惨败,让长期"与世隔绝"的国民们骤然意识到当今中国与西方国家的差距,有识之士开始认识到向西方学习的必要性。魏源提出"师夷长技以制夷"的主张,成为向西方学习的潮流开端。在此后的半个多世纪,晚清中国在选择输入法律文化的对象国上经历了漫长而多变的选择期,如上文所说,直到1902年清政府决定变法修律之际,仍是采取"兼取中心,参酌各国"的方针,其中又以英美为主要参照国家。原因在于,鸦片战争所开启的一系列对华事件无不与英国有关,并且英国又是当时的世界霸主,导致了清政府一方面十分憎恨英帝国主义,另一方面又不得不承认"日不落帝国"的制度优越性和强大的国家实力。[17]因此,五大臣出洋的线路中,美国和英国成为首先考察的国家。但是经过了1906年的实地考察以后,考察大臣们发现,英国和美国采取的是三权分立的体制,在这一体制下,立法权、行政权和司法权分属不同的机构,且美国没有君主,英国虽有君主,但没有实权、形同虚设,这与清廷"皇位永固"的变法最终目的大相径庭,此时排除了英、美两国,德国和日本进入了选择的视野。

考察大臣戴鸿慈关于德国的报告说:德国的人民习俗与中国最为相近,并且日本明治维新以来,处处学习德国,所以才会有如今的勃

---

〔17〕 参见张中秋:"中日法律文化交流的选择比较",载《政法论坛》(中国政法大学学报)2006年第4期。

兴。[18] 其中提及了日本明治维新后对德国的长期借鉴。可以看出，日本在借鉴德国法律制度后的日益强盛，是考察团对德国模式予以肯定的间接原因。

2. 明确以日本为法律输入的直接参考对象

与对德国的考察相比，清政府对日本宪政的考察历时更长，次数也更多。第一次对日本宪政的考察是从 1906 年 1 月 16 日开始的，载泽等人带领 88 人在日本视察了 29 天，此次考察的重点内容之一是听曾参与明治宪法制定的宪法学家伊藤博文等人的宪法讲授。[19] 第二次对日本宪政的考察是从 1907 年开始的，这次考察持续了一年多，通过有贺长雄长达 60 次课程的讲授，中国大臣对日本的宪法体系有了整体性的了解。考察结束后，大臣们一致肯定并强调日本宪政成功的意义以及模仿的必要性，由于日本模式有利于皇权的维护，光绪和慈禧接受了考察宪政大臣的建议。在当时内忧外患的时代背景下，"以日为师"既可以躲过人民民主运动的攻击，又可以拉拢立宪派，可谓左右逢源。但不可否认的是，由于日本的法律受到了德国法律的直接影响，因此清廷的法律输入虽以日本为直接输入对象，但是仍间接受到了德国法律的影响。只不过日本宪法是德国式的经修改后更专制、保守的宪法，但是还有西式法理的影子，而中国清朝的立宪以日本明治宪法为样式，且更专制化、更保守，连西式法规的影子也淡化了。

（三）中日同洲同文，"以日为师"具有便利性

基于以上两个决定性的因素，向日本取法的便利性则属于"锦上添花"的因素。

由于清末农民运动和战争赔款，清政府经费拮据。而日本地域近，出访成本低，这点张之洞在《劝学篇》外篇中已经详细阐述如下："至游学之国，西洋不如东洋：一、路近省费，可多遣；二、去华近，易考

---

[18] 参见张晋藩主编：《中国法律的传统与现代化：'93 中国法律史国际研讨会论文集》，中国民主法制出版社 1996 年版，第 347~349 页。

[19] 参见熊大云：《近代中国官民的日本视察》，成文堂 1998 年版，第 132 页。

察……事半功倍,无过于此"。[20] 并且清政府曾向日本派遣了数量可观的留学生,他们在日本通过学习日本化的西方法律语词,受到了西方文化思想的熏陶。学成归国后,在清末修律中扮演了重要的角色:在朝中传播各国法典、教授国人政法知识,同时还不断编纂出版自己的法政译作。在留日学生们的努力下,汉语吸收了大量的日本化德法律术语和名词,这种语言词汇的更新为清末变法修律奠定了语料和文字基础。[21]

二、清末修律"以日为师"的具体内容
——以《大清新刑律》为例

（一）实体层面

如上文所述,西方列强以我国刑事法律、司法审判、监狱管理等制度的落后为借口,攫取治外法权。因此,刑法的变革是变法修律中重要的组成部分,其代表成果即为深受日本近代刑法典影响的《大清新刑律》。故本文以《大清新刑律》为例,阐述在变法修律的实体层面中"以日为师"的具体内容。通过梳理《沈家本传》《沈家本年谱长编》中关于清末修律的历史记载,可得出在1904年至1909年之间所翻译的各国法律、著作如下:

序号	时间	国家	名称	序号	时间	国家	名称
1	1904-1905	德	德意志刑法	40	1907-1909	日	继承法
2	1904-1905	德	裁判法	41	1907-1909	日	民法理由总则物权债权

---

[20] （清）张之洞:《劝学篇》,广西师范大学出版社2008年版,第72~73页。
[21] 参见廖敏:"以'jury'的译介浅析清末法律翻译对法律移植的影响",华东政法大学2015年硕士学位论文。

续表

序号	时　间	国家	名　称	序号	时　间	国家	名　称
3	1905-1907	德	德国民事诉讼法	42	1907-1909	日	日本法律辞典
4	1907-1909	德	德意志旧民事诉讼法	43	1907-1909	法	法兰西刑法
5	1907-1909	德	德国海商法	44	1905-1907	法	法兰西印刷律
6	1907-1909	德	德国强制执行及强制竞卖法	45	1905-1907	法	法国国籍法
7	1907-1909	德	德国国籍法	46	1907-1909	法	法国民法
8	1907-1909	德	德国改正民事诉讼法	47	1907-1909	法	法国刑事诉讼法
9	1907-1909	德	德国民法	48	1907-1909	荷	荷兰刑法
10	1907-1909	德	德国破产法	49	1905-1907	意	意大利刑法
11	1907-1909	德	德国高等文官试验法	50	1905-1907	意	意大利民法
12	1907-1909	德	德国裁判官惩戒法	51	1907-1909	英	英国公司法论
13	1907-1909	德	德国行政官惩戒法	52	1907-1909	英	英国国籍法
14	1907-1909	德	普鲁士司法制度	53	1907-1909	美	美国国籍法
15	1904-1905	俄	俄罗斯刑法	54	1907-1909	美	美国公司法论
16	1904-1905	日	日本刑法	55	1907-1909	美	美国破产法

续表

序号	时间	国家	名称	序号	时间	国家	名称
17	1904-1905	日	日本陆军刑法	56	1907-1909	美	美国刑事诉讼法
18	1904-1905	日	日本海军刑法	57	1907-1909	美	美国刑法
19	1904-1905	日	日本刑事诉讼法	58	1907-1909	奥	奥国国籍法
20	1904-1905	日	日本监狱法	59	1907-1909	奥	奥国民法
21	1904-1905	日	日本裁判所构成法	60	1907-1909	奥	奥国法院编制法
22	1905-1907	日	日本改正刑法	61	1907-1909	奥	奥国民事诉讼法
23	1905-1907	日	日本新刑法草案	62	1907-1909	奥	奥国亲属法
24	1905-1907	日	日本刑法论	63	1907-1909	葡	葡萄牙国籍法
25	1905-1907	日	日本监狱访问录	64	1907-1909	西	西班牙国籍法
26	1905-1907	日	法典论	65	1907-1909	罗	罗马尼亚国籍法
27	1905-1907	日	狱事谭	66	1907-1909	比	比利时刑法论
28	1905-1907	日	监狱学	67	1907-1909	比	比利时监狱则
29	1905-1907	日	立法论	68	1907-1909	比	比利时刑法
30	1905-1907	日	刑法义解	69	1907-1909	瑞	瑞士刑法

续表

序号	时间	国家	名称	序号	时间	国家	名称
31	1907-1909	日	日本商法	70	1907-1909	芬	芬兰刑法
32	1907-1909	日	日本民法	71	1907-1909	不详	刑法之私法观
33	1907-1909	日	日本票据法	72	1907-1909	不详	法律名词
34	1907-1909	日	日本条约改正后关于外国人之办法	73	1907-1909	不详	各国人籍法异同考
35	1907-1909	日	日本现行民事诉讼法	74	1907-1909	不详	比较归化法
36	1907-1909	日	日本民事诉讼法注解	75	1907-1909	不详	亲族法论
37	1907-1909	日	日本刑事诉讼法论	76	1907-1909	不详	裁判访问录
38	1907-1909	日	日本民事诉讼法论纲	77	1907-1909	不详	国籍法纲要
39	1907-1909	日	破产法论	78	1907-1909	不详	国际私法

从法律类型而言，在这 78 种法律及著作中，包含了民、刑、商等多个法律类型，其中，刑法及相关著作共 17 种，占到了翻译总数的 21.79%。而从国籍来看，日本的法律及著作占到了 27 种，更是远超其他国家。

大量的文献翻译成为《大清新刑律》广泛借鉴日本刑法和德国刑法的前提基础。明治四十年（公元 1907 年）日本刑法典出台，该刑法是以 1871 年德国刑法典为学习对象，其内容多半取自德国刑法，并依据刑法学上新派的理论制定而成，有许多堪称进步的规定，最大的特色表现为犯罪类型的概括性和法定刑的宽泛性。[22] 因此从某种程度上来说，《大清新刑律》通过直接借鉴日本 1907 年刑法的主要内容，从而间接借鉴了德国 1871 年刑法典的内容。在日本刑法典颁布的同时，清政府开始起草《大清新刑律》。下面从体例和内容两个方面，阐述《大清新刑律》对日本法律的借鉴。

1. 体例

中国拥有悠久的成文法传统，主要的特征是诸法合体、以刑为主。而《大清新刑律》打破这种封建传统形式，正文分为总则和分则，总则共 17 章 88 条；分则共 36 章，规定了各种具体犯罪的成立要件。这一体例与日本 1907 年的刑法体例相似，并且二者在关于具体犯罪的顺序上也较为相似，[23] 且都没有规定违警罪（该罪名与当今的治安违法行为相近）。[24]

2. 内容

除了体例上的变化，《大清新刑律》在内容上也移植了日本 1907 年刑法典，其中以罪刑法定主义原则的确立最为典型。

在中国古代，帝制中国的君主们为了防止官吏权力过大，影响"独治"，因此有了"断罪引律令"。这一规定虽然与西方罪刑法定主义相比，在"依法断罪"形式上有相通之处，但是价值取向截然相反。[25] "断罪引律令"是对官吏强调君权，而罪刑法定主义是对君主和官吏强调民权。[26] 因此，我国清朝以前的刑法思想中并不存在罪刑法定主义，该主义思想和学说的传入，给中国传统的比附援引制度带来了冲击。

---

[22] 参见《日本刑法典》，张明楷译，法律出版社 1998 年版，译者序 1、2。

[23] 参见 [日] 牧野英一：《日本刑法通论》，陈承泽译，商务印书馆 1913 年版，第 5 页。

[24] 参见张晓菲、吴瑞："浅论违警罪的概念及其处罚"，载《甘肃警察职业学院学报》2011 年第 1 期。

[25] 参见李启成、李贵连："帝制法治的两面——'断罪引律令'与比附援引制度的思想基础"，载《清华法学》2012 年第 6 期。

[26] 参见蔡枢衡：《中国刑法史》，广西人民出版社 1983 年版，第 1 页。

（二）思想层面

在清末变法修律的过程中，外聘的日方专家冈田朝太郎，对《大清新刑律》的制定作出了巨大的专业贡献，同时，在《大清新刑律》上奏后而掀起的礼法之争中，冈田朝太郎作为法理派的代表人物之一，运用其渊博的刑法学知识和丰富的实践经历，从法理、历史和实践三个层面，针对"比附援引"与"罪刑法定"、礼法之争中的"无夫奸""子孙违反教令"是否入罪等问题阐述了其观点，引起社会各界人士的反思，对清末时期的社会舆论产生了一定影响，客观上推动了中国法律近代化进程。

冈田朝太郎来到中国以前，在日本刑法学界已经具有很高的地位。其出版的《日本刑法论》被评价为奠定了明治时代固有的刑法论。其求学时，曾赴法国、德国和意大利三国游学，并师从刑法学家李斯特，受到了系统的西方法律文化教育。回国后，他通过著书立说、传道授业、参与改革等方式，将近代西方国家创造的法学基本概念和先进法律制度输入国内，为日本近代法学奠定基础。[27] 例如，撰写了《对冤罪者的国家赔偿法》，最早在日本提倡对冤罪者给予国家赔偿；[28] 担任帝国大学法科大学教授，凭借渊博的知识和生动的讲课形式获得学生们的好评；参与日本 1880 年旧刑法的改革活动，为新刑法的审议通过做出贡献……

1906 年，时年 38 岁的冈田朝太郎作为清政府特聘的外国专家，来到中国任职于修订法律馆，负责起草《大清新刑律》等法律草案，并在京师法律学堂担任教职。冈田潜心编写的《大清新刑律》上奏后，中央与地方围绕新刑律展开论争，其中争议的焦点之一是关于"无夫奸"是否入罪。冈田朝太郎分别从历史、法理和实践角度予以阐述：首先，18 世纪以后的欧洲，和奸行为已经不纳入犯罪；其次，从罪刑均衡上看，

---

[27]　参见何勤华："外国人与中国近代法学"，载《中外法学》2004 年第 4 期。
[28]　参见杜钢建："沈家本、冈田朝太郎法律思想比较研究"，载《中国人民大学学报》1993 年第 1 期。

和奸行为只是违反道德，并没有危害社会；最后，和奸行为往往秘密进行且证据稀少，检举可能性小，即使检举后进入审判程序，也会因为证据不足无法定罪。

三、清末修律的不足与警示

（一）改革时间过于仓促

向日本学习日本化的西方法律思想及制度，时间上十分仓促。如果黄遵宪、林则徐等人的非官方翻译行为不计入对日本法律的正式效仿，那么从1900年西太后谕旨改制开始计算，直到1910年《大清现行刑律》获朝廷批准，官方输入域外法律文化的时间不过十年，这其中实际用于修律的时间则更短：1904年4月1日，经过近两年的筹备，修订法律馆方才正式开馆翻译各国法律；沈家本在1907年的一份奏折中曾提到，以三年为限，各项法律草案需一律告成。[29] 与之相比，古代日本对中国唐代法律文化的输入则经历了非常漫长的时期。公元630年第一次遣唐使出发，直至264年以后停止派遣唐使，日本官方在这段时间内积极输入唐朝文化、引进唐朝典章律令，推动日本社会制度的革新，例如"大宝法令"即是以唐代律令为规范制定的。因此，通过与日本"以唐为师"相比，清末修律"以日为师"的进程实属过于仓促。

（二）政治保障有限多变

1898年的戊戌变法是维新派人士向日本学习先进制度，从而达到救亡图存的一项运动，故从学习的内容和目的上来看，该项运动算是清末修律的前奏。在当时，戊戌变法受到了光绪皇帝的诚心支持，但是掌握实权的慈禧太后却坚决反对，最终导致戊戌变法于百日内即以失败告终。百日维新失败，则变法修律的前奏终止。而十年之后，基于内忧外患的国家形势，慈禧太后不得不同意变法修律，但是由于此

---

[29] 参见张中秋："对中日法律文化交流的透视：以它们成败得失的原因为对象的比较"，载《法制与社会发展》2008年第3期。

为其无奈妥协之举,故给予的实际支持是有限的,这使得晚清修律不得不面对种种政治障碍,最典型的即为宪政编查馆对修订法律馆立法权力的制约。基于清末新政的布局,修订法律馆仅享有法律编纂、草拟的权力,而法典的核订和颁布权力均掌握在宪政编查馆之下,这就造成了修订法律馆有职无权,无法对法律修订产生决定性的影响,仅是新政施行的工具而缺乏主体意志。[30] 沈家本、伍廷芳虽对修律具有热情、事业和专业知识,但是由于其不属于领导集团,无法参与修律方针的决定,久而久之,作为主持人的沈家本、伍廷芳也不免心灰意冷。西太后亡故以后,淳亲王集团窃取大权,使得之前变法修律的有限改进又一次发生倒退。

在这三次的反复过程中,"以日为师"的进程时常中断,再加上种种政治障碍予以阻挠,本就仓促的改革成果变得更加名存实亡。

(三)修律人员急功近利

受制于改革时间的仓促和政治保障的有限,修律人员则更加急功近利以期在短期内达成修律目标。这样的心理催生了简单的拿来主义态度。对于日本的各类法律没有经过重整和再消化过程即直接翻译使用,也更加罔顾法律实体背后所蕴含的法理精神,这就造成了法律条文之间缺乏有机性、系统性。在清末修律过程中,扮演了重要角色的留日学生们身上即十分明显地反映出了急功近利的心理。这点通过观察留日学生所关注和翻译的书籍即可看出。留日学生们翻译的基本上是工具性的教材和法规,即使对宪政价值问题略有关注,也主要集中在如何实现宪政操作层面。[31] 即忽略了"是什么""为什么",而急功近利地着眼于"怎么做"。在这样心态下所诞生的法律文献,自然不具有长久的适应性和有效性。此为清末修律成果在清廷灭亡后几乎无法得以继承的重要原因。

---

[30] 参见陈煜:《清末新政中的修订法律馆》,中国政法大学2009年版,第42~43页。

[31] 参见侯欣一:"清末法制变革中的日本影响——以直隶为中心的考察",载《法制与社会发展》2004年第5期。

（四）民族心理消极对抗

晚清政府虽然迫于内忧外患的国家形势，开始了学习日本化西洋文明的进程，但始终都是以消极、抗拒的态度对待。[32] 这背后的原因，部分是因为"自我中心"主义意识，对他国的学术文化欠缺客观评价，不愿轻易放弃传统文化。例如在礼法之争中，礼教派还是以"中体西用"作为理论基础，即将中国传统的礼乐教化视为人类文明的最高形态，西方文明只是一时之需，不应全面效仿和学习。但是又从鸦片战争、甲午中日战争中意识到了列强客观上的强大国力，不得已抱着屈辱的心理，从避害意识对西方文明予以继受学习，但其最终目的仍是维护封建专制统治，恢复传统社会的稳定状态。反观日本，虽基于同样的外部原因（即收回领事裁判权）驱动而开始法律近代化，但是基于其数百年向世界各国学习先进法律思想的传统、对异质文化的好奇以及对西洋"文明开化"的认同，日本始终是采取积极接受的态度继受西方法律，抱着长远适用的心态进行重整，1907年参照德国刑法所订立的日本刑法典至今仍在使用，法典的长久适应性令人深思。

结　论

在清末修律中，清廷基于维护封建统治的目的及法律近代化基础的相似性，通过大量翻译日本的法律文献、著作，以达成在短期之内"以日为师"，完成变法修律之目的，在这过程中存在的不足值得后人反思和警示。

时光荏苒，清末修律已过去百余年之久。在岁月长河中，中华民族的法治进程日新月异，也从未停止对各国先进法律文化的效仿和学习。在这博取众长的自我扬弃过程中，民族的心态是十分矛盾而复杂的，既有一定程度的夜郎自大，重蹈了"天朝上国"的心态覆辙，也存在囫囵吞枣，一味的"拿来主义"。用何种心理去观照本国的法律

---

[32] 参见许介鳞：《日本政治论》，台湾联经出版事业公司1983年版，第157页。

文化，以何种心理去汲取他国的法律文明，是所有法律工作者们需要思考的问题。

但我坚信，中华五千年的历史蕴含着丰富的养分，我们有独特的文化、国情，也有长期积累的经验和优势，因此不仅要有甄别地吸取和借鉴各国优秀的法律文化，更要致力于以中国智慧、中国实践为世界法治文明建设作出我们的贡献。

理念、规范与塑造历程：
美国早期行政自我规制的全面解读
——读杰里·马肖《创设行政宪制：被遗忘的美国行政法百年史》

李德旺[*]

对行政权力的规范和制约一直是国家建构的重头戏，也是行政法学者津津乐道的永恒话题。英美行政法的研究是当代行政法研究的一个重要组成部分。研究美国行政法制度的锻造，似乎可以为我们的行政法研究提供一个具有启示意义的比较视角。美国著名的行政法学者杰里·马肖（Jerry L. Mashaw）教授的新著《创设行政宪制：被遗忘的美国行政法百年史（1787-1887）》（中国政法大学出版社2016年版），把美国行政法的塑造同国家建构（state-building）联系起来，对美国早期行政法的诞生历史进行了精心的梳理和分析。马肖教授是个大胆的学者，他在书中大胆地叫板"美国行政法肇始于1887年州际贸易委员会"的学界共识，并且声称学界把1787年至1887年这段重要的百年历史给"遗忘"了。但同时，马肖教授也是个严谨的学者。为了证明美国早期行政法，尤其是行政自我规制实践的存在，他对这段百年历史中，美国行政法秉持何种理念、如何调整行政组织架构进行了严谨的观察、梳理和评析。

规制行政权，可以从行政外部和行政内部两个方面进行。以往研究多认为外部规制尤其是作为司法力量的法院审查是现代行政法发展的重要内容，马肖教授的这本著作则从行政发生学的角度，敏锐地发现了"法院中心主义"时代之前的行政法史。在那个时代，美国早期行政开

---

[*] 作者系上海师范大学硕士研究生。

理念、规范与塑造历程：美国早期行政自我规制的全面解读

展了十分有意义的自我规制实践，这些实践在该书中，像是行政法史研究中的一颗遗珠，经过马肖教授重新阐释和解读后，闪烁着耀眼的光彩。

马肖教授认为，美国行政法并不仅仅是取决于法院的"司法审查"之法，同时还是国家建构的重要内容。美国行政法的发展不仅侧重外部对行政权的规制，而且对行政自我规制也有着重要的宪制考量和制度设计。马肖教授深入美国行政法规范锻造所根植的宪制背景，通过对史料深入而细致的挖掘和重新解读，进一步阐明了行政自我规制对于美国行政宪制的重要意义。

一、作为约束的行政自我规制

（一）何为行政自我规制

行政权作为国家权力极其重要且又极具蓬勃活力的一支，如何对其进行有效的规范和制约，是国家宪制建构的永恒主题，也是行政法学理论和实务发展的永恒主题。面对行政权野蛮生长的态势，无数学人甚至还包括具有远见的政治家以各种形式告诫那些执掌监督权柄的人，要从法律、政治或者宪法的维度，对行政权进行驯化。以往学者认为，这种驯化主要是从外部对行政权力运行所进行的规范和制约。事实上，同样存在的还有行政权力内部的自我规制。在行政权生长的过程中，行政自我规制也发挥了不可忽视的作用和影响。行政自我规制作为自我施压的一种方式，可以说是行政权力"自律"的良好表现。

尽管着眼于行政实践，而非纯粹理论推演，但仍然有必要在理论问题上稍停一下。何为行政自我规制？在论述展开之前，有必要对其进行正名定义。需要明白的是，作为法律学者，我们所讨论的行政自我规制，是从规范意义上所说的，需要采取更具规范性的见解，而不是单从事实意义上讲。明白这一点，下文论述便可得以避免脱离"规范命题"而滑向"事实命题"的风险。无论是外部规制还是内部自我规制，都是针对行政裁量权而言的。如果仅将行政自我规制界定在行政机关限制自身裁量权的任何行为，则失之于宽，并不能对我们接下来的研究有

任何严格的准据意义。美国著名行政法学者麦吉尔教授限缩了对行政自我规制的界定，他认为，所谓行政自我规制，即"在无权威渊源要求行政机关如何行事时，行政机关自愿启动的约束自身裁量权的措施"[1]。

在马肖教授看来，为了进一步理解行政自我规制，还需要将行政自我规制和国家建构联系起来，弄明白为什么行政自我规制是重要的，以及行政自我规制会对一国宪制建构带来什么影响。

（二）行政自我规制与国家建构

在宪制结构中，原来由国会、总统、司法组成的"三权分立"的理想模式下，行政权以最为全面而实际的方式参与着国家治理、社会治理。行政规模的不断扩张，也日益广泛而深刻地影响着宪制结构的权力制衡状态。行政法的天然使命是如何规范公权以保障私权。在此使命下，行政法逐渐具备了其中的一个重要功能，即关乎政府怎样组织、职权如何分配。除了宪制设计者在国家初创时期所作的努力外，我们还可以看到行政机关在宪制发展和完善的过程中这种努力的历史延续。发现、认识并解读好这种努力，不仅可以帮助我们更好地了解行政法，或许还可以减少一些我们对行政机关、行政权的一些先前根深蒂固的误解。

在我们对行政过程的"问题与现象"进行观察研究时，要理解各个时期任何一项行政制度的形成，需要扎实寻求该项制度在当时的实际需要和真正用意，绝对不能单凭自己的主观意见和悬空推断对之盖棺定论。以研究行政过程为中心的行政自我规制理论认为，"只有对行政过程展开具体的实证研究，系统分析行政过程的'问题与现象'（甚至包括各种行政惯习与潜规则），才能真正发现并建构富有实效的行政自我规制模式"。[2]

---

[1] [美] 伊丽莎白·麦吉尔："行政机关的自我规制"，安永康译，载《行政法论丛》2011 年第 1 期。

[2] 鲁鹏宇："法治主义与行政自制——以立法、行政、司法的功能分担为视角"，载《当代法学》2014 年第 1 期。

理念、规范与塑造历程：美国早期行政自我规制的全面解读

行政权作为国家权力中的重要一支，其重要的使命在于有效完成行政任务。行政机关一方面需要服从立法机关所制定的法律的旨意，另一方面还要以"法律规定——行政行为——民众"的模式，将法律上的规定通过行政行为规制于普通民众，以实现立法机关所设计的法律关系和所设想的现实秩序。面对纷繁复杂且又不断变化的社会现实，立法者并非总能做到及时应对，故美国宪制设计者从一开始，便设想赋予行政机关以自由裁量权。自由裁量权伴随行政机关的层级一直延伸到直接接触相对人。但是由于层级繁多，或者行政政策的年代延续，行政实施的自由裁量权行使也最容易出现"走样"问题，这导致行政执法的实际结果容易偏离原来的法律设计，甚至背道而驰。这种情况更是加重了其他权力机关和民众对行政权庞大且不受严格拘束的担忧。为了保证有效完成行政任务，在外部规制的情况下，行政机关同样采取了自律性的设计，即行政自我规制。笔者认为，行政自我规制的主要作用或者主要目的有三：其一，对行政下属机关以及执法人员进行约束；其二，降低行政官员更替对行政政策延续性的影响，从而降低行政政策在未完成时被推翻的可能；其三，改善行政机关在民众心中的形象，增加行政公信力。行政自我规制表现出行政机关一种难能可贵的政治勇气，因为这是行政权力对规范自身所作的一种有约束力的行政承诺。

（三）一个富有启示意义的视角

行政法学界一向认为，1887年美国建立州际贸易委员会用以规制铁路运输，是美国行政法的肇始。[3] 1887年美国州际贸易委员会何以成为近代行政法上的起点呢？其原因在于州际贸易委员会作为一种用以解决跨州运费汇率争议的独立规制机构，由此将裁决结果争议的最终审查权交给了司法机关。学界认为，1887年成立的州际贸易委员会就是具有现代行政法意义上的行政机关。行政当局可以通过法律所赋予的规章制定权和自由裁量权执法，以影响私人的权利和义务。行政法是处理行政

---

[3] 参见薛刚凌："美国的行政法治之路"，载应松年、袁曙宏主编：《走向法治政府：依法行政理论研究与实证调查》，法律出版社2001年版，第42~46页。

当局同个人或者私人权利之间关系之法的看法,十分符合20世纪初学界关于行政法的认识和理解。但是,马肖教授指出,在该机构建立之前,美国就建立了一些享有规章制定权或者裁决权的机构或者两者兼而有之的机构,而这些权力配置和机构设置正是美国行政法学者视为行政机构的特征。[4]

马肖教授在该书中侧重寻踪1787-1887年美国早期行政法发展史,深入行政系统内部,重新认识美国早期行政组织的架构理念、行政程序和行政组织规范,系统梳理了美国早期行政自我规制的塑造历程,以此重新认识行政内部的法律运作、感知行政法律的双重使命,这对完整理解美国早期行政宪制锻造具有重要意义。马肖教授用系统、谨慎的眼光对美国行政法的历史发展予以检查、评析、承认,为我们提供了一个富有启示意义的视角。该著作不仅颠覆了上述以往"美国行政法肇始于1887年州际贸易委员会"的学界共识,还有助于拓宽既往学界对于美国行政法的研究视野。

行政和行政法在美国行政宪制中处于何种地位,又对美国行政宪制产生何种重要影响?笔者认为有必要将其置入当时的宪制背景展开论述,从理念和规范对之塑造历程的正确用意进行全面解读。

二、实用主义理念下的行政自我规制和国家治理

制度需要不断生长,又必须在现实环境、现实需求下生长。所谓的行政宪制,不能简单限定为行政机关对宪法规范和原则的遵守和贯彻,还应将之与国家治理相结合。我们对行政宪制的理解应该拓展到关于行政机关如何建构、限制公共行政并使其负责的体系化认识,简而言之,就是有关良好公共行政的认识。在这种意义上,行政发展才是在贯彻、遵守已有宪法规范、原则的基础上,又以自身对现实的灵活调适形成了对宪法规范、原则的良好回应。行政有着自身的能量和责任,行政要求

---

[4] 参见[美]伯纳德·施瓦茨:"美国行政法的最近发展",潘汉典译,载《环球法律评论》1983年第2期。

理念、规范与塑造历程：美国早期行政自我规制的全面解读

秩序和效率。在我们认识1787-1887年百年间行政如何形成规范的自觉意识的时候，需要我们对相关的史料仔细琢磨，以写实的态度发掘其中的意识层面的东西，即行政自我规制的理念。美国早期行政在这百年期间，秉持着何种理念不断进行新的组织架构和制度安排，以面对复杂多变的社会实际，回答时代的治理难题？又如何向国家和社会散射自己的能量，担负自身责任，形成良好的公共行政？在这百年历史中，行政自我规制又秉持着什么样的理念呢？认识美国早期行政自我规制实践时，我们必须对这些问题予以细致的回答。

尽管可以说行政权根植于美国宪法，但可以看到对于联邦行政的设计在1787年的联邦宪法中并未有过多涉及。[5] 美国宪法对于行政事务这种谦抑姿态，在马肖教授看来，实属"宪法的漏洞"[6]。美国在建国初期，国父们就在不断思考如何创建出一个强有力的联邦政府以便在内忧外患中雄起，改变当时联邦政府羸弱的局面。雄心壮志总是来源于残酷现实。建国之初，美国政府尤其是联邦政府的职能极其有限，此时的行政法尚处襁褓之中。[7] 联邦政府当时迫切需要解决各种燃眉问题，这些问题主要是围绕战争和财政之类的事务。但是当时大陆会议所设计的由大陆会议成员组成的"委员会"[8] 却令人大大失望，这些人员在

---

[5] 1787年的《美利坚合众国宪法》中，仅仅规定了总统和副总统两个职位。《联邦宪法》第2条第1项规定："行政权属于美利坚合众国总统。"第2条规定的内容主要是总统、副总统的选举办法、职务执行、劳务酬金、总统权力，弹劾制度等。详见［美］汉密尔顿、杰伊、麦迪逊：《联邦党人文集》附录五"合众国宪法"部分，程逢如、在汉、舒逊译，商务印书馆2012年版，第458~460页。

[6] ［美］杰里·马肖：《创设行政宪制：被遗忘的美国行政法百年史（1787-1887）》，宋华琳、张力译，中国政法大学出版社2016年版，第28~33页。

[7] 宋雅琴："美国行政法的历史演进及其借鉴意义——行政与法互动的视角"，载《经济社会体制比较》2009年第1期。

[8] 1774年至1788年间，大陆会议共创设出了3429个不同的委员会。单单是在1783年会议期间，大陆会议就创设了498个不同的委员会，使得每人都要被委任20个左右委员会的委员，当然其中很多任命几乎没有任何实际意义。参见［美］杰里·马肖：《创设行政宪制：被遗忘的美国行政法百年史（1787-1887）》，宋华琳、张力译，中国政法大学出版社2016年版，第31页。

应对各种行政事务时常常显得有些蹩脚。实践证明，大陆会议无法打造出现实所需要的强有力的政府。在这种情况下，大陆会议最终让步。行政以及行政法架构逐渐迈向宪法未曾昭示的模型，组织和制度设计的权力逐渐转向总统和国会，这显示了宪制设计者与宪制参与者的务实态度。

美国宪法生效十年后，国会便已打造出一个"坚实的政府"[9]。在新兴国家的发展中，联邦政府不断面临国防、税收、土地、邮政以及海上货物贸易等复杂多样的问题。新的政府能否在复杂多变的现实问题面前，迅速架构起坚实的运转有效的组织结构，对于新兴的合众国举足轻重。国会和总统作为国家权力重要的两个分支，不断通过自身的权力对行政的塑造和发展施加控制。国会主要运用法律对行政进行规制，总统则施加更多的政治控制，行政也和国会的法律控制、总统的政治控制紧密联系在一起，成了宪制架构过程中的一个重要组成部分。自此，在不断的现实难题和挑战中行政发展也掀开了关乎宪制建构的篇章。

在1778-1801年的联邦党执政时期，美国架构了财政部门、税收部门、总检察长等行政机构，同时还建立了早期共和国对行政的课责机制。虽然在当时并未建立现代意义上的科层行政，但是"财政部、国家土地总局（General Land Office）等部门，通过通信、审计、书面汇报、现场检查等方式，来控制下级部门"[10]，已经彰显了当时行政内部形成了比较明晰的控制结构。而这种行政内部科层控制的设计主要是为了建构起一个有力的财政、土地行政体系，以有效处理复杂的现实事务。

在1801-1829年的杰斐逊民主共和党时代，行政内部规制在禁运行政和土地行政中同样在不断发展。1807年至1809年间的禁运行动主要是为了防止英法双方对美国船只的骚扰。为了保证在不同地区不同官员

---

[9] [美] 杰里·马肖：《创设行政宪制：被遗忘的美国行政法百年史（1787-1887）》，宋华琳、张力译，中国政法大学出版社2016年版，第33页。

[10] 宋华琳："国家建构与美国行政法的史前史"，载《华东政法大学学报》2015年第3期。

所作的禁运决定的公正性、一致性，总统、财政部通过行政内部控制约束了禁运实施中各级官员的行政裁量权。在其后的土地行政中，为了有效进行公有土地的测量和出售而建立的公共土地测量体系，则形成了有效的内部行政控制体系。

在1829-1861年的杰克逊时代，《蒸汽船检查法》设立的检查员监督委员会为自身治理制定程序性规则，是行政自我规制的一大体现，也是美国行政规制的一大革新。南北战争结束至19世纪90年代的"镀金时代"，国会围绕官员免职权展开斗争。这一时期，美国内部行政法获得了长足的发展，在国家治理的过程中发挥了重要作用。

任何行政法模式背后都有一定的国家或政治理论，都必然回应一定的行政权力状况。[11] 通过上述美国行政实践可以看到，无论美国宪制结构运转是"通过权力的一体化运作"还是"通过维持互有冲突的共同控制局面来解决冲突"[12]，在美国建国后的百年历史进程中，行政的疆域都不断扩大，触角不断地向国家治理、社会生活多个领域延伸。行政法的发展在总统权力、国会特权之间不断生长，不断更加深入且实际地参与到国家治理中去。这一时段，美国国会和行政两个系统在治理社会上的功能差异也日趋凸显。由于行政事务非常复杂，立法机关对行政运作的推动作用十分有限，国会或授权宽泛，或立法存在漏洞，或立法滞后，无法及时应对变迁迅速和新鲜领域的社会难题，[13] 而行政机关却可随机应变，"行政的机构是以具体情境展开的，旨在解决实际的问题"。[14]

---

〔11〕 参见田飞龙："美国行政法模式重构及对中国公共行政改革的启示"，载《研究生法学》2008年第5期。

〔12〕 [美] 杰里·马肖：《创设行政宪制：被遗忘的美国行政法百年史（1787-1887）》，宋华琳、张力译，中国政法大学出版社2016年版，第41页。

〔13〕 有关立法机关对行政机关自由裁量权控制的相关论述，参见王名扬：《美国行政法》（上），北京大学出版社2016年版，第87~88页。

〔14〕 [美] 杰里·马肖：《创设行政宪制：被遗忘的美国行政法百年史（1787-1887）》，宋华琳、张力译，中国政法大学出版社2016年版，第42页。

行政机关在百年历史的变迁中，积极面向现实难题，加强了自身的信息分析能力和项目规划能力。实用主义理念在行政发展过程中得到了贯彻和制度落实，进而提高了行政的规范自觉意识。百年间行政机关主动建构自身行事规则，不断实现了对自身的约束。无论美国政府遭遇怎样的社会变迁，其都始终秉持实用主义的政治理念，不断调适行政组织结构和内部监督管理制度，这的确是一种面向实际、着重实际操作的难能可贵的政治自觉。

三、如何架构行政组织和安排制度

（一）行政自我规制的塑造历程

回顾1787年到1887年美国行政法的百年变迁，可以发现，行政法的发展尤其是行政自我规制始终面临着如何有效且合法行政的问题。但是，应该看到，行政自我控制的变迁始终没有脱离其富有张力的双重使命，即塑造有效政府和约束有限政府。实现塑造有效政府和约束有限政府有效统一，是美国行政机关十分珍视和注重保障的一项重要价值。因此，在行政架构组织和安排制度的过程中，如何有效实现这一宪法价值成了无法回避的难题。在认识行政权力的历史发展时，我们不能一味看到行政权的扩张而陷入恐慌，还应该看到行政权力扩张的积极一面，即对社会急剧发展变化的有效回应。

在马肖教授对美国早期行政法的论述中，我们可以发现美国早期行政自我规制的塑造历程可以分为四个历史阶段：第一个阶段是1787-1801年联邦党时期；第二个阶段是1801-1829年民主共和党时期；第三个阶段是1829-1861年杰克逊时代；第四个阶段是南北战争结束至19世纪90年代。透过行政自我控制的历史变迁，我们可以窥探到美国行政法的发展和演进，进而更准确地观察美国国家能力变化下美国的政府建构过程。

1. 联邦党时期（1787-1801年）。前文提到，美国建国初期，联邦宪法并未对行政权的设置有过多涉及，仅仅指出美国总统负有忠实实施法律的保障责任。这一时期，美国面临着外交、财政以及国内诸多难题,在大陆会议"治理无能"而最终让步的情况下,美国国会和总统登场,给出了自己的方案。美国国会在首届会议上便设立了战争部、外交部和财政部三个部门,用以解决最为突出的对外战争、政治外交和联邦财政问题。同时为了财政部更好运转,国会还通过制定法律赋予了财政部一些行政岗位以重要权力,如货币监理署署长(Comptroller)、审计官(Auditor)、国库官(Treasurer)和登记官(Register)等。行政机关在得以建构行政能力的同时,也在为其行政权运作设定界限。

早期的共和国治理中,行政机关自身运用怎样的管理技术或者说官僚技术开展有效行政呢?科层是官僚制的精义所在,[15] 我们应该首先关注的是科层控制技术。这一时期,科层控制技术集中表现在土地管理、外交和印第安人事务、财政、邮政、税收等领域。其间如美国国家土地总局(General Land Office)的年度审计;外交和印第安人事务领域中,国务卿和战争部长就与一般政策相关的事项,向领事人员及作为该州境内印第安人事务委员会主席的州长发出的指示、说明、举措指导;财政部长向各地办公室官员的指示和裁定;邮政和税收管理中所形成的内部上诉体系(internal appeal)等,通过行政内部控制的手段,以实现行政政策实施的统一。这些都算得上值得称赞的规制措施,但这一时期还有一些不太成功的手段,诸如通过计件工资或者佣金提成[16]以及促进政治忠诚这种提高任命官员的品质测试[17]来加强内部控制。但这一时期的行政内部控制设计开美国行政自我规制的先河,为行政自我规制

---

[15] 参见[美]杰里·马肖:《创设行政宪制:被遗忘的美国行政法百年史(1787-1887)》,宋华琳、张力译,中国政法大学出版社2016年版,第56页。

[16] 联邦党时期海关官员、邮政官员甚至联邦总检察长等很多公职人员都存在多项兼职混合于一身的情况。例如,为官员特定的行为而逐次分别支付相应报酬,或者根据征税税款的提成来支付官员佣金等,提高公职人员的金钱收益是这一时期行政管理最为鲜明的一个特征。

[17] 这一时期,官员的就职宣誓是其中最为普遍的保证行政人员忠诚的方式。官员要宣誓维护美利坚合众国的法律,履行被任命特定职位的职责。除此之外,联邦还采取了保证金的方式,即官员未能很好履行职责时,保证金将会被没收,以此作为宣誓制度的后盾。

进一步发展提供了鲜活的行政实践,对后世仍然具有一定意义。

2. 民主共和党时期（1801-1829 年）。这一时期,信奉"小政府理念"的杰斐逊等共和党人登上历史舞台。虽然杰斐逊将联邦政府的权力限制于战争和外交事务上,希望联邦政府"以柔性的、几乎不为人见的方式实施其管理"[18]。但是,杰斐逊消极式的治理使其治理原则遭受到了现实"严苛的检验"[19]。在实际治理窘迫的情况下,联邦党人创设的行政体系在杰斐逊等共和党人的手里反而得到了改革和拓展。"这一时期行政自我规制的发展主要体现在禁运行政和土地行政的实施过程中。杰斐逊禁运的提出和实施,要求行政在广袤的范围内有执行权,有强制性的力量。"[20] 禁运政策普遍有效的实施,促使杰斐逊政府做出了建构严苛政府的努力。1807 年的《禁运法案》"赋予了杰斐逊总统巨大的裁量权,总统又把权力授予了财政部长,而财政部长又通过内部信函来导引下级官员的裁量权,因此实现了上级对下级的控制,引起了所谓的内部行政法"[21]。在国会的授权下,总统可以运用自己掌控的军事力量,防止任何违反禁运法律实施的行为发生。加之 1809 年国会颁布的《执行法案》,通过禁运期间执行惩罚问题、没收规定、证据问题的规定使行政规制职权和行政自由裁量权拓展到了惊人地步,大大促进了行政自我规制的塑造。

同样,在土地行政期间,行政内部控制也得以进一步发展。为了保证禁运、土地行政的有效实施,财政部建立了内部控制体系。财政部长对地方官员发布指示,对法律中的重要内容予以强调,并提供"标准化

---

[18] [美] 杰里·马肖:《创设行政宪制：被遗忘的美国行政法百年史（1787-1887）》,宋华琳、张力译,中国政法大学出版社 2016 年版,第 89 页。

[19] [美] 杰里·马肖:《创设行政宪制：被遗忘的美国行政法百年史（1787-1887）》,宋华琳、张力译,中国政法大学出版社 2016 年版,第 89 页。

[20] [美] 杰里·马肖:《创设行政宪制：被遗忘的美国行政法百年史（1787-1887）》,宋华琳、张力译,中国政法大学出版社 2016 年版,第 96 页。

[21] 宋华琳:《美国行政法史的源与流》,根据宋华琳教授在西南政法大学行政法学院公法青年论坛讲座录音整理而成的文字稿,载 http://mp.weixin.qq.com/s/8gt2KwJclcA0bWYYSAjyCA。

的解释、指令和指示"[22]。同时,行政内部官员在禁运、土地行政实施中也建构了行政监督程序,建构向下级官员发布指示的模式,使得基层执法人员行使的裁量权趋于集中化的控制,实现了行政裁量课责体系。行政部门能够"以相对独立的方式履行职能,不受'政治性'的行政官员影响"[23]。这种行政内部相对独立的职能履行方式一直延伸到行政基层运作。财政部内部总审计长决定下属审计长被驳回的申诉程序、地方土地局审计程序修订等都突出了行政程序的趋于官僚化运作。杰斐逊共和党时期的禁运行政和土地行政使得行政自我规制形成了更为突出的相对独立性特点。

3. 杰克逊时代(1829-1861年)。在安德鲁·杰克逊总统任职期间,技术、经济和社会的快速变迁带来了美国行政规模的急剧扩张,进而促使行政组织发生巨大变化,政府的规制和实践也在不断发生着变化,行政责任组织化取代了既往的公务员个人责任和忠诚责任,成了这一时期行政自我规制的重要特点。杰克逊时代发展行政内部规制主要在三个方面:第一,货币政策的内部化。这一时期,总统加强了自主控制权和免职权,财政部长规制财政资金的存放和转移政策以避免助理司库各行其是,强化了财政部自身管理财政和货币事务的行政能力。第二,公职轮替。杰克逊总统倡导的"政党分肥制"通过公职轮替促进了行政职务的公职化,大大提高了行政活动的效率,使得政府活动趋于责任组织化、客观化,为美国官僚制进一步形成奠定了坚实的基础。此外,还有蒸汽船运输的规制体系的内部化。美国19世纪中期的蒸汽船规制也是行政自我规制的一大举措。1852年设立了监督检查员委员会为自治制定程序性规则,就蒸汽船安全事务制定了诸多实体规则的同时也发布行政指示和解释,用作地方检查官员行政执行的指南。这个时代,诸多行政部门

---

[22] [美]杰里·马肖:《创设行政宪制:被遗忘的美国行政法百年史(1787-1887)》,宋华琳、张力译,中国政法大学出版社2016年版,第108页。

[23] [美]杰里·马肖:《创设行政宪制:被遗忘的美国行政法百年史(1787-1887)》,宋华琳、张力译,中国政法大学出版社2016年版,第149页。

履行行政职责，积极回应了当时"公职规模化、复杂化和政治化的趋势"，"塑造了内部行政法"[24]。

4. "镀金时代"（南北战争结束至19世纪90年代）。19世纪晚期内战后退伍老兵保障金的发放以及邮政局的禁邮令等措施，促进内部行政法发展出了行政正当程序观念，可以说是这一时期行政自我规制的主要特色。由于在1888年前，美国国会对于退役保障金问题基本漠不关心，为了更加公正公平对待退役保障金的申请者和福利领取者，行政官员在具体操作中发展出了更为常规化、透明化的制度。在邮政局的规章和裁决活动中，则提供了更加缜密的程序性和结构性保障，如聘请调查员调查邮政体系内的无效率、腐败等行为，禁邮令决定的发出必须由邮政总局局长处理等。

在1787年至1887年的百年历史中，行政自我规制的发展极大地促进了美国内部行政法的形成。在马肖教授看来，"没有内部行政法，就无法经由政治监督、命令和司法审查让当代外部问责体系得以运行。内部组织结构、规则和先例构成了一个严密的网络，该网络最终为实施政治偏好和司法裁判提供了必要的机制"。[25]在百年的行政发展中，"新问题在浮现，老问题也在被重新界定，政治过程则创设出新的制度来应对这些老问题"。[26]行政规制不断朝着新的领域迈进，并运用多种形式的内部规制方法和手段，形成了相对独立的内部运作方式和相对融贯的行政结构，很大程度上推动了美国行政运作的专业化、行政效率的提升、行政结构的科层化发展。

零散的行政规制的创建在百年进程中逐渐成熟为系统化、集中化的自我规制制度，极大彰显了美国早期行政发展对制度理性的重视。通过

---

[24] [美] 杰里·马肖：《创设行政宪制：被遗忘的美国行政法百年史（1787-1887）》，宋华琳、张力译，中国政法大学出版社2016年版，第238页。

[25] [美] 杰里·马肖：《创设行政宪制：被遗忘的美国行政法百年史（1787-1887）》，宋华琳、张力译，中国政法大学出版社2016年版，第302~303页。

[26] [美] 杰里·马肖：《创设行政宪制：被遗忘的美国行政法百年史（1787-1887）》，宋华琳、张力译，中国政法大学出版社2016年版，第156页。

对美国早期行政法的回溯考察，可以发现美国行政法的发展并非一蹴而就，在其诞生之初便早已存在非常丰富并且极具意义的行政法尤其是行政自我规制的实践。这些实践酝酿了务实、自治等诸多先进的行政理念，为后来美国行政法的发展提供了丰富的经验资源。

（二）行政自我规制的宪制传承

对行政权的规范和制约是美国国家建构中的重要宪制问题。要全面准确地理解行政自我规制的实践，需要观察宪制建构背景中的行政自我规制的实践。在国会的立法控制和法院的司法审查的规制下，行政自我塑造过程中如何坚持和传承宪制理念并不断调试行政规制，无疑是理解行政自我规制的重要问题。

美国行政自我规制的发展，展现了美国早期行政法发展复杂精妙的多重进路。美国建国一百年的历史中，随着管理规模不断扩张、国家治理和社会治理难题日趋复杂，出现了诸多无法通过法律或者行政临时指令实现的任务，行政权不断建构起常规化、相对独立化的组织结构，行政机构更加依赖设计行政内部规范化的制度来保障行政政策的统一。行政自我规制的法律化程度由此大大提高。有效行政和塑造有限政府是行政发展的双重使命，有限政府和保障私人权利也是宪制发展的题中应有之义。在行政规制的发展中，国会、总统和法院用自己的方式通过外部力量规制行政发展，以确保行政权在规范的轨道上进行良好行政。国会通过法律授权总统，总统任命各类行政官员，行政官员在自己的行政系统中又不断向下以内部控制的方式控制下级官员。马肖教授谈到："19世纪提供了一片特别的沃土，人们在这些常常相互冲突的见解中，去重新构想美国的民主制度，构想美国行政法的地位。无论是在当时还是现在，行政与民主之间的冲突与协作作为二者之间的持续对话赋予了无尽活力，正是这样的对话建构起了我们的宪政文化，定义了我们的行政宪制。"[27]

---

[27] ［美］杰里·马肖：《创设行政宪制：被遗忘的美国行政法百年史（1787-1887）》，宋华琳、张力译，中国政法大学出版社2016年版，第26页。

美国国会在国家治理的过程中,抛弃了早期国会的实践,对行政的授权趋于宽泛化,实际造成了立法和行政政策之间联系的隔断。行政机关在历史发展中,产生了诸如独立检察官之类的独立机构,也使得总统对行政的控制逐渐成了一种政治承诺的控制,而淡化了直接的行政控制。行政系统由此获取了大量的得以独立运作的权力,为行政自我规制的实践以及保障这种实践中行政目的实现的自我规制制度化提供了可能。这些都是百年历史中行政自我规制得以摆脱政治控制的同时,获得更多自制可能的重要原因。

在行政自我规制的历程中,行政组织不断调整自身的行政政策,完善促进行政内部意识、行为统一的规章制度,增加行政自身对程序公开、公众参与、行政机关对外界评论批评的回应性,不断塑造自身的正当性和合法性。行政机关有效的组织架构和完善的制度措施,侧重从规范层面强调将政治理性(后又引入公共行政参与)作为行政正当的基础,而不是依赖政治权力或者政治偏好。这一过程中,尽管出现了早期杰斐逊共和党"小政府理念"同早期联邦党理念上的冲突,杰克逊政府同杰斐逊政府理念上的冲突,但是在国家和社会的实际治理中,这些理念冲突都没有最终阻挡住行政机关合乎时宜的行政政策调整,或大或小地都使行政内部法得到了一定发展,使行政自我规制得到了一定的发展。

有人认为,我们所言的行政宪制是从国会立法、总统监督和司法审查等外部力量去规制约束行政组织的运作,趋于关注行政机关的效率、程序正当以及行政行为合法性的问题。但是我们实际可以看到,百年变迁中,行政机关内部的法律规范,如行政机关的行政指示、指南、规章以及备忘录等,却着实十分有力也最为直接地约束着行政官员的行为,塑造着行政自身的运作体系。在行政组织不断地调试中,规范公权和保障私权的双重使命被行政权深化理解,行政自我规制约束下属机关和官员、保证行政政策的延续以及作出有效的政治承诺等作用不断发挥出来。只有完整地理解美国早期行政自我规制的塑造历程,以及美国早期行政自我规制的宪制传承,我们才可以更加准确地捕捉到美国行政法组织和美国行政法的某些要义和精髓。

四、余论：宪制历史图景中的行政法学研究

（一）超越规范意义上的行政和行政法传统认识

对美国早期行政法史的梳理和解读，可以算得上"一次错讹难免的学术历险"（宋华琳教授语）。行文至此，或许仍难以避免学术争议，我们仍需要进行更进一步的学术研究以回答所谓美国 1787 年至 1887 年的行政实践应该划归为行政还是行政法，是否存在行政法，以及美国行政内部的法律运作应该怎么认识等问题。我相信，这种争论对于形成进一步的学界共识是有益的。马肖教授介绍的美国政府运行的一些更为显著的特征，有助于澄清我们关于行政及其实践的一些观点。

如马肖教授所言，宪法文本的漏洞，已经由立法、司法判例和行政实践来填补了。在行政实践中，行政机关通过"保持距离"的制度化自我规制来约束行政裁量权的泛滥，对行政活动开展产生了十分有益的影响。行政自我规制是重要的，但不能忽略其在实际运作中的作用局限。行政自我规制有着其自身的发展动力，诸如法理型统治、民主、法治意识与现实需求、行政的民主合法性压力、官僚科层制结构等，[28] 如何继续重视和巩固中央权威，又能够为地方治理和行政分支治理提供良好的弹性试验空间，是行政国家建构的重大课题。因此将行政自我规制置入到宪制整全的图景考虑中进行设计才能更好地提高制度的整体实效。

我们需要把行政法的塑造过程置于宪制历史发展的背景中去思考，去理解国家建构和行政法二者之间的关系。传统的学界观点认为在 1787 年至 1887 年这一阶段美国并不存在行政法。但是我们可以看到，美国早期行政法却恰恰在这个历史阶段，在行政权受到国会立法指引和总统

---

[28] 沈岿教授认为，在外部规制的空隙之余，行政自我规制有着四种发展动力：一是法理型统治，二是民主、法治意识与现实需求，三是行政的民主合法性压力，四是官僚科层制的结构。参见沈岿："行政自我规制与行政法治：一个初步考察"，载《行政法学研究》2011 年第 3 期。

政治监督下实现了行政和行政权的扩张。而这种扩张,仍旧可以被置于规范的范畴之中考量。美国早期行政法正是在宪政设计和分权制衡实践中逐渐展开,和美国国家建构、政治发展相伴而生。

马肖教授对于行政法史的研究,为我们贡献了一个十分有意义的研究视角,其相对完整的史料梳理和对历史资料的重新解读,对我们进行关于本土行政法起源、发展、行政组织建构和行政自我规制的审视等本土行政法研究都有重要的借鉴意义。研究行政机关及其运作的法律人,应该关注行政过程的发展,应该"越来越细致地研究行政机关的行为"[29]。

当然,研究行政自我控制的行政法史,强调行政内部规制,并不意味着抛弃或者有意忘却行政外部规制的作用或影响,而是在完整的行政法研究视野中,将学界对行政规制既往研究弱化的部分重新重视起来。无论是行政外部的司法审查制度,还是行政内部的科层控制技术、行政内部监督管理机制都需要我们将之纳入到规范层面进行考量,如若不然,则难以将其行政实践称之为"行政法"或者"行政法律",也难以将其同现代行政法学研究进行无缝对接和有效对话。

(二) 宪制历史图景中的行政法学研究

"法律建构了行政国家,也约束着行政国家的建构。"[30] 行政宪制不仅关乎一系列行政权的外部制约和规范,也关乎行政内部自我规制。我们需要敢于抛弃过去一些不合历史情实的偏谬认知,而重新检视新的观念和判断。学界关于美国行政法学的研究已开始"逐渐着力于探讨这些制度(美国行政法基本制度)的历史流变与晚近趋势,并对其间的政治、社会、经济因素加以关照"[31],这可以称为是学界纠正学术误解的

---

[29] [美] 伊丽莎白·麦吉尔:"行政机关的自我规制",安永康译,宋华琳校,载姜明安主编:《行政法论丛》(第13卷),法律出版社2011年版,第552页。

[30] [美] 杰里·马肖:《创设行政宪制:被遗忘的美国行政法百年史(1787-1887)》,宋华琳、张力译,中国政法大学出版社2016年版,第16页。

[31] 宋华琳:"中国的美国行政法研究——一个学术史的概观",载《浙江学刊》2005年第6期。

努力所在。

梳理美国早期百年行政法变迁史，可以看到美国政府的行政组织结构和制度设计始终秉持实用主义的信条，永远都是充满试验性和实践特点的。现代社会日趋分散、社会事务不断多元发展，行政组织日渐分工严密、灵活多样，行政和行政法的不断发展，也日趋在国家治理中占据重要的地位。行政法学的研究也逐渐更加紧密地同国家治理体系和国家治理能力结合起来，更加充满实践性，因此，我们对行政法学的学术研究也便可拥有更为宽广、更加复杂的设想。

须知，任何时代面对社会的急遽发展，国家治理、行政治理都不可能蹈其成规。任何行政组织和行政制度都不可能一劳永逸。新的历史条件下，国家建构和完善过程中，如何综合运用多方政治权力对行政权进行规驯，行政权又该秉承何种理念和肩负何种责任，是国家治理者的重大现实课题，也是宪法行政法学者研究的重大理论课题。马肖教授的行政法史研究为我们提供了可资借鉴的学术经验。"以史为鉴"的研究方法和研究思路，或许可以使我们在传统规范研究上，进行一次关乎国家建构宗旨和行政使命意义的寻踪。在宪制历史图景中继续开展行政法学研究，将行政建构的变迁同国家宪制建构结合起来，将丰富我们对当下行政实践的认识和理解。丰富的历史经验和教训或许可以为我们当下行政实践和行政法学研究提供价值不菲的历史智慧。启发我们进行这般思考，或许正是马肖教授新著的用意所在。

做行政法史研究，尤其是重新阐述新的史料，不可避免地需要用到当下时鲜的术语和方法。但是学者仍需要恪守的一个原则，就是不能机械地将当下的概念和体系套用到前人的法治实践上，不能以今天行政法治才能做到的标准，强古人所难，核验历史发展得失。我们做行政法史研究，只能客观地发现，不能主观地发明。只有如此，我们才会真的发现前人法治实践中那些闪光的智慧和历史局限中的不足。

论唐代杖刑的适用与变迁

蒋 慧*

引 言

唐代是我国古代法律制度最完善的朝代之一,而唐代的杖刑在其刑法制度中占据着重要地位,并在发展过程中出现了许多新变化,因而研究唐代的杖刑对于我们窥探整个唐朝律法体系乃至后世的法律制度具有重要意义,这些新变化所导致的正负面影响对我国当今法律制度改革也有一定的借鉴和警示意义,所以对这个问题的研究是重要并且必要的。

目前对于此问题的研究围绕两条思路展开:一方面,一些学者着重考据,以唐代史书或者《唐律疏议》等文献为依据,研究杖刑的刑罚等级、刑具、行刑方式以及发展中的新变化等制度内容,例如彭炳金 2004 年"论唐代杖刑制度的发展变化"一文[1]引用《唐律疏议》《狱官令》等文献描述唐代的具体杖刑制度,并以史书中记载的皇帝诏书、批示以及案例等为依据介绍了杖刑在发展过程中出现的新变化。类似地,2010 年戴建国于"唐代刑罚体系的演变——以杖刑为中心的考察"一文中[2]也采取了相似的研究方法,展现了唐代杖刑制度的演变过程。另一方面,一些学者更注重制度及其变化的原因,例如张艳云 2006

---

* 作者系南京大学硕士研究生。

[1] 参见彭炳金:"论唐代杖刑制度的发展变化",载《通化师范学院学报》2004 年第 9 期。

[2] 参见戴建国:"唐代刑罚体系的演变——以杖刑为中心的考察",载《史学集刊》2010 年第 4 期。

年"唐代杖刑考述"一文[3]中虽然也着墨于古籍记载的唐代杖刑制度,但是更着重于诸如皇帝诏书对杖刑的干扰和修改的用意以及导致的不良后果,得出如下结论:古代法律受封建皇权等诸多政治、经济、社会因素的影响,以及古代刑罚制度的本质其实是维护皇权。

但以上研究都主要围绕唐代杖刑的表现形式展开,即使零碎地夹杂了对其背后原因的思考,却都没有系统地探讨唐代杖刑的产生、适用、变迁的过程和细节以及对后世产生的影响等,即使谈到唐代杖刑的变迁,也缺乏连贯性,对变迁过程中的细节问题处理得也不够精细,并且即使谈及对后世的影响,也没有延伸到对当今法制建设的启示,而本文将试图探讨这些问题。

本文正文分为四个部分,第一部分从杖刑的起源入手,结合唐代杖刑的内容,从唐代杖罪总类及其常规适用情形这两个方面展现唐代杖刑的适用;第二部分系统阐释杖刑在演变过程中衍生出的各种形态,诸如先决杖、重杖、杖杀、折杖法等;第三部分从唐代杖刑对于宋和以后朝代的影响出发,剖析其深远影响;最后对上述问题做出总结,得出结论。

一、唐代杖刑的适用

(一)杖刑的起源

关于杖刑的起源,《唐律疏议》中记载了一段文字,大意是:《说文》中说杖是持的意思,指可以用来打人的东西;《家语》中提到,舜侍奉父亲,小杖就承受,大杖就逃走;《国语》说"薄刑用鞭扑";《书》说"鞭作官刑"。如同今之杖刑。而蚩尤作五虐之刑,也用鞭扑。究其起源,要从很久之前开始追究。汉景帝因为笞刑未完毕但笞者已死,改三百为二百,改二百为一百。历代沿流,基本没有什么变动,直至隋朝开始变更,用杖刑代替鞭刑。《唐律疏议》中提到"今律云'累

---

[3]参见张艳云:"唐代杖刑考述",载杜文玉主编:《唐史论丛》(第八辑),三秦出版社2006年版,第96~113页。

决笞、杖者，不得过二百'，盖循汉制也。"[4]

可以看出，杖刑源自远古时就有的鞭刑，隋朝时以杖易鞭，而唐朝继承了隋朝的说法，也称之为杖刑，并且对其数目的限制也遵循汉制。

另外，从《唐律疏议》中也可以看出，唐代五刑包括"笞、杖、徒、流、死"，这应当是根据从轻到重的刑种顺序来排列的，因而至少在唐律中，杖刑是仅重于笞刑的薄刑。

（二）唐代杖刑的内容

1. 刑罚等级

《唐律疏议》中提到"杖六十，赎铜六斤。杖七十，赎铜七斤。杖八十，赎铜八斤。杖九十，赎铜九斤。杖一百，赎铜十斤"。[5]这里是指杖刑在一般情况下的刑罚等级。即杖刑分为五等，数目从六十到一百依次递增。

但是，从《唐律疏议》的后文看，唐律规定了一些例外情形，杖刑的数目也可能不同于上述规定的五个等级。笔者将于下文加以详述，这里不予细述。

2. 刑具

根据《唐六典》记载，杖刑的刑具分为两种：一者为"讯囚杖"，"大头径三分二厘，小头二分二厘"，在审讯犯人时使用；一者为"常刑杖"，"大头二分七厘，小头一分七厘"[6]，比讯囚杖要细，在对杖刑犯施刑时使用。两种杖都削去节目，长度为三尺五寸。

和隋朝的杖相比，隋朝并不区分讯囚杖和常刑杖，而是根据杖刑数目来制定不同规制的杖，即用以决三十以下杖刑的杖具，长四尺，大头径三分，小头径二分；其余一般的杖，长度与唐朝一致，为三尺五寸，

---

[4] 参见《唐律疏议》卷一《名例·杖刑五》，岳纯之点校，上海古籍出版社2013年版，第5页。

[5] 《唐律疏议》卷一《名例·杖刑五》，岳纯之点校，上海古籍出版社2013年版，第5页。

[6] 《唐六典》，转引自（清）沈家本：《历代刑法考》（上册），商务印书馆2011年版，第962页。

大头径二分半,小头径一分半。[7]这样看来,唐朝的讯囚杖要比隋杖粗,常刑杖则比隋杖细。

3. 行刑方式

《唐六典》对于杖刑击打部位也有记录:首先,杖刑是背、腿、臀三个部位分摊杖责数目,必须要平均分配,拷讯犯罪嫌疑人时,也是这样。其次,如果被施刑者自愿提出背部和腿部两个部位平均承受杖打数目,可以听从他的请求。这是因为臀部的脂肪比较厚,因而杖责臀部是最轻的;腿部次重;至于背部,五脏都附于背,击打背部很容易伤害到内脏,所以背部最脆弱,杖责背部自然是最重的,如果有人愿意不以臀部承受杖刑,而用更为脆弱的腿部和背部承受,那么对于统治者而言,更重的刑罚更能起到惩罚作用,所以会同意受刑人的请求。最后,在殿庭决杖者都要背受,考虑到需要在殿庭中实施杖刑的罪行一般都比其他杖罪要重,甚至可能冒犯了皇威等,所以要用最脆弱的背部承受全部杖责数目,这是杖刑实际实施中最重的一种行刑方式。

(三)唐代杖罪总类

唐律中很多罪名的法定刑都是杖刑,只《卫禁律》中就多达十几个罪名,诸如:"守卫不知冒名情,宫门杖八十;殿门以内,递加一等"[8]"若于辟仗内误遗兵仗者,杖一百"[9]"诸宿卫人已配仗卫而官司辄回改者,杖一百"[10]等。

《职制律》中规定,奉使有所部送官物、囚徒以及畜牲之类,自己

---

[7] 参见《隋志》,转引自(清)沈家本:《历代刑法考》(上册),商务印书馆2011年版,第961页。

[8] 《唐律疏议》卷七《卫禁·官殿门无籍》,岳纯之点校,上海古籍出版社2013年版,第122页。

[9] 《唐律疏议》卷七《卫禁·官殿作罢不出》,岳纯之点校,上海古籍出版社2013年版,第126页。

[10] 《唐律疏议》卷七《卫禁·已配仗卫回改》,岳纯之点校,上海古籍出版社2013年版,第128页。

不去,却雇人、寄人而领送的,杖一百[11];在官长吏如果遣人妄称已善,申请于上的,杖一百[12]等。

此外,《户婚律》《厩库律》《擅兴律》等各章中都有关于杖刑的罪名,无法一一列举。由此可以看出杖刑在唐律中是适用比较广泛的刑种,涉及各个方面的行为规制,适用对象也涵盖守卫、官员长吏、普通平民等各类人群。

(四)唐代杖刑的常规适用情形

在唐代,杖刑除了依据唐律分则的内容适用于各种罪行之外,也经常用以替代流刑、徒刑,后来也会附加于配流之刑适用。由于唐律分则规定的杖罪不胜枚举,而且在上文已经叙述过;至于后来杖刑被附加于配流之刑适用,将在下文探讨唐代杖刑的变迁中一并提到,所以此处对于此二者不再赘述。这里将集中讨论唐代杖刑常用以替代流、徒刑的现象,当然一般情况下,用杖刑替代流、徒刑是有适用对象和情形的限制的,只有在恰逢皇帝赦宥时才会突破这样的严格限制。但是赦宥毕竟具有偶然性,而且缺乏规律性,难以叙述清晰,所以笔者只具体叙述杖刑替代流刑或徒刑的一般情况。

1. 徒应役无兼丁

《唐律疏议》对于徒刑应役的单丁罪犯,有如下规定:首先,原则上,被判处徒刑应服劳役的罪犯,如果家中无兼丁,则原应判徒刑一年的,改成杖刑一百二十,免居作,每多半年徒刑加杖二十。其次,流至配所应役者,如果符合上述家无兼丁的条件,也按照上条处理。再者,如果徒刑服役期间,家中变故,如兼丁死亡或年老、疾病或犯罪、征防而导致无兼丁的情形,计算应役日和应加杖数,加杖后释放。最后,存在例外情况,即犯"盗及伤人"之重罪,不适用上述条文,除非这类罪

---

[11] 参见《唐律疏议》卷十一《职制·奉使部送雇寄人》,岳纯之点校,上海古籍出版社2013年版,第179页。

[12] 参见《唐律疏议》卷十一《职制·长吏辄立碑》,岳纯之点校,上海古籍出版社2013年版,第180页。

犯的亲人年老重病必须有人照顾但家中无兼丁，才可以按照加杖之法处理。[13]

这里因为单丁而将徒刑改成杖刑实施，而徒刑是重于杖刑的刑种，因而最终施行的杖刑数目超过了前述卷一名例中杖刑的最高等级——一百。至于改徒刑为杖刑的条款设置，主要是考虑到家中唯一的劳动力服刑后，会导致家里粮饷乏绝，又担心这些罪犯的家人穷困潦倒而生活难以为继，其实最终是为了防止单丁服徒刑而导致家中人走投无路，民生凋敝而影响安定的社会秩序，甚至威胁统治者的统治地位。

2. 工乐杂户等专业性强的特殊职业者

因为工、乐、杂户及太常音声人不同于寻常百姓，由太常、少府等各司掌管，所以根据唐律规定，这些人犯流刑不按照一般人的情况处理，而是应当流二千里的，改成决杖一百；二千五百里则改成决杖一百三十；三千里就换成决杖一百六十行刑，即一等加三十，并留在原住地服役三年。又因为名例规定，累计徒、流应役者的服役年份不得超过四年，所以即使这类人犯加役流，也最多役四年。上述专业技能已经能够专职其事，以及在太史局执掌天文的天文观生和天文生，还有大多数本来是良人，为宫闱服务，并且已经完成学业的给使、散使等人，犯流罪，不远配，各加杖二百；犯徒罪，都不配役，按照无兼丁的情况加杖，其后仍然交还管理他们的各司。[14]

笔者认为，这里是统治阶级为了维护自身利益而做出的例外规定，因为诸如工乐杂户、太常音人、天文生、给使、散使都是为统治者的享乐或者其他要求而服务的，如果流放到远地，就不能满足统治者的享乐要求；并且，在宫闱中已经学业有成、能够专业地为统治者服务的这些人，就更不能远离宫闱，因为这样培养专业性人才的成本将无法回收，

---

〔13〕 参见《唐律疏议》卷三《名例·徒应役无兼丁》，岳纯之点校，上海古籍出版社2013年版，第55页。

〔14〕 参见《唐律疏议》卷三《名例·工乐杂户及妇人犯流决杖》，岳纯之点校，上海古籍出版社2013年版，第58页。

所以为了维系宫闱正常运作,索性连役都免除了。不过流刑和徒刑都是重于杖刑的刑种,所以转换成杖刑后,数量突破了名例中的一般情况。

3. 妇女犯流罪

《唐律疏议》记载,根据传统封建礼教,对妇人施刑,按照惯例不能把她们单独流放到远地,所以妇人犯流罪的不发配,而是留住再决杖、居作。但是有例外情况,即妇人制造、藏存蛊毒,因为这是天理不容的,会对受害人造成根本性的伤害,所以虽然是妇人也必须依法定罪量刑。至于妇人唆使教令制造、藏存蛊毒的,只定教令之罪,不同于自己造、畜蛊毒,还是按照一般犯罪定罪。妇人按律本应当流二千里的,改成决杖六十;原应流二千五百里的,改成决杖八十;应流三千里的,换成决杖一百。三个等级的流刑都要役三年。决杖的条文在前,表明必须先决杖后役。〔15〕

有一种情况是:妇人本来不应当被配,因为她的丈夫、孩子被判处流刑的原因而听随。那么,同情妇人本身依法没有流刑,所以可以免居作,不用做佣工。随从流放没有杖刑,不在决例。妇人的丈夫孩子在流放途中死亡,妇人不符合从流,则可以返回,不再更令居作。

这里是因为传统封建礼教下妇人不能单独被流放,将妇人的流刑改为杖刑,但是又考虑到女性体弱,所以即使是犯了比杖罪更重的流罪,也没有突破杖刑最高刑制,只是附加了劳役。

4. 犯罪已发更为罪

《唐律疏议》提到,犯罪行为已经被告发,以及犯徒罪已经被发配,但是又犯了笞罪以上的罪,各重其后犯之事而累科之。一方面,犯流罪没有断案,或者已经断案发配完毕,但是还没有到配所,就又犯了流罪,则按照前述工、乐留住法,流二千里杖一百,流二千五百里杖一百三十,流三千里杖一百六十,仍然各自在配所服役三年。加上前罪流刑应役的一年,总共服役四年。如果前罪犯常流,后罪犯加役流,也总共

---

〔15〕 参见《唐律疏议》卷三《名例·工乐杂户及妇人犯流决杖》,岳纯之点校,上海古籍出版社 2013 年版,第 59 页。

不超过四年的役期。另一方面，已经到配流的地方又犯流罪的，也按照上述留住法决杖、配役。另外，犯徒罪，役期未满又犯流役，流役未满又犯徒罪，或者徒刑、流役期间又犯徒罪、流罪应役者，不能超过四年；如果役期未结束又犯了流罪、徒罪，按照加杖法处理。此外，累流、徒应役四年，期间又犯杖、笞罪，也按照所犯的杖、笞数目施行。但是，如果遇到以下情况：例如前罪犯杖刑一百，中间又犯罪决杖刑九十，后来又犯笞刑五十，虽然总计二百四十，但是最终实际施行的数目不能超过二百。如果犯徒罪而因为罪犯身份问题或者其他因素而改成杖刑的，也像这样处理，总计不能超过二百下。[16]

这其实是对犯罪行为已经被告发以及已配后又犯新罪的规定，首先前罪为流罪，后罪也为流罪，按照工、乐留住法处理；其次，徒罪或者流应役的役期没有结束就又犯了流罪、徒罪，不适宜再离开服役地而流放或者施行徒刑，也按照加杖例，把徒流之刑转化为杖刑。不过，笞、杖刑的总共施行数目不能超过二百下，因为超过二百下很有可能致罪犯于死地，而其罪不至死，本来也只到徒、流的程度。笔者认为，这可能是要节约另外安排发配地的成本，而且也达到了前罪后罪都予以落实惩罚的目的。而且，和现代刑法对于判决宣告后又犯新罪的规定相比较，唐律的规定惩罚更重，因为现代刑法只需要前罪剩余刑罚和后罪刑罚并罚，惩罚的程度在两罪总和刑期以下，而唐律的规定实际上是将两罪独立开来，所以是更重的惩罚。

5. 官户部曲

在唐代，官户隶属于司农，在州系没有户籍；部曲是私家所有，他们的妻子可能是良人、客女或者奴婢。上述这类人以及官私奴婢犯了冒犯主人、殴打良人这类唐律"官户部曲"有正文规定的罪行，各自按照正条处理。如果犯了无正文规定的，诸如阑入（擅自闯入不该去的地方）、越度或本色相犯，以及诅咒祖父母、父母、兄姐这类罪行，各自

---

[16] 参见《唐律疏议》卷四《名例·犯罪已发》，岳纯之点校，上海古籍出版社2013年版，第61~62页。

按照普通良人之法处理。另外，如果官户部曲以及官私奴婢这类人犯了徒罪，按照无兼丁例加杖，徒一年加杖一百二十，一等加二十，徒三年加杖二百。不论是流刑还是徒刑改换成的杖刑，总计都不能超过二百。行刑结束后交付给司农或者其主人，不用作佣工。并且，这类人犯罪应当征收回赃物以及赎金，确没有财产可以交的，根据他们所犯罪行以及赃物量刑，赃物换算成铜，每二斤铜加杖十下，施刑完毕后把人交付给官、主。铜数即使很多，杖刑数目也不能超过二百。当然如果有财产可以交正赃和赎金的，就还是按照一般法条规定处理。考虑到上述无财交正赃和赎金的人中，有些年纪在七十以上或者十五以下，又或者身有疾病，按照律法不应加杖，只能直接放免。[17]

笔者认为，对于官户部曲等人的加杖之法，应当是考虑到官户隶属于司农，如果去接受流刑或者徒刑就不能继续为官府服务，司农可能要重新雇佣和培养一批新的官户，国家的财政支出会增加，而且也会耽误公事；同样的，部曲等人属于私人所有，被流放，等于是在剥夺私主的有效劳动力，是不符合维护封建统治阶级利益的主旨的。而且，单单从惩罚力度上来说，这些官户部曲以及官私奴婢本来社会地位就比较地下，人身受约束性就很高，对于他们来说被流放居作以及服役跟他们平时的生活状态没有多大区别，所以根本不能达到惩罚他们罪行的目的，更不能起到震慑作用。[18]回归杖刑本身，在这条规定中，不仅出现了之前出现过的流、徒刑转化为杖刑，还出现了金钱刑罚转化为杖刑，且后者实际杖刑数目在十到二百之间。

二、唐代杖刑的变迁

在唐代两百多年的历史进程中，杖刑历经变迁，不再简单地作为五

---

[17] 参见《唐律疏议》卷六《名例·官户部曲》，岳纯之点校，上海古籍出版社2013年版，第105~106页。

[18] 参见张艳云："唐代杖刑考述"，载杜文玉主编：《唐史论丛》（第八辑），三秦出版社2006年版，第96~113页。

大主刑之一，在杖击时间点、重度、刑罚性质以及适用范围等方面都有了丰富和演化。在太宗年间就存在的先决杖就是杖刑在施刑时间点上的变化，不同于唐律中规定的定罪量刑之后实施的杖刑，先决杖在定罪量刑程序之前，以达到加大惩罚力度的作用。此外，在唐代，实践中还演变出了刑具更粗重的重杖，将杖刑与配流结合也成为很常见的刑罚类型，甚至出现了将杖刑作为死刑的实施手段的做法。在唐朝后期，法杖与脊杖、臀杖与笞刑相互转换实施的现象甚至得到了皇帝敕文的官方认可和规制。下文将探讨唐代杖刑的变迁情况：

（一）先决杖

1. 最初施行

根据《唐会要》记载，贞观十三年（公元639年）八月，唐太宗李世民发布敕文称：身体发肤，受之父母，不应当毁伤。从今以后，如果诉竞的人自残以期取得胜诉，那么先决四十，然后按律定罪量刑。[19]

这说明至少在唐太宗年间就存在"先决杖"，而这并不为唐律所明文规定，是以皇帝敕文的形式颁布的。这种对杖刑的演化，目的在于加大对自残诉竞行为的惩罚力度，在律法明文规定的刑罚之外又附加了四十杖，实际上是一种附加刑。[20] 那么，这样的法外规定会带来什么样的影响呢？这要看后来在其实际适用的过程中造成的结果。

这之后到高宗年间陆续有关于先决杖的敕制出台，例如，有史料记载，永徽五年（公元654年）三月，高宗发布制文称，州胥吏贪赃一匹以上，施与先决杖一百，再按照律法规定处罚。[21]到高宗总章二年为止，前后一共有五十九条敕制出台，涉及的罪行种类很是繁复。

---

[19] 参见（宋）王溥：《唐会要校证》卷四十一《杂记》，牛继清校证，三秦出版社2012年版，第638页。

[20] 参见戴建国："唐代刑罚体系的演变——以杖刑为中心的考察"，载《史学集刊》2010年第4期。

[21] 参见（宋）王溥：《唐会要校证》卷四十一《杂记》，牛继清校证，三秦出版社2012年版，第639页。

2. 从宽处理

唐高宗总章二年（公元 669 年）五月十一日，考虑到常法之外存在先决杖一百的规定，导致被杖者毙命，高宗下诏说：在唐律之外有关于先决杖一百的规定，前后总共有五十九条。这五十九条内关于盗窃以及其他罪孽特别深重的罪行，留十二条，其余四十七条应当废除。

此条敕文是对先决杖一百的适用范围的缩减，也从侧面反映了之前用敕文等律之外的形式颁布个别先决杖的规定带来的弊端：由于皇帝肆意突破律法，发布了多达五十九条先决杖的规定，使得先决杖适用的罪行过于繁多，并且数目过多，导致罪犯大多死于杖下。这是不符合罪刑相适应的原则的。而且先决一百，再定罪量刑，可能导致最终总计的杖刑数目超过二百，多达三百，就完全违反了唐律规定的杖刑不能超过二百的原则性规定，也就是违法的规定。所以，高宗为了缓解这种负面影响而将五十九条先决杖规定减少到十二条。然而，依照《新唐书·刑法志》的记录，这种减少在高宗之后武后称制时期并没有达到减少刑罚滥用的目的，而是"然无益也"。武后在位期间，法吏以惨酷称能，以至于因为不释枷或者笞杖捶打而死的人数不胜数。[22] 虽然武后基本没有修改唐的律令，但是由于用法的人凶残暴虐，导致朝上大臣以及皇室宗亲等全都遭受冤枉和酷刑，只要先决杖一百的规定还有十二条存在，那么法吏就可以借此发挥，残虐罪犯，所以唐高宗之后先决杖带来的弊端依然存在，并没有因为被废除了四十七条而有所好转。

到了中宗景龙二年（公元 708 年），依然有新的关于先决杖的敕文颁布，例如这年九月八日颁布的"擒捕鸟雀昆虫之类先决三十"的敕文；玄宗先天二年（公元 713 年）颁布敕文，称公私贱隶犯杀牛马骡等物之罪，先决六十，然后科罪。[23] 这些记载表现了高宗之后的几任

---

［22］ 参见《新唐书·刑法志》，转引自（清）沈家本：《历代刑法考》（上册），商务印书馆 2011 年版，第 42 页。

［23］ 参见（宋）王溥：《唐会要校证》卷四十一《断屠钓》，牛继清校证，三秦出版社 2012 年版，第 628 页。

皇帝仍然在进一步扩大先决杖的适用范围，但是选择了降低先决杖的杖责数目，说明统治者认为先决杖本身是没有问题且可以继续推行和实施的，但是可以在刑罚数目方面有所改变以避免罪不当死的罪犯被杖死的问题。

这之后，为了进一步解决先决杖致使罪犯意外死亡的问题，唐玄宗开元十二年（公元724年）四月发布敕文：从之前到现在，犯了盗罪，先决一百，虽然不是死刑却致使人大多毙命。想到这种情况，不免恻然。今后因为犯罪而受到惩罚的人，应当被杖责先决杖的，应该从宽处理，先决六十即可，一房家口，移隶碛西。[24]。

玄宗开元年间，天下太平，很少有人犯法。这说明虽然玄宗只是从先决杖的杖责数目上进一步从宽处理，将先决一百改成了先决六十，仍然没有废止先决杖，但是由于其作为治国用法者而言，有仁爱之心，即使法律严厉也能施其仁于法之中，因而在实际上达到了减少先决杖滥用的目的。

3. 死刑先决杖的废除

贞元八年（公元792年），唐德宗发布敕文：从前定罪量刑过于拘泥于法律条文，对死刑犯却依然先决杖再处死刑，过于残忍，所以今后死刑先决杖应当停止。[25] 仅从敕文看，唐德宗之前的几任皇帝在位期间，存在死刑之前仍然有先决杖的现象，且不论一罪二刑的不合法理，单论先决杖结合死刑，死刑理应当吸收杖刑，因为死刑本来就是从物理层面彻底抹杀罪犯的存在，使之再也不会有再犯罪的社会危险性，所以再施以即将死去的人繁重的肉体痛苦是没有必要的。然而唐德宗废除死刑先决杖的初衷其实是更多从政治考虑出发，展示统治者对百姓的怜悯仁爱之心，以此来缓和社会矛盾以及巩固自己的统治。这才是废除死刑

---

[24] 参见（宋）王溥：《唐会要校证》卷四十《君上慎恤》，牛继清校证，三秦出版社2012年版，第616页。

[25] 参见（元）马端临：《文献通考》，转引自（清）沈家本：《历代刑法考》（上册），商务印书馆2011年版，第327页。

先决杖的真正原因。

至于此事的影响,《通考》给出了"革除累朝弊法"这样极高的评价,不过沈家本反对这种评价,认为:《唐书·刑法志》称德宗时期用重杖代替死刑,死罪不先决杖。据《通考》,死罪不决杖在贞元八年(公元792年),重杖代替死刑在建中三年(公元782年),不是同一个时代的事情。既然用重杖代替死刑,那么重杖之杖和先决之杖相当于同一杖,贞元时说的停止死罪决杖等于是空话。《唐律》没有死罪决杖的条文,贞元八年(公元792年)废除死罪决杖的敕中提到的"拘守科条",表明当时已经写成法律,但不知道开始于何年,历代也没有这个法。[26]

笔者认为,首先,《唐会要》记载了刑部侍郎班宏于建中三年(公元782年)八月上奏提议用重杖代替死刑得到皇帝应允的事情,[27]此处算是确立了"重杖代替死刑"。其次,贞元八年(公元792年)德宗废除死刑先决杖之后,其实并没有实际解决什么问题,因为如果一个罪犯被判处重杖处死,那么确实不用先决杖了,但是还是要承受杖刑,不计数目直至被杖死,这样的话,和先决杖一百再重杖处死相比,毫无区别,都是被杖刑杖死。沈家本说的"同一杖也,有何区别"就是说的这个道理。最后,死刑先决杖是没有可考的法律条文作为依据的,完全是实践的产物,则唐德宗敕文中的"拘守科条"可能只是无稽之谈。

另外,史料并没有关于其他罪行先决杖也被废除的记载,而且德宗之后,唐朝可能也一直有先决杖的规定,因为有记载称,宣宗大中二年(公元848年)二月制中言及:牛主自杀牛以及盗窃杀牛的人,按照肃宗乾元元年(公元758年)颁布的敕文处罚,即先决六十再科罪。[28]

---

[26] 参见(清)沈家本:《历代刑法考》(上册),商务印书馆2011年版,第327~328页。

[27] 参见(宋)王溥:《唐会要校证》卷三十九《议刑轻重》,牛继清校证,三秦出版社2012年版,第613页。

[28] 参见(宋)王溥:《唐会要校证》卷四十一《断屠钓》,牛继清校证,三秦出版社2012年版,第629页。

这体现了一直到宣宗年间都延续着之前皇帝关于先决杖的敕文规定，先决杖制度持续存在和适用着。

（二）重杖

1. 最初施行

开元十九年（公元731年）四月，唐玄宗发布的诏文说：法是用来防止邪恶的，刑用来帮助教化，因时而用，都是不得已。"逮捕斯扰"，劳民伤财，并且夏天将至，人民忙于耕耘，应当顺时立政，体恤人民。妖讹盗贼以及造伪头首严重祸害时政，必须衡量他们的罪行之后加以惩罚。本应被判处死刑的，各自量刑判决重杖一百，流放岭南。除此以外的党羽被头首连累，同情他们的愚蠢，定罪量刑，来警示和惩罚他们。[29]

这里提到了"重杖"，也是唐律没有明文规定的，是一般杖刑的演化形式。此处可能是唐代古籍中最早提到的重杖，可以看出重杖在实施最初，是和流刑附加在一起代替死刑的。这说明重杖附加流刑是轻于死刑一等的刑罚方式，因为史料中有关于法杖一百附加配流代替死刑的记载，所以笔者推测可能是由于统治者觉得对于某些罪孽深重的罪犯而言，一般杖刑附加配流的惩罚力度不足以达到罪刑相适应的目的，所以创设出重杖制度来平衡刑罚轻重不一的问题。

至于重杖和法杖即一般杖刑的区别问题，肃宗至德二年（公元757年）十二月，在处置受贼伪官陈希烈等人时，三司给这数百人定六等罪，最重刑之于市，其次自尽，再次重杖一顿，最次三等皆流贬。[30]这说明肃宗时期，重杖一顿轻于自尽，重于流贬，肯定也重于法杖。可以推测，重杖与法杖的区别可能在于杖打的刑具规制或者击打力度不同，前者可能是刑具比之法杖更粗，至于后者，由于击打力度较难控

---

[29] 参见（宋）王钦若等编：《册府元龟》卷八十五《帝王部·赦宥第四》，中华书局1960年版，第934页。

[30] 参见（宋）王钦若等编：《册府元龟》卷一百五十二《帝王部·明罚》，中华书局1960年版，第1694页。

制,所以可能是通过规定击打部位来间接调整击打力度。

另外,谈到重杖施行的情况,古籍中也记载了。肃宗乾元二年(公元759年)六月十四日,刑部奏,应当决重杖之人,令式先无分析,京城罪行深重的被判决重杖的大多被杖死,而其他州县重杖后流放岭南的罪犯,重杖施行后不至于死,这样重杖的结果有两种,法开二门很不公平。也就是说,由于重杖可能在玄宗时期才出现,所以直到二三十年后的肃宗时期,相关规定一直并不具体,导致重杖的数目或者击打力度等各地不同,造成了实施上的两种结果,影响了公平性,造成了不良的社会影响。

2. 重杖一顿的具体化

为了解决上述重杖施行区域差异性问题,代宗宝应元年(公元762年)九月八日,刑部大理上奏建议对于式文没有写明杖打数目的情形加以规制,即对于一顿杖、重杖一顿、痛杖一顿这三种刑罚的具体数目,前者决四十;重杖一顿与痛杖一顿没有写明数目的,决六十,并不至死。敕旨同意该建议。[31]

这体现了重杖发展的第二个阶段,即重杖一顿的具体化。这一举措的目的在于:一方面,针对各地重杖的数目等标准不一的现象,明确重杖数目,解决区域司法差异性问题;另一方面,使罪不至死的罪犯不至于因为重杖一顿的处罚而被杖死,即贯彻落实罪刑相适应的原则。

3. 重杖处死

建中三年(公元782年)八月,德宗颁布敕旨同意了刑部侍郎班宏的奏书,从那以后,准许用决重杖一顿处死代替极法,重杖既是死刑,各司就不必要再奏请询问决重杖的数目限制。[32]

这一敕文中正式出现了重杖一顿处死的说法,这是重杖发展的第三

---

[31] 参见(宋)王溥:《唐会要校证》卷三十九《议刑轻重》,牛继清校证,三秦出版社2012年版,第613页。

[32] 参见(宋)王溥:《唐会要校证》卷三十九《议刑轻重》,牛继清校证,三秦出版社2012年版,第613页。

个阶段,即重杖一顿处死成为斩刑和绞刑之外的第三种死刑。

那么德宗之后重杖处死一直存在吗?史料记载,元和八年(公元813年)二月,僧鉴虚被交付到京兆府,判决重杖一顿处死。[33]说明到宪宗年间,仍然存在重杖一顿处死这一刑种。由于缺乏更多的史料证明宪宗到唐末一直都存在重杖处死的刑罚,所以不妨考察一下号称唐代法律继承者的五代,《五代会要》里也有对晋天福年间绞刑决重杖一顿处死的记载,由此看来,很可能唐代一直延续着重杖一顿处死的刑罚规定。

(三)杖杀

1. 作为私刑

唐太宗年间就有关于杖杀的记载,即贞观年间,凉州都督李袭誉因为用私刑杖杀了番禾丞刘武而被废为民,流放泉州;[34]陈仓尉刘仁轨的部下折冲都尉鲁宁目无法纪,仁轨特地加以告诫,希望他不要再犯,然而鲁宁甚至更加暴虐,于是仁轨就杖杀了他。后来州司以闻,太宗大怒。[35]因为没有资料记载唐太宗年间有颁布杖杀方面的敕文或其他规定,所以基本可以断定当时杖杀只是私刑,是不合法的。另外,可以看出当时统治者对于杖杀这一行为是持否定态度的,如果州县长官私自杖杀别人甚至会被流放。不过刘仁轨一事的后续是太宗了解到事实的真相反而给刘仁轨升了官职,这说明尽管杖杀在太宗时期不合法,但是如果事出有因,皇帝也会用自己的权力免除杖杀人的罪行,这其实也为之后杖杀制度的合法化提供了可能性。

2. 皇帝敕令

杖杀具体于何时官方化已不可考,但是可以确定的是玄宗年间杖杀

---

[33] 参见(宋)王溥:《唐会要校证》卷四十《臣下守法》,牛继清校证,三秦出版社2012年版,第623页。

[34] 参见(宋)欧阳修等撰:《新唐书·李袭志附袭誉传》,转引自贾俊侠:"唐德宗建中三年以前的杖杀略述",载《唐都学刊》2004年第3期。

[35] 参见(宋)欧阳修等撰:《新唐书·刘仁轨传》,转引自贾俊侠:"唐德宗建中三年以前的杖杀略述",载《唐都学刊》2004年第3期。

制度已经被官方认可了。据《册府元龟》记载,开元十一年(公元723年),对于黄衣长上杨骆持刀入室伤人案,皇帝下令"收骆集众杖杀"[36],玄宗自己下旨杖杀,就说明杖杀算是已经合法化。另外,在《册府元龟》中还有很多关于"杖杀"的记载,例如:德宗贞元年间,中书令史段秀琳因为选候补官员漫无限度而被皇帝判处痛杖一顿处死;[37]宪宗元和十四年(公元819年)七月,盐铁福建院官权长孺贪赃一万三百多贯,诏书下到京兆府杖杀之;[38]文宗太和四年(公元830年)十月诏书中提到"杖杀""痛杖一顿处死"[39]。这些记载说明:在玄宗此后的历代皇帝在位期间,杖杀这一并没有由唐律明文规定的死刑方式在实践中可能一直存在,而且古籍中也没有关于诸如废除杖杀的字眼存在,更佐证了杖杀至少在玄宗以后很多年间都实际施行着。

那么杖杀是通过什么法律形式被确定下来的?杖杀作为新型的死刑种类,比之绞、斩,孰轻孰重?

笔者认为,玄宗时以诏书下达关于杨骆持刀入室伤人行为的处罚,只是对个别案件个别犯罪行为的处罚决定,不能作为普适的判决依据来通用,所以不能算作确定了杖杀这一死刑形式。直到德宗建中三年(公元782年)时,刑部侍郎班宏奏提议用重杖代替死刑得到皇帝应允,这时候皇帝的旨意成为普遍适用重杖处死的依据。所以杖杀是用皇帝的敕旨命令确定的。而且这之后,也并没有被写入唐律,因为现存的唐律中只有斩刑和绞刑这两种死刑形式。

再言杖杀比之绞刑、斩刑的轻重,杖杀、绞杀与斩杀都是死刑,如

---

[36] 参见(宋)王钦若等等:《册府元龟》卷一百五十二《帝王部·明罚》,中华书局1960年版,第1695页。

[37] 参见(宋)王钦若等编:《册府元龟》卷一百五十三《帝王部·明罚第二》,中华书局1960年版,第1708页。

[38] 参见(宋)王钦若等编:《册府元龟》卷一百五十一《帝王部·慎罚夫》,中华书局1960年版,第1681页。

[39] 参见(宋)王钦若等编:《册府元龟》卷一百五十一《帝王部·慎罚夫》,中华书局1960年版,第1685页。

果硬要说哪一种更仁慈，其实都不能称得上仁慈。根据《唐会要》记载，建中三年八月（公元782年）二十七日，刑部侍郎班宏上奏称，像谋反、谋大逆、谋叛和恶逆这四种十恶中最严重的罪行，只能按照法律规定用刑；其他应当处以斩刑的死罪，从今以后，请求判决重杖一顿处死来代替斩刑。[40]笔者认为，这里的"其余犯别罪"显然要轻于恶逆以上四等罪，所以承受的死刑形式也要轻于斩刑这一律法规定的最重死刑形式。按照这样的逻辑推理，班宏的奏书中"决重杖一顿处死"在他的理念里应当轻于斩刑。最后皇帝的敕旨也同意了班宏的提议，这说明在当时人们的理念是杖杀轻于斩杀，这可能是受到人死后尸身要完整的传统封建礼教的影响。基于此，斩杀后人首和身体分离被认为是最重的死刑形式，而能保留尸身的完整性的杖杀被认为是更仁慈的形式。这可能也是统治者设置杖杀这一死刑方式的原因，即给死刑增加一个刑罚等级，以便应用于各种不同程度的违法犯罪行为。

其实，死刑形式的轻重比较要从两方面进行：其一为对受刑者造成的痛苦程度；其二是从传统礼教方面即尸体的完整程度考虑。就痛苦程度而言，绞杀和斩杀，死的速度比较快，但是杖杀而死的整个过程时间很长，死得很慢，所受到的痛苦甚至比斩杀和绞杀还要多。[41]所以杖杀算不上什么仁慈的形式。至于尸体的完整性，斩杀比之绞杀和杖杀，会使得尸体分离，封建礼教的背景下，人们会更重视这一点。总的来说，在唐代的法律体系中杖杀要轻于斩杀；但是综合痛苦程度和尸身完整性而言，实际上很难说二者孰轻孰重。

（四）作为死刑的替代刑

《册府元龟》中提到，在开元二年（公元714年）十二月，皇帝发布幸凤泉降所过地方刑罪制，因为当时"属阳和上春，积雪未降"，天

---

[40] 参见（宋）王溥：《唐会要校证》卷三十九《议刑轻重》，牛继清校证，三秦出版社2012年版，第613页。

[41] 参见（清）沈家本：《历代刑法考》（上册），商务印书馆2011年版，第127页。

地万物正在生长成熟，并且皇帝安抚人民，不应该用严峻的法律禁止人犯罪，所以皇上一再考虑，以恻隐之心施与宏大的恩泽，决定：犯死罪的罪犯应当杖一百后配流到穷恶的远方；之前被判处杖配流刑的人，应当免除杖刑，依照之前被判处配流到三千里的情况稍稍流到近处。[42]此外，别处也多次提到用杖刑结合配流代替死刑，以施与恩泽赦宥罪犯。例如，开元八年（公元720年），因正值九月天地肃杀而赦宥京城的造伪头首及谋杀人等，将死刑改成杖一百并配流岭南；[43]宪宗元和十四年（公元819年），盐铁福建院官权长孺贪赃一万三百多贯，诏书下到京兆府杖杀之，他的母亲刘氏向宰相哀求，后来皇帝怜悯他的母亲年老，立即派遣品官迅速赶到制止，第二天下诏杖八十长流康州。[44]诸如此类的赦宥还有很多，此处不一一列举。

至少从唐玄宗以后，杖刑结合配流是很常见的刑罚方式。另外，皇帝由于节气因素赦宥死刑犯，改成杖刑结合配流的现象很普遍，是考虑到：一者，春天万物复苏，需要的农村劳动力很多，大用死刑不利于农业发展以及社会家庭的和谐稳定；二者，秋天万物肃杀，统治者需要安抚人民，用刑也要顺应天时。然而，问题在于，根据上述史料记载，统治者可能由于怜悯罪犯母亲年老等种种统治者个人意志因素而肆意突破律法，下诏免除死刑而改为杖刑和配流；并且统治者每次赦宥死刑改成的杖刑数目都具有随意性，时而八十、时而六十、时而一百，并无定制；赦宥的形式也甚至不拘于适用诏书就直接遣人传唤口谕等。这样赦宥用刑的原因、改成杖刑的数目以及赦宥形式都没有具体固定的规定，必然会导致实践中的混乱，皇权对于律法条文的肆意突破对于法律的实施造成了无可挽回的不良后果。就上述盐铁福建院官权长孺贪赃获死

---

[42] 参见（宋）王钦若等编：《册府元龟》卷八十五《帝王部·赦宥第四》，中华书局1960年版，第935页。

[43] 参见（宋）王钦若等编：《册府元龟》卷八十五《帝王部·赦宥第四》，中华书局1960年版，第936页。

[44] 参见（宋）王钦若等编：《册府元龟》卷八十五《帝王部·赦宥第四》，中华书局1960年版，第941页。

刑，却被皇帝改为杖刑八十配流一事，如果实践中又遇到类似案件，贪赃者母亲也年老，那么出于同罪同罚的法理考虑，究竟是判决死刑还是请示皇帝？这将对司法实践造成很大的阻碍，使得皇帝一人的意志渐渐凌驾于法律之上，甚至可能架空法律。

（五）折杖法

《唐会要》中记载，大中七年（公元 853 年）四月六日，唐宣宗发布敕书，称：司法断罪，每脊杖一下，折算成法杖十下；每臀杖一下，折笞杖五下。那么吏官就不会逾越规制，法守常规。[45]

笔者认为，首先，这可能是较早在敕文中明文提到将"脊杖""臀杖"折算成法杖和笞杖。另外，这一敕文从侧面反映了宣宗时期已经有了专打某一部位的杖刑即脊杖和臀杖，而这显然突破了《唐六典》记载的背腿臀均受或者罪犯申请下的背腿均受之杖刑行刑方式。其次，唐宣宗明确出台了脊杖与普通杖刑、臀杖与笞杖的置换方法，究竟是出于怎样的目的和考虑？笔者猜想，敕文中写到"吏无逾制，法守常规"，说明可能是由于在此敕文出台之前，吏有逾制，即司法实践中出现了一些专杖脊背或者臀部的杖刑行刑情况，甚至造成了罪犯的死亡等严重后果，为了解决这样的问题以及缓和社会矛盾，统治者选择了干脆明文规定脊杖与一般杖刑的折算方法，避免行刑中的混乱情况，防止一些酷吏打擦边球利用法律的模糊地带自我发挥。也有学者认为，这一敕文是在法律上明确废除了唐律以及狱官令关于杖刑背腿臀分受等规定，代之以杖刑专杖脊背，从而强化杖刑的残酷程度。[46]但是此敕文公布之后，一般的杖刑仍然存在，而不是独有脊杖，"废除"之说不甚准确；而且，敕文中可能不是仅仅指法杖换算成脊杖来施行，也可能存在把脊杖换算成法杖来行刑，如果后者的情况存在的话，则"强化了杖刑的残酷程度"一说也不一定，更何况法杖十下带给人的痛苦程度不一定轻于脊杖

---

[45] 参见（宋）王溥：《唐会要校证》卷四十一《杂记》，牛继清校证，三秦出版社 2012 年版，第 640 页。

[46] 参见刘俊文：《唐代法制研究》，文津出版社 1999 年版，第 269 页。

一下。最后，关于具体如何实施折杖法的问题，我们可以做进一步探讨。元稹《论浙西观察使封杖决杀县令事》提到孙澥一案，即按照观察使七月十六日牒，判决孙澥臀杖十下，派遣衙前虞候安士文监决第三等杖。按照大中折杖法的敕文，可以推理出四等杖分别是：笞杖、臀杖、法杖、脊杖，那么臀杖即为第三等杖。既然已经判决孙澥臀杖十下，观察使还差遣人前去监决"第三等杖"，说明判决臀杖后是可以由观察使选择具体执行臀杖还是笞杖的，同时为了防止施刑者欺上瞒下、暗箱操作，设置了监决人员进行监督，保证折杖法实施的公正性。由此，可以类推脊杖与法杖之间的置换也是这样来保证具体实施的。

至于大中折杖法在之后是否也一直沿用，并没有更多的史料记载，不过五代有零星的对折杖法的记载，而且宋太祖建隆年间在《宋刑统》中在此前有关折杖的规定的基础上正式颁布了折杖法，将流刑、徒刑也列入可以折杖的范围。[47] 这些至少可以说明大中折杖法的影响深远，也从侧面说明唐代折杖法至少是施行了一段时间并可以见出其效果的，否则五代以及宋代也不会学习和借鉴这种刑罚制度。更何况上文已经提到五代是唐代法律制度的继续践行者，所以更可以推测出唐代折杖法适用了较长时间，甚至有很大可能性是一直存在和适用的。

三、杖刑变迁的原因及对后世的影响

（一）原因

唐代社会经济的变化使得杖刑不断变迁，上述先决杖、重杖、杖杀、折杖法等皆是杖刑演变的结果，总的来说，杖刑的适用范围有不断扩大的趋势。这样的变迁背后，除了散见于上文各段的直接原因，必然还有其深层性的共同原因。

杖刑的变迁一定都是有其社会土壤的。某一类犯罪屡禁不止而又对经济政治以及社会稳定造成严重负面影响，显然是因为原先的法律规定

---

[47] 参见吕志兴："《折杖法》对宋代刑罚重刑化的影响"，载《现代法学》2007年第5期。

已经不能适应当下的需要,而法律又不能频繁修改,否则牵一发而动全身,所以在皇帝的敕文中先决杖、重杖应运而生;死刑的等级只有两个梯度则不能满足衡量和评判所有死罪的需求,加上官员对于用杖刑示威的爱好心理等因素,杖杀出现了;前期各种杖刑的变种纷繁复杂而没有相互比较的机制,因而折杖法产生了。这些都是杖刑变迁的直接因素。

那么,归根结底,到底是什么给了杖刑变迁的可能性呢?首先,从唐律本身对于杖刑的规定来看,个别用杖刑代替流刑或者徒刑的条文虽然严格限定了适用对象以及情况,但是难免也为之后扩大适用对象和犯罪情况提供了可以想象的空间。这些突破名例一般性规定的例外条文,突破了杖刑的一般数目,也为后来的重杖一顿、痛杖一顿等提供了前提和可能。其次,从封建政治体制来看,统治者具有立法权和最高裁判权,所以完全可以肆意突破法律规定,他们通过敕旨诏书创造了新的行刑方式,例如唐太宗发布敕文对竞诉自残者的先决杖规定,首次确定了先决杖的处罚概念,之后其以及后继者又一步一步扩大了先决杖的适用范围。诸如重杖、杖杀等现象背后也能看到封建皇权根深蒂固难以忽略的影响。统治者为了达到自己的目的,最终巩固自己的统治地位而干预司法,通过敕文应付时变,权断案件,使违背律法,法外治罪都能披上合法的外衣。[48]虽然当时可能是合宜的决断但长久看来却会造成不良的影响。最后,从实践律法的官员角度看,杖刑的不断扩大使用其实也迎合了"临民之官好以扑挞示威"[49]的心理,司法实践中对杖刑的频繁使用也可能推动了皇帝通过敕旨形式或者修改律法来统一行刑标准,这是实践对律法的倒逼。

总之,由于法律具有时滞性,社会的不断发展必然会使得从前的法律不合时宜,统治者为了维护自己的统治也会继而对法律作出修改,各种因素的交互作用是杖刑不断演化的真正原因。

---

[48] 参见张艳云:"唐代杖刑考述",载杜文玉主编:《唐史论丛》(第八辑),三秦出版社2006年版,第96~173页。

[49] (清)沈家本:《历代刑法考》(上册),商务印书馆2011年版,第328页。

(二) 对后世的影响

唐代的杖刑对于宋及以后朝代的杖刑制度产生了深远的影响,尤其是前文提到的宋代的折杖之制以及宋元明清时对除死刑犯以外的罪犯附加杖刑,下文将一一作出叙述。

首先,《宋史·刑法志》中提到,宋太祖在开国之初,为了安抚人民笼络人心而制定了用以减轻刑罚的折杖之制。[50]《宋刑统》中有关于折杖之制的详细记载,即笞、杖、流、徒刑都可以转换为杖刑,具体而言:笞刑分为五个等级,笞十或二十可以转换为臀杖七下释放,笞三十或四十则换算成臀杖八下释放,笞五十换算成臀杖十下释放;杖刑转换成臀杖以及徒刑转换成脊杖也是类似的方法;但是,流刑转换成脊杖较特殊,配役仍不能免。[51]

将宋太祖折杖之制与大中七年(公元853年)唐宣宗发布的折杖法对比,可以发现前者是对后者的借鉴,甚至是继承和发展。大中折杖法是将脊杖一下折法杖十下、臀杖一下折笞杖五下,而宋折杖之制在杖刑所折刑种、换算法则、是否可以双向转换等方面进行了变化。第一,宋折杖之制规定流刑、徒刑都可以换算成脊杖,一般杖刑、笞刑可以换算成臀杖,扩大了可以换算的刑种范围;第二,二者换算法则不同,宋代将法杖换成臀杖而非脊杖,笞杖换算成臀杖的数目也不完全一致;第三,宋折杖之制的直接目的在于使得流罪能免远流、徒罪能免役年、笞杖能减决数,所以会把重刑转换为轻刑,显然不会双向换算,而唐代折杖法是为了统一行刑标准,所以双向转换也是可能存在的。然而不管怎么说,宋折杖之制都受到了唐折杖法的很大影响和启发。

其次,在宋、元、明、清,杖刑都广泛地作为附加刑使用,与其他刑罚方式结合适用。据《宋会要》记载,宋真宗大中祥符三年(公元1010年)五月发布诏书称,当州水陆要冲的那些穷凶极恶累犯放火、

---

[50] 参见(元)脱脱:《宋史·刑法志》,转引自(清)沈家本:《历代刑法考》(上册),商务印书馆2011年版,第330页。

[51] 参见(宋)窦仪等撰:《宋刑统》,吴翊如点校,中华书局1984年版,第6页。

盗财等罪的罪犯，判决杖毕刺面并发配到一千里之外的牢城。这至少表现出大中祥符年间存在杖刑结合刺配的刑罚方式。《宋会要》后文也提到，大中祥符五年（公元1012年）闰十月，皇帝又下诏称，京城的盗贼中应当判决杖刑附加配隶的，免其令众，即送配所，如果罪行严重的奏请裁决。[52] 这说明至少在真宗年间，对于盗贼这一类型的罪犯，杖刑与配隶相结合是常见的惩罚方式。至于元代，元律中本身就有杖一百七流远等条文。[53]

再其次，关于明代的杖刑制度，《大明律》中将流刑分为三等，称"二千里杖一百赎铜钱三十贯；二千五百里杖一百赎铜钱三十三贯；三千里杖一百赎铜钱三十六贯"[54]，说明代的流刑要并罚杖刑一百，因为如果此处表达的是流刑换算成杖刑行刑的话，不可能三个不同等级的流刑都换算成一百杖刑，而且与《宋刑统》中关于折杖之制的条文比较而言，诸如"二千里"与"杖一百"之间也缺一个"决"字，所以这里欲表达的意思应当是流刑要附加杖刑。既然如此，着眼于《大明律》关于徒刑的规定，徒刑的五个等级也是要分别附加六十至一百的杖刑的。由此可见，明代律法本身就规定了流刑与徒刑附加杖刑的刑罚方式，这与唐代杖刑变迁过程中出现的杖刑附加于流刑的现象相比，显然是有相似之处的。

最后，清朝的法律体系中也有关于军、流、徒附加杖刑的规定，即《大清律例》中关于五刑的条例四规定，凡是平民犯充军、流罪或者徒罪的，都要到配送的场所按照应当加杖的数目责罚，除非属于缘坐流罪的人则不加杖，[55] 这是清朝军、流、徒三罪与杖刑结合适用的规定。

将上述朝代的杖刑结合其他刑罚的适用与唐代相比较，虽然唐律中没有明文规定，但唐代确实有杖刑和配流结合代替死刑的敕文，而且杖

---

[52] 参见（清）徐松辑：《宋会要辑稿》，中华书局1957年版，第6548页。
[53] 参见（清）沈家本：《历代刑法考》（上册），商务印书馆2011年版，第335页。
[54] （明）应槚撰：《大明律释义》，国家图书馆出版社2013年版，第5~6页。
[55] 参见（清）阿桂纂：《大清律例》，中华书局2015年版，第5页。

刑结合配流本身在唐代的司法实践中也是普遍适用的，这从上文中一些敕文中也可以看出来；另外，唐代有先决杖的概念，如果先决杖再定罪量刑，也会在实践中出现杖刑结合其他刑种的情况。所以宋代以及以后的其他刑罚附加杖刑的规定或者司法实践，在唐代的杖刑规定中也可以找到渊源。

四、结论

唐代的杖刑在最初适用于唐律规定的情形，有法定的刑罚等级以及明确的刑具规制和行刑方式，并且主要作为主刑单独适用。一方面，唐代的杖罪遍布卫禁、职制、户婚等各个领域；另一方面，在唐代，针对家无兼丁、工乐杂户、妇女、官户部曲等犯罪主体身份特殊的情形，以及犯罪已发更为罪的情形，杖刑可以用以替代流、徒之刑。

但是，在社会变化发展的过程中，在唐律规定的杖刑自身特点、经济政治文化发展、统治者制敕决杖等各种因素的交互作用下，杖刑的基本形态以及适用范围发生了各种变迁。先是先决杖的首次出现使得原先的杖刑具有了附加刑的性质，而且人为地加重了对于个别罪行的惩罚力度，甚至突破了唐律关于笞杖不过二百的规定；继而出现的官方认可的重杖、杖杀以及与配流结合替代死刑的杖刑适用规则进一步突破了唐律，使得杖刑在刑具、行刑方式等基本形态上发生了巨大的变化；而这些杖刑的新形态往往是由皇帝根据当时的案件情况以及个人好恶等因素制敕生成的，相关规定并不清晰，因而在继续变迁的过程中产生了很多负面影响，导致同罪异罚以及各地司法差异化严重等社会问题，所以大中折杖法应运而生，然而其是否成功解决了唐代后期司法混乱的问题还有待深究。

从当下回望唐代杖刑变迁的整个过程，一方面，杖刑内容的不断丰富化满足了统治者的需求、适应了社会的变化；另一方面，唐代杖刑的不断变化、法律制度的不断更易也产生了司法局面混乱、社会矛盾激化等不良影响，这反映了皇权肆意干涉立法和司法带来的弊端。不过，从对宋代及以后历代的杖刑制度的考察来看，其中常能窥见唐代杖刑的影子，可见唐代杖刑制度的一部分内容还是为后代所认可的，可以说产生了深远的影响。

更为可贵的是，直到今天，我们的法制建设也能从中受到不小的启发。虽然杖刑这样的身体刑不符合人道主义，在中国当代司法体系中已经被剔除和淘汰，因而其本身对当代司法没有什么借鉴意义。但是在唐代杖刑演变的过程中，一些推动因素以及最终造成的结果对我们也有一定的类比警示意义。具体而言，上文提到皇帝的最高裁判权对法律的突破，例如重杖、痛杖的敕文，只说一顿不说数目；施行刑罚的人能够自己控制轻重，愿意让被施刑的人活下去还是死去全凭自己心意，以至于重杖、痛杖之法就是在生死之间出入游移，滋长了很多奸吏。这样的后果其实告诉我们要维持立法的确定性，以保证司法的可操作性，像重杖一顿却不说明数目就给了施刑者自我发挥的空间，会滋生各种腐败和不公，进一步激化社会矛盾。以史为鉴，这才是我们研究唐代杖刑更为重要的意义。

罗马法要式口约之债研究

田方芳*

要式口约（stipulatio）是罗马法中所规定的一种庄严的口头契约，它以债权人的提问和债务人的确定回答作为构成要素。[1] 根据盖尤斯在《法学阶梯》中对契约的分类，它是口头契约中最重要的组成部分，甚至在整个罗马契约法中，它都具有极其重要的地位。[2] 在罗马私法中，契约法所属的债法涵盖了很大的领域，从结构上和定义上看，"物法"的很多分支是属于债法概念的。[3] 正如舒尔茨在《古典罗马法》中所说，罗马法是第一个透彻研究债法的法律体系，它对问题的积累和对法律渊源的讨论都是出色的，它作为先进文明，启发其他未开化的法律体系。[4] 在罗马法律体系的发展过程中，债法始终占据着重要地位，它在一定程度上反映了古罗马社会独有的文化特质和民族传统，而且从

---

* 作者系上海师范大学硕士研究生。

[1] See Adolf Berger, *Encyclopedic Dictionary of Roman Law*, New York and French University (Ecole Libre des Hautes Etudes), 1994, p. 716.

[2] 盖尤斯认为，债大致可以分为契约之债和私犯之债。随后他认为契约可以按照合适的法定构成要素分为四个种类，分别是要物契约、口头契约、文书契约和合意契约。此外，他在后来的"Golden Words"中进一步说明，债除了产生于契约和私犯之外，还可"产生于各种原因而形成的特殊权利中"，可见这种分类并非固定的，它可以根据实际情况灵活变通。See Gaius, Emil Seckel, "Gai Institutiones ediderunt E. Seckel et B. Kuebler", in aedibus B. G. Teubneri, 1968, p. 148; Paul J. Du Plessis, "Studying Roman Law", Bristol Classical Press, 2012, p. 74; Reinhard Zimmermann, *The Law of Obligations: Roman Foundations of the Civilian Tradition*, in the Republic of South Africa by the Rustica Press (PTY) LTD, NDABENI, CAPE, 1990, p. 68.

[3] See Paul J. Du Plessis, *Studying Roman Law*, Bristol Classical Press, 2012, p. 73.

[4] See Fritz Schulz, *Classic Roman Law*, Oxford University Press, 1951, p. 238.

罗马法的历史发展过程中可见它不仅仅适用于罗马的社会经济状况，还被帝国内其他地区所接受，对后世也产生了深远的影响。要式口约作为债的重要发生原因之一，自然可以清晰地体现这些特质。

因此，对要式口约进行系统研究，不仅可以以此为切入点大致了解罗马的契约体系，而且从法律史的角度看，由于它在罗马社会生活中具有重要地位，因此它可以折射出一些古罗马特有的法律文化及历史传统，有助于进一步理解罗马法形成的历史背景，从而对其法律精神形成更深层次的认识。

一、要式口约之债的起源

虽然要式口约在罗马的契约法中扮演着很重要的角色，但是它的起源尚未确定，只能确定它的出现是先于《十二表法》的。一般认为，要式口约产生于神法和宣誓。誓约（sponsio）在古时与要式口约作用是完全等同的，最初它可能是保护人对罗马的誓言，这样他们才被人们所尊敬。[5] 到了后来，它发展出各种各样的用途，比如在公法中实现和平和结盟，在家庭法中许诺出嫁女儿。[6] 德国历史学家蒙森对要式口约的起源是这样解释的，他认为，在《十二表法》之前很久，"私人之间所缔结的契约一般地无权向国家方面请求法律上的援助。保障契约唯有欠债人的诺言，而这种诺言依商人的惯例甚被重视，诺言之外又常加上起誓，背信者害怕神诛，所以畏惧神诛也是债主的一种保障。"[7] 这里说的神誓契约显然就是要式口约的前身。这种"要式口约渊源于《十二表法》以前的神前契约，债务人在神明面前声明其所负的债务，并宣誓若不履行其债务，愿受神罚，但最初并不发生法律上的效力，仅靠道

---

[5] See W. F. Harvey, M. A., *A Brief Digest of the Roman Law of Contracts*, Oxford, James Thornton, High Street, 1878, p. 28.

[6] 参见［意］彼得罗·彭梵德:《罗马法教科书》，黄风译，中国政法大学出版社2005年版，第355页。

[7] ［德］特奥多尔·蒙森:《罗马史》（第一卷），李稼年译，商务印书馆1994年版，第138页。

德、宗教的约束力来维持"。[8]

　　另一方面，要式口约的庄重性主要表现为未来债权人（stipulator 或 reus stipulandi，又称要约人）的问话和未来债务人（promissor 或 reus promittendi，又称受约人）的对应回答。[9] 早期罗马人曾表现出一种对形式的特别追求，这同当时的法所含有的宗教成分有关，同时早期人对待形式问题也具有一定的灵活性，因而他们的形式可以很恰当地解决各种法律问题。当时的社会亦未能形成完整的守信观念，在荷马的描述中，奥德修斯的狡猾反而是一种美德，与内斯特的节俭、阿喀琉斯的勇敢并列。法律并没有正式地赋予诺言以强制力，除非这种诺言以庄严仪式的形式进行。[10] 因此，在罗马法中，产生法律效力的私人行为，无论是具有物权方面的效力（即涉及所有权的转移或物权的设立），还是具有债方面的效力（即产生债），在最古老的时期均同一种严格的形式主义相符合，人们确信法律上的契约只能通过形式化（仪式化）的方式来建立。

　　早期罗马法程序多采用口头形式，通常要使用确定的程式化语句将其庄严说出，还有执行法律规定的动作。有些时候这些程序强调用手（比如在要式买卖中）或者用木棒（festuca 或者所有权之诉中的 vindicta）去触碰。在某些方面，这些仪式的行使还需要见证人（比如在称铜式行为和共食婚中）或者要在行政长官面前进行合作（在拟诉弃权中）。这些都需要有相关仪式来保证，并且在进行的同时，需要向公众传达某些相关知识。[11] 这些仪式化行为在一定程度上已经脱离了宗教层面，罗马人对现实的关注使他们很快将法从宗教领域分离出来，随着

---

　　[8]　周枏：《罗马法原论》，商务印书馆 1994 年版，第 667 页。

　　[9]　参见［意］彼得罗·彭梵得：《罗马法教科书》，黄风译，中国政法大学出版社 2005 年版，第 355 页。

　　[10]　See W. F. Harvey, M. A., *A Brief Digest of the Roman Law of Contracts*, Oxford, James Thornton, High Street, 1878, p. 9.

　　[11]　See Max Kaser, *Roman Private Law*, translated by Rolf Dannenbring, 3rd edition, Pretoria：University of South Africa, 1980, p. 43.

城邦社会经济的发展，市民共同体确立并得以巩固。杰弗里·麦科马克认为，形式主义特征并不是法律行为或者程序所必需的，也不是任何一个法律体系的突出特征，但是在法律体系的发展过程中，预先设定的言词和动作具有强调作用，它可以为法律行为的进行营造一种庄严的气氛，这样就使通过这些行为所达成的协议具有了稳定性。因此从编年史的角度来看，这些形式主义行为也有可能是国家或者家庭事务的代表，虽然一些行为在文献中找不到对应描述，但是不排除它们代表的是已经消失的早期活动，它们的内涵保留了下来并被流传至今。[12]

从词源学角度看，关于"stipulari"和"stipulatio"的词源十分模糊，许多古代法学家也只能凭猜测得出结论。有人认为它是起源于一种形式化行为，比如伊西多乌斯（Isidorus）认为它是指一种植物的茎（stipula），承诺者通常手持它说出誓言，但在晚期共和国时这种仪式已弃置不用，而且古代词源学家也没有提到这方面的内容。优士丁尼认为它起源于"stipuium"，这一词在早期有坚定之意；费斯特斯（Festus）认为它是起源于"stips"的（来源于"stipendium"），一种小硬币。[13]

而对于最初表示誓约，后来其意义等同于要式口约，最后在要式口约中用于保证的"sponsio"一词，[14] 如果使用"spondere"一词来解释的话，即指通过宣誓来做的一项诺言，它也许最初没有诉讼的性质，而是一种宗教意义上的神圣宣誓，以表明他如果做了伪证，会受到上天的惩罚。延续了这个传统，古老的世俗诉讼在早期罗马诉讼法中同样也强调责任，当事人要带他的另一当事人或争讼物到法庭，并且还需要应诉保证人（vades）和誓金保证人（prae-vades）。随着法律后来的发展，

---

[12] See Geoffery Maccormack: "Formilism, Symbolism and Magic in Early Roman Law", Citation: Tijdschrift voor Rechtsgeschiedenis, 1969, p. 439.

[13] 关于相关法学家对这一词源的见解，参见 Fritz Schulz, *Classic Roman Law*, Oxford University Press, 1951, p. 473; W. F. Harvey, M. A. , *A Brief Digest of the Roman Law of Contracts*, Oxford, James Thornton, High Street, 1878, p. 26.

[14] See W. F. Harvey, M. A. , *A Brief Digest of the Roman Law of Contracts*, Oxford, James Thornton, High Street, 1878, p. 26.

从宣誓中脱胎而出要式口约,并且它与保证书一起融合在法庭程序中。也许它首先是用来稳固借贷契约的,在后来,stipulari 一词意为"遵守诺言",即债权人要提出自己的请求,债务人要回答。[15] 这一推论是符合早期罗马社会背景的,因此得到了广泛接受。

因此,要式口约最初起源于誓约,起初它的作用是向神做出宣誓,后来随着宗教色彩日益淡化,要式口约作为一种现世契约产生,主要用于对另一方当事人做出履行债务的正式保证。一开始它的使用范围是有限的,只是在正式诉讼中为双方当事人使用,不久之后它的适用范围就极大地扩展了,在实际情况下当事人可以用它达成任何法律上的合意。它具有潜在的普遍适用性,因此在早期罗马它是最主要的契约形式,在许多方面都得到了广泛的应用。[16]

二、要式口约之债在罗马法中的具体运用

要式口约几乎包含了当时罗马社会的所有情况,它体现了早期罗马人关于契约的普遍理论。它的适用范围很广,甚至可能也会出现在关于捐赠和嫁资的事项中,而且私法中的许多保证也需要以要式口约形式做出,例如用益权受益人保证(cautio usufructuarla),承诺人可能要保证做出消费借贷(mutuum)、使用借贷(commodatum)或者质押(pignus),也可能保证在未履行契约时要给付罚金等。即使在非正式契约之中,当事人也会倾向于作出要式口约。在销售活动中,买卖双方也有可能以要式口约的形式实现价金的交付和物的转移,取代制定相关合意契约。简而言之,只要法律没有明确禁止,任何债都可以通过要式口约的方式成立。[17] 它不仅是最初罗马人普遍使用的契约形式,而且在罗马

---

[15] See Max Kaser, *Roman Private Law*, translated by Rolf Dannenbring, 3rd edition, Pretoria: University of South Africa, 1980, p.49.

[16] See Paul J. Du Plessis, *Borkowski's Textbook on Roman Law*, Oxford University Press, London, 2015, p.315.

[17] Fritz Schulz, *Classic Roman Law*, Amen House, London, Oxford University Press, 1951, p.478.

帝国也继续得以广泛应用，是古典时期重要的法律渊源。

（一）要式口约的具体实施形式

作为一种单方的、严法的合同，要式口约的主要内容就是以正式的承诺回答正式的问题。它需要经过庄重的仪式和形式化的语言，并且要用指定的语句进行答复。在其中含有相当多的古代因素，而且它的使用最初严格地限定于罗马市民之内。[18] 盖尤斯在《法学阶梯》中列举了一些缔结要式口约时可以使用的字词：

> Inst. Gai. 3. 92. 通过话语缔结的债是以询问和回答的方式达成的，比如可以用如下形式："你是庄严地许诺给付吗？我是庄严地许诺给付。"（dari spondes? spondeo）"你将会给付吗？我将会给付。"（Dabis? Dabo）"你允诺？我允诺。"（promittis? promitto）"你为你的信用承诺吗？我为我的信用承诺。"（fidepromittis? fidepromitto）"你为你的信用担保吗？我为我的信用担保。"（fideiubes? fideiubeo）"你将会做吗？我将会做。"（facies? faciam）[19]

从盖尤斯的描述中可以得知，要式口约的形式是立约者提出一个正式问题，受约者进行正式回答。问题一般是关于要式口约的主要事项的，受约者需以确定的词句作出回答——简单的点头示意明显是不够的。于是这种问答就形成了一种系统连续的交易行为。在提问之后一般需要立即做出回答，如果问与答的间隔时间太长，可能会导致契约无效。[20]《学说汇纂》中收录了维尼乌斯（Venuleius）和乌尔比安对此

---

[18] See Paul J. Du Plessis, *Studying Roman Law*, Bristol Classical Press, London, 2012, p. 74.

[19] See Gaius, Emil Seckel, "Gai Institutiones ediderunt E. Seckel et B. Kuebler", in aedibus B. G. Teubneri, 1968. p. 149.

[20] See Paul J. Du Plessis, *Borkowski's Textbook on Roman Law*, Oxford University Press, London, 2015, p. 298.

规定的相关论述:

> D. 45.1.137pr. (维尼乌斯,《要式口约》,第1卷):立约者和受约者的行为必须连贯,过了一刻或两刻钟,就可能影响契约效力。立约者在附近时,受约者必须立刻作出回答,如果在问答之后出现了其他状况,则程序无效,尽管回答是在同一天作出的。[21]

> D. 45.1.1 (乌尔比安:《论萨宾》,第48卷):如果一个人作出了提问,但在得到回答之前离开了,他就作了个无效的要式口约,但如果他在回来的时候收到了回答,此时产生的债有效,这种间隔并不破坏债的效力。[22]

由这两个选段可知,要式口约成立的一个重要因素就是立约人和受约人的行为必须具有连续性,虽然在特殊情况下,提问和回答之间可能会出现一个"间歇期",但如果在要约人在场时做出了回复,债的效力还是存在的。

在要式口约中,立约人和受约人所使用的词语都很简洁明晰,如同舒尔茨所说,它是"罗马人偏爱准确性、简洁性和朴素性的体现"。奥卢斯·革利乌斯在论证辩证法时说明了这一道理:当大家对某一件事实进行询问和讨论时,只需要用简单的"是"或"否"来回答一个问题,不遵守这一规则的人被认为是缺乏教养的,问题从而会变得无穷无尽和棘手,除非他意识到要用简单的回答。冗长的回答会导致其晦涩难懂,从而引起争论,立约者如果将它的交易目的浓缩在一个问题中,它就会很清晰并且无可争辩。承诺者如果仔细听了问题之后给一个明确的、与

---

[21] Theodor Mommsen, Alan Watson eds., *The Digest of Justinian*, University of Pennsylvania Press, 1985, p. 675.

[22] Theodor Mommsen, Alan Watson eds., *The Digest of Justinian*, University of Pennsylvania Press, 1985, p. 645.

问题直接相关的回答，就不会造成误解的空间。因此，要式口约很重视对问答形式的强调，通过对关键词的使用，可以很清晰地概括出契约中所体现的事实问题。[23]

在上文《法学阶梯》的选段中，盖尤斯列举出来的词汇并不包括某物被许诺或者被转让的相应法定原因。在通常的要式口约中这些还是会被包括在内的，例如："由于我把这只公猪给了你，你能允诺给我 15 德拉克里吗？我允诺。""你答应给付我 10 000 塞斯特斯吗？我答应。"因此，通过在指定问句中增加允诺的原因，要式口约可以适用于多种情况。与罗马法中的其他契约相比，要式口约更多地反映出了古典时期罗马贸易性质的转变。[24] 订立要式口约时，双方当事人必须都要到场，进行口头问答，而且问答的方向需要一致，后者需要跟随前者的意思，并且要保证两人说的是同一件事情。[25] 在问答形式上，受约人可以用一个简明的词语作出回答，根据共和国时期的相关文献可知，虽然他不需要重复问题中的要素，但他需要使用与立约人一样的词汇。尽管词汇的含义可能是一致的，他也不能私自转换词汇，如果问题和回答不是相互对应的，哪怕是古典时期的法学家，都会认为这一口约不严谨甚至无效。[26]

综上所述，要式口约是一种形式简单的正式契约，在订约时立约人询问受约人是否愿意做出某种承诺，后者立刻给出这种承诺。虽然它也

---

[23] See Reinhard Zimmermann, *The Law of Obligations*: *Roman Foundations of the Civilian Tradition*, in the Republic of South Africa by the Rustica Press (PTY) LTD, NDABENI, CAPE, 1990, p. 133; p. 69.

[24] See Paul J. Du Plessis, *Studying Roman Law*, Bristol Classical Press, London, 2012, p. 74.

[25] See Max Kaser, *Roman Private Law*, translated by Rolf Dannenbring, 3rd edition, Pretoria: University of South Africa, 1980, p. 49.

[26] See Reinhard Zimmermann, *The Law of Obligations*: *Roman Foundations of the Civilian Tradition*, in the Republic of South Africa by the Rustica Press (PTY) LTD, NDABENI, CAPE, 1990, p. 134.

需要一定的形式，但它与要式买卖是不同的，它不需要精细的程式和既定的口号，关于它的规则和限制较少，但同样需要一丝不苟地遵守这些规则。首先它是一种口头契约，双方必须说出相应事项，而且要理解彼此的意图；其次在整个行为过程中，双方必须都在场，一方先提问，然后另一方立即回答，顺序不可相反；最后，问题和答案必须是相互照应的。[27]

（二）要式口约的分类及具体运用

普莱西认为，要式口约的主要分类是基于债的分类的。在《学说汇纂》中也有相关选段："有些要式口约是承审员的，有些是裁判官的，有些是合意的……承审员的要式口约只能产生于法庭上承审员的判决，裁判官的要式口约来源于裁判官本身的职权，合意的要式口约来自于当事人双方的合意结果……"[28]（D. 45. 1. 5. pr）

彭梵德在《罗马法教科书》中将这种分类概括为协议要式口约和必要要式口约，前者指那些自由达成的口约，后者则是承审员或裁判官要求必须达成的口约。[29] 必要要式口约实际上不是真正的契约，只是借助法律的强制力迫使某人做或者停止做某事。关于诈欺的保证（cautio de dolo）就是典型实例，一方当事人在诉讼过程中要保证没有任何欺瞒的归还财产；还有潜在损害保证（cautio damni infecti），裁判官要强制要求那个会给别人财产带来威胁的人向他的邻居作出保证，一旦造成损害要给予相应赔偿。类似的例子还有监护人对其被监护人财产安全保证的要式口约。

另一个较为特殊的分类是附"在某一天的"和附条件的要式口约。与通常的要式口约一样，在这种要式口约成立之后，债务关系也会立刻形成，但它是在特定的某一天或者在某些事件发生之后才会被履行。当

---

〔27〕 See Fritz Schulz, *Classic Roman Law*, Amen House, London, Oxford University Press, 1951, p. 473.

〔28〕 Theodor Mommsen, Alan Watson eds., *The Digest of Justinian*, University of Pennsylvania Press, 1985, p. 651.

〔29〕 参见前引〔6〕，彼得罗·彭梵德书，第357页。

然，虽然在特定的日期到来之前受约人不会被要求履行义务，但他可以选择在较早的时间履行。[30] "虽然已经约定了在某一天给付，实际上也是可以立即给付的，我们认为债务人可选择在这中间的期限给付。"[31]

罗马法学家认为，附条件的要式口约与这种指明某天的是不同的，因为在前者中可能债务永远都不会被履行，但是在后者中是不可避免的。如果巴布斯订立了一个要式口约，承诺"如果提图斯离开罗马"就给他一个金戒指，一个附条件的要式口约就产生了。巴布斯的给付是建立在条件成立的基础之上的，这一条件能否实现，是事先不可预测的，条件的满足是债务履行的前提条件，而在立约时它是悬而未决的，如果契约的成立是基于过去或现在存在的某些事实，它就不是真正的附条件契约。[32] 伯比尼安指出："如果提出的条件是与现状相关的，则要式口约的履行时间就无需延缓。如果条件属实，要式口约就立即生效，尽管当事人双方可能并不知道这个结果。同理，这也适用于和过去相关的条件。(D. 12. 1. 37)"[33] 在条件实现之前，虽然受约人不用履行债务，但是在其他方面他也是受约束的，例如他不能撤销他的承诺，也不能做任何阻止条件发生的事情。"在某些条件下需要履行债务的人，就算他采取了措施阻止条件实现，他仍要履行债务。(D. 45. 1. 85. 7)"[34]

要式口约在罗马的商业和财政活动中扮演着重要角色，比如钱款借贷一般都用要式口约来规范，同时确定债务人愿意给付的利息。三个比

---

[30] See Reinhard Zimmermann, *The Law of Obligations: Roman Foundations of the Civilian Tradition*, in the Republic of South Africa by the Rustica Press (PTY) LTD, NDABENI, CAPE, 1990, p. 301.

[31] Theodor Mommsen, Alan Watson eds., *The Digest of Justinian*, University of Pennsylvania Press, 1985, p. 712.

[32] See Paul J. Du Plessis, *Borkowski's Textbook on Roman Law*, Oxford University Press, London, 2015, p. 301.

[33] Theodor Mommsen, Alan Watson eds., *The Digest of Justinian*, University of Pennsylvania Press, 1985, p. 363.

[34] Theodor Mommsen, Alan Watson eds., *The Digest of Justinian*, University of Pennsylvania Press, 1985, p. 665.

较重要的使用方面是债务的更新、保证的作出和罚金的征收。

在原有的债务关系解除之后，双方当事人会以要式口约的形式创造一个新的债务来代替，这种新的债务关系一般是产生于已经终结的那个债务的，但它们并不完全相同，至少在古典法中是如此。根据《学说汇纂》中所收录的选段："如果一个人承诺了同一样东西两次，他所要履行的义务并不比他承诺一次多。（D. 45. 1. 18）"之所以要进行债务更新，因为立约者可以通过更新债务来提高自己的地位，新的债务日期更近，更容易被证明，而且如果对方违反了要式口约，可以更合理地寻求有效的救济措施。[35]

最初可以使用要式口约的保证主要有两种，一种是副要式口约（adstipulatio），另一种是副承诺（adpromissio）。如果 A 承诺向 B 给付，同时也对 C 做出了同样的承诺，这后一个承诺就是副要式口约。如果 A 不能对 B 履行债务，C 可以依据这一程序迫使其履行。此时 C 的行为来自 A 的保证。债务人可以选择给付对象——他只欠了一项债务。但如果他向 C 给付，C 需要把他得到的财物交付给主要债权人 B，如果他欺骗了 B，B 有权根据《阿奎利亚法》追偿。副要式口约到了后来被委托契约所代替，到了帝国晚期被废弃。

副承诺则指债务人在债务关系确定之后，以要式口约的方式保证偿还债务。它的形式有三种，第一种形式就是之前提到的誓约，也是最早的形式，它只适用于罗马市民；但是第二种形式承保（fidepromissio），外邦人也可以使用，它和誓约在用语上有一些细微差异，在大体上还是相似的。它们都提出了一些对债权人来说毫无吸引力的限制条件，例如它只能确保由要式口约所创造的债务，并且不能约束保证人的继承人。并且由于法律对保证人规定了许多保护性的内容，因此这种早期的保证

---

[35] See Paul J. Du Plessis, *Borkowski's Textbook on Roman Law*, Oxford University Press, 2015, p. 301.

契约一般债权人不会选用。[36]

到了共和国晚期，保证（fideiussio）契约正式产生，很快它就变成了最频繁使用的一种形式，以至于取代了前两种形式。它没有那么多的限制，同样也约束保证人的继承人，而且它可用于保证任何债务。并且，如果存在两个或多个担保人，债权人可以强制他们之中的任何一个履行债务（其他保证人就免于履行了）。要注意的是，到了后来，哈德良借鉴早期制度的可取之处，允许保证人之一提出诉权划分照顾（beneficium divisionis），允许他只对一定比例的债务承担清偿责任。这一比例的确定方式是根据债务总数、保证人的总数和各自的清偿能力得出结论。[37] 关于罗马保证契约的规则很多已经被现代法所吸收，包括大陆法系和普通法系。齐默尔曼认为罗马的保证契约是"在任何时候都可以使用的模型"，而且它们对现代法律体系有着"意义深远的影响"。[38]

运用要式口约使他人交付罚金在罗马法中也很常见，有专门的违约金约款（stipulatio poenae）来保障自己的权利。例如，它可以被使用于商业贸易中，针对产生于各种契约的债。在其他领域的法律中，也可以灵活地运用这一规则，例如在物权法和诉讼法中。虽然一些衡平规则也可以代替这些语句，但如果不应用这一程序进行事先约定额度，可能会被认为要求了过高的罚金。[39]

---

[36] 例如，公元前200年颁布的《富里法》规定在债务成立后，两年持续期过后如果有数人提供担保，则每个人只需要按比例承担责任——这样债务就在当时在世的担保人中被划分履行。因此，如果其中一个保证人在可以强制履行债务时破产，这是不利于债权人的。参见 Paul J. Du Plessis, *Borkowski's Textbook on Roman Law*, Oxford University Press, 2015, p. 302.

[37] 需要注意的是，妇女是不可以成为保证人的，在公元前46年，《韦勒雅元老院决议》禁止妇女作为他人的代表参与事务。这一法案这样规定的原因有可能是认为妇女在司法上的证言是处于弱势的。参见 Paul J. Du Plessis, *Borkowski's Textbook on Roman Law*, Oxford University Press, 2015, p. 303.

[38] See Paul J. Du Plessis, *Borkowski's Textbook on Roman Law*, Oxford University Press, 2015, p. 302.

[39] 同上，p. 303.

综上所述,要式口约适用范围很广,因为它可以为任何行为提供保证,这种保证通过承诺具有了较大的效力,它符合任意条件的案例,只要它们在法律上有适用于这一程序的可能性。在私法的所有方面,和民事诉讼程序领域,当我们讨论到债法时,都可以看到要式口约的影子。[40] 要式口约的效力来自于它的形式,而这种形式是简单、清晰,又有通用性的,它可以恰当地适用于多种与债相关的契约之中,只要内容不违背法律或道德。要式口约可以完成那些无形式的合意无法完成的行为,即使当事人已经成立了非正式契约,他们为了形成一种债务关系,还是会选择使用要式口约。从上文可知,它可以通过添加一些附加语句,加强债务契约的效力;可以进行债务更新、进行捐赠、承诺给予嫁资,购买一些不确定的商品,或者做一些特殊的保证。但正如市民法中其他的严厉规则一样,要式口约只产生于一个债务关系,不能存在于共同债务中。[41]

(三)要式口约无效的情况

并不是所有的要式口约在经过法定程序后,就能具备法律效力,也会有一些因素导致要式口约的无效。在实际情况中,要式口约的无效分为整体无效和部分无效。

首先要了解的是,哪些情况会导致要式口约的整体无效。从当事人主体资格上看,有以下几类人不能缔结要式口约:失聪、失语者或者癫狂者(除在他们精神正常时订下的口约之外)、年幼者(8岁以下的)、他权人(没有经过其监护人的许可)。此外,家长和未解放的子女、奴隶和主人、奴隶和其他人制定的要式口约都是无效的。从所涉物品的类型上看,如果使用要式口约交付的东西不是可交易物,而是神圣物、宗教用品或者公有物,或者是个自由人,则要式口约立刻会失效。如果物

---

[40] See Max Kaser, *Roman Private Law*, translated by Rolf Dannenbring, 3rd edition, Pretoria: University of South Africa, 1980, p. 49.

[41] See Reinhard Zimmermann, *The Law of Obligations*: *Roman Foundations of the Civilian Tradition*, in the Republic of South Africa by the Rustica Press (PTY) LTD, NDABENI, CAPE, 1990, pp. 90-91.

品本来就是属于提出要式口约的人的而他自己不知情，或者故意对属于自己的物品使用要式口约的约定，该要式口约也是无效的，因为不可能向自己给付自己的物。[42]（Inst. Gai. 3. 99）从立约原因上看，由"丑陋的原因"而缔结的要式口约无效，比如出于不道德的、渎神的或者不合法的动机。从立约形式上看，不能在一方缺席的情况下做出，不能在强迫之下进行。如果要式口约是为第三方的利益而订立的，但是当事人并不在第三方的权力之下或者与这一承诺没有直接利益关系，这样的要式口约也不具备法律效力。如果立约者只是简单提出要约而受约者附加了条件；受约者只答应了立约者的部分要求；立约者和受约者所说的不是一件事，即两边合意不一致，这些情况均属于问答不符的要式口约，同样无效。从附加条件上看，"荒谬的要式口约"是无效的，比如提出了完全不可能的条件。（Inst. Gai. 3. 98）也有人认为出现这种情况的要式口约应视为未附加任何条件，它应当在提出之后就被履行。[43] 有些法学家还认为，"在某件事发生之后给付"这种要式口约也是无效的，但在实际情况中仍是会出现此类契约，随后利奥认为这种要式口约在涉及嫁资问题上应当有效，后来优士丁尼将其归入"依条件索债"这一类型，认为当条件完全满足之后，才可履行债务。此外"在死后进行给付"这种要式口约也是无效的，因为并没有给付的确切日期。但是优士丁尼时期赋予了这种要式口约法律效力，即可以起诉要约人或承诺人的继承人。[44]

如果当事人双方订立的要式口约符合整体无效的条件，则与这一要

---

[42] See Gaius, Emil Seckel, "Gai Institutiones ediderunt E. Seckel et B. Kuebler", in aedibus B. G. Teubneri, 1968. p. 152.

[43] 当这种情况出现在遗赠中时，萨宾学派的学者认为，如果在遗赠中附加了不可能的条件，则应被视为未附加任何条件，而普罗库勒派坚持这种遗赠同一般的要式口约一样无效。参见 Gaius, Emil Seckel, "Gai Institutiones ediderunt E. Seckel et B. Kuebler", in aedibus B. G. Teubneri, 1968. p. 152.

[44] 本文中对整体无效的分类，参见 W. F. Harvey, M. A., *A Brief Digest of the Roman Law of Contracts*, Oxford, James Thornton, High Street, 1878, pp. 32-35.

式口约相关的附约和承诺也会一同无效。《学说汇纂》中有两处收录了保罗对这一问题的相关论述,分别在 D. 50. 17. 129 和 D. 50. 17. 178,所表述的意思均为"如果主要案件不成立,则从属于它的案件也不再成立"。[45]

部分无效是订立要式口约后出现的一种较为特殊的情况,乌尔比安在他的《论萨宾》中结合具体案例系统阐述了这一概念。"如果我明确要求对帕皮利努斯作出要式口约,你向帕皮利努斯和斯提库乌斯作出承诺,我认为这里对斯提库乌斯的附加部分是多余的。此时就存在不止一个要式口约,一个是有效的,另一个是无效的。无效的那个不会损害有效的那个的效力。(D. 45. 1. 1. 5)"[46] 可见乌尔比安认为在要式口约成立的过程中部分无效的事情并不会导致整个要式口约无效。古典时期的法学家们一般会结合具体案例判断部分无效的情况,并没有形成一般性的规则。他们尽可能地找到一种方式,确保在忽略要式口约中无效的部分之后,债的效力依然得以延续。齐默尔曼在他的书中举了很多例子:如在一块土地的买卖契约中,对于是否将奴隶作为从物一同买卖没有达成合意;一个附加借用合同上免除出借人恶意责任的条款(再签了一个免除出借人恶意责任的简约);遗嘱上的继承人之一的名字被删除了等。在这些案例中,要式口约中无效的部分都不会影响整个交易行为的效力。但在一些情况下,部分无效可能会与一些政策冲突(例如当事人双方在争论价款之时应避免承审员的插入和干预)。因此当这种情况出现时,法学家会毫不犹豫地将这种现象判断为整体无效。[47]

---

[45] Theodor Mommsen, Alan Watson eds., *The Digest of Justinian*, University of Pennsylvania Press, 1985, p. 981; p. 987.

[46] Theodor Mommsen, Alan Watson eds., *The Digest of Justinian*, University of Pennsylvania Press, 1985, p. 649.

[47] See Reinhard Zimmermann, *The Law of Obligations: Roman Foundations of the Civilian Tradition*, in the Republic of South Africa by the Rustica Press (PTY) LTD, NDABENI, CAPE, 1990, p. 134.

总而言之，要式口约很强调当事人的意图，之所以存在部分无效的规则，可能就是因为不能完全确定当事人的意愿。因此，就算是无效部分被删减掉，也不会影响整个交易的进行，这一规则体现了极大的灵活性。然而在现实情况下的大多数案例中实施这一规则是比较困难的，如果判断不出双方的交易过程哪部分是无效的，详细调查后就会发现在这种情况下当事人真实的意愿往往就被他们"假定的意愿"所取代。即使如此，仍不可忽略的是，要式口约的成立基础是当事人自由意愿的表达，进而根据实际情况调整他们的事务，这对现代的法典编纂活动有很大影响。[48]

三、要式口约之债的特点

作为一种起源古老，且在古罗马长期广泛使用的契约形式，要式口约展现出了极其旺盛的生命力。它纯粹是罗马人的创造，在其他法系中并没有找到类似的例子。它是建构在罗马人的信义观念之上的，以具有宗教色彩的宣誓，约束一个人遵守他的诺言。在形式上，它也体现了罗马人对准确、简明和清晰的偏爱。[49] 这些因素决定了与其他法系的常用契约形式相比，要式口约必然存在一些独特性，使之形成与时代和民族传统具有密切联系的独有特征。

（一）以口头式特征为核心要素

伯比尼安将要式口约定义为"一种口头表达"，由立约人做出询问，受约人作为被询问者将会就听到的问题回答他将给或者做什么。[50] 巴里·尼古拉斯对此进行了进一步阐述，认为要式口约的定义即"以程式

---

[48] See Reinhard Zimmermann, *The Law of Obligations: Roman Foundations of the Civilian Tradition*, in the Republic of South Africa by the Rustica Press (PTY) LTD, NDABENI, CAPE, 1990, p. 137.

[49] See Fritz Schulz, *Classic Roman Law*, Amen House, London, Oxford University Press, 1951, p. 474.

[50] See Paul J. Du Plessis, *Borkowski's Textbook on Roman Law*, Oxford University Press, 2015, p. 297.

化的词句相互提出问题和作出回答",它是一种协议的外部要件,其效力与其他要式行为一样产生于它的形式。与其说它是一种契约类型,不如说是一种缔结契约的方式,任何协议都可能通过采用要式口约的形式而在法律上获得效力。[51] 尽管根据相关原始文献可知,常用于表示要式口约的 stipulatio 或 stipulatus 一词意为整个契约,而不是仅仅指问答的方式,[52] 但上述观点可以从侧面说明,口头式的问答方式,是要式口约最重要的,乃至最核心的特征。

  这种口头式特征很突出对于问答的强调和重复,通过突出关键词,清晰的概括出契约中所体现的事实问题。在古罗马,用"spondes"这类词语提出的问题就会在人们心中燃起一种庄重感,因为每一个人都知道在给出了确定回答之后契约就会成立。并且,从心理学的角度看,在另一个人的面前庄严作出口头承诺,这为他带来的约束力是高于一件由对方当事人起草的冗长并且复杂难懂的书面文件的。这与现代的契约不同,现代的很多人都过于夸大书面契约的庄严性,而罗马人的诚信观念和忠义观念要求的是遵守自己的许诺,无论它是否被写入文书。[53]

  信义观念是从罗马人的商业贸易活动中发展而来的,公元前4世纪,罗马人在与迦太基签订贸易条约时首先使用"信义"(fides)一词,

---

[51] 参见[英]巴里·尼古拉斯:《罗马法概论》,黄风译,法律出版社2004年版,第174页,第188页。

[52] 通过对《学说汇纂》中相关文本的分析,可知 stipulatio 或 stipulatus 的含义为整个契约。例如 D. 4. 3. 1. 4 中的"如果有关于欺骗的要式口约的话(ut pata, si de dolo stipulatum sit)"以及 D. 38. 1. 10 pr 中的"在这种情况下成立的要式口约,相关事项就被认为应由家主处理(itaque patrono dari stipulatum est)"和 D. 46. 3. 5. 2 中的"如果没有应要式口约的形式进行(quas omnino non erat stipulatus)"。参见 Edited by Theodor Mommsen and Alan Watson, *The Digest of Justinian*, University of Pennsylvania Press, 1985, p. 121; p. 322; p. 703; Fritz Schulz, Classic Roman Law, Amen House, London, Oxford University Press, 1951, p. 473.

[53] See Reinhard Zimmermann, *The Law of Obligations*: *Roman Foundations of the Civilian Tradition*, in the Republic of South Africa by the Rustica Press (PTY) LTD, NDABENI, CAPE, 1990, p. 69.

这一条约一方面为罗马人的贸易活动设立了一些禁令，对在罗马的迦太基人实行互惠原则；另一方面它肯定符合上述规定的行为具有法律效力，这种肯定就具有公共信义的性质。[54] 同在早期的私人关系中一样，在国际关系中信义也发挥着首要的作用，这一术语的含义广泛，从投诚这种极广的概念，到相信他人会给自己以保护或某种保障，它既可以涉及从属关系，也可以涉及平等关系。

显而易见，在关于要式口约的案例中，罗马的诚信观念在口约中是具有足够证明力的，因为这是一种切实可行又具有实践性的观念。契约具有神圣的起源意义，违反自己的承诺就等于违背当时向崇拜的众神起誓的诺言。尽管神明裁判的时代已经远去，但许多罗马人仍用这些词语来表达契约的神圣性。因此，尽管要式口约是一种正式行为，但是当事人双方并不需要将它的内容用书面文字记录下来，这与我们今天的正式行为是不同的，现代不仅需要书面契约，还需要公证程序或文书，原因是书面文书具有很大的证明力，也能说明交易的内容。再看罗马人，我们可以从他们实体法的发展过程中很惊奇地发现，他们很少考虑证明力的问题，当可以成为证据的一些陈述出现在法庭上时，对它们的判断是承审员应当考虑的事情。[55]

通过古典时期的法律理念也可以看出，古罗马的大多数契约都是由罗马人这种特别的信义观念所保证的。到了共和国后期，在要式口约程序进行之后，一般也需要由书面契约来辅助进行保证，当事人可能会使用文书描写一些他们所要求的细节。但是文书仅仅有证据的作用，并不能代替口头的宣告，它仅仅是要式口约程序的一个构成部分。

总而言之，要式口约是一种准确的、庄重的口头契约，它在心理角度上的效力大于书面契约——至少在罗马人看来是这样。而且，口头形

---

[54] 参见［意］朱塞佩·格罗索：《罗马法史》，黄风译，中国政法大学出版社2009年版，第175页。

[55] See Reinhard Zimmermann, *The Law of Obligations: Roman Foundations of the Civilian Tradition*, in the Republic of South Africa by the Rustica Press (PTY) LTD, NDABENI, CAPE, 1990, p.69.

式也有利于承诺人充分阅读并理解它。双方都在场时,经口头合意而成立的契约要比有一方缺席时成立的准确性高很多,不会造成误解,口头问答用语的精确性,可以让当事人和其他在场人员都明确知道已经达成合意。[56]

(二) 罗马传统色彩明显

要式口约的成立体现了一种明显的形式主义特征,它需要使用固定形式的语句提问和作答,通过对简明关键词的重复,双方当事人形成了合意,从而契约达成。这种形式在古罗马传统中是一种最古老的准则。在早期罗马法中,只有形式主义行为才能产生古老的效果,只有通过形式,才能产生法律行为或明确法律行为的性质。从历史的角度上说,这种形式多与人们最初的信仰和其宗教特色相关。[57]

最初罗马法中的许多程序都是由口头程式构成的庄严并且正式的法律行为,一般被用于诉讼和执行程序之中。罗马人喜欢用庄严的言行举止和专门的程式向行政长官表明自己的权利,这是深深地根植于他们传统中的,他们认为在大多数公共活动中仪式行为都具有很大效力。后来到了古典时期,虽然许多古老的法定诉讼类型已不再被使用,但在私法中许多重要的形式仍然存在,要式口约就是其中最重要的一项。当然,此时的问答已经不再具有宗教性质。要式口约所需的严格要件在这一时期依旧继续保持,似乎并没有受到比如罗马的扩张或外邦人的激增此类事实的影响。[58]

由于早期罗马法中的形式具有原始性的特征,很少有人提到形式的优点。如果交易行为因形式上的过失而无效,就可能会激怒对方使之觉

---

[56] See Fritz Schulz, *Classic Roman Law*, Amen House, London, Oxford University Press, 1951, p. 475.

[57] See Reinhard Zimmermann, *The Law of Obligations: Roman Foundations of the Civilian Tradition*, in the Republic of South Africa by the Rustica Press (PTY) LTD, NDABENI, CAPE, 1990, p. 82.

[58] See Paul J. Du Plessis, *Borkowski's Textbook on Roman Law*, Oxford University Press, 2015, p. 317.

得不公平。法律文化同样反映了社会的缩影和发展进程，而在法律的萌芽时期，它又最能反映民族文化的特征。齐默尔曼认为，罗马的要式口约很好地协调了形式性与灵活性这两大文化要素。一方面，严格的形式用语和动作是古代农业社会的特征，它由严格的纪律规范，并由一定的行为模式作为典型。另一方面，此时存在的另一个极端是绝对的自由，它体现出恣意的个人中心特征，它在法律上的表现就是不需要形式，由衡平理念所支配。形式性和灵活性一般是互相对立的，前者造就了法律的确定性，后者则是衡平性。虽然这两种原则共同构成正义，但它们是对抗性的，法律体系必须同时考虑到它们，两方必须保持平衡。[59] 在要式口约的相关实践中，尤其是在元首制时期，人们尽可能地去实现这些因素的和谐，并且日益接近古典时期的用语。

　　这种协调与上文提到过的信义理念都是深深植根于古罗马的民族文化传统之中的，与日耳曼法相比，罗马法表现出一种清晰和质朴的倾向，这在古典时期的交易行为中表现得最为明显。这一特征表现出了明显的历史性，到了后来，形式用语日益改变，当事人的关注点也有变化，他们更关心契约中的具体事项，有时就忽视了形式，他们不会太注意对方行为的精确性。在近现代，当事人更是着眼于自己的利益，而不是纠结于契约的形式，即使需要一些特别的形式，在法庭实践中也会有趋势去冲淡这些规则。如今形式主义的定义也发生了改变，多用于形容法律中严厉且不知变通的规定，制裁的效力并不取决于法律行为的形式。我们的时代并不需要过多形式，而且我们往往把注意力集中在具体

---

　　[59]　如果在法律体系中，确定性和衡平性失衡，可能就会有危险；如果只考虑了一个，但没考虑另一个，可能就会带来极端不正义，例如，法越严格越显得不公（summum ius summa iniuria）。参见 Reinhard Zimmermann, *The Law of Obligations: Roman Foundations of the Civilian Tradition"*, in the Republic of South Africa by the Rustica Press (PTY) LTD, NDABE-NI, CAPE, 1990, p. 148.

案例中，而过分强调形式的弊端。[60]

（三）具有极大的灵活性

对于如今的时代而言，要式口约的局限性是显而易见的，这种交易形式并不适用于所有人。由于它的口头形式，聋哑人不得参与，并且它要求当事人双方必须在同一时间和地点汇合。当罗马只是一个小城邦，贸易范围有限时，这一程序的实施是没有问题的。但是随着第二次布匿战争之后国土的扩张，它就显得日益繁琐，虽然在事前已经考虑到了立约者要做的事。[61] 针对这一问题，罗马人已经有所考虑，因此要式口约在很长时间内一直在罗马的契约体系中占据重要地位，并一直被广泛应用。

在上文中已经提到过，尽管要式口约体现了罗马人对准确性的重视和对形式的偏爱，但它很好地在形式性和灵活性之间做出了协调。这种立约方式不仅可以应用于多种情况，而且关于固定套语的规定在共和国时期已经开始放松，允许使用其他的字词，在古典时期这一规定进一步放松，允许使用拉丁语之外的语言。[62] 盖尤斯在他的《法学阶梯》中有这样的描述：

> Inst. Gai. 3. 93. 现在，通过"你答应给付？我答应。"这种形式缔结的债只适用于罗马市民，其他则是万民法的形式，对所有人都适用，无论他是罗马市民还是外邦人。尽管有些是用希腊语表述的……但它们也对罗马市民具有法律效力，只要

---

[60] See Reinhard Zimmermann, *The Law of Obligations: Roman Foundations of the Civilian Tradition*, in the Republic of South Africa by the Rustica Press (PTY) LTD, NDABENI, CAPE, 1990, p. 83.

[61] See Reinhard Zimmermann, *The Law of Obligations: Roman Foundations of the Civilian Tradition*, in the Republic of South Africa by the Rustica Press (PTY) LTD, NDABENI, CAPE, 1990, p. 69.

[62] See Paul J. Du Plessis, *Borkowski's Textbook on Roman Law*, Oxford University Press, London, 2015, p. 299.

他们懂希腊语。[63]

很有趣的是,盖尤斯使用了万民法这个概念来论证规定的放宽,这最有可能是在当时的贸易背景之下的。大概过了一个世纪,在乌尔比安的时期,这些规定进一步被冲淡了。[64]《学说汇纂》中的相关选段证明了可以使用其他语言这一点:

> D. 45. 1. 1. 6.（乌尔比安,《论萨宾》,第48卷）（对要式口约的答复）是否用和口约本身相同的语言效果都是一样的。比如,如果一个人以拉丁语提出问题,但是对方以希腊语答复,只要双方意思是一致的,债就可以成立。我们不能确定的是,这一规则是仅扩展到希腊语,还是其他语言也可以（比如亚述语或波斯语）。然而在萨宾的著作中,认为所有的语言都可以缔结要式口约之债,只要能够证明当事人双方能理解彼此的语言就好,他们可以选择通过自己的理解或者依靠一个公正的翻译官。[65]

由此可见,到了后来要式口约的适用范围就不再局限于罗马市民,外邦人可以使用其他词汇缔结,这些词汇罗马市民也可以使用。并且,在语言的使用方面不再局限于拉丁语,只要保证每一方当事人懂相应语言即可。虽然仍然要求问题和答案的相互对应,但是它们不一定在同一

---

[63] Gaius, Emil Seckel, "Gai Institutiones ediderunt E. Seckel et B. Kuebler", in aedibus B. G. Teubneri, 1968. p. 149.

[64] See Paul J. Du Plessis, *Studying Roman Law*, Bristol Classical Press, London, 2012, p. 75.

[65] Theodor Mommsen, Alan Watson eds., *The Digest of Justinian*, University of Pennsylvania Press, 1985, p. 651.

语言体系之下。[66]

古典时期,要式口约的形式被法学家们作为一种罗马精神的象征完整保存下来。尽管后来出现了代理制度,但双方当事人仍需亲自出庭。到了后来,家子和奴隶可以在其中代理家父或主人发出誓约,至少在裁判官诉讼中可以成为受约人。[67]

D. 45. 1. 1 pr-2(乌尔比安,《论萨宾》,第 48 卷)在双方都有正常语言能力时,要式口约才有效力,因此哑巴、聋子和无行为能力人(infans)都不能缔结要式口约;或者,与不在现场的人签订也是不可以的,因为要式口约要求当事人双方都要听见(口约内容)。因此,如果处于这些情况之下的人想签订一项要式口约,他可以这么做:派一个奴隶到达现场,并且获得取得要式口约之诉的权利。并且如果某人希望受到一项债权的约束,他可以宣布这个事实,他将由于自己的宣布而受此约束。[68]

由此可以看出,此时的要式口约不仅放松了对特定语言的限制,其他要素的构成同样被放宽,与之相关的诉讼更明显地体现了这一特点。要式口约之诉一般属于市民法上的对人之诉,这种诉讼程式极为抽象,它并没有包含"由于要式口约……"(dotis causa)或者"依诚信……"(ex fide bona)的语句,甚至找不到后来可以插入这种语句的地方——例如原告请求(intentio)以 quidquod 开头时。但是我们不能说它是严法

---

〔66〕 See Reinhard Zimmermann, *The Law of Obligations*: *Roman Foundations of the Civilian Tradition*, in the Republic of South Africa by the Rustica Press(PTY)LTD, NDABE-NI, CAPE, 1990, p. 72.

〔67〕 See Fritz Schulz, *Classic Roman Law*, Amen House, London, Oxford University Press, 1951, p. 475.

〔68〕 Theodor Mommsen, Alan Watson eds., *The Digest of Justinian*, University of Pennsylvania Press, 1985, p. 650.

之诉或者要式口约是严法契约（contractus stricti iuris）。古典时期的法学家们从未找到好的理由运用这些词汇，因为被告总会要求在程式中插入诈欺抗辩（exceptio doli），在这种抗辩之下承审员会在一定程度上将诚信作为考量因素。这种诉讼可以不依靠诉因而存在，即使诉讼程式中提到了诉因，这一诉因也不一定是产生债权的条件。[69]

正如齐默尔曼所说，罗马法的灵活性在古典时期的交易行为中表现得最为明显，虽然并没有发展出很多新形式，仍在使用传统形式，但是在有必要的时候，罗马人会设法使形式与现实情况相适应，或扩充其适用范围，或对之进行修改以达到新的目的。恩斯特·拉伯尔（Ernst Rabel）称这一现象为"旧有模式所规范的交易"。与早已废弃的要式买卖和拟诉弃权相比，要式口约由于同时具备实用性和灵活性，成为当时罗马契约体系的基础。[70]

四、要式口约之债的发展及影响

虽然在很长一段时间内罗马的传统仍在法律的发展和应用中占据主导地位，要式口约的基本结构也一直保持不变。但进入古典时期后，受希腊化行省商业贸易习惯的影响，口头契约的形式日益不再重要，文书契约的使用日益增多。

最初，书面契约仅仅发挥着一种证明功能的作用，它并不是有效交易的必需品，也不能代替口头问答，更多的是对交易行为的一种记录，其目的明显是加强债的强制力。但在公元212年《安东尼努敕令》颁布之后，要式口约注定要消失，因为它与罗马风俗习惯有着紧密联系，符合罗马人的性格特质，与东方的法律思想差距太大，也不能很好地应用于新增的大批罗马市民之间。随着书面契约的日益广泛使用，人们发现

---

[69] See Fritz Schulz, *Classic Roman Law*, Amen House, London, Oxford University Press, 1951, p. 478.

[70] See Reinhard Zimmermann, *The Law of Obligations: Roman Foundations of the Civilian Tradition*, in the Republic of South Africa by the Rustica Press (PTY) LTD, NDABENI, CAPE, 1990, p. 89.

它可以应用于多种交易行为,可以用于委托他人,可以更直接地反映出政策的变化,体现法律的确定性,使税收更加简易,等等。因此在之后的法律中,口头问答大多被起草文书所取代,这是受希腊化时代传统和法律实践的影响。但另一方面,不同效力的文书之间并没有明确界定,因此有些书面契约也需要运用要式口约的形式以加强其效力。[71]

  D. 2. 14. 7. 12（乌尔比安,《论告示》,第 4 卷）可以留意到,像"提图斯问,马里努斯承诺"这种经常在简约结尾出现的语句,已经不仅仅适用于简约,而且也可以用作要式口约,在要式口约之诉中经常看到它们的出现,除非已经很清楚的证明了这些语句具有相反的效果——那就是这些语句的意义只是用于表示空泛意义上的同意,而不是缔结要式口约。[72]

  这里的要式口约并不是事后添加的,它的作用是为相关当事人在达成简约（即一种不符合"有名"契约构成要件的非正式协议）时提供一个诉讼依据。事实上,并不能确定要式口约所需的所有形式都进行了,有可能当事人仅仅是假定经历了要式口约的所需步骤,也就是仅仅将其当成一个形式化的象征。[73]

  随着契约不再现场签订,书面诺言的使用日益广泛,它与要式口约有着同样的作用。于是在法律实践中,口头形式日益被人们忽略,要式

---

[71] See Paul J. Du Plessis, *Borkowski's Textbook on Roman Law*, Oxford University Press, 2015, p. 298; Reinhard Zimmermann, *The Law of Obligations: Roman Foundations of the Civilian Tradition*, in the Republic of South Africa by the Rustica Press (PTY) LTD, NDABENI, CAPE, 1990, p. 82; Fritz Schulz, *Classic Roman Law*, Amen House, London, Oxford University Press, 1951, p. 476.

[72] Theodor Mommsen, Alan Watson eds., *The Digest of Justinian*, University of Pennsylvania Press, 1985, p. 64.

[73] See Paul J. Du Plessis, *Studying Roman Law*, Bristol Classical Press, 2012, p. 76.

口约日益转变成一种书面诺言。[74] 在戴克里先之后，要式口约的使用就急剧减少，古典时期的契约形式不再被严格遵循，书面契约越来越多地取代了口头契约。[75]

此后帝国东部和西部的法律实践呈现出不同的特征，在东部帝国有一部分受到纸草中所记载的希腊法律实践的影响，并不考虑口头的问答，只关心对行为的必要记录。埃及的纸草显示，它在3世纪的埃及成了一种习俗，所有的契约都受到罗马法中要式口约的影响。到了后来，所有的形式化问答——在西部帝国甚至包括程式化语言的使用都被废弃。最终，在东部帝国，皇帝利奥认可了一些使用要式口约语言的书面契约。[76] 但他后来又声明，口头问答的要式口约形式具有最高效力，一直在强调要式口约中同一时间同一地点当事人达成合意的重要性。直到优士丁尼时期，口头契约才基本被书面契约所取代。[77]

优士丁尼对要式口约的改革"可以说是我们在《民法大全》中找到的最为有趣的一点"，一方面他试图保留与古典时期要式口约密切联系的丰富的想法和争论，收集了很多相关法律文本；另一方面他也要考虑当时法律声势浩大的发展，而且他的《民法大全》也要适应当时的法律和习俗，为了实现这个目的，他使用了一些拟制和假定。他认为原先的规定会被一些狡猾的人利用，故意使他或他对手不在现场，以此来逃避责任，因此他在实践中用书面契约代替了许多要式口约。他用拟制的方式跨越这条分界，将当事人双方在文书上表达自己的请求并在其上签

---

[74] See Reinhard Zimmermann, *The Law of Obligations: Roman Foundations of the Civilian Tradition*, in the Republic of South Africa by the Rustica Press (PTY) LTD, NDABENI, CAPE, 1990, p. 80.

[75] See Fritz Schulz, *Classic Roman Law*, Amen House, London, Oxford University Press, 1951, p. 476.

[76] See Max Kaser, *Roman Private Law*, translated by Rolf Dannenbring, 3rd edition, Pretoria: University of South Africa, 1980, p. 49.

[77] See Reinhard Zimmermann, *The Law of Obligations: Roman Foundations of the Civilian Tradition*, in the Republic of South Africa by the Rustica Press (PTY) LTD, NDABENI, CAPE, 1990, p. 80.

名视为双方都在场。《优士丁尼法典》中也有相关语句，表明为了保存古典时期法学家们一些可供借鉴的创制，要式口约的相关语句仍然保留，但不再强调口头形式。[78]

但是，在一些情况下，优士丁尼在对古典时期的渊源进行汇编时，很不协调地回到了口头的要式口约，后来，他发现自己不得不对此作出这种记载。他认为如果在进行要式口约之前已作出了必须到场的保证，不同于上文中所提到的情况，那么他们就必须到场。但可以通过证明在进行保证时有一方当事人是不在场的来反驳。可见此时实际上纯粹的口头要式口约在没有相应文书记录的情况下仍完好地保持着法律效力。[79]

综上所述，罗马法中的要式口约是一种口头形式的合意契约，它具有古老的历史传统，并且充分体现了罗马民族的特性。虽然与大多数早期法律行为一样，要式口约的效力也是来自于它的订立形式，但是它的指定语言是简洁清晰的，并且具有一定的灵活性。它对形式性和灵活性的调和，体现了一种罗马人特有的清晰质朴的倾向，使之体现出强大的生命力，不仅应用于法律实践的各个领域，而且能在罗马法从起源到形成体系的过程中始终保持着强大效力。对要式口约进行系统研究，不仅可以挖掘出其中折射的罗马市民法传统，而且也可以从相关文献中看到法学家和裁判官的相关富有特色的创制。因此，无论是要了解罗马私法体系、罗马法史还是契约的发展史，对要式口约进行系统研究，都是具有重要意义的，它在一定程度上就是罗马社会发展史的折射，也是罗马人在法律层面一项富有生命力的伟大创制。

---

[78] See Reinhard Zimmermann, *The Law of Obligations*: *Roman Foundations of the Civilian Tradition*, in the Republic of South Africa by the Rustica Press (PTY) LTD, NDABENI, CAPE, 1990, p. 69; p. 80.

[79] See Max Kaser, *Roman Private Law*, translated by Rolf Dannenbring, 3rd edition, Pretoria: University of South Africa, 1980, p. 49; Paul J. Du Plessis, *Borkowski's Textbook on Roman Law*, Oxford University Press, 2015, p. 300.

秦法事功思想的伦理解读
——以出土秦简律令为例

齐继伟[*]

一、概念的认定及问题的提出

事功一词来源已久，传统儒、法等著作对其均有涉及。《周礼·夏官·司勋》曰："事功曰劳。"郑玄注："以劳定国若禹。"贾公彦疏："据勤劳施国而言。"[1] 故这里的"功"指的是劳功。《尔雅·释诂》曰："劳，勤也。"舍人注："劳，力极也。"[2] 因此，所谓劳功又是以力役为方式，有服役国家，为国效力的意思。又《六书故·人九》曰："功，庸也，若所谓康功、田功、土功，凡力役之所施是也。功力既施，厥有成绩，因谓之功。"[3] 康功即安居之功；田功乃田作之功；[4] 而土功亦即筑台穿池之功。[5] 因此狭义地说，凡力役之有为，且厥有成效者才能为"事功"。与上述"事功"之狭义概念不同，在秦晋法家看来，事功一词的概念则相对宽泛，且主要表现出三个方面的特征。

其一，从内容上讲，事功所涵盖的范畴不仅限于力役之有为，如

---

[*] 作者系湖南大学博士研究生。
[1] （汉）郑玄注：《周礼注疏》，（唐）贾公彦疏，上海古籍出版社 2010 年版，第 1146 页。
[2] （清）郝懿行撰：《尔雅义疏》，上海古籍出版社 1983 年版，第 162 页。
[3] （宋）戴侗撰：《六书故》，上海社会科学院出版社 2006 年版，第 356 页。
[4] 参见（清）孙星衍：《尚书今古文注疏》，陈抗、盛冬玲点校，中华书局 1986 年版，第 441 页。
[5] 参见许维遹撰：《吕氏春秋集释》，梁运华整理，中华书局 2009 年版，第 131 页。

商、韩论:"法所以治事,事所以名功也";[6] "有功者乐其业,故事成功立"[7] 以及"民信其赏,则事功成"[8]。显然,这里的"功"指的均是一般意义而言的功劳、功绩,范围涵盖了《周礼》"六功"的所有内容,具体而言,是应包含军功、农功、治功等一系列宏观及微观之功绩。

其二,从主体上讲,国家是事功思想受益的主体,也是事功思想所要维护的核心,因此法家所讲的"功"指的是"公功"。法家认为"明公私之分"是关系国家存亡兴盛的根本,《商君书·修权》曰:"公私之交,存亡之本也。"[9]《韩非子》称:"私行胜则少公功。"[10];"私行立而公利灭矣。"[11] 并认为:"私义行则乱,公义行则治,故公私有分。"要求君主应"明于公私之分,明法制,去私恩。"[12] 故所谓"以法治利"之"利"显然亦是指"公利"。法家一方面通过"以法治利"的原则将民众引向公利公功的轨道上来,另一方面则是不遗余力地实现国家之利的最大化,甚至在必要时牺牲民众的个人利益。显然,法家是以社会公众管理的立场为出发点,以国家及君主为代表的绝大多数统治阶层的利益为根本诉求,提倡"为治者用众而舍寡,故不务德而务法"的原则,并将"法"作为道德评判的最高标准,因此,其所奉行的是国家主义的道德评价标准。

其三,《孟子·滕文公下》孙奭疏:"事与功者,盖所作未成则谓之事,事之成则谓之功。"[13] 故除了"勤劳施国"之外,事功的另一个显著特征还需"厥有成绩",即须有"事成功立"的现实效力,因此事

---

[6] (清)王先慎撰:《韩非子集解》,钟哲点校,中华书局1998年版,第426页。
[7] (清)王先慎撰:《韩非子集解》,钟哲点校,中华书局1998年版,第57页。
[8] 高亨注译:《商君书注译》,中华书局1974年版,第110页。
[9] 高亨注译:《商君书注译》,中华书局1974年版,第113页。
[10] (清)王先慎撰:《韩非子集解》,钟哲点校,中华书局1998年版,第292页。
[11] (清)王先慎撰:《韩非子集解》,钟哲点校,中华书局1998年版,第448页。
[12] (清)王先慎撰:《韩非子集解》,钟哲点校,中华书局1998年版,第128页。
[13] 李学勤主编,《十三经注疏》整理委员会整理:《十三经注疏标点本十一:孟子注疏》,北京大学出版社1999年版,第168页。

功一词其本身是具有"功效主义"的内涵特征，也就是说，事功在一定程度上与功效（或功利）之间存在相通的关联，而法家在事功概念上的这一功利化倾向表现得尤为突出。[14]《韩非子·闻辩》曰："夫言行者，以功用为之的彀者也。"[15] 即任何言论或行为，均要在施行后产生应有的效用，这样才有价值。因此在法家看来，任何事物如果没有现实功用的价值即可称为"无用"。韩非子称："凡功者，其入多其出小，乃可谓功"；[16] "法有立而有难，权其难而事成则立之；事成而有害，权其害而功多则为之[17]。"甚至在必要时应当"出其小害，计其大利"。对此，林剑鸣先生将秦人的这种精神特点总结为："唯大尚多的功利价值观"；[18] 张岂之先生则提出了"公利文化精神说"。[19] 故总此而论，我们可将秦法事功思想的基本特征归纳为：以国家为本位，以追求现实公利公功为基本目标，具有鲜明的功利精神色彩及国家主义情怀。

众所周知，秦法的制定深受秦晋法家思想的影响，传统上，对秦法事功思想的解读多以商鞅、韩非等秦晋法家人物及其著作展开，但是对于秦代法律的文本解读尚缺乏足够材料的支撑。[20] 近年来，随着睡虎地秦简、龙岗秦简以及岳麓秦简等一批秦简律令文书的公布，使得上述研究有了进一步审定和论证的必要。就此，本文拟以出土秦简律令为对

---

[14] 事功与功利在一定程度上又有区别。王健先生指出："功利的含义指功名利欲和功效利益，其侧重点在'利'上；事功指主体有强烈的建功立业意识，其侧重点在'功'上。"然而两者在功、利的追求目标一致。详见王健："法家事功思想初探——以《商君书》、《韩非子》为中心"，载《史学月刊》2001年第6期。

[15] （清）王先慎撰：《韩非子集解》，钟哲点校，中华书局1998年版，第394页。

[16] （清）王先慎撰：《韩非子集解》，钟哲点校，中华书局1998年版，第120页。

[17] （清）王先慎撰：《韩非子集解》，钟哲点校，中华书局1998年版，第426页。

[18] 林剑鸣："从秦人价值观看秦文化的特点"，载《历史研究》1987年第3期。

[19] 张岂之："从炎黄文化到周秦文化"，载《周秦文化研究》编委会编：《周秦文化研究》，陕西人民出版社1998年版，第15~19页。

[20] 相关研究参见王健："法家事功思想初探——以《商君书》、《韩非子》为中心"，载《史学月刊》2001年第6期；"事功精神：秦兴亡史的文化阐释"，载《江海学刊》2002年第2期；"秦代政治与儒家伦理探微——以秦刻石铭文为中心"，载《安徽史学》2012年第3期。方宏："韩非的事功思想概述"，载《财会月刊》2004年第24期。

象，以伦理解读为切入点，试对秦法事功思想在秦律令条文中的实践及应用再作探讨。

二、秦法事功思想中的"公利公功"

如上述所言，秦法事功思想中的"功"指的是"公利公功"，具体说来，这里的"功"可分为治功、军功及农功等。《韩非子·六反》中有言："官治则国富，国富则兵强，而霸王之业成矣。"[21] 故事功的落实首先在于官吏的选任及治事之功。岳麓秦简有以下例子。

  1245简：县以攻（功）令任除有秩吏。
  1886简：以攻（功）劳次除以为叚（假）廷史……
  1774简：以次为置守、学佴。·迁吏廿三

依材料所见，"功"为"功绩"，"劳"指"劳绩"，而"次"即"次序殿最"之意。张家山336号汉墓出土有"功令"，居延新简亦有"功令"条文，内容均是涉及官吏的考核、选拔以及秋射和考绩折算办法等，显然是承秦而来。秦法规定以"功令"作为考核官吏升迁及任用的标准，即要求"治国之臣效功于国以履位，见能于官以受职，尽力于权衡以任事。"[22] 其目的就是为达到国富兵强，进而实现王霸之业，故秦"以法为教，以吏为师"，颁布了一系列关于官吏管理的法令条文，除上述《置吏律》《迁吏令》外，还见于《除吏律》《除弟子律》以及"内史郡二千石官共令"等律令篇名。除此之外，还颁布了官吏从政行为准则的宦学读本，例如睡虎地秦简《为吏之道》、岳麓秦简《为吏治官及黔首》、王家台秦简《政事之常》、北大秦简《从政之经》等，其内容、性质基本相同，均是关于官吏治民、治事以及如何称为"良吏"的"治国善语"。

---

[21]（清）王先慎撰：《韩非子集解》，钟哲点校，中华书局1998年版，第417页。
[22]（清）王先慎撰：《韩非子集解》，钟哲点校，中华书局1998年版，第204页。

睡虎地秦简《为吏之道》：

"凡为吏之道，必精絜（洁）正直，慎谨坚固，审悉毋（无）私，微密纎（纤）察，安静毋苛，审当赏罚……凡治事，敢为固，谒私图，画局陈畁（棋）以为伍楷。"

岳麓秦简《为吏治官及黔首》：

"为人君则惠，为人臣【则】忠，为人父则兹（慈），为人子则孝，为人上则明，为人下则圣，为人友则不争，能行此，终日视之，篓（屡）勿舍，风（讽）庸（诵）为首，精（精）正守事，劝戒失时，攻（功）成为保，审用律令，兴利除害，终身毋咎。此治官、黔首及身之要也与（欤）？它官课有式，令能最。欲毋殿，欲毋罪，皆不可得。欲最之道把此。"

统观简文内容，全文一部分讲述了"治官、黔首及身之要"，另一部分强调为官考课中的"欲最之道"。其中为官即为公，为公即要谋公利的思想极为浓厚，正如《为吏之道》中强调的："凡治事，敢为固，谒私图。"即要求官吏公正公允、心地专一，且要遏制私谋，因此"审悉毋私"一直以来都是秦法强调的重点，秦律中对于官吏的"私门"之受及"背公谋私"有专门的法律规定。例如岳麓简1171："丞相御史言：前军军吏治粟将曹（漕）长輓，吏或不给吏事而务为私利，侵苦卒。吏已请，行其罚。"1782简："禁毋敢为旁【钱】，为旁钱者，赀二甲而废。县官【可以为作务】。"1605+1617简："自今以来，治狱以所治之故，受人财及有卖买焉而故少及多其贾（价），虽毋枉殹（也），以所受财及其贵贱贾（价），与【盗同】法……"以及睡虎地简《秦律杂抄》："吏自佐、史以上负从马、守书私卒，令市取钱焉，皆罨（迁）。"可见秦律对官吏"治粟谋私""旁入之利""治狱受贿""令市取钱"等背公谋私的行为均采取严厉的处罚。相反对于从事"公使"

事务的人员却可给予特别的优待,例如睡虎地简《仓律》:"官长及吏以公车牛禀其月食及公牛乘马之禀,可殿(也)。"岳麓简0527有:"内史吏有秩以下□□□□□□为县官事□而死所县官,以县官木为椟"的规定。除此之外,还制定严密的"上计"及"考课"制度,也就是"试以官职,课其功伐",即后世董仲舒所谓"考实事功,次序殿最,所以成世也;有功者进,无功者退,所以赏罚也。"[23] 关于上计及考课殿最,秦律中亦有专门规定。

0561简:·县官上计执灋,执灋上计冣皇帝所,皆用筭橐□,告蘬(嶲)已,复环(还)筭橐,令报计县官。计□□□(缺简)0592□其不能者,皆免之。上攻(功)当守六百石以上,及五百石以下有当令者,亦免除。攻(功)劳皆令自占,自占不0523实,完为城旦。

2097简:并筭而以夬(决)具到御史者,狱数卫(率)之,婴筭多者为殿,十郡取殿一郡 ∟,奇不盈十到六亦取一郡。郡 0831亦各课县 ∟,御史课中县官,取殿数如郡。殿者,赀守、守丞、卒史、令、丞各二甲,而令狱史均新地。

按简文内容,县官每年上计执法,执法再上计冣皇帝所,其"不能者,皆免之",则其能者概以"功劳次"除之;御史考课中县道的官吏,殿课居后者,相应的官吏要受对应的赀罚。这正是上述董仲舒所言"考实事功"的具体做法,可见汉承秦制,汉代同样如此。

其次,"公利公功"又体现在"军功",而军功的实现得益于"军功爵制"的建立。商鞅变法以来,依据"劳大者其禄厚,功多者其爵尊"的原则,颁布"有军功者各以率受上爵,为私斗者各以轻重被刑"的法令,从而将利禄与军功爵挂钩,将民众引向公利公功的轨道上来。

---

[23] (清)苏舆撰:《春秋繁露义证》,钟哲点校,中华书局1992年版,第459页。

睡虎地秦简中有关于军爵的法律规定：

> 从军当以劳论及赐，未拜而死，有罪法耐䙴（迁）其后；及法耐䙴（迁）者，皆不得受其爵及赐。其已拜 153，赐未受而死及法耐䙴（迁）者，鼠（予）赐。军爵律 154
> 欲归爵二级以免亲父母为隶臣妾者一人，及隶臣斩首为公士，谒归公士而免故妻隶妾一 155 人者，许之，免以为庶人。工隶臣斩首及人为斩首以免者，皆令为工。其不完者，以为隐官工。军爵律 156

依照上述秦律内容，以爵两级可以赎免亲父母一人的奴隶身份，隶臣斩首受爵公士，可以用此退还来赎免身为隶妾的妻一人，免除者均免为庶人；工隶臣斩首受爵及有人斩首受爵来免除他的身份，皆免为工，其身体残缺的，可令作隐官工。另，新公布的岳麓秦简（伍）中的《尉郡卒令》首次涉及关于"解爵以除赀赎"的令文规定。

> 1168+1192：●令曰：吏及黔首有赀赎万钱以下而谒解爵一级以除，【及】当为疾死、死事者后，谒毋受爵乚，以除赀赎，1140 皆许之。其所除赀赎[皆许之其所除赀赎]过万钱而谒益【解】爵【毋受爵者，亦许之，一级除赀赎毋过万】C8-1-12+2130 钱，其皆谒以除亲及它人及并自为除，毋过三人。赀赎不盈万钱以下，亦皆【许之，其年过卅五以上者，不得解】1692 爵、毋受爵，毋免以除它人。年睆老以上及罢癃（癃）不事从睆老事及有令终身不事、畴吏解爵而当复 1862 爵者，皆不得解爵以自除、除它人。鼎者劳盗〈盈〉及诸当搂（拜）爵而即其故爵如鼎及搂（拜）后爵者，皆不 1863 得解其故爵之当即者以除赀赎。为人除赀赎者，内史及郡各得为其畍（界）中人除，毋得为它郡人除乚。【中】县、1789+1804 它郡人为吏它郡者，得令所为吏郡黔首为除赀赎。属邦与内史通相

为除。为解爵者,独得除赀1878赎。令七牒。

・尉郡卒令第乙七十六

法令规定:官吏及黔首均可以通过"解爵"来免除"赀赎"的罪罚,且除了可以减免自身处罚(自为除)外,还可以为亲人及他人除。其中,对赀赎的金额、解爵者的年龄以及为人除赀赎的郡县范围等有详细规定。实际上,除了上述以爵除罪外,朱绍侯先生还指出,爵位不但可以赎罪、减刑、免刑外,还有当官为吏、乞庶子的特权以及授田、传食、丧葬等方方面面的优待。[24] 故秦代通过制定军功爵制可以有效地将"事功"、"赐爵"以及"等级秩序"统一起来,并从根本上通过"以法治利"的原则抟其民力,进而为国家谋取最大化的利益,而这里的"利"显然指"公利"。另外,"军功爵"的颁赐还要经过一套严格的认定程序,为私利者要被剔除在军功爵的论赐之外。睡虎地简《军爵律》指出:"从军当以劳论及赐","劳"指从军后所建立的功劳;"论"即因功论赏或因罪论罚;"赐"就是评议之后的赐爵、赐田或论罪处罚。[25] 前引岳麓秦简(伍)1171简等规定。

1171:□□人。丞相御史言:前军军吏治粟将曹(漕)长輓,吏或不给吏事而务为私利,侵苦卒∟。吏已请行其罚。为1906牛车∟若一轺车,数者皆为私利。与卒、官属同舍,同舍者卤(卤)、所歙(饮)食物∟、得与歙(饮)食之及得僄为所以给舍事1769者物∟,非此物,皆为私利。诸不在此令中而买为之,及虽在令中买为而□□,皆为私【利】。□□□钱以上,皆毋1669行其劳论∟、赐。其毋劳论而有赐及毋劳论、赐者,皆罚戍故徼四岁,有(又)毋行其赐而皆没入其所为私利1666县官。为私利,私利者与同辠∟。军初到,车军治粟曹(漕)长輓到官治粟,皆用此令∟。军罢去,车军治粟曹

---

[24] 参见朱绍侯:《军功爵制考论》,商务印书馆2008年版,第65~78页。
[25] 参见朱绍侯:《军功爵制考论》,商务印书馆2008年版,第54页。

(漕)长(缺简)。

简文所指"漕长輓"当是"漕卒""长輓粟徒"的统称,两者均是军中服役人员,管理漕运及粮食的输送。令文前一部分规定了"为私利"的内容及范围,后一部分明确指出:为私利到达一定数额以上,皆勿行其劳论、赐。其中没有进行劳论而有赐者以及劳论、赐均无者,皆要受到戍边四年的处罚,并且已赐者要剥夺其所"赐",并没收上述人员所获取的"私利",谋为私利者与接受私利者罪罚相同。显然,无论是"军功爵"的制定,还是"军功爵"的授予程序来看,以国家利益为本位的"公利公功"是秦帝国法律所要维护的根本。相反,其与"公利"相背离的"以公谋私"要受到法律的严厉制裁。这正是秦法事功思想中"公利公功"精神的极大表现。

另外,事功思想中的"公利公功"还体现在秦帝国对于"农功"的落实。所谓:"仓廪之所以实者耕农之本务也";[26]"富国以农,距敌恃卒";[27]"农弛奸胜,则国必削"。[28]农业的兴废不但关系着国家强弱的根本,而且关系着君主的统治、"公法"的推行,《吕氏春秋·上农》曰:"民农非徒为地利也,贵其志也。民农则朴,朴则易用,易用则边境安,主位尊。民农则重,重则少私义,少私义则公法立,力专一。"[29]故秦律及相关法律条令中多涉及重农的内容。例如《田律》中所见政府对于雨田量多少的调查,《徭律》所见"兴徭"须"田时先行富有贤人,以闲时行贫者"的内容规定,里耶秦简中关于"田时也,不欲兴黔首"的记载,以及岳麓秦简(肆)中关于"黔首急耕""毋令吏以苛徭夺黔首春夏时"的规定,均体现了秦律对于"农耕"的重视。

---

[26] (清)王先慎撰:《韩非子集解》,钟哲点校,中华书局1998年版,第412页。
[27] (清)王先慎撰:《韩非子集解》,钟哲点校,中华书局1998年版,第450页。
[28] 高亨注译:《商君书注译》,中华书局1974年版,第103页。
[29] 许维遹撰:《吕氏春秋集释》,梁运华整理,中华书局2009年版,第682~683页。

0325·郡及关外黔首有欲入见亲、市中县［道］，［毋］禁锢者殹，许之。入之，十二月复，到其县，毋后田。田时，县毋☒0317入殹。┗而溆不同，┗是吏不以田为事殹。或者以溆穜时繇黔首而不顾其时，┗及令所谓春秋0318试射者，皆必以春秋闲时殹。今县或以黔首急耕、┗穜、治苗时已乃试之，┗而亦曰春秋试射之J59令殹，此非明吏所以用黔首殹。丞相其以制明告郡县┗，及毋令吏J58以苛繇夺黔首春夏时，令皆明焉。以为恒，不从令者，赀丞令、令史、尉、尉史、士☒0717吏、发弩各二甲。

依据简文内容可知，郡及关外无禁锢之黔首欲入中县道省亲是被许可的，但是在农忙时则被禁止，如果因往返耽误种植使得前后种植时间不一致，则是官吏不以田为职事。另外，如果正值种植时间却徭使黔首而不顾其时，以及所谓春秋试射，应须以春秋季的闲时为之，如今县官在黔首急耕、种、治苗时试射，却妄称是春秋试射之令的规定，这些都不是明智之吏所善用黔首的举措。丞相下达皇帝制书明告郡县，勿令官吏因苛徭而抢占黔首春秋之田作时间，令已明晓，以为常制，不从此令者，赀丞令、令史、尉、尉史等各二甲。孟子云："百亩之田，勿夺其时，八口之家可以无饥矣。"[30] 荀子谓："无夺农时，如是则国富矣。夫是之谓以政裕民。"[31] 韩非、李斯受学于荀子，因此无论"民富"还是"国富"，显然，法家对于"农时"的重视与儒家所倡导的"勿夺农时"之思想殊致同归。

除此之外，在法家看来，国富的前提还在于租税的征收，秦代在农田租税的征收上，采取"程租制"的做法，并对田租征收过程中出现的：遗程、败程租、虚租、希程、程田以为臧、匿田、租不实、失租等

---

[30] （清）焦循撰：《孟子正义》，沈文倬点校，中华书局1987年版，第58页。
[31] （清）王先谦：《荀子集解》，沈啸寰、王星贤点校，中华书局1988年版，第179页。

秦法事功思想的伦理解读

行为进行严厉的打击，从而在制度上确保国家"公利"的最大化。[32] 龙岗秦简中记载：

> 不遗程、败程租者，☐；不以败程租上☒ 125
> 人及虚租希（稀）程者，☐城旦舂；☐☐☐☒ 129
> 程田以为臧（脏），与同灋（法）。田一町，尽☐盈☐希
> ☒ 133
> 租不能实☐，☐轻重于程，町失三分，☒ 136
> 坐其所匿税臧（贓），與灋（法）没入其匿田之稼。
> ☒ 147

"程"即度量之意，"程租"即国家通过程田划定区域内产量标准进而制定田租指标收取田租。这里的"遗程"指遗漏所应缴田租的份额；"败程"谓不合租赋质量；"虚租"指收缴田租有虚数；"希程"为减少规定的租赋指标。[33] 因此，国家一方面加强对农业生产的重视，不误农时，尽可能地提高农业生产；另一方面制定严密的租税缴纳程序，并对缴纳租赋过程中出现的不法行为进行打击，从而有效地杜绝官民"背法谋私"，进而确保国家公利的最大化。

总而言之，法家的事功思想是通过对"治功""军功""农功"等一系列功劳、功绩的倡导，利用法律的手段将"事功"的内涵固化为对"公利公功"的追求上来，并通过"以法治利"的原则实现国家之利的最大化。虽然这种"公利公功"的做法为秦国的富国强兵奠定了坚实的基础，然而这种强烈的"公利""功利"之目的，也为秦法事功精神的道德批判埋下了伏笔。

---

[32] 关于"程租制"的研究，详见杨振红：《出土简牍与秦汉社会》（续编），广西师范大学出版社 2015 年版，第 119~141 页；王勇："税田与取程：秦代田租征收方式蠡测"，载《简帛研究》2016 年第 2 期。

[33] 参见陈伟主编：《秦简牍合集（贰）》，武汉大学出版社 2015 年版，第 72~77 页。

三、秦法事功思想中的功利主义道德观

法家所言"存国者,非仁义也"以及"仁暴者,皆亡国者也"的论断,通常被后人称其为具有非道德主义的价值倾向而深受诟病,扬子《法言》云:"盖若管仲者,论其事功可也,不必论其仁也。"[34] 但是,商鞅又明确指出:"法者所以爱民也。礼者所以便事也。是以圣人苟可以强国,不法其故;苟可以利民,不循其礼。"[35] 实际上,法家并非排斥道德,而是强调治国治民要务实、功效,换句话说,只要能做到强国利民,一切常规的礼法均可抛弃。这种急功近利的做法反映了法家功利主义的道德倾向。秦律令中,关于"负志之罪"、"避为吏"、"奴隶年老就食"以及"谪戍"等问题的规定体现了这一点。

岳麓秦简中有如下简文:

> ·吏及黔首非奋,为上有求殴(也),而敢以辭(辱?)自訟及訟人,故而髡发负志,及髡发而不负志者,令戍新地四岁;其(1942)
> ☒负志而不髡发者,戍二岁 第十九 (1999)

关于"负志之罪"以及"避为吏",于振波先生最早作出了论述。其认为"负志"或可解释为怀有志向或坚守节操;虽不能因此摆脱赋役之负担,然而有才能而拒绝仕宦为吏,却表现出与"上"不合作的鲜明态度。[36] 与此类似,"避为吏"与前者性质相同。

> 中县史学童今兹会试者凡八百册一人,其不如(入)史者

---

[34] 汪荣宝撰:《法言义疏》,陈仲夫点校,中华书局1987年版,第39页。
[35] 高亨注译:《商君书注译》,中华书局1974年版,第14页。
[36] 参见于振波:"'负志'之罪与秦之立法精神",载《湖南大学学报》2015年第3期。

百一十一人・臣闻其不入者，泰抵恶为吏，而与其（1807）

言请，故为诈，不肯入吏，以避为吏。为诈如此而毋罚，不便。・臣请，令泰史遣以为潦东县官佐四岁，日备免之。（1810）

为诈便・臣昧（昧）死请。制曰：可。・廿九年四月甲戌到胡阳。・史学童诈不入试令・出廷丙廿七（1859）

参照上述简文，史学童只有通过考试才能成为官府的史，进而有可能升任更高的官吏，但是因为存在"恶为吏"的情况，学童中竟然有买通典试史"诈不入试令"的情况，并以此来回避"入仕"的前途。显然，"负志之罪"以及"避为吏"或是因坚守节操，或是为"趋利避害"而总之不与统治者为伍。众所周知，法家主张"举实事，去无用"，恃才傲物、避事为吏不但是对国家事役的逃避，更是与法家所倡导"事功"精神相背离，《韩非子》称伯夷、叔齐等这类隐逸之士为"无益之臣"，《商君书》则将这类人称为"奸民"，进而对其进行严厉的批判。[37] 这种看似"非仁义"并践踏个人意志的法律规定，实际上乃是奉行"功利主义"价值原则的体现，即凡与国无益及贱爵轻禄者不但不能实现"富国强兵"，反而于国有害，这些人不但要受道德上的批判，还要受到法律的制裁，这正是秦法事功思想中功利主义道德观的极大表现。

其次，秦有关于"奴隶年老就食"问题的法律规定：

0640 县恒以十月粼牒，书署当卖及就食状，须卒史、属粪兵，取省以令，令案视。当就食，其亲、所智（知）0635 者卖（买？）之。隶臣妾、城旦、城旦舂司寇、鬼薪、白粲及毄城旦舂老、癃疒病、毋赖不能作者，遣就食蜀守。☒ 0526 当就

---

[37] 参见于振波："'负志'之罪与秦之立法精神"，载《湖南大学学报》2015 年第 3 期。

食,其亲、所智(知)欲买,勿令就食,许。其適(謫)皋,不得卖。[38]

据简文可见,县恒定于十月以牒书的形式上报"就食"及"当卖"的情况,由卒史、属吏清点报废的兵器,或当取用,或废弃均要按令审视。当遣就食者中,其亲所知者可以用钱赎买。隶臣妾、城旦、城旦舂司寇、鬼薪、白粲以及毄城旦舂年老、有癃庳病或者失去劳动能力又无所依靠的人,均派遣就食蜀地谋生,其亲所知而欲买者,允许不用遣就食。其中犯了謫罪的,不得卖。显然,秦法将老弱、病癃并失去劳作能力的奴隶和报废的兵器视为一类,并且在榨干其所有的劳动价值后,即派遣至边郡自谋生路,甚至以亲情谋价,将其作为"当卖者"换取最后的利益,这种蔑视个人人格、逐功近利的做法将秦法事功思想中的功利主义价值观暴露无遗。

另外,秦律还有"謫戍"之罪。《汉书·晁错传》中晁错批判秦政曰:"秦之戍卒不能其水土,戍者死于边,输者偾于道,秦民见行,如往弃市。因以謫发之,名曰'謫戍'。先发吏有謫及赘婿、贾人,后尝有市籍者,又后以大父母、父母尝有市籍者,后入闾,取其左。发之不顺,行者深怨之,有背畔之心。"[39] 秦律令中所见"謫罪",除前引岳麓简0526:"其適(謫)皋,不得卖。"还见于睡虎地秦简《司空律》:

百姓有母及同姓(生)为隶妾,非適(謫)罪殹(也)而欲为冗边五岁,毋赏(偿)兴日,以免一人为庶人,许之。·或151赎迁(迁),欲入钱者,日八钱。司空152

---

[38] 陈伟先生认为,其適皋,不得卖。原释文为:"其归,皋,不得卖。"所释"归"实为"適",读为"謫"。详见陈伟:《岳麓秦简肆校商》(三),载http://www.bsm.org.cn,最后访问日期:2016年3月29日。

[39] (汉)班固撰:《汉书》,(唐)颜师古注,中华书局1962年版,第2284页。

《说文》:"谪,罚也。"谪戍即罚戍边。据律文所知,本人没有犯谪罪而自愿戍边五年可以赎免母亲或亲姐妹中为隶妾的一人,本人犯了谪罪的显然不能去赎免亲人,而岳麓秦简 0526 规定:"犯谪罪的人就食蜀地时不得为亲所知赎买"。可见,谪罪在秦代社会中罪名程度之严重不言而喻。秦始皇三十三年(公元前 214 年),源于兵源紧张,谪戍由行政处罚变为带有普遍征发性的制度,受征发者包括:吏有谪、赘婿、贾人,曾有市籍者,父母、大父母曾有市籍者、闾左者等。其中"吏有谪"本属于"谪罪"范围。赘婿、商贾,闾左则属于身份受歧视者。秦汉赘婿、商贾身份地位很低,《韩非子》将商贾视为"五蠹"之一;赘婿则指家贫子壮而出赘之人。"闾左",学界争论颇多,但多数学者将其认定为"黔首"中的贫民。[40]

睡虎地秦简《为吏之道》引魏律有:

· 廿五年闰再十二月丙午朔辛亥,○告相邦:民或弃邑居壄(野),入人孤寡,徼人妇女,非邦之故也。自今以来,叚(假)门逆吕(旅),赘壻后父,勿令为户,勿鼠(予)田宇。伍三枼(世)之后,欲士士之,乃署其籍曰:故某虑赘壻某叟之乃(仍)孙。 魏户律 伍

· 廿五年闰再十二月丙午朔辛亥,○告将军:叚(假)门逆閭(旅),赘壻后父,或衛(率)民不作,不治室屋,寡人弗欲。且杀之,不忍其宗族昆弟。今遣从军,将军勿卹(恤)视。享(烹)牛食士,赐之叁饭而勿鼠(予)殽。攻城用其不足,将军以埋豪(壕)。 伍 魏奔命律 伍

整理者注:假门,读为贾门,商贾之家。逆旅,客店。于豪亮先生也认为:"叚门,即有市籍者。"[41](另有学者称指:流民)但是不论

---

[40] 参见于振波:《简牍与秦汉社会》,湖南大学出版社 2012 年版,第 132~155 页。
[41] 于豪亮:《于豪亮学术文存》,中华书局 1985 年版,第 135 页。

如何，法律规定假门逆旅以及赘婿后父不准立户，不分田宅，三代之内不得为宦，并且要征遣从军，受不公正的待遇。秦引魏律，显然秦代也是遵循这一规定。魏律称赘婿后父"弃邑居野，人人孤寡，徼人妇女"，或"率民不作，不治室屋"，《韩非子》称："商工之民，修治苦窳之器，聚沸靡之财，蓄积待时，而侔农夫之利。"[42] 这些显然与法家要求"修政作壹，去无用，止畜学事淫之民"的倡导背道而驰，因此秦法规定其苛刻的待遇，并在兵源不足时，谪罚戍边亦由这些人来充当就不足为怪了。然而"谪戍"最后"入闾取其左"，将罪罚的对象选定为贫者，则带有鲜明的功利主义之强制色彩。与儒家对待贫者的看法不同，在法家看来，贫困的根源在于"非侈则惰"，《韩非子·显学》："侈而惰者贫，而力而俭者富。今上征敛于富人，以布施于贫家，是夺力俭与侈惰也，而欲索民之疾作而节用，不可得也。"[43] 故"谪罚"贫者的罪状无非是认为他们游手好闲、好吃懒做而不务正业，这种片面的思维模式显然是以功利主义道德评价为依据，且以功利主义价值观为主导的错误认知，从而在根本上忽略了"弱势者"在社会群体中的弱势地位，而这一极端利益化的功利主义思维模式正是秦法事功思想中的显著特征。而这一特点也为后人非难秦法的"暴政"提供了无可辩驳的事实依据。

四、结语

本文主要围绕出土秦简资料进行展开，之所以仅以简牍资料为视角，是因为这些资料都是当时司法、行政类的原始法律条文。与传世文献中秦代法家论著不同，其少有后世传抄记述所带来的主观意志的加入，故而更能真实地还原秦代法律精神的原貌。

通过对上述材料的分析，笔者认为：秦法事功思想，是建立在以"法"课考"功"，按"功"论行赏罚，将君主及国家利益与臣民赏罚

---

[42] （清）王先慎撰：《韩非子集解》，钟哲点校，中华书局1998年版，第456页。
[43] （清）王先慎撰：《韩非子集解》，钟哲点校，中华书局1998年版，第459页。

统一起来，进而在事功精神的推动下，实现社会的大治。其中，事功思想的功利主义道德评价将道德伦理的约束力上升为制度伦理的层面，并通过"国家至上"的原则，整合了社会成员的价值取向，成为支撑秦人崛起并实现霸王之业的内在动力。秦律的制定围绕上述指导思想，内容上，强调治功、军功、农功中的"公利公功"；思想上，带有明显的功利主义道德倾向，最终通过"以法治利"而为秦人实现了富国强兵的目的，但也埋下了"短祚"的祸根。

清末民初广东的花捐包征与政商关系

曹瑞冬[*]

花捐,[1] 是列入官方统计的杂税,为地方政府财政来源之一。[2] 关于花捐的研究,多侧重于制度推行过程中禁娼的社会环境与娼妓的社会回应,[3] 却忽略了制度本身以娼妓为中心所构织的各种关系和矛盾,应将其置于"权力"语境中探索税制改革多个层面之间的关系。本文以清末民初广东的花捐及其包征制为中心,着重考察地方政府和商业之间的合作关系及利益失衡下矛盾的演进,借此展现杂税改革视阈下社会权力结构的变动。

一、花捐与花捐公司

庚子赔款之后,晚清政府试图寄希望于商业税来增加财政收入,"闱姓"赌博在报效海防经费后已有"奉旨开赌"的合法性,"花捐"授予娼家"捐躯报国"的美名。[4] 广州重收番摊之税,上海久抽堂子

---

[*] 作者系温州大学硕士研究生。

[1] 关于花捐的定义,学界尚无统一说法,一般是指地方政府对妓院、妓女的课征,作为办公经费的来源,参见"论妓捐",载《申报》1902年11月13日,第1版;"科及娼寮",载《申报》1904年3月15日,第2版。

[2] "李家驹奏考察日本财政编译成书呈览摺",载《国风报》1911年5月9日,"文牍",第80页。

[3] 花捐的相关研究,参见张超:《民国娼妓盛衰》,社会科学出版社2009年版,第164~167页;刘雅婧:"近代苏州娼妓问题初探(1921~1928)——以《吴语》的相关报道为中心",载《近代史学刊》2014年第1期。

[4] 参见陈平原、夏晓虹编注:《图像晚清:〈点石斋画报〉》,东方出版社2014年版,第158页。

之捐，以荡子买笑之余钱充教师辛苦之膏。[5] 在时人看来，"仿行上海，开放嫖赌，征缴花捐"[6] 是商埠和资本主义势力入侵的必然结果。在政府看来，征缴花捐必能实现"寓禁于征"和"增强财力"之目标："操业至妓，贱辱极矣，何以有捐？然妓者害风俗而败人家者，也不能禁之，使绝则不如捐之，使皆畏于为妓，而淫风或可稍衰，且在上者捐之于妓，而妓仍取之于浮浪子弟，以彼浮浪子弟而耗其资财，亦何伤乎？此三者虽涉猥琐，然皆因其奢侈，而取之于民，无所戕，而于国家则未始，无小补也，较之吸膏吮血以搜括害民者，不犹愈乎？"[7] 此后的清末新政中，花捐被实际运用到地方警察制度的创建经费中。

1903年，厦门开办警察，苦无经费，黎伯鄂太守拟仿照芜湖、天津成案抽收花捐。[8] 1906年，镇江警察以经费不足议收花捐，现由关道荣星庄观察，札委襄办。[9] 1906年，九江警察总巡严厉孟蕃司马因经费不足，禀商道府拟将娼寮抽收花粉捐。[10] 警察创制是近代中国移植域外新制度的典型事例，对于商埠城市的现代化具有重要意义，妓捐则为警局的社会运转提供资金保障，例如苏州巡警局在整顿路政中，阊门下塘及仓桥浜一带和城外马路曾有妓捐投入。[11]

巡警有维护地方治安的职责，民间则有义务向其提供办警经费，但警局在花捐筹款上多次出现困境。1908年，九江地方绅士罗纲乾等禀请，抽收妓捐不符合政体，已准各绅之请饬令停捐，"并饬局将该娼妓等一律驱逐出境"。[12] 1910年，江西商人以开办妓捐恐受影响，且有伤败地方原气，连日组织各业公团，预备开会呈请停办。[13] 绅商集团

---

[5] 参见汁戏："條陈抽收赌税花捐办法"，载《饭后钟》1922年12月18日。
[6] "常州要办'花捐'了"，载《民国日报》（上海）1921年12月8日，第4版。
[7] "筹捐刍议"，载《申报》1903年11月3日，第1版。
[8] 参见"拟办花捐"，载《大公报》1903年4月7日。
[9] 参见"镇郡警察拟收妓捐"，载《申报》1906年10月31日，第9版。
[10] 参见"抽收妓捐为警察费"，载《申报》1906年3月26日，第9版。
[11] 参见"巡警局整顿路政"，载《申报》1906年1月19日，第4版。
[12] "逐妓免捐之新政"，载《申报》1908年1月24日，第4版。
[13] 参见"警道办妓捐舆情梗阻"，载《申报》1910年1月27日，第4版。

控制的商会对新政筹款颇有意见,将政府权威的强制介入视作威胁:

"今日处百废待举之秋,地方之亟宜情厘者,莫如财政。顾有以签提绅富,并设杂捐,为一时挖肉补疮之计。讵知高郡土瘠民贫,既水旱疾疫之迭,遭复贼抢兵燹之见加,以区区自有之租粮,今日学堂之招生也,重抽之;明日各局之招勇也,重抽之。高属地方有花捐、烟捐、酒捐、猪捐、牛捐、海防捐纷然杂出,斯又人皆疾首,地已无皮,更何处可容罗掘,然则将束手而置新政于不办乎?抑将实行强权主义加朘削,以尽吾民之膏血乎?"[14]

在官府藉由警局推行税政时,地方权势不断向其抗诉。对此,广东政府改变了官方直接征税的原则,形成以花捐公司为中介的包税制形态。1905年,广州各娼家前经封闭,娼家愿罚缴银6万元,准其照常复业,某商人愿出12万元承包妓院。[15] 1906年,妓捐商人保良公司变通征缴章程,价格统一由该妓和妓局制定,一律向客人照数收足,由该娼寮或妓艇代缴公司。凡招妓收入,应即时收清,不得通融赊欠,或者因是熟客,不得藉词赊欠,否则唯该妓是问。所有招妓收入加抽三倍,其余全归妓院,倘若寮艇隐瞒不缴,即知会警察局,采取惩罚措施。[16]顺德的陈村、容奇两埠花捐由该公司承包,每年认缴银一万余元。[17]包税制是政府或征税机关以固定数额将某一区域之税收承包给商人,商人再直接向商户征收或再行转包。它既可以降低官僚机构的征税成本,又能消解和转移政府与纳税者之间的冲突,某书记在申请花捐承办时曾有此意图:"悉经费支绌,亟待警捐,由伊办理,可免军界冲突。"[18]但商人包税以营利性为目的,本身存在弊漏,譬如包商人赵协成恐花捐被别人包认,托人运动他人抛弃所投之票,并以金钱作为酬劳,最终此

---

[14] "高州商会总理禀陈新政筹款之为难",载《申报》1910年9月5日,第2版。
[15] 参见"认包娼捐十二万元",载《申报》1905年9月13日,第9版。
[16] 参见"妓捐公司变通缴章程",载《申报》1906年10月21日,第9版。
[17] 参见《顺德县志》卷六《杂税》。
[18] "书记承办妓捐之批词",载《申报》1912年1月15日,第6版。

人以最少之数承包捐款。[19]

广东花捐公司直接成为地方政府与妓户、妓女之间的议价性制度平台,并逐步建立"商人包征,官督商办"的利权分配体系。首先,官方有权核查包商的资本状况和征缴能力,严厉控制花捐公司的进入:"该商毫无资本,一味空言,尝试有类棍徒,实属胆玩已极。且饷额与报效各数目,甫经认定,旋又求减,出尔反尔,尤为荒谬,事关承饷,重要岂为儿戏,现已核准,将该商承办之案佈告取销,另行招商投标承办。"[20] 其次,政府强制推行符合自身实际的征缴流程或细节。1917年,广东财政厅明确规定,本省花筵两捐的征收缴纳从以前的大元为本位,一律改以毫银为本位。[21] 但政府同样授予花捐公司在征缴花捐、妓院管理等方面的权力:"仰省河各娼寮、妓艇及各商民人等一体知悉,须知省河工艺附加花捐现已奉准仍由鸿信公司商人续办,所有附加捐款务必照章抽缴,该商收解以重捐,需毋违抗,切切此佈。"[22] 甚至,政府在招标中会受到花捐公司的规则制约,例如 1913 年,省长李开侁第三次招人包办花捐,仍无应者,有人因为索价过高,呈请目前禁开妓寮。[23] 基于某种利益需要,警局或政府扶植一批充当征税工具的包商群体,以分享权威和共营政治为目标,花捐之成立即是为适应地方权力结构的变动。

二、合作政治:商埠与警局

真正意义的花捐不是近代警察创制的产物,它同样是近代中国移植的域外新制度,或者说它是对移植新制度的社会回应。筹捐于妓业的设

---

[19] "包办妓捐之黑幕",载《申报》1920 年 9 月 15 日,第 8 版。
[20] "陈塘不准开设娼寮之申禁",载《申报》1913 年 11 月 14 日,第 7 版。
[21] 参见"本厅训令各县各属花筵捐分商应缴地方警学费准以毫银解缴并指令耀兴公司遵照文(1917 年 4 月 9 日)",载《广东财政月刊》1917 年第 5 期。
[22] "本厅布告省河附加花捐已奉准仍由鸿信公司商人续办文(1922 年 6 月 30 日)",载《广东财政月刊》1922 年第 7 期。
[23] 参见"特约路透电·广州电",载《申报》1913 年 12 月 3 日,第 2 版。

想发轫于晚清的城市商业区，时人对妓院的利润空间作了粗略描述："沪上妓馆自书寓、长三、么二以及花烟间，当不下三千家，以每家六人计之妓女，约及二万，其中愿为娼者固不乏人，不顾者当亦不少。惟身入其中，即欲为良民而不得止，有倚门卖笑，干此生涯，于是荡子鳏夫流连于花丛，虽鬻产倾家而亦所不惜。至数年以后，今日之所谓大少爷者，湖色夹罗衫渐入质库矣，象牙聚头扇渐见破碎矣。"[24] 这时，西方已将花捐设想付诸实施，借助税政将殖民权力保存及强化。1880年，英工部局议增租界中之娼寮捐项，计每省每月捐洋半元，兹悉长三、么二向本每户每月捐洋二元，现则按户加收一元。[25] 同年，天津美国租界权收妓捐，计已两年余，今年七月间停捐逐妓后，一时花柳中人，如鸟兽散，归于侯家。[26] 针对这种利权外溢与税权分割，广东政府重新界定了澳门地区的殖民现代性：

> 盖葡人之欲推广澳界者，有利可图也。臣查澳门港，地非冲要，每岁所入全恃妓捐赌饷以为大宗，均系吸内地游民之脂髓。我若相戒勿往，彼自无法取盈。为今之计，莫妙于附近自辟港埠，以为抵制之方。近闻香山商民，新得一港开作商埠，取名香洲。今年开埠之日，经臣张人骏亲临察看，批准商人集股开设公司，其地距澳门三十余里，内河外海轮船可以行驶，且与广前铁路相近，水陆均便交通。经理得宜，一二年则成都成聚，可收澳门外溢之利，归为我有，应请饬下两广督臣传询。[27]

商埠之兴与妓捐之举互为表里，休戚与共，譬如清江县地方人士以

---

[24] "筹捐幻想"，载《申报》1878年5月31日，第3版。
[25] 参见"妓捐议定"，载《申报》1880年3月4日，第3版。
[26] 参见"送办匪类"，载《申报》1880年11月4日，第2版。
[27] 林家有主编：《孙中山研究》（第4辑），广东人民出版社2012年版，第356页。

"非通商之埠"公请蠲除妓捐。[28] 而政府意图将暴利性行业资源从民间转移到自己手中,例如广州当局为繁荣地方,欲将大沙头辟为商业区,故先将广州市内一切烟室、赌馆、娼寮、妓艇勒令迁往大沙头设立。但一时难令上述场所迁往,只有拟定"寓禁于徵"的勒迁办法,对烟室或赌馆、妓寮原纳屋租,加倍徵收,由业主向房客收足交纳。此款作为娱乐捐,以备修理娱乐场所之用。[29]

娼妓是商埠时代之要品,也是商贾云集之写照。"富商巨贾、公子王孙徜徉花街柳陌间,往往掷地千金以买一笑,任意捐输,纵情挥霍,妓家视之,亦不甚惜。香车宝马阗咽于其门,珠履绣衣熙攘于其室,而亿万银蚨纷纷然,鼓翼而来矣。"[30] 此后,花捐伴着商埠发展渗透进广东各大小县城,裨益于地方财政之增长,如东莞县属石龙地方各娼寮,已经缴纳妓捐,文武衙门一切陋规,靳不之予。[31] 然而,政府积极推行花捐税政与发展商埠经济,必然遭受到民间权力的抵抗与制约。如上文所述,利权外溢与税权分割是殖民权力的一种运作形态,引介花捐与发展商埠则是对殖民权力的一种社会回应,利益失衡使政府与商人建立起暂时的合作关系。以香港议院为例,华人反对殖民权力机构的排华性:"盖苟能深体乎华人之情,详求夫可捐不可捐之故。虽加捐,而居民亦无怨咨,此则由于无华人之熟谙情形者,为之委曲剖陈故也。工部局之意,亦未尝不欲俯顺华人之情,而略知大概,未能细识本原则。虽有顺民之心,而不克见其顺民之政。"[32]

以殖民权威为基础的"华洋杂处"是对官方统治的挑战,也是对商人利益空间的压缩,在娼妓问题上尤有体现。1907 年,商埠前有洋人宿娼滋事,经该道将客栈发封,娼妓驱逐。若准收取妓捐,恣客栈公然窝

---

[28] 参见"清江·妓捐行将蠲免",载《民国日报》1917 年 4 月 28 日,第 7 版。
[29] 参见"粤辟大沙头为商业区",载《申报》1932 年 12 月 1 日,第 12 版。
[30] "论虐妓事",载《申报》1888 年 3 月 25 日,第 1 版。
[31] 参见广东省立中山图书馆编:《旧报新闻·清末民初画报中的广东》(下),岭南美术出版社 2012 年版,第 1707 页。
[32] "推广议院延置华人说",载《申报》1880 年 2 月 28 日,第 1 版。

娼，各国兵轮水手必因闲游滋事，酿成交涉。[33] 1922年，广东妇人王凤好在天潼路一百三十号门牌开设妓院，不向公共工部局捐务处申请执照，前日被专查。[34] 1923年，一名美国水兵赴海宁路二百六十五号门牌广东妓院行乐，出院投捕控告，捕头即派专查妓院之中西，两捕驰往，查得该妓院并未向工部局报捐执照，实系一秘密卖淫窟宅。[35]"华洋杂处"一定程度上建构了城市的殖民空间，妓业陋规为洋人操纵征税权或裁判权提供依据，商埠则成为中西方利益攘夺的税权表达方式。

这时，警局之创建不仅是地方财政与资源整合的结果，更是它作为控制基层社会的官办机构，依赖政府权威来保障商业利益的合法性，而这种合法治权最终又回授到政府的财政集权上。故警局在倡议花捐中以包征形式划定了花捐公司的经营区域："凡广州市区内，地方及水上，无论妓艇、妓馆、南词、乐籍、流娼、土妓均在收款范围。"[36] 同时也明确了政府的各种权责关系。一是政府须保护纳税妓女的人身安全，例如扬州妓馆之多甲于各地，妓女因盗匪滋扰，多避地于镇江、芜湖。现由巡警局开办妓捐，一律给发执照，名为官妓，即使父兄也不得凌虐。迁往他处者，仍复返旧居，于如来柱一带挂牌开门。[37] 二是政府须界定花捐公司的业权范围，避免在征缴过程中产生纠纷，主要以招商投标的公平性为基础："财政厅再定年价一十六万元，并押票毫银一千五百元，每次加价至少五百元为限，定期本年五月四日下午一时至三时，在广州总商会，当众明投，以认饷超过底价最高者承办，用示大公，并发出布告。"[38] 花捐商人赖以妓业为生，需要依靠合法的政府权威对抗殖

---

[33] 参见"不准抽收妓捐"，载《申报》1907年10月18日，第11版。
[34] 参见"粤妓不领照行贿处刑"，载《申报》1922年6月24日，第15版。
[35] 参见"美水兵控妓窃洋无证注销"，载《申报》1923年3月8日，第16版。
[36] "其他税捐类：本市省河水陆花筵捐章程"，载《广州市财政局特刊》1929年特刊。
[37] 参见"开办妓捐"，载《申报》1906年11月13日，第17版。
[38] "省河水陆花捐附加教育工艺经费再次开投（1928年4月30日）"，载《广东省财政公报》1928年第82期。

民霸权,实现其正当利益。

地方警察的创建是权力结构变动的重要表征。这种变动不仅体现在与殖民权力攘夺商业空间,还折射出官方与地方权势的利益博弈。何文平在研究官绅关系中指出,新式巡警制度出现后,官绅双方都冀望以之摆脱团练发展问题上的矛盾状态。[39] 这在花捐问题上已有体现。1903年,厦门黎太守以拟办警察,苦无经费,遂饬绅商控制的保甲开办妓捐。[40] 1904 年,新政要求举办警察,当事者以款无所出,增设妓捐。江西会馆设局筹办,俟招募巡兵站街,再改保甲总局为警察总局,原以昭慎重而防流弊。[41] 地方绅商抢先一步,希望通过新式巡警制度发展新的武力空间。镇江警局曾以收妓捐名目不正,准备将妓捐裁撤,但各绅商认为妓捐一项,南北洋均经开办,并非镇江独创,而且值此枭匪充斥之时,与其裁捐,不如添勇。[42] 官方希望借助巡警制度,压缩民间的武力空间,但由于政府的财政危机与广东的盗匪猖獗,[43] 其政府权威的实现遭受民间组织的抵制,所以政府不得不诉诸花捐公司,诉诸被地方权势压缩利润空间的包税商人,共营其政治,分享其权威,合作求共赢。以下这一则《知事与警佐打架》凸显了官商建有必要建立紧密的合作关系:

> 安福县知事陈镇出身幕友,对于官场利弊,以及生财之道非常熟悉。警佐赵庆粗识文字,人颇刚强直,与陈镇因会宴争坐席次,早已发生意见。而无钱不要之商会长李邦杰等又复从中挑拨,于是意见愈积愈深。先是每月每妓均须孝敬主管三五

---

[39] 参见何文平:"清末广东巡警的创建与官绅关系",载《中山大学学报(社会科学版)》2006 年第 5 期。
[40] 参见"竟开妓捐",载《申报》1903 年 3 月 9 日,第 3 版。
[41] 参见"科及娼寮",载《申报》1904 年 3 月 15 日,第 2 版。
[42] 参见"绅商不以裁撤妓捐为然",载《申报》1908 年 1 月 7 日,第 4 版。
[43] 参见关于广东盗匪问题的研究,参见何文平:《变乱中的地方权势——清末民初广东的盗匪问题与社会秩序》,广西师范大学出版社 2011 年版。

元不等，该县妓女大约三四十名，每月可得洋将及二百元，其支配方法，一如樟树商会然。陈镇不肯甘休，而又未便启齿，不得已，乃出示驱娼，意图商会出而挽回，达到鼎足三分之目的。讵赵庆以该告示内并有不肖之徒，假借公署名义，抽收娼捐，饱入私囊之语，愤恨不胜。而商会长李邦杰果然向知事陈镇商酌，陈已允许，而赵则坚持不准其染指丝毫，陈无法可施。本月初九日，乃派警实行驱娼。适丁稽查出而反对，护警当即将丁稽查，捉将官裏去。陈即坐堂问讯，将丁稽查下狱。警佐赵庆闻讯，怒不可遏，即率同全所警察荷枪实弹，前往县署质问。陈赵言语间两不相下，赵即饷以"司梯克"两下，陈见来势汹汹，即望后逃命，而警察护兵，于是打个落花流水。[44]

陈知事之"驱娼"本意是笼络商会，借此增强财力，却被实际控制地方的赵警佐明晰意图，进而借"驱娼"压制政府权威。当商埠势力在官方支持下向广东县城渗透，地方绅士通常坚持"维持风化"的道德立场向政府施压，比如有民初梅城取消花捐一事，呈文如下：

  吾梅地处岭陬，物产瘠薄，居是土者，男尚敦朴，女尚勤俭，以故礼教文雅，为南岭冠。乃近十年来受外境颓波澎荡，渐染淫奢，然，未若有花捐之弊害，靡所终底也。查花捐一项，向章为通都大邑行之，以为五方杂处之地，彼暮楚朝秦者逢场买笑，偶一为之，犹有可说；至以闭塞之地，集外来娼妓，则财注漏卮，辟本土勾栏，则诲淫自作。以地方有限之财，填此无穷之壑，迟至一二年后，梅之为梅，诚有不堪设想者。[45]

---

[44] "知事与警佐打架"，载《社会之花》1924年3月15日。
[45] 中国人民政治协商会议广东省梅县委员会文史资料委员会编：《梅县文史资料》（第11辑），梅县文史资料工作组1987年版，第120页。

包商群体由政府扶持，充当其攫取地方财富的工具，进而引发风气之改良与权力之迁移，由此导致士绅集团与政府在利权分配上的矛盾。宗族不变，国家已变，地方社会原有的权力关系网络需要重新调整。比起士绅，清末的宪政改革主要是在争取地方商贸领袖的支持。但加入官方阵营的花捐公司为争取更多利益，重新构建了自身的话语权。

三、利益分歧：税政与税制

20世纪20年代以前，花捐的征缴主要由警察局主持安排，其用途大都关于市政建设。1917年，郁南县署查该县、都城等地拟设洁净局清修街道，系为讲求公共卫生起见，所拟花筵捐票，每张附加毫洋一角。至关洁净各事项应如何筹划进行，应由警务处核饬遵照。[46] 但政府所实行的花捐税政受到战争、舆论等因素的影响，呈现出极不稳定的状态。市民首先借"苛捐"攻击警局："复加烟酒税捐、印花税、铺捐、车捐、妓捐、屠宰捐、田房税契，以及浮摊小贩肩挑等，无一得免计其收入，合计之亦数十万。以京师一隅，人民加以如此重负，所以百物昂贵，中下之户日不聊生，若再加以警捐，民何以堪？"，进而明晰其对于主权之危害："设一旦饥溃，秩序无人保持，则贫民众多之京师，必至扰攘不安，而内乱生矣。况使馆在京我本有保护之责，如若巡警饥溃，外人将自行维护，而至主权丧矣。"[47] 在民众看来，"内乱之酿""主权之丧"等后果是由于税负过重。苛捐非但不能增加政府收入，反而激化了社会矛盾与动乱。

花捐在政府推行的税政中渐变为一种苛捐，如广东的花捐附加"根于地方税而起之附加税，未列入于合县收入"。[48] 它是政府另开财源的手段，主要用于军费、筑路费、卫生费和学费，也有修舰、煤炭和游击

---

[46] "本厅呈省长遵令核议郁南县呈请附加花捐办理洁净事宜一案文"，载《广东财政月刊》1917年第6期。

[47] "京总商会反对警捐"，载《申报》1923年5月1日，第6版。

[48] 《融县志》第四编《赋税》。

等方面的投入，[49]符合地方财政筹划："该院经费本以募捐为原则，第以瓶办伊始。仓卒未能募集，一切经壁，经费之支出亦愈霉，不得不另开财源，每月约收二万余元，财政称搭，此后设施，以轻市库负担。计现征收者有花捐附加特种娱乐捐及商店住户月捐等，自当再行推广也。"[50]而筑路费、军费均是20年代以后广东财政须应付的庞大支出。1923年，粤省筑路积极进行，虽有兵事，而筹划不怠。潮阳线先自潮安开工，揭阳造桥，双方并进，其经费则以纸捐集中为主要经费，而附加花捐，派股派工辅之。[51]1926年，北伐军之军费确定每月需四百万元，要求财政当局积极筹措。财政局已发行公债五百万元，并饬令花捐委员，限各妓女每人代销十张，如能销至五十张以上，则给予金银质徽章，以资奖勉。[52]广东各地在20世纪30年代间花捐附加收入表如下。

表1 20世纪30年代广东地区花捐附加收入表

时间	区域	类别	缴饷公司	责任人	收入数（元）
1930.10.10	广州	教育工艺	诚德公司	陈有恒	120 000
1931.4.10	广州	筑路	诚德公司	陈有恒	35 000
1931.6.20	阳江	军费	仁和公司	傅仁生	5600
1931.7.31	开平	教育、筑路	益安公司	/	16 200
1931.9.30	东莞	军费	东兴公司	张桂生	5700

---

[49] 参见"布告在县商会统一开投县属花筵捐及花捐附加游击修舰煤炭费，并令县商会遵办具复由"，载《中山县县政季刊》1934年第6期。

[50] 韩永进、王建朗主编：《民国文献类编·225·政治卷》，国家图书馆出版社2015年版，第335页。

[51] 参见"粤省筑路之大计划"，载《申报》1926年1月27日，第4版。

[52] 参见"北伐军出发后之军费问题"，载《申报》1926年6月18日，第9版。

续表

时间	区域	类别	缴饷公司	责任人	收入数（元）
1931.11.30	潮安 汕头 汕尾	筑路	利安公司	陈永年	20 300
1931.9.10	南路十六属	筑路	利源公司	谢信	10 508
1932.4.20	佛山 三水 高要等	筑路	茂成公司	黄华	10 600
1932.4.20	南始曲乐四属	筑路	德昌公司	何达如	4056
1932.1.10	顺德	教育行政	义利公司	欧光	9300
1932.2.20	新会 台山	筑路	江利公司	何福安	12 800
1932.1.20	佛山 三水等六属	筑路	合成公司	何发	13 100
1932.9.20	江门	军费	裕源公司	邝胜	15 500
1932.4.20	阳江	军费	裕生公司	陈栋墀	5700
1932.4.20	开平	教育、筑路	福安公司	黄福成	16 400
1934.2.20	新会 江门	军费 筑路	永安公司	李安	23 000
1934.11.30	潮安 汕头 汕尾	军费 筑路	裕兴公司	谭镇	33 000
1934.1.31	阳春 阳江	军费 筑路	济良公司	林泽	10 400
1934.1.20	惠州八属	军费 筑路公路	益利公司	陈根	5600
1935.11.20	惠州八属	军费 公路	良好公司	张良	5000
1936.3.20	阳春 阳江	军费	泰益公司	凌汉	6450
1936.3.20	潮安 汕头 汕尾	军费 筑路	庆安公司	罗卓山	170 100

续表

时间	区域	类别	缴饷公司	责任人	收入数（元）
1936.2.28	新会 江门	军费 筑路	大益公司	黄 光	6650

资料来源：《广东省政府公报》1930年第131期；《广东省政府公报》1931年第149期；《广东省政府公报》1931年第155-156期；《广东省政府公报》1931年第160期；《广东省政府公报》1931年第166期；《广东省政府公报》1931年第172期；《广东省政府公报》1931年第164期；《广东省政府公报》1932年第184期；《广东省政府公报》1932年第184期；《广东省政府公报》1932年第176期；《广东省政府公报》1932年第178期；《广东省政府公报》1932年第211期；《广东省政府公报》1932年第199期；《广东省政府公报》1932年年第185期；《广东省政府公报》1932年第185期；《广东省政府公报》1934年第250期；《广东省政府公报》1934年第278期；《广东省政府公报》1934年第248期；《广东省政府公报》1934年第277期；《广东省政府公报》1935年第313期；《广东省政府公报》1936年第321期；《广东省政府公报》1936年第325期；《广东省政府公报》1936年第323期。

花捐附加是地方变乱的重要表征，它反映了整个广东地区税收环境的混乱："粤政不纲，士劣贪污，充塞政途，狼狈为奸。频年以来，横征暴敛，捐项百出，民不聊生。省国税勿论，各项地方税捐，几有一物数税，苛细繁复，无语伦比。举办者不曰自治经费，则曰救济需财、保安需款。巧立名目，擅自开征，民脂吸尽，百业崩溃，犹竭而渔，壮者铤而走险，弱者填堵沟壑，民怨沸腾。"[53] 而这项税收因其固有的道德问题，呈现出较大的不稳定性。1927年，灵山县长宁可风呈请废除娼妓制度，取消花捐，以维人道而符党义。[54] 1928年，北伐成功。广东妇女团体纷纷呈请省政府，请求废除花捐，将东西堤各娼寮妓女，一律解

---

[53] "潮汕民众人呼吁减免苛捐杂税"，载《申报》1936年11月4日，第7版。

[54] 参见"灵山县长呈请废除娼妓制度取销花捐案（1927年5月16日）"，载《广东行政周刊》1927年第18期。

放,任令从良,严申禁令,不准以人为货。[55] 1936年,女律师苏汉生请禁止花捐,查花捐来源,係出自于娼妓,待禁娼办法实施时,本市花捐,自可逐渐消减。[56]

  清末民初的广东花捐在摇摆的禁娼话语中征缴或取消,而其高税负直接导致了乐户群体的抗捐,有"书场加捐"一事:书场自阴历四月起比照花捐分等抽收,不料吾辈自命清高,深以侪身乐户为耻,抗不缴纳,其中尤以山东帮反抗为甚,始为全体罢棚,计为五日。[57] 其次,当税负超过临界点,妓业市场衰落与政府收入减少由此发生,譬如北平花捐繁重,本家莫不叫苦,市面衰落,淫业亦形惨淡。[58] 广东花捐公司在征缴中曾出现相似问题,从而在与政府合作中陷入被动局面。1934年,广东省政府财政厅查合安公司在承办期内,亏缺已达十余万元,追期满之后,捐收日形短少,加以近日时局影响,现时每日收入捐款,比前又再减少,情形如此,其惨可知。[59] 同年,茂名县财政厅呈县属花捐附加费收不敷缴,请予辞退,拟恳准予酌减为月饷一百元,并由代收员勉为收缴。[60]

  此时,广东政府建构的税政不是平等合作关系,而是予取予求的利润压榨与制度控制。关于政府与商人的分歧如何产生,税收环境之恶化使两者之间的权力界限愈渐清晰,而根本原因在于,花捐的包征税制赋

---

[55] 参见"广东禁娼之新政策",载《申报》1928年9月19日,第21版。
[56] 参见"指令财政局呈复关于女律师苏汉生请禁止粤省花捐一案,拟议情形,合将本府咨复财厅,各节录案,令知由(1936年10月20日)",载《市政周刊》1936年第551期。
[57] 参见"书捐纪事",载《豫畜》1918年4月20日;中国曲艺志全国编辑委员会、《中国曲艺志·河南卷》编辑委员会编:《中国曲艺志·河南卷》,中国ISBN中心1995年版,第215页。
[58] 参见"北平的娼妓",载《上海周报》1934年第3卷第9期。
[59] 参见"布告征收花捐附加二成军费由(1934年1月1日)",载《汕头市市政公报》1934年第97期。
[60] 参见"呈据报县属花捐附加军费及筑路费收不敷缴,请予辞退,拟恳酌减示遵文(1934年12月10日)",载《茂名县政季刊》1934年第4期。

予双方不对等的利益支配地位，进而塑造了"强政府，弱商人"的权力格局，可从一些具体案例中察觉。首先，政府会严厉惩治染指公款的商人。1928年，财政厅以商人邝鸿拖欠巨饷，担饷店东，又复畏罪逃匿，显系立心狡诈，串欠公款，呈请通缉。[61] 1931年，指令花筵捐大德公司在限期内迅将未缴券款，扫数清缴，以资结报，毋再诿延。[62] 其次，包征制度毕竟为花捐公司的投机行为创造了空间。1933年，在开投广东全省花捐附加费中，指出了税制问题："向由承商分别批承，惟名目纷繁，抽率各异，自非合并统征，殊不足以息滋扰，而昭划一。"[63] 对此，财政局诉诸制度完备的花捐附加章程，相关细则如下：

（一）承办以一年为期。

（二）本年饷额以毫米洋六千五百元为最低价格，定期二十一年廿六日下午一时至三时，在中山县政府财政局，当众明投，最少以三票为有效。共须三票，俱会加价一次，内有票，加至二次，即为投案成立。押票金毫洋六百元，每次加价至少以毫洋一百四十元为度。

（三）各商赴投应于开投前五日所具担饷店结，连同押票金呈缴，以便查明保店，系属殷实，方准给票竞投，以认饷超过底价最高者投得。投得者俟将预饷清缴后，即将押票金发还其投不得者，原饷押票金俟新商缴饷后发还。

（四）自投得日起，限三日内即将按预饷，各一个月呈缴来厅，不得迟延，否则将承案取销，并将押票金充公。

（五）按月饷项，应照本厅修正。缴饷条款办理不得延欠。倘缴不逾期，即照逾限缴饷处，分条规办理。自逾限之日起，按照欠缴饷数，每千元每日附加一元五毫。计算如欠饷，至在半个月即行革退，并将缴

---

〔61〕"财厅据呈请通缉承办开平花捐附加费商人邝鸿及担饷店东戚海珊案（1928年8月6日）"，载《广东省政府周报》1928年第46期。

〔62〕"指令花筵捐大德公司呈缴军库券款三百元，准将库券发给，仰仍迅将未缴券款限本月底清缴由（1931年9月25日）"，载《汕头市市政公报》1931年第73~75期。

〔63〕"布告开投广东全省花捐附加费（1933年4月20日）"，载《广东省政府公报》1933年第220期。

存饷款悉数充公。若无欠饷,准将缴存按饷,在于承办期满本月扣抵。

(六)查有瞒报、隐匿,应照章一百倍处罚,如有抗不遵缴,即会警拘拿、解案、押追,以重捐饷。

(七)此项捐务,该商不得转批、按押与外国籍民、洋商办理,暨招收其股份,致滋轇轕。[64]

无论税政还是税制,广东政府的基层控制通常需借由花捐公司这种中间系统完成,但商人包税以个体为中介,会存在上述的拖延、欠缴,以及其他诸如转包、苛抽、官商勾结[65]等问题,最终既不利于保护营业环境,也会妨害地方政府的财政集权。章程、法令等制度规章是通过强化控制,构建政商之间的利益分配格局,而伴随着不信任机制的扩张,政府索性改变征缴方式,压缩花捐公司的利润空间,一如政府支持由自治组织实行团体包征:"以本县县区乡镇自治会所联席会议,议决附加花捐为县参议会经费,由本年六月五日起实行收缴,按月会解本府核收。"[66]或者借助商会势力实施监督:"如有愿承此项捐务者,即于开投前三日取具担饷店结及押票毫洋五百元,交由县商会查明核收,届时到会竞投。"[67]再者是由官方直接征税:"查广东全省花捐附加费,业经再投,在未有新商续办以前,应饬由新会县长派员代收代缴,以重库帑。"[68]政府甚至引介新式税收体制,以此增强财力与限制包商,印花税即是一例:"花筵捐公司凡有所立簿据、单据、契据、人事凭证等,

---

[64] 参见"布告于七月廿六日在财政局明投县属花捐附加筑路费由(1932年7月16日)",载《中山县县政季刊》1932年第1期。

[65] 参见关于官商勾结的问题,参见"财政厅、民政厅遵令撤销新商张才承办花筵捐案由(1932年7月1日)",载《汕头市市政公报》1932年第82期。

[66] "令承办曲江全属花筵捐宏益公司:令饬准由六月五日起收缴花捐附加县参议会经费由(1932年6月4日)",载《曲江县政府季刊》1932年第1期。

[67] "布告在县商会统一开投县属花捐及花捐附加游击修舰煤炭费,并令县商会遵办具复由",载《中山县县政季刊》1934年第6期。

[68] "江门市花捐附加军费暂由花筵捐征收专员代收代缴(1933年10月4日)",载《新会县政月刊》1933年第19~20期。

均应依照印花税例,贴用印花,以符税法,而重税收。"[69] 簿记事关经济信息,当政府创建妓户、妓女的统计资料,他们在与花捐公司的利益竞争中会趋于有利地位。政府推行的苛捐税政致使其与商人的关系陷入恶性循环,同时包税本身是一种权责关系不相对等的制度,当政府意图加强监管力度时,所造成的是激烈的抵抗,以及政商利益集团的分化。

四、余论:公权私化

国家税权包括税收的立法、开征、执行和监察等权力,其中以开征最为重要。[70] 在清末民初广东政治空间和时局的影响下,官方直接征税不能实施,而是大规模地推广使用包税制,花捐公司即为其中的显例。叶凡曾在其硕士论文中提出"政权内卷化"来解释北洋政府时期的投标包税。包征制虽然在短期内给中政府提供了税款,表面上增强了官方汲取资源的能力,但事实上从结构上架空了政府,弱化了政府能力。[71] 20 世纪 20 年代以后,广东政府深刻到花捐包征与财政集权之嫌隙,譬如在 1927 年的安县属附加花捐路费原案中指出:"(集兴公司)私向红十字会订立,按月另行批办,包认之约,事前并无呈报县署备案,显系有意破坏统一徵收。此等花票各项附加,如果任由别商迳向,附加用途之机关,另批设局发票征收,援例分批,势必至同系一种税项,分设数局征收,使纳捐者,何堪此纷扰?"[72] 试图通过强化制度管理或改良税制来克服包征制的弊端。这反而激化了政商之间的矛盾与冲突,花捐商人则利用制度漏洞在利益博弈中占据有利位置。

---

[69] "训令各警卫队、花筵捐公司、各区乡公所,凡有所立簿据、单据、契据、人事凭证等,均应依照印花税例,贴用印花(1932 年 5 月 9 日)",载《新会县政月刊》1932 年第 2 期。

[70] 魏文享:"国家税政的民间参与:近代中国所得税开征进程中的官民交涉",载《近代史研究》2015 年第 2 期。

[71] 胡荣:《社会资本与地方治理》,社会科学文献出版社 2009 年版,第 84 页。

[72] "呈省政府据公路处呈报办理安县属花捐附加路费,原案各情形,请会该县交还原商办理,乞察核由(1927 年 3 月 15 日)",载《广东建设厅公报》1927 年第 1 卷第 11~12 期。

广东政府试图以权力控制并约束包商，使其退出税权中心。但是，花捐包征在民国前期是有必要存在的，包征制背后所呈现的是政商之间的同盟关系。新政权肇始，政府须依靠复制或扩大旧有的社会体系来扩张权力，而地方权势也须利用与政府的联姻寻求发展的空间。商埠与警局、包税商人与政府等，税权与商利在分享与交换的过程实现了社会资源的整合与创造。"公权私化"是对包征制最充分的解释，而政府商人之间的合作与分裂实则是利益格局调整与权力结构重组的过程。

萨维尼"法律关系本座说"与"民族精神"之关系的再阐释

张瀚天[*]

一、问题

(一) 问题的表象

弗里德里希·卡尔·冯·萨维尼在学术史中的一般形象,是一位坚定的民族主义者,强调民族的过去作为"法的素材",认为在制定法之外,有凝结于"必然"的"民族精神"中的法律规范,[1] 法律完全是"由沉潜于内,默然无声而孜矻的伟力,而非法律制定者的专断意志所孕就的"。[2] 而在国际私法理论上,萨维尼又似乎是一个国际主义者,强调国家之间由于交往而形成了"国际团体",各国法律则构成一个"法律共同体"。在国际私法案件中,法官应在这一"法律共同体"中依据统一的"法律关系本座"标准选择法律规范。[3] 这里有一对直观上的矛盾。

(二) 问题的展开

这一直观上的矛盾可以进一步展开。有人把萨维尼和黑格尔并置,

---

[*] 作者系北京大学硕士研究生。

[1] 参见杨奕华:"萨维尼法律思想与其国际私法理论之比较",载《清华法学》2003年第2期;李双元、吕国民:"萨维尼法学实践中一个矛盾现象之透视",载《浙江社会科学》2000年第2期。

[2] 参见 [德] 弗里德里希·卡尔·冯·萨维尼:《论立法与法学的当代使命》,许章润译,中国法制出版社2001年版,第11页。

[3] See Wolfgang Friedmann, *Legal Theory*, pp. 210–211.

萨维尼"法律关系本座说"与"民族精神"之关系的再阐释

作为十九世纪德国法哲学的双峰。并将前者作为民族主义的代表,而把后者作为世界主义的代表。最终,二者的对立似乎可以归结到民族精神与自由意志何者为本体的问题上。[4] 从(一)中略述的矛盾来看,这种对萨维尼的简单化实不可取。但这种分析也提醒我们注意,萨维尼学说的两面,确实可以在某种程度上归结为民族精神(Volksgeist)与个人自由意志的关系问题。

1. 萨维尼论法的本质

要充分展开这一问题,首先要辨明矛盾的两方:国内私法与国际私法。对于法律的本质,萨维尼在《当代罗马法体系》第52节做出了集中阐释。萨维尼从法的本质出发,进而说明法律关系的本质。[5] 人(Mensh)居于外部世界,必须与其他人发生联系,而人具有自由的本质,这样自由的人相互之间应当促进而非阻碍各自的发展。要实现这一点,就必须承认一条不可见的界限存在,"在此界限的范围内,个人的存在、作用获得了一个安全的、自由的空间","确定这一界限以及通过此界限而使得自由空间得以确立的规则就是法"。这样,在萨维尼看来,法的本质就是自由空间的设定。[6] 法和道德既有联系,又有区别。联系在于"法有助于道德",区别在于"法并不执行道德的诫命(Gebot),而是保障道德的内在于个人意志之中的力量的自由发展"。[7]

---

[4] 参见汪庆红、张亚东:"从民族精神和自由意志到法律的民族性与世界性——萨维尼与黑格尔的对立",载许章润主编:《萨维尼与历史法学派》,广西师范大学出版社2004年版,第282~288页。

[5] Friedrich karl von Savigny, System Des Heutigen Römischen Rechts, Bd 1, s. 331;参见[德]弗里德里希·卡尔·冯·萨维尼:"萨维尼论法律关系",田士永译,载郑永流主编:《法哲学与法社会学论丛(七)》,中国政法大学出版社2005年版,第3页。

[6] 参见朱虎:《法律关系与私法体系:以萨维尼为中心的研究》,中国法制出版社2010年版,第61页。

[7] Friedrich karl von Savigny, System Des Heutigen Römischen Rechts, Bd 1, s. 332;参见[德]弗里德里希·卡尔·冯·萨维尼:"萨维尼论法律关系",田士永译,载郑永流主编:《法哲学与法社会学论丛(七)》,中国政法大学出版社2005年版,第4页。

关于这一描述与康德道德哲学的关系,下文将会阐述。简言之,法律乃是自由的框架。

2. 萨维尼论法律关系

萨维尼认为:"从现在取得立场来看,任何一个法律关系都是通过法律规则界定(bestimmt)的人(Person)与人之间的关系。"[8] 法律关系有两个组成要素:"首先是题材,即关系(Beziehung)本身,其次是对于该题材的法律规定。第一个组成部分,我们可以将之称为法律关系的实质要素,或者称之为在此法律关系中的单纯事实;第二个组成部分,我们称之为法律关系的形式要素,即事实关系被提升为法律关系所依据的东西。"[9] 这里,萨维尼以实然生活关系和应然法律规范的二分,延续了休谟以来事实与价值的区分。

3. 法律关系与个人自由

在论述法律和法律关系的本质时,萨维尼一直坚持一个基本信念,那就是:个人自由在私法关系中表现出来。[10] 萨维尼首先区别了公法关系与私法关系:公法以整体为目标,个人只是隶属于整体;[11] 而私法以法律关系为对象。"从公法的角度来看每一个人都具有独立的地位并应负一定的义务。首先对于整个国家来说他属于该国的公民,受该国管辖;其次,他属于构成该国的更小区域的市民而受其个人从属于这种

---

[8] Friedrich karl von Savigny, System Des Heutigen Römischen Rechts, Bd 1, s. 333;参见[德]弗里德里希·卡尔·冯·萨维尼:"萨维尼论法律关系",田士永译,载郑永流主编:《法哲学与法社会学论丛(七)》,中国政法大学出版社2005年版,第4页。

[9] Friedrich karl von Savigny, System Des Heutigen Römischen Rechts, Bd 1, s. 333;参见[德]弗里德里希·卡尔·冯·萨维尼:"萨维尼论法律关系",田士永译,载郑永流主编:《法哲学与法社会学论丛(七)》,中国政法大学出版社2005年版,第5页。

[10] Vgl. Kiefner, Das Rechtsverhältnis, s. 167, in: N. Horn (Hrsg.), Europäisches Rechtsdenken in Geschichte und Gegenwart: Festschrift für Helmut Coing zum To. Geburtstag, C. H. Beck München, 1982.

[11] Vgl. Friedrich karl von Savigny, System Des Heutigen Römischen Rechts, Bd 1, s. 23.

更小区域的情况以及与这种更小区域的关系有许多重要的法律上的效果：在罗马法上，在市政义务上，在市政管理上，或者在属于个人身份法的该市的实的法律效果上"。[12] 而在法律关系中，个人是自足的，法律关系只是生活关系在法律规范中的投射。"适用于法律关系的本地法在很大程度上受到有利害关系的当事人的意志的影响，尽管这种影响不是没有限制的，但当事人确实可以自愿地选择服从一种特别法。这种自愿服从还表现在对于某一种特定的法律关系，当事人可以选择服从对其有管辖权的法院"。[13] 可以看到，在萨维尼的理论架构中，生活关系—法律关系与民族精神—法律规范这两个二分结构存在着内在同构性。在萨维尼的论证中，法律制度的发展基本有两个阶段：首先是从民族历史文化中发生的习惯法，然后是专业法律人对法律制度的专业化。这一专业化的过程，同时完成了生活关系—法律关系与民族精神—法律规范的明确划分。

4. 法律关系本座的基本意涵

前已述及，萨维尼国际私法理论的特色在于，实质上反对此前盛行的法则区别说，[14] 强调各国相互往来的国际共通法律：各国统一解释某个法律关系，辨明其所属法域，加以处理。所以，究竟适用哪国法律，并不取决于受理法院的所在地，也不像"国际礼让说"那样取决于法院地国家的礼让，而是取决于超越国家意志的理性原则。

（三）问题的界定

因而，问题就在于，萨维尼普遍主义的国际私法冲突规则，能否以及如何整合于以民族精神为基点的私法学说中。如果各国法律，各自基

---

[12] 参见［德］弗里德里希·卡尔·冯·萨维尼：《法律冲突与法律规则的地域和时间范围》，李双元等译，法律出版社1999年版，第60页。

[13] 参见［德］弗里德里希·卡尔·冯·萨维尼：《法律冲突与法律规则的地域和时间范围》，李双元等译，法律出版社1999年版，第60页。

[14] 参见［德］弗里德里希·卡尔·冯·萨维尼：《法律冲突与法律规则的地域和时间范围》，李双元等译，法律出版社1999年版，第18节前言。

于不同的民族历史所形成的民族精神,各具其必然性,而法本身是"共同生活的秩序,这种秩序对于人类的规定也就是上帝的意志而言是适当的"〔15〕。那么,各国规范国内法律关系的法律制度,与处理跨国法律关系的法律制度,其对象本身就不同——同是将生活关系规范化,前者处理的是民族内的生活关系,后者处理的是跨民族的生活关系,亦即通过冲突规范构成一个更大范围共同生活的秩序。那么,以超民族的原则处理之,似乎就符合更上位的理论概念——法的本质。这样看来,所谓萨维尼的民族精神概念与"法律关系本座说"中体现的对各国一视同仁的原则并不直接在概念上相矛盾,它们之间的张力,实际上更多体现在民族精神的反启蒙本质与本座说理性普遍主义的抵牾之中。

下文将会说明,历史法学派所强调的"民族精神"乃是一种多元的主体性——并不假定或者断定民族之间的高低优劣,因而历史法学派所强调的法律的民族性也是多元的民族性——各国法律制度也无高下优劣之分。基于此,我们将能更好地透视萨维尼国际私法理论与其一般法律关系理论的内在一致性,从而增进对"法律关系本座说"中"法律关

---

〔15〕 萨维尼最晚于 1835 年 9 月开始构思《当代罗马法体系》的写作,第二章的标题是"法律关系的对象和种类",而完全缺少构成之后第 52 节"法律关系的本质"的相关内容。除此之外,萨维尼还写了一个对于体系的"写作计划",同样没有包含任何之后第 52 节的暗示。"提纲"和"计划"都被交给霍尔维格以听取意见,在霍尔维格所交给萨维尼的意见中也同样没有包含之后的第 52 节的任何提示。萨维尼的遗物中保存了萨维尼对于《当代罗马法体系》构思的提纲,在这个提纲中萨维尼注明:"开始于 1835 年 9 月 4 日"。可以见得,实际的开始日期应比这还要早一些,具体的论述参见 Kiefner, Das Rechtsverhältnis, s. 151f, in: N. Horn (hrsg.), Europäisches Rechtsdenken in Geschichte und Gegenwart: Festschrift für Helmut Coing zum To. Geburtstag, C. H. Beck München, 1982. 萨维尼将此提纲整理成一个文件,命名为"收藏和所使用的材料",成为"马堡遗物"的一部分。萨维尼在未发表的第 52 节第二稿中写道:"如果像基督教所描述的那样,将法回溯到上帝的意志之上,那么彻底的相互关联就会完全理解,并且闪烁出与基督教理论中一样的智慧光芒",萨维尼也在其中指出:我们必须承认法与基督教立场之间的联系,而对于后者的崇高敬意是科学的基础。但是,科学自身具有独立的生命,不同思维领域的混淆对于真理的认识是有害的。法就是人类共同生活的形式,它产生于理性,或者根据基督教的立场,法是与上帝的意志相符合的生活安排。因此,我们应当注意萨维尼"民族精神"的基督教背景,及其因而所具有的与自然法学说的联系。

系"内涵的理解。

二、阐释

（一）历史法学派的"历史"

要解决这一问题，首先需要在历史法学派的自身关切中阐明其"民族精神"的意涵。萨维尼多次明白地表达了他的历史主义观点，其核心关切就是："究竟过去对现在的影响是什么？究竟现在和将来之间的关系是什么？"[16] 这一历史主义的立场，与十九世纪德国的浪漫主义运动有着十分重要的联系。[17] 德国浪漫主义运动根源于狂飙突进运动，实际上是对启蒙主义的一种反抗。其核心是强调人的心灵和感性，在德国，浪漫主义总是以一种突出的民族情绪表达出来，并与保守主义相结合，形成了"保守的浪漫主义"。其一大特色就是缅怀过去，尤其是古希腊和德国中世纪这两个"黄金时代"。[18] 萨维尼深受浪漫主义者特别是赫尔曼的影响，并在这一影响下创立了历史法学派。[19] 论者往往从这一点出发解读萨维尼的理论旨趣，[20] 这不能不说是有意义的，但却存在一定的片面性。赫尔德认为，在上帝的眼中，每一个民族都是独一无二的、不可替代的；所有的文化都是完全平等的，只有差别而不存在价值上的任何高下；每一个社会都有它自己前进的方式和目标，都按照自己的轨道朝自己的目标发展。他坚持认为，每一个共同体都有权以

---

[16] 参见［美］J. W. 汤普森：《历史著作史》（上卷），谢德风译，商务印书馆1996年版，第219页。

[17] 参见谢鸿飞："论法律行为概念的缘起与法学方法"，载《私法》2003年第1期。

[18] Henri Brunschwig, Enlightenment and Romanticism in Eighteenth Century Prussia, University of Chicago Press, 1974.

[19] 参见［美］J. W. 汤普森：《历史著作史》（上），谢德风译，商务印书馆1996年版，第187页。

[20] 参见杨奕华："萨维尼法律思想与其国际私法理论之比较"，载《清华法学》2003年第2期；李双元、吕国民："萨维尼法学实践中一个矛盾现象之透视"，载《浙江社会科学》2000年第2期。

自己的方式寻找幸福,我们要努力成为自己。"[21] 萨维尼和浪漫主义者在许多观点上保持着距离。"司法表面上由法典来控制但在实际上是由其他位于法典之外的东西来决定的,这些东西是实际起作用的法的渊源。然而,这种假象是极其有害的。因为法典绝对地借助其新奇性,借助其与时代居主导地位的各种观念的相似性以及其外在的力量将注意力转到其本身,且偏离了真正的法的渊源以至于作为不明确和未受关注的既存真正的法的渊源恰好变得缺少民族的精神力量,因此仅仅是真正的法的渊源也许可能处于一种受称道的地位。这一危险不是毫无根据的,这将在下文从对各种新法典的思考中变得明确,且这将表明,不仅仅是具体的内容,而且是这种在根本上居统治地位的法的渊源的观念和一般性质被误识了。正如它以不同的名称出现,一会儿是自然法,一会儿是法学,一会儿是法的类比。"[22]

(二)萨维尼所处的历史

1813年-1814年间,在拿破仑败于莱比锡联军之后不久,汉诺威一位保守的法学家雷堡(August W. Rehberg, 1757-1836)发表了《拿破仑法典及德国对其之引进》(Über den Code Napoleon und dessen Einführung in Deutschland),文中将民族自尊与保守信念结合在一起,以对抗外来的拿破仑法典。他的文章引起很大的回响:当神圣的德意志罗马帝国及其罗马法的共生不再存在,当法国的霸权与《拿破仑法典》的支配地位不再存在,是否在德意志民族诸国间,需要一个共同的德国民法(ein gemeindeutsch Civilrecht)?大多数法学家响应道,德国境内的民法的确应该维持其一致性,但这个共同民法的基础和内容为何?自由派认为应当建立在当代普鲁士、奥地利、法国等以来的法典所具有的理性精神上,贯彻启蒙主义的主张;而保守派则认为应该建立在罗马帝国及

---

[21] Vgl. Isaiah Berlin, Vico and Herder: Two Studies in the History of Ideas, Vintage Books, 1976, S. 164ff.

[22] 参见[德]弗里德里希·卡尔·冯·萨维尼:《历史法学派的基本思想(1814-1840年)》,郑永流译,法律出版社2009年版,第14页。

《查士丁尼法典》的基础上。[23]

海德堡大学的蒂博教授在这样的背景下,对雷堡的意见提出批评,表明了自己的自由派和理性主义的立场,于1814年发表《德国普通民法的必要性》(Über die Notwendigkeit eines allgemeinen bürgerlichen Rechts für Deutschland)。蒂博的文章提供了萨维尼表达自己先前已具有的法学信念的机会。1814年他撰写了《论立法与法学的当代使命》,接着对蒂博的批判,创造了他的"民族精神说",奠定了德国历史主义法学派的基础。他鲜明地表达了自己反启蒙、反理性主义、反法国革命的保守主义观点,[24] 与维也纳会议之后的复辟(Restauration)浪潮取得了同步的立场。

萨维尼在当时之所以提出"法是民族精神的产物"这一理论,其目的之一是为了反驳自然法学派所主张的"存在所谓放之四海皆真理的自然法或理性法"。自然法学派否定了或者至少忽视了法的民族性,萨维尼则针对自然法学派的这一缺陷正确地指出了国家和民族对法具有决定性的作用。但这并不表明萨维尼在法的本质问题上对其他影响或决定法的各种因素视而不见或置之不理,也不能据此断言他是一个极端的狭隘的民族主义者。相反,萨维尼绝没有抱"民族封封闭"主义的观点,而是主张各民族的法律是相互影响的,并且可以相互借鉴。

(三)回到文本

1. 法律关系是第一性的,法律规则是第二性的

让我们回到《法律冲突与法律规则的地域和时间范围》一书的原文。[25] 在第一节,萨氏开宗明义地指出:"实在法在世界范围内并非一致,各民族与国家之间有所不同,其原因在于,任何社会中,实在法部

---

[23] Vgl. Hans Hattenhauer, Friedrich Karl von Savigny u. a., Thibaut und Savigny—Ihre Programmatischen Schriften, Verlag Franz Vahlen, 1973, S. 40f.

[24] 参见舒国滢:"德国1814年民法典编纂论战与历史法学派的形成",载《清华法学》2016年第1期。

[25] 本节引文在括号内注明。参见[德]弗里德里希·卡尔·冯·萨维尼:《法律冲突与法律规则的地域和时间范围》,李双元等译,法律出版社1999年版。

分源于人类共同的原则，而部分源于专门机构的运作。"（p.1）因而该书要解决的首要问题是"法律规则……影响何种法律关系"，而非"法律规则在何种范围内发生效力"。法律规则与法律关系的对应才是首要问题，而法律规则的时空范围是由其对应的法律关系的时空范围所决定的，而非反之。

紧接着，萨维尼阐述了人作为权利的核心因而也是法律关系的核心，是法律规则作用的核心对象。法律关系的核心要素是权利。而从一个人看是他的权利，对另一个人而言就是义务。[26] 这里我们看到了"民族精神"概念反对《拿破仑法典》所基于的同一原则：人是法律规范作用的核心，也是民族精神的载体。萨维尼总是将个人自由（或利益）树立为法律规范的目标，[27] 而民族精神正是个人自由的核心基点。[28] 因而实在法不应该罔顾民族精神而对个人加以规制。

---

[26] 参见［德］卡尔·拉伦茨：《德国民法通论》（上册），王晓晔等译，法律出版社2003年版，第256页。应当看到，萨维尼将自己的论述限制在司法领域。"关于属于私法的法律关系的本质，这里需要进一步阐述：它在我们的任务之中……"（Friedrich Karl von, System Des Heutigen Römischen Rechts, Bd 1, s. 331；参见［德］弗里德里希·卡尔·冯·萨维尼："萨维尼论法律关系"，田士永译，载郑永流主编：《法哲学与法社会学论丛（七）》，中国政法大学出版社2005年版，第3页。私法、公法的区分标准虽然是模糊的，但区分本身仍然具有意义，其中这个意义就在于这个区分在一定程度上指明了法类型以及规范类型的多元化，无论以哪一种法以及与此种法相应的法规范作为法的原型，无论是以自由作为法的本质属性还是以强制作为法的本质属性，似乎都是正确的同时又都是不正确的，这里似乎需要一个"正"和"反"题的"合题"。现代的很多法学家已经意识到这一点。例如，针对奥斯丁·凯尔森的理论，哈特提出了"法律的多样性"，并进而提出"规范类型的多元"，实际上蕴含了此种思想，哈特理论请参见［英］H. L. A. 哈特：《法律的概念》，许家馨、李冠宜译，法律出版社2006年版，第三章"法律的多样性"以及第五章"法律作为初级规则与次级规则的结合"。在这一点上，拉伦茨也持有与哈特有些类似的观点，参见［德］卡尔·拉伦茨：《法学方法论》，陈爱娥译，商务印书馆2003年版，第1页。因此，萨维尼在这在这部分所论述的"法"乎应当限定为"私法"。

[27] Friedrich Karl von Savigny, Driitte Redaktion des 52, s. 3, 另见《当代罗马法体系》第八卷第五节，"世界各国和整个人类的共同利益"。

[28] 参见［德］卡尔·拉伦茨：《德国民法通论》（上册），王晓晔等译，法律出版社2003年版，第256页。

2. 克服不确定性

萨维尼指出,法律关系双方当事人属于相同或不同的法域,是偶然的。历史主义所高扬的历史决定论旗帜,天然地反对实定法的任意与多变。作者在书中多次反对法律规则的偶然性和不确定性。在论及"国际礼让说"时,萨维尼评论道:"不应把这种容许(容许适用外国法)看作是大度和任意的结果,如这样,就会意味着不确定性和临时性"(p.15)。而在论及法律本座的必要性时,萨维尼认为:"原告可以在不同前法院中选择,这样,如果适用于该案例的法律不是根据案例的事实来确定,而是取决于起诉者的任意选择,可能导致不正确的审判。可以想象如果这个原则在完全受国家刑事陪审法庭统治的国家中适用,那么,它所带来的困难和任意性是十分突出的。"(p.62)从而,法的本质要求其具备确定性。

正如林端老师所言[29],表面上,历史法学派在对抗理性主义的自然法思想时,建构了他自己的法学的历史主义。但是它独特地融合历史的与系统的研究方法,使其"历史主义"出现无根且无由贯彻的特点,剩下来的主要仍是法律素材的系统性处理工作,这事实上与它要对抗的自然法思想所具有的形式的、理性主义的观念并无二致,使其最后发展成"非历史的"法律实证主义。在这里,对于法律必然性和确定性的直接要求,使得历史法学派的"历史"与自然法学派的"自然法"渐趋于混同,"它所体现的不是发展史的原则,它所展现的是一个个与当代的土地脱离的历史"。[30] 这也就提示我们,历史法学派的"民族主义"——"世界主义"这对矛盾,与它的"历史性"——"理性"这对矛盾具有同构性。历史法学派无法完全从历史性出发构建法律规则的规范性,因而在马堡手稿对法的本质定义中,在"共同生活的秩序"之后,

---

[29] 参见林端:"德国历史法学派——兼论其与法律解释学、法律史和法律社会学的关系",载许章润主编:《萨维尼与历史法学派》,广西师范大学出版社2004年版,第105页。

[30] Vgl. Walter Wilhelm, Zur Juristischen Methodenlehre Im 19. Jahrhundert, Vittorio Klostermann, 1985, S. 36 f.

还需要加上"这种秩序对于人类的规定也就是上帝的意志而言是适当的"[31],这就与自然法学说的论调十分相似了。历史法学派实际上是另寻了一个途径——历史研究,来揭示自然法学派想要从人性研究和神学研究中发现的自然法。[32]

3. 跨国性的普通法及其例外

作者在第五节首次提到了"跨国性的普通法",作为对"绝对主权原则"的现代替代。绝对主权原则要求法官必须适用本国法律处理跨国法律关系,而随着国际关系愈趋频繁活跃,人们愈加确信这一规则并不合适,而应代之以相反的规则。如果我们从一般的观点来考虑摆在我们面前的这个问题,即从几个世纪以来不同学者的理论、不同国家的立法以及司法来考虑这一问题,我们可以发现一个明显的变化,而且这种实在同一个方向得到了进一步的发展。这种普遍国际法的性质可以由其例外得以说明。萨维尼认为在以下例外情况下只能适用国内法:(1)强行性的实在法,它们与法律的自由适用是不一致的,这法律的自由适用是不受特定国家的限制的。(2)外国法律制度的存在在我国没有被完全承认,因此它不能得到我国法院的保护。这突出地表明,国家可以在人身法领域保留对国内的绝对司法主权,而这种保留要求一个除单纯法律目的之外的目的。在这一点上,"法律关系本座说"与"民族精神"达成了一致:对于特殊民族精神的保护与彰显可以拒斥"国际普通法",而那些纯粹保护利益的法律,则被作者称为"公正目标的体现",可以赋予一般的冲突规则加以处理。另一方面,如果外国法规则并未得到国内法官的充分承认,则不能作为"跨国的普通法"。作者举出的例子是视奴隶为物的外国法,违反了本国的基本道德,故不能适用。这两个例外从反面说明了,国与国之间的"普通法"是建立在(1)共通的目

---

[31] Vgl. Kiefner, Das Rechtsverhältnis, s. 167, in: N. Horn (hrsg.), Europäisches Rechtsdenken in Geschichte und Gegenwart: Festschrift für Helmut Coing Zum To. Geburtsting, B. 1, verlag C. H. Beck München, 1982.

[32] See Leo Strauss, *Nature Right and History*, The University of Chicago Press, 1953, p. 17.

的——以司法保护当事人利益,因而有其他特殊目的的立法不构成跨国普通法的内容;(2)共通的基本法律原则——互相承认对方法律为正义,因而显然违背本国正义原则的法律不能适用。这里我们看到所谓"国际主义"是一个过于简单的概括,萨维尼并非要求在国际私法领域无条件地放弃"民族精神"的考虑,而是要通过例外(2)来维护民族精神,以共通的利益保护目的为基础建立,使得跨国案件的结果不受原告恣意的影响,达到确定与统一。作者认为:"在对位于我们国家的不动产进行继承时,对于外国人,如果适用外国的法律规则来代替内国的法律规则,将可能危害我们同胞的利益。但是在一些特别的案例中,适用外国法也可能会出现相反的结果;而且这一些危害完全可能因我们所认为存在的互惠而消除。如果对位于本国领域内的财产适用外国法,则可能会被认为这将危害本国的尊严和独立。但是,这种反对意见也被拒绝,他们认为更为一般的观点是应该适用存在于国际社会的共同法,并把它作为我们整个原则的基础和最高目标。"(p.61)因而,虽然"法律关系本座"表现为一种冲突规范,但它所追求的却是能够在司法中适用的、实体性的"国际社会的共同法",虽然这一共同法的内容来源于各国法律。

从萨维尼所举的例外来看,所言的"跨国普通法",虽然其正当性源于"各国和整个人类的利益",但萨维尼并没有设想这种正当性会直接导致各国对其自然的服从,而是通过对例外的限定,说明了这一跨国普通法的合法性乃是基于共通的利益保护目的和基本法律原则。因而,一国可以制定凸显"民族精神"的强制性法律,或由于外国法违反本国正义原则而不予承认。因此,这一"跨国普通法"虽然似乎通过与法院地无关的统一冲突规则,建立了一个类似国内实体法的国际体系。但这一体系的具体内容对于每个特定国家都是不同的,这种不同仍然植根于一国的"民族精神"。并不像英美的批评者所言的,是"凭空幻想了一种体系",[33] 而是比较充分地考虑了这一体系的实现可能性。"法律规则都是为当事人所制定的,当事人的现实利益就是公正目标的体现,因而当事人的利益不应该屈从于法律的统一性和一致性。"(p.22) 这一原则既高于"民族精神",也高于"国际主义",二者都要通过现实利益这一枢纽得到解释。进而,法的本质要求确定性,而当事人的利益不应屈从于法律的统一性和一致性;那么可行的国际私法,既不应该是国际统一的实体法典——使当事人利益屈服于法律的一致性,也不应适用绝对主权原则,而应当是确定而以当事人利益为中心的。

4. 民族精神与民族性;属人主义与属地主义

从这一点出发,我们进一步注意到萨维尼对民族性的历史认识。在论述法律进步的过程时,萨维尼区分了游牧民族极端属人主义的法律和文明进步时期领土国家的法律。"民族性在更大程度上是作为游牧部落法律共同体的基础和界限而出现的,这些部落没有固定的领地。"而在领土国际之中,"随着时间的推移,文明的进步,法律共同体的第二种根源(地域性)已逐渐取代第一种根源(民族性),不同民族之间更加多变、更加主动的交往是导致这一结果的主要原因,因为通过此类交往,民族性之间的悬殊差异必然为之消除。但是,基督教的影响一定不能忽视它作为大多数民族精神生活的共同约束,已更多地将各民族的特性差异扫入历史陈迹。"(p.16) 但是,"只有在国家内,个人意志才得以发展为共同意志,也只有在国家内,民族才具有可认知的存在。"(p.7)

民族性有其前国家的根源,但民族精神作为一种共同意志,只有在

---

[33] 对于萨氏的理论,最常见的非难就是:"法律关系本属无形,安有本座。"更不肯放过本据说的两个例外,谓界定虽易,实际上却颇难:划定范畴,以致仍会为国家主义者所乘而滥用之。英人眼中,萨氏是一位令人难以捉摸的人物。对萨氏主张的法律关系之统一性,英人评之为一个"虚妄的假设"(a faked false assumption)。言下之意,对其主张颇不赞同,攻击国际主义的尖锐矛头,斥国际主义是误导人们去相信他们国家所未承认的学理原则为真正的法律,而这些学理原则只不过是因为国际主义者认定之而视为当然之故。参见 Geoffrey Chevalier Cheshires, *Private International Law*, Butterwerth & Publishers Led., 1969, p.26.

国家之中才是可能的。而在国家发展的过程中，民族性之间的悬殊差异必然逐渐消除。因而，我们要区分的是，萨维尼所谈的"民族精神"并不就是"民族性"，民族性可以是自然和先天的，但民族精神却是一种"共同意志"，因而处于自由的概念范围内。明晰了这一点，我们就更能理解"法律关系"。我们可以发现一个明显的变化，而且这种变化确实在同一个方向上得到了进一步发展。国与国之间的彼此隔离逐渐转变为国与国之间的交流和接触，相应地，不同国家的学者们从前所存在的不同观点也在很大程度上统一了起来。（p. 21）因而，切不可将萨维尼所谈的绝对独立的民族精神和在历史中逐渐消灭的民族性相混淆。

三、结论

萨维尼在国际私法方面的贡献是多方面的，最主要的体现在：一是他断然抛弃延续了五百多年的法则区别说，从法律或法则自身的性质来探讨法律冲突的解决方法，改而从法律关系的性质入手，通过寻求其应隶属的地域的法律，即所谓的"本座"来解决各种不同法律关系应适用的法律。我们知道，法律规则乃是从社会关系中抽象出来的行为规则，因此，就法律规则与其调整的法律关系的关系来讲法律关系是第一位的，法律规则是第二位的。法律关系决定法律规则，法则区别说的基础是建立在对法律规则的划分之上的，而萨维尼的法律关系本座说却抓住了法律关系本身的属性和分类来确定应予适用的法律，后者比前者更准确地反映了法律冲突的本质，因而是一种更客观更先进的法律选择办法。[34]

同时，这一理论和萨维尼的私法理论有着内在的一致性。首先我们应当注意到，国内法律关系和跨国法律关系有着不同的民族精神背景，不应仅仅因为二者规则不同而认为二者有矛盾。当跨国法律关系涉及两个民族的成员时，通过民族精神概念并不能提供有效的标准，因而绝对

---

[34] 参见沈宗灵："略论历史法学派"，载《法学研究》1980年第3期。

主权原则本身是无力的。[35] 萨维尼"承认这种主张的正确性，而且甚至认为可以把此种主张扩展到可以想象的最高程度；但是，我相信这对于解决这个问题没有多少帮助。"萨维尼国际私法理论的立足点就在于绝对的民族精神在国际交往领域不能作为有效的标准。但这并不意味着彻底否定民族精神，而是通过法律本座的例外，将民族精神树立为否定性的规则：适用外国法不能违背本国基本正义观念。同时，民族精神作为"个人在国家中形成的共同意志"，也通过民众的一般观念，表达了对"跨国普通法"的支持。

从历史的角度来看，萨维尼认为，从游牧时代的绝对属人原则到领土国家时代的主权原则，国际交往增强，民族差异性降低。不论是第一阶段绝对的属人主义，还是后一阶段对互惠共同规则的诉求，都与共同体的形式和基础有着紧密的联系。这一过程也是从无意识的民族性到有意识的民族精神的过程。因而，民族精神在国家内的形成与互惠原则、国际主义的高涨具有历史的一致性。

在这一历史境遇之下，萨维尼将个人自由（利益）树立为最终原则，从而分别在国内国际领域论证了"民族精神"与"法律关系本座说"的正当性。民族精神是个人意志在国家内形成的共同意志，而"法律关系本座说"则使法律规则的选择从属于法律关系的本质，从而从属于当事人的现实利益。因而，萨维尼的国内法学说与国际私法学说统一在这一原则之下。从而，萨维尼开启了利益法学和自由法学的先声。[36]

---

[35] 参见［德］弗里德里希·卡尔·冯·萨维尼：《法律冲突与法律规则的地域和时间范围》，李双元等译，法律出版社1999年版，第11页。

[36] Arthur Kaufmann, Freirechtsbewegung-Lebendig oder tot?, in: Arthur Kavfmann Rechtsphilosophie im Wandel Stationen evnes Weges, Heymann 1984, 2Aufl., S. 231 ff., insbes, S. 236. 关于萨维尼民族精神与自由法学的关系，参见［英］罗杰·科特威尔：《法律社会学导论》，潘大松等译，华夏出版社1989年版，第8~24页。

寻找传统中国法的真精神
——马若斐《传统中国法的精神》读后

李明桓[*]

引 言

《传统中国法的精神》是中国政法大学出版社推出的"海外中国法研究译丛"的系列著作之一，本书出版于 2013 年，作者为马若斐，译者为陈煜。根据译者所作的"代译序"，我们知道，作者马若斐（Geoffrey Mac Cormack）先生 1973 年出生于英国，20 世纪 50 年代在悉尼大学求学期间对中国文化和历史产生了浓厚的兴趣，之后进入英国牛津大学攻读法社会学、法人类学及其他法律理论并在 1966 年获得法哲学博士学位。之后先后在悉尼大学、苏格兰格拉斯哥大学以及阿伯丁大学担任教授，并一直在坚持学术工作和研究。马若斐先生通过多年的研究和学习所具备的深厚理论分析功底和哲学分析能力，使得本书的说理性更强同时通俗易懂，书中的许多观点值得读者进一步深思与辨析。所以本文试通过对《传统中国法的精神》一书的主要内容、思想要旨和写作得失的分析，进一步揭示中国法的真精神。

一、透过制度看精神

谈到"法的精神"，人们首先想到的就是法国思想家孟德斯鸠的《论法的精神》，但孟德斯鸠其实并未给"法的精神"提供一个确切的概念，而是强调"从最广泛的意义上来说，法是由事物的性质产生出来

---

[*] 作者系郑州大学本科生。

的必然关系"。[1]并说一切事物皆有其内在的法,可见其"精神"是侧重于从"关系"这个角度来谈的,而一切事物有其内在的法,不过是事物规律的代称。所以法的精神,在孟德斯鸠眼里,不同于一般的法律现象,而是现象后面所反映出来的本质。诚如列宁在《哲学笔记》中开篇就提到"规律是现象中持久的东西"[2],也只有持久的内涵,才堪称作精神。理解了这一点,似乎就能明白马若斐先生所谓"法律的精神",究竟想要表达什么了。

但是关于中国法的现象林林总总,关于中国法的制度浩如烟海,而其实践中的案例或者判例更是汗牛充栋,如果不加采择,只会陷入史料的汪洋大海中,更别说用短短十几万字来剖析中国法的精神了。但是马若斐先生足够聪明,也有很好的机会,他一开始就是从《唐律疏议》着手的,他真是一下子把握到了关键。诚如他在书中所说:

"随着我对中国法制历史研究的深入,我也认识到唐律并不是'横空出世'的,而是历代法典精华之所聚。只有将唐律置于纵深的历史坐标上来考察,我们才能体会其作为法律的核心地位。一方面,它继承和发展了此前王朝的立法成果,有的甚至可以远溯公元前3世纪的秦朝。另一方面,我们在明清律中可以看到唐律的重现,甚至有时连遣词造句都没有任何改变……为了说明传统法的精神为何,我试图由分析唐律的特性入手。在我看来,唐律就堪为传统法精神之浓缩。"[3]

在选择到了这一条"终南捷径"之后,马若斐先生就开始了其传统中国法精神的探索。当然如果想要了解"法的精神"不仅要关注规则,更要关注其背后的思想和文化,因为在理解"法的精神"时就是在了解创造并服从于该法的人类的文明。从书的篇章结构看,本书共有十章,

---

[1] [法]孟德斯鸠:《论法的精神》(上册),张雁深译,商务印书馆2012年版,第1页。

[2] [苏]列宁:《哲学笔记》,中共中央马克思恩格斯列宁斯大林著作编译局译,人民出版社1993年版,第31页。

[3] [英]马若斐:《传统中国法的精神》,陈煜译,中国政法大学出版社2013年版,中文版序。

第一章至第二章是在对中国法律形成基础进行分析。中国法受到儒家和法家的影响颇深，儒家文化中的伦理观念主要的是从"等级观念""宗法理论""和合伦理"三方面对法治精神有消极影响，[4] 在之后对法规及其适用的分析章节中有具体体现。张荣明教授认为"法家乃乱世之英雄，清平之奸贼"，法家适用于战争年代，不适用于和平时期。其中最为主要的代表就是法家推动秦统一天下，也让秦朝亡于二世。[5] 其次，马若斐教授认为中国法是由行政法、民间法和刑事法三部分构成的，行政法是对官员的惩罚、委任进行具体规定法律，民间法是指受到儒家"以合为尚"的思想影响，古代官员在处理案件时往往更看重促进百姓安宁而不是恪守法律规定，刑事法作为中国法律的重要组成部分，在其中贯穿了立法者的思想和当时的文化背景。

第三章"法的整体特性"、第八章"立法技巧"、第九章"立法与法律推理"以及第十章"法律的适用"，可以被归为一类，都是对古代法典中具体规定的升华，是对法典的整体认识。因此需要结合统治者的立法目的、文化习俗来加以分析。例如，宗教伦理是社会运转的重要制度基础，以血缘宗法制建立了一个个家族，家族共同拱卫着皇族、皇帝，不论是那个朝代，尊卑、宗法都是社会的主流思想，以孝悌为例，法律共同特点是以下犯上要比长辈惩戒晚辈受到的惩罚严厉许多，在立法上为了维护等级制度、尊卑观念也能看出明显区别，唐律中规定父母杀害子女处两年或两年半的徒刑，子女行为与父母的死亡结果有关，如使父母生气而跌倒致死，子女往往会被处以绞刑。整个制度的设计贯穿着礼教的训谕，这就是所谓的"唐律一准乎礼"。而"一准乎礼"，诚如现代学者所言，主要表现在这几个方面：首先，唐律罪名的设置体现了礼"定亲疏，决嫌疑，别同异，明是非"这一"别"的原则，注意根据不同的情形而区别对待；其次，唐律中许多罪名，专门是为了保障

---

[4] 参见陈云良："儒家伦理与法治精神"，载《中国法学》2000年第5期。
[5] 参见张荣明："强国与亡国：法家政治观剖析"，载《天津师范大学学报（社会科学版）》2014年第1期。

礼教而设,这样的条文比比皆是。最后,律后的疏议在解释律文时,直接引用礼经中的文句,因为疏议本身也是有效力的,从而为其所引的礼经文句,也可作为正式法律渊源。同时,如果在正式的律条中没有规定应该如何定罪量刑,那么还可以根据礼经的条文来加以处理,此时的礼经的条文就等同于正式法律条文。[6] 所以马若斐先生实际上是根据"唐律一准乎礼"这一核心要执来安排这几章的内容,通过立法技巧、法律推理和法律适用状况,来展示以唐律为代表的传统中国法背后隐藏的真精神。

而作为精神所附的载体,作者也有必要将基本的法律制度阐释给读者,否则,精神就显得虚无缥缈,让读者难以把握。于是我们看到,本书第四章至第七章是对法典进行具体分析,举了许多实例,谈到关于刑法的道德基础、刑法调整的主体之间关系以及刑法所要树立的道德观是以人为本等。作者敏锐地发现,刑法有的条文从未被执行过,但是一直被保存,原因是国家希望以法典的形式宣扬其核心价值观,法典也因此具有了象征性的意义,体现着儒法两家对人们的道德要求。古代中国往往被认为是"熟人社会",人际关系是社会建构的重要组成部分,人际关系通常以"尊卑""长幼"来划分,以此决定社会中应承担的义务和责任。儒家期望人们可以拥有"仁爱""宽恕"之心,比如重视生命,提倡宽恕以及严男女之防。这实在是切中肯綮,把握到了中国传统法精神的命脉。正所谓"透过制度看精神"。

二、罪与罚——中国法精神的微观体现

以上我们从作品的谋篇布局和内容要旨方面,来讨论马若斐是如何"架构"传统中国法的精神的,一言以蔽之,就是透过制度看精神。但是即便是唐律中的制度,也异常丰富。马若斐强调,中国古代法律是以刑法和行政法为主,在法典中,也以这两个方面的规定最为繁多。而如

---

[6] 参见张晋藩、陈煜:《辉煌的中华法制文明》,江苏人民出版社2015年版,第98页。

果要论行政法，那么除了传统律例之外，会典和其他政书，又会是横亘在研究者面前的一座大山，更遑论研究者还是一名外国人。于是马若斐采取的做法是"重其重者，轻其轻者"，他在书中集中论述的，还是中国法典和司法审判中的"罪与罚"。他发现了传统中国法当中一个很有趣的现象，就是"以罚称罪"，刑罚的力度决定了罪行的大小，比如此人如果罪重，那么他所犯的就是死罪或流罪，如果称罪轻，则一般简称笞杖案件。所以法典的排列顺序，并不是按照罪的大小或者轻重缓急来排列，比如《卫禁》律并不一定比《贼盗》律重要。但是就《贼盗》律内部而言，排列在前的一定是重罪，比如谋反大逆，都是"十恶"中的罪行，都要处以最严厉的死刑。而《名例》开篇第一条就是"五刑"，这条法律确定下来之后，直到封建社会末世，都再未更改。这说明了什么？说明中国法是以"刑"为中心的，以什么名义定罪，或许并不是一件最重要的事，人们关注的核心，是罪后面的罚。刑罚的执行及其执行方式，比对罪与非罪、此罪与彼罪的界定，要有意义得多。所以马若斐在微观细节的处理上，抓住了"刑罚中心论"这个角度，从而由小见大，把中国法的精神进一步体现了出来。

就刑罚的意义而言，诚如学者所强调的那样，"刑罚或施加于肉体，或施加于灵魂，人们寄希望于通过这种方式来使普通群众接受稳定的品行准则，不敢背弃物质和精神所共有的涣散原则，并能长久地约束活生生的物质所诱发的欲望"。[7] 马若斐看到，不同于英美法系，中国法中刑罚的意义显然要更重要和深远。英美法系中刑罚主要倾向于威慑作用和报复功能，而刑法本身是为了保障社会安全，使公众免受犯罪危害。但在中国的相关文献中，刑罚既有报复、威慑作用，也有改造作用，但比较特殊的是具有与"报复"不同的"偿还"意义。儒家对生命的重视使得"杀人偿命"成了一种人们心中的固有的观念，但同时杀人者生命也是珍贵的，法律允许通过刑罚让犯罪人偿还他们对受害者和社会所欠下的物质上或精神上的债务，例如案犯支付一定数额的金钱给受害者

---

[7] [意]切萨雷·贝卡里亚：《论犯罪与刑罚》，黄风译，商务印书馆2017年版。

家庭以抵赎其死刑。[8] 这种"偿还"思想使得中国刑罚独树一帜。使得在发生命案之时，法庭通常会严格计算死亡人数，实现以命相抵。为了使被案犯杀害的人命条数和判处抵命的人命条数实现平衡，法律至少在理论上总是坚持一命偿一命，但应当限制偿命的人数，抵命的人数不应该超过为案犯杀害的人数。在有的案件中，如在两家斗殴时双方各有一命丧生，明清法律就认为双方已经扯平，而不需要进一步判人死刑。比如两家斗殴，甲方三人，乙方二人，甲方的两个人共同致死了乙方一人，而乙方一人致死了甲方另一人。则对共同致死乙方的两甲方人毋庸再判死刑。再比如，疯子一般被认为没有刑事责任能力，所以对于因疯杀人，通常都会锁锢监禁，只要使其不再继续危害社会即可，一般不会判处其死刑。然而，因疯杀人者所犯之罪被认为情罪重大时，杀人者依然会被处以死刑，比如在杀期亲尊长或杀一家二至三口等情形中，就如此处理。此时，不是对阻止疯犯继续为害社会的渴望，而恰恰是疯犯自己所犯下的罪行本身，成了判处其死刑的理由。只有以命相抵，才可告慰死者的在天之灵。这就是传统中国刑罚"偿还"主义的典型体现。

那么如果执行刑罚的目的是为了弼教，那么在什么程度上使用刑罚是正当的？对于一个既定的罪行到底给予多大限度的刑罚才是恰当的？对这两个问题的回答是，法典对于朝廷是不可或缺的，刑罚是为了政教之用。刑罚的目的在于维持良好的秩序以及防止恶行的滋生。但这并没有真正解决保证刑罚公正性的问题，过度的刑罚、不公正的刑罚都是不可取的，而在实践中，根据身份地位的不同，尊卑差距常造成不公正的结果，为了维护社会风气也会有过度刑罚的情况。当然，为了使得这种情况不至于危害到统治，并且能够让百姓体会到既有的法律就是他们心目中的"王法"，统治者在立法时，已经对法典加上了一点点"弹性化处理"，通过总则化的条款，规定了一个基本的原则和定罪量刑的框架，再通过具体规定各罪的分则，防止司法官员自由裁量过大。如果总则和

---

[8] 参见［英］马若斐：《传统中国法的精神》，陈煜译，中国政法大学出版社2013年版，第96页。

分则都无法胜任具体的罪案，那么还可以通过司法解释来进行法律漏洞的补充。我们知道法典的主要组成部分是"名例"和"各罪"，有关部门对于法律所作权威解释也被不时地加入法典，其中最权威的是经皇帝批准的解释。解释有非条款的形式，如唐律中的"疏议"，也有以"正式的"或"小号的"字体撰写注释夹在法条中的形式，如明清律。在遇到法律没有规定的特殊情形下，官员们也会给出一定的解释。在疑难案件中，最终的决定权归刑部掌握，对于严厉刑罚，例如死刑判决，君主会亲自判定。这样，刑罚就会按照统治者预想的情形，被运用到司法实践中去（当然，纸面上的法也不可能一成不变地变成生活中的法，所以在实践中，总会有超出立法者预期的情形出现）。

至于刑罚与犯罪的关系，传统中国法始终在强调，刑罚的适用应当平允。最理想的状态，就是"得情罪之平"，传统罪与罚上，贯彻一种有差别的正义观，这就是张中秋教授所强调的"合理正义观"，他认为传统中国的正义，追求的是一种内在的"合理性"，这一正义观内涵丰富，简言之，要求等者同等，不等者不等，等与不等在一定条件下可以转换。即同样条件和同样身份的要齐一对待，不同条件和不同身份的要区别对待，条件和身份在一定条件下转换后，相应的对待也需要转换，只有如此才能保证事实上的合理，合理是一种动态化的平衡。当平衡被打破后，那么就会出现不正义。[9] 因此，在不同情况下，达到刑罚公允的条件不一样。有时刑罚要儆效尤而彰风化，刑罚具有了威慑功效；有时为了实现刑罚的报复功能，要根据案犯的主观恶性、案犯的邪恶程度予以相应力度的刑罚；有时为了实现刑罚的偿还功能，可以忽视案犯的邪恶程度，只要进行以命相抵；有时判断罚当其罪的标准是社会流行的道德价值。而在故意与过失的区分方面，古代刑罚会确认区分过失和故意犯罪，但在施刑时，并不主要以过失、故意作为判定刑罚量刑的标准，而是以危害后果以及行为推定刑罚程度之大小。危害后果既包括对受害人造成的危害，也包括对社会风气所造成的冲击，后者对刑罚影响

---

[9] 参见张中秋："传统中国法特征新论"，载《政法论坛》2015年第5期。

更大,对社会风气造成的冲击会直接影响到统治的稳固,所以往往作为重要的判刑依据。

此外,马若斐关于罪与罚的论述,还特别关注了"刑讯"、"家庭"和"死罪判决"诸问题。关于刑讯,以唐律和明清律为例。唐律严格限制刑讯,口供不是必需的证据,如果事实清楚,即使缺乏口供,法律也能判刑,如果事实不清,可以实施法律规定范围内的刑讯来获得口供。明清律没有严格的限制刑讯,并常出现滥用刑讯的现象,主要是因为在明清律规定中,所有案件必须依靠口供来定罪。刑讯作为合法的法律程序出现是不应该的,但是要注意到法律对其使用进行的限制。同时判决中严格复杂的步骤,也使得审理程序具有合法性。当然,这种合理性不排除上述张中秋教授所谓的"不等者不等"。在身份差异较大的传统社会,刑罚与特权存在千丝万缕的联系,这始终是中华法系的一大特色。特权阶级除了皇亲贵族外,到达一定级别的官员也可以通过其他方式减免刑罚。但特权不足以豁免所有的罪行,特权只适用于严重的罪行,原则上,特权级别越高,所使用的罪行范围越小。而之所以对于官员进行特殊处理,是因为他们与君主共治天下,不能以普通的法律约束他们,应该在某种程度上"超越法律"。因为君主的特殊性,所以围绕君主的人们也应该具有特殊性。在"家庭"观上,同样存在着罪与罚的问题,家庭观念在法律中的相关规定很好地体现了儒家"仁爱"的关怀。在案犯不知情的情况下,其亲属代其自首能使案犯获得宽大处理的结果,原因是亲属是出于对案犯的爱以及希望其从刑罚中解脱出来的目的。但是控告亲属的人,如果在不允许告诉的情形下告诉,告诉人通常要受处罚,原因是控告其亲属时,行为人是出于一种邪恶的念头,想看到其亲属受到刑罚的处罚。

至于死刑,和上文提到的"偿还"主义一样,在中华法系传统中,为了体现对生命的尊重,法律采取"以命相抵"的原则,但一命抵一命的原则,只发生在犯罪直接导致他人死亡的情形。如果没有直接的因果关系,不能判人死罪,刑罚的严厉程度取决于犯罪行为和结果的因果关系。法律也重视加害人的生命价值,死刑的确认要尽最大努力来正确定罪和合理量刑，杀人者应该偿命，但案犯也不该遭受不公正的判决。

这就是马若斐所构筑的中国传统法中的"罪与罚"。他的目的，本不在于介绍罪刑关系，继而揭示古代社会中是如何定罪量刑的。他并不是传统的律学家，具体的细节，可能他也无从知晓。他的目的在于，通过外在的现象，来展现传统中国法的精神，于是很自然的，传统"罪与罚"就成为有一个非常具有说服力的标本。

三、得失之间——中国法精神的凸显和遗漏

从以上马若斐对中国传统"罪与罚"的分析中，我们可以看到，让马若斐认识到中国传统法，尤其是正律的特征的，即"诸法合体"，制度上"比刑统民"，民事法律尚栖身于刑事法律之中，正说明中国古代刑法发达，民法落后。[10] 纵观中国法治发展历史，中国古代刑法的发达是中国法治与西方法治相比一个鲜明的特点。以祭祀与战争为源头的中国传统法律，格外重视刑罚，并将其视作镇压、维护统治的必备手段，同时法律格外重视家族伦理关系以协调社会各方面的关系，温情的感化往往能起到刑法无法起到的作用。[11] 张中秋教授在分析中国古代法律的刑事化现象时指出，国家和社会集体对损害它的行为其态度总是明确的，会毫不含糊地予以报复和制裁，而能否实现报复和制裁，根本上则取决于国家力量的强弱。因此，一个社会的国家集权和观念愈发达，其刑事立法也必然发达。[12] 所以，以刑法来透视中国法的精神，能够很清晰地凸显出其主要面貌。所以此书在这几个方面，对于提醒读者，尤其是西方读者，从整体上把握中国法，应该说是很成功的：

首先是法律与道德的关系。中国传统法律与道德的边界十分含糊，并进而推论道德的所有角落都为刑法所规范。立法者通常考虑事实或者

---

[10] 参见陈兴良："刑法谦抑的价值蕴含"，载《现代法学》1996年第3期。

[11] 参见张影："中西方法治理念比较"，载《商业文化（学术版）》2011年第1期。

[12] 参见张中秋：《中西法律文化比较研究》，南京大学出版社1999年版，第96页。

道德的影响，以此决定刑罚的严厉程度，如果一旦行为导致损害后果，即使行为人不是故意的，但行为依然是不道德的，要受到法律的惩罚。在法律与道德都作为重点约束的"尊卑问题"上，在家庭结构中出于"卑幼者"往往被视作一类人，这类人实施了对尊者、长者伤害的行为，即使是误伤，也会依据法律拟绞刑，虽然可能不会被执行，但法律条款中必须保留严厉的刑罚以体现"卑幼者"杀死"尊长者"的恶劣行径，可以得出的结论是：法典不仅要求道德义务被履行，而且要求臣民按照"三纲"的要求去做。

其次是特殊的社会环境。古代中国的熟人社会使得在法律面前，特权阶级以皇帝为中心，与皇帝血缘的远近决定了其在法律上所享有的特权，但这种特权范围随着地位的上升而减少，无论何种亲属关系，在犯罪行为涉及谋反、谋大逆时不会得到特殊照顾。同时，中国的阶级不是一成不变的，依靠知识可以考取功名从而成为官员，并获得在法律上的特权，在中国古代，知识分子往往能受到法律的特殊照顾，不仅仅体现在刑罚的特殊豁免上，自考取秀才时就具有了一定特权，比如可以免除一人的徭役，见到具有判案权利的地方官员（县长大人）可以不下跪等。

最后是故意与过失的重要与不重要。在西周初年的《康诰》中，武王已经提出要慎用刑罚，要区分过失和故意。根据之后的历代法典中体现的精神，罪行的严重程度，部分取决于行为后果，部分取决于故意与过失，有时还要考虑手段的恶劣程度，但这些并不一定要建立在案犯具有主观恶性上。"情罪重大"是常被提及的词，"情"意味着案犯主观恶性很大，所以要对之加以与恶性程度相符的刑罚，"罪"意味着要视犯罪行为而定，应当按照对受害人损害的大小轻重而处以相应的刑罚。刑罚一贯的追求是"得情罪之平"，在罪行是故意的前提下，需要根据案犯的主观恶性、案犯的邪恶程度予以相应力度的刑罚。但有时只要看是否符合社会的道德价值，就能决定该刑罚是否合理。故意与过失如果只从罪犯受到的刑罚来看两者区别不大，而造成这种情况的原因往往是因为，对某一罪行刑罚的判定标准是社会道德而不是法律依据，即使是故意的行为，但实施的目的是为了维护道德风气也会得到相对较轻的罪，[13] 即使是过失的行为，违反了"三纲五常"规定应该履行的义务也要受到严厉的处罚。[14]

但是在成功之余，本书同样存在着天然的缺陷。首先，他排除了中国法中的民事规范，将中国法的多样色彩变成了单色调。虽然整体上并不影响他对中国法的判断，但是无疑腰斩了中国法的重要传统。事实上，即便不将中国法中的《户部则例》等视作为民法典，但其中蕴涵的丰富的民法内容，是不应当忽视的，再考虑到《名公书判清明集》中所透视出来的丰富的民事审判思想，那么中国法的精神就不纯粹是罪与刑可以覆盖的了。

同时，限于作者是在西方生活的立场上，通过比较的眼光来看中国传统法的精神的，所以有的判断往往停留在现象层面，而没有深入到其机理层面。比如作者认为古代刑罚制度之所以坚持"杀人偿命"是因为人们普遍认为如果不偿命就会有"厉鬼索命"，作者为这种观点所找到的证明是某些故事中如果案犯的生命没有被抵偿或者平衡，死者会变成鬼去向凶手或其家人索命，在有的情况中，这样的报应会落在凶手的子孙后代身上。这样的观点描述得有些过于简单，"杀人偿命"与传统中国对生命的态度有着密切联系。对生命来说，中国人不将个人视为一个独立的个体存在，而认为个人是父母的延伸，每一个个体都只是家庭生命链条上的一环，在生命潮流之中，个体的肉体生命可以消亡，但家族在"宗"的延续中生生不息，传统中国人相信人有魂魄，人死后鬼魂会转化为祖先，肉体生命的结束并不意味着人格的消失，而只是进行了形式转化。所以传统中国追求善终，目的是为了让自己的灵魂可以得到安宁。其次，幼年夭折、无子女者的死亡和凶死，在中国人的死亡想象

---

[13] 比如儿子因其母与人通奸，忿而斗杀奸夫，在这种情况下，儿子受到的处罚比其他因忿而斗杀人所受的处罚要轻得多。

[14] 比如，法律规定子女要对父母自杀负法律责任，子贫不能营生赡养父母导致父母自缢死亡的要对子处以流刑。

中,这三类死亡是真正的死亡,是永无出头之日的彻底死亡,主要是因为这三种死亡都在一定程度上被认为亡魂不能得到安息。所以,人们想象非正常死亡之人会因为自己的死亡而心存怨恨,灵魂处于一种不安定状态,时刻尝试复仇。在凶死之人冤魂难安的死亡想象之下,任何人都难以容忍其家属遭受枉死。而在民众看来,要让冤死之人瞑目,让黄泉之下的冤魂得以安息,就只有让施害者遭受同样的下场。因为除去死刑,流放、杖刑等其他刑罚都是与被害人遭受的凶死不对等的,只有让杀人者同样"不得好死",才能化解死者的怨恨之气,也才能体现基本的公正原则。传统中国人以命抵命的死刑正义观正是与这种鬼魂冤抑想象有关,后者是前者的文化动因。[15]

又如作者认为"已婚妇女的贞节较之于未婚妇女更有价值",这种观点表述并不准确。贞,古义为占卜,古人多灼龟甲以卜。《说文解字》注解其为:"卜问也。从卜,贝以为贽。"《周礼》有云:"凡国大贞,卜立君,卜大封。"可见,最早贞节是指"坚贞的操守"之义,后逐渐演变成一种对女性要求的道德规范,其内涵包括三层含义:一是保持童贞,二是保持妇贞,三是保持从一之贞,即夫在不改嫁,夫死不再嫁。就其关系而言,"从一之贞"的提倡进一步强化了"夫妻之贞",而"童贞"的大力鼓吹又使得再嫁成为困难的事情,从而进一步巩固了"从一之贞"的观念,最终有利于"夫妻之贞"的维持。国家提倡贞节的本质在于通过女性恪守贞节,履行养老抚孤的社会责任,来增强家庭的稳定性,最终有利于国家的长治久安。[16]已婚妇女的贞节与未婚妇女的贞节对古代女子来说都是同等重要的,不能只依据刑罚的处罚来判断二者的重要性。

当然,有多重生活空间或体验的人毕竟是少数,马若斐能通过有限

---

〔15〕 参见尚海明:"善终、凶死与杀人偿命——中国人死刑观念的文化阐释",载《法学研究》2016 年第 4 期。

〔16〕 参见郭玉峰:"中国古代贞节的结构、演变及其实质",载《天津社会科学》2002 年第 5 期。

的材料和"无现场"感的社会学想象力,构筑起一个宏观完整的中国法的精神,依然展示了其高超的逻辑推断水平和驾驭材料的能力,对此我们需要同情地理解。

结　语

以上我们从此书的思想要旨、内容特色、作品得失等角度,来把握中国法的精神。应该承认,即便有这样或那样的缺陷,但是整体上,马若斐揭示传统中国法的精神是成功的。至少表现为两点:第一,本书面对的读者,是可能对中国经验和中国传统法一无所知的西方读者,如何能让他们迅速地理解中国法呢?只能对中国法"去其枝叶,突出主干",所以马若斐果断砍掉了其他部分,突出罪与刑,这样就会让西方读者形成某种"代入感",增强理解的程度。第二,本书从"关系"或者"规律"角度,很好地诠释了精神的定义,我们要知道,本书是作为"法系"丛书的一种作品而出版的,它要传达的信息,重点不在于中国法"是什么",这点只需要找一本"中国法制史"教材的西译本读读就可以了,它要传达的,恰恰是这些传统法"何以中国"的内容。所以介绍的重点,是与制度相关的各种"关系",譬如法律思想、法律环境、法律意识,等等,从而在关系的角度上,透过制度看精神。因此,这薄薄的一本书,却阐释出了中华法系的真精神。

编后记

　　实在惭愧！本来这《新路集》第八集早就应该和读者见面的，没想到迁延了近两年的时间，虽然其中有一些客观上的原因，但主要还是编者的拖沓所致。在此向广大支持我们这项事业的读者致以真诚的歉意！

　　这一期的大赛，我们收到文章 61 篇，投稿人照例来自国内高校和科研机构二十余所，评委会则由来自本院的研究人员和五所兄弟院校的研究者组成。同样本着往届评审时贯彻的原则，进行了两轮评审，最终评先出 17 篇优秀论文。

　　第八届张晋藩法律史学基金会颁奖大赛颁奖典礼举行时，已经到了 2018 年年末。当时我从东京大学访学归来不久。那年的确是个非常的年份，五月，我们敬爱的师母林中教授不幸与世长辞。将近半年时间，我都不敢提这事。所以回国后，也很忐忑，不敢提颁奖事宜。最后反倒是先生，失去了至爱的亲人，但没有被悲痛打倒，而是化悲痛为力量，继续在法律史学这块园地耕耘，笔耕不辍，佳作迭出。他在继续热心于教学科研之余，同样关心有奖征文大赛，提出还是一如既往要出席颁奖仪式并给在场的法律史学学生提示读书做人的经验。

　　先生在第八届颁奖典礼上，看到本校一位本科生获得了一等奖，非常高兴。因为本科获得一等奖项者，实属相当不易，如这位获奖同学在感言中认为的，一方面是因为自然而然的兴趣，一方面也花了相当大的工夫，并且不断地向本校法律史学老师请教，最后才有文章的提交。先生认为，如果在本科，就有学生立志将来投身于法

编后记

律史学研究当中,并且为之做锲而不舍的努力,那么这真的是法律史学的源头活水。或者说当年创办这项赛事,如今陆续收获到丰硕的成果。这个成果,既包括当年获奖现在已经崭露头角的青年法律史学者,也包括尚未完成学业,但已经决心继续在这个领域潜心前行的莘莘学子。先生从来不将法律史学只是当作为稻粱谋那种谋生工具,而是将之视为自己要毕生奋斗的不朽事业,内心中也以"为往圣继绝学"而自诩,也以此对该领域的研究者抱以期许。事业要不朽,需要一代又一代优秀的传人,先生从这项赛事中,看到了无限的希望,这让他务必快慰。

当然,不经一番寒彻骨,哪得梅花扑鼻香。即便天纵英才,如果不能发潜德幽光,那么最终只是表面文章,是个花架子,这当然不是先生乐于看到的。于是先生在颁奖典礼上,再次谆谆嘱咐同学们,有一时的热情固然好,但是更重要的是要益挫益奋,不怕艰难困苦。因为学术研究,越钻研,困难越多,没有思想准备,是很难继续下去的。坚强的意志和得当的方法,缺一不可。在讲话的最后,先生勉励大家,法律史学对于治国理政,对于现实法律发展,用处非常大,大家要做的,应当是积学待用。这就要求我们注意撷取法律传统的精华,来为现实服务。

先生之言,简短有力,语重心长。编者感佩在心,因此查阅先生诸多文章,将先生2015年发表在《人民日报》上的"撷取法律传统精华"一文作为"代前言",收入本书,以凸显治法律史学者应当有的责任。我们撷取法律传统精华,本身就体现了两重价值,一是先生念兹在兹的为往圣继绝学,一是经世致用。这样古今相融,我们所做的,就是真学问;我们弘扬的,就是真道德。

其实,这本书书稿编成已经四个月过去了。但是编者总是想将之在原有基础上,编成一部精品,这首先是为了不辜负这众多的获奖作品,同时也是对得起阅读此书的读者。编者在想,即便阅读此书者,可能是小众,但是如果这书能够给人以一管之见,那么哪怕读者再少,也是有意义的。何况真正读此书者,我想必定是有一种法律史学情怀的。我坚信,日拱一卒,功不唐捐。走得慢,但走得稳,才是学术研究最终的出路,也是作品真正具有生命力的不二法门。

最后,还是要为此书的出版付出心血的出版社编辑们和研究生沈秀荣同学致以深深的谢意,也希望我们的工作,获得热心读者您的一如既往的支持!

陈　煜
2019 年 12 月 30 日
于中国政法大学法律史学研究院